U0904217

上海三联人文经典书库

上海三联人文经典书库

62

希腊史

[古希腊] 色诺芬 著

徐松岩 译注

ΞΕΝΟΦΩΝΤΟΣ ΕΛΛΗΝΙΚΑ

上海三联书店

“十二五”国家重点图书出版规划项目

国家出版基金资助项目

2009年教育部哲学社会科学研究后期资助项目“译注色诺芬《希腊史》”

项目批准号：09JHQ024；结项证书号：JHQ2012062。

主持人：徐松岩

总序

陈恒

自百余年前中国学术开始现代转型以来，我国人文社会科学研究历经几代学者不懈努力已取得了可观成就。学术翻译在其中功不可没，严复的开创之功自不必多说，民国时期译介的西方学术著作更大大促进了汉语学术的发展，有助于我国学人开眼看世界，知外域除坚船利器外尚有学问典章可资引进。20 世纪 80 年代以来，中国学术界又开始了一轮至今势头不衰的引介国外学术著作之浪潮，这对中国知识界学术思想的积累和发展乃至对中国社会进步所起到的推动作用，可谓有目共睹。新一轮西学东渐的同时，中国学者在某些领域也进行了开创性研究，出版了不少重要的论著，发表了不少有价值的论文。借此如株苗之嫁接，已生成糅合东西学术精义的果实。我们有充分的理由企盼着，既有着自身深厚的民族传统为根基、呈现出鲜明的本土问题意识，又吸纳了国际学术界多方面成果的学术研究，将会日益滋长繁荣起来。

值得注意的是，20 世纪 80 年代以降，西方学术界自身的转型也越来越改变了其传统的学术形态和研究方法，学术史、科学史、考古史、宗教史、性别史、哲学史、艺术史、人类学、语言学、社会学、民俗学等学科的研究日益繁荣。研究方法、手段、内容日新月异，这些领域的变化在很大程度上改变了整个人文社会科学的面貌，也极大地影响了近年来中国学术界的学术取向。不同学科的学者出于深化各自专业研究的需要，对其他学科知识的渴求也越来越迫切，以求能开阔视野，迸发出学术灵感、思想火花。近年来，我们与国外学术界的交往日渐增强，合格的学术翻译队伍也日益扩大，同时我们也深信，学术垃圾的泛滥只是当今学术生产面相之一隅，高质量、原创作的学术著作也在当今的学术中坚和默坐书斋的读书种子中不断产生。然囿于种种原因，人文社会科学各学科的发展并不平衡，学术出版方面也有畸轻畸重的情形(比如国内还鲜有把国人在海外获得博士学位的优秀论文系统地引介到学术界)。

有鉴于此，我们计划组织出版“上海三联人文经典书库”，将从译介西学成果、推出原创精品、整理已有典籍三方面展开。译介西学成果拟从西方近现代经典(自文艺复兴以来，但以二战前后的西学著作为主)、西方古代经典(文艺复兴前的西方原典)两方面着手；原创精品取“汉语思想系列”为范畴，不断向学术界推出汉语世界精品力作；整理已有典籍则以民国时期的翻译著作为主。现阶段我们拟从历史、考古、宗教、哲学、艺术等领域着手，在上述三个方面对学术宝库进行挖掘，从而为人文社会科学的发展作出一些贡献，以求为21世纪中国的学术大厦添一砖一瓦。

译者简介

徐松岩(1963—),山东招远人,历史学博士,西南大学古典文明研究所所长,历史文化学院教授,中国世界古代史研究会常务理事、副秘书长,重庆市首届学术技术带头人。主要研究西方古典文明和外国史学理论,主持多项国家级研究课题,译注希罗多德《历史》(上海三联书店 2008 年)、修昔底德《伯罗奔尼撒战争史》(上海人民出版社 2012 年)等西学名著,在《世界历史》、《史学理论研究》、《光明日报》等报刊杂志发表论文五十余篇。

目 录

中译本序

一、色诺芬的生平著述

色诺芬(Xenophon, Ξενοφῶν,约公元前441/前431—约前354年),古希腊著名历史学家、文学家、军事家、多产作家。在历史学、政治学、文学、经济学、军事学、哲学、教育学等方面均有所贡献,《希腊史》是其篇幅最大、最重要的历史著作。此作使他得以与希罗多德(Herodotus,约公元前484—约前430/前420年)、修昔底德(Thucydides,约公元前460—前400/前396年)并称为古代希腊三大历史学家。

关于色诺芬的生平,传世的资料极为稀少。他自己在著作中很少述及自己,同时代的其他作家对他鲜有提及,且多语焉不详,甚或自相矛盾。后世作家偶尔提到色诺芬经历和事迹的零星资料,其可靠性往往是很成问题的。因此,关于色诺芬生卒之年以及其他许多具体问题,迄今依然悬而未决。不过,如果撇开那些细枝末节,色诺芬一生的主要经历还是清楚的。①

① 近期较为详细考证色诺芬生平的专论,可参 C. J. 图普林:《色诺芬和他的世界》(C. J. Tuplin, *Xenophon and his World*, Franz Steiner Verlag, Stuttgart, 2004),第33—54页;R. B. 斯特拉斯勒:《地标色诺芬〈希腊史〉》(R. B. Strassler edt. *The Landmark Xenophon's Hellenika*, A New Translation by John Marincola, Introduction by David Thomas, New York, 2010),以下简作"地标《希腊史》",序言,第xvii—xxiv页。

公元3世纪，罗马帝国时代作家第欧根尼·拉尔修(Diogenes Laertios)在《名哲言行录·色诺芬传》中，开头是这样介绍他的："色诺芬出生于雅典埃尔基亚(Erchia)村镇，是格里鲁斯(Gryllus)的儿子。他为人谦逊，长相英俊。"关于色诺芬出生的年代，在古代就至少有三种说法。其一，色诺芬在自己所著的《会饮篇》[①]中提到，公元前424年，在德里昂(Delium)战役中，他与其师苏格拉底(Socrates，公元前469—前399年)在雅典骑兵队中并肩作战，败退之时，苏氏见其跌落马下，便奋不顾身，救他一命。[②] 按照雅典的法律，公民未满20岁，通常是不能外出作战的。据此，色诺芬应该在公元前444年或之前出生。其二，第欧根尼说，色诺芬的鼎盛年在第94届奥林匹亚竞技会的第4年，[③]即公元前401/前400年。古希腊人通常以一个人40岁为其鼎盛之年，这意味着色诺芬出生在公元前441/前440年。一些学者对此说深信不疑。其三，色诺芬在其著《长征记》中提及自己时这样说：因为自己当时(公元前401年)比普罗克塞努斯(Proxenus)年纪稍轻，未能取代他而成为将

---

① 色诺芬：《会饮篇》(Xenophon, *Symposium*)，I. 1。古代希腊罗马的古典作品，经过后人校对、整理，在古代即已被划分为卷、章、节，现代学者们在引用时，通常只注明其作者、书名及卷章节；如果该作者只留下一部作品(如希罗多德、修昔底德、斯特拉波等)，则只需注明作者名字和卷章节即可。当然，古典作品流传下来的抄本不同，章节的划分也略有差异。一百年前，由哈佛大学出版社出版的《劳易卜古典丛书》(*The Loeb Classical Library*)被公认为是英语世界众多古典译本中较好者，采用古典原著与英语译文相对照的体例。目前，这套丛书在国内若干大学和某些图书馆均有收藏。同时，人们可以利用便捷的网络，查阅古典名著的现代译本。因此，译者在引用古典作品时，亦遵照国际古典学的惯例。为了简洁起见，本书注释中凡是未注明作者、著作而只注明卷章节者，皆指色诺芬《希腊史》。

② 斯特拉波：《地理学》(Strabo's *Geography*)，以下简作"斯特拉波"，IX. 2. 7；第欧根尼·拉尔修：《名哲言行录》(Diogenes Laertios, *Lives of Eminent Philosophers*)，以下简作"第欧根尼·拉尔修"，II. 22。

③ 第欧根尼·拉尔修：II. 55。传统认为，希腊自公元前776年第一届奥林匹亚竞技会开始有确切纪年。

军;[①]普罗克塞努斯战死时大约30岁。[②]色诺芬在该著作中还多次强调自己年轻。[③]据此,人们似乎也有理由相信,色诺芬大约出生于公元前431年前后。

色诺芬出身于雅典贵族,家境富裕,[④]熟谙骑术,自幼受到良好的教育。据说,成年的色诺芬在雅典市场上偶遇年逾花甲的苏格拉底,经过简短的对话,被苏氏收为弟子。一般认为,他拜苏格拉底为师的情况大致可信,但师从著名雄辩家伊索克拉底(Isocrates)以及在底比斯期间师从普罗迪科斯(Prodikos)的情节,则颇为可疑。有的研究者认为,他们在《希腊史》中找到了有力的证据,说色诺芬曾亲历公元前410年伊奥尼亚的战事和公元前406年阿吉努塞(Arginusae)之战,并且亲眼目睹公元前405年羊河(Aegospotami)之战的消息传抵雅典时的场面。当然,这些说法远非定论。还有研究者认为,公元前404至前403年三十寡头当政期间,色诺芬很可能就在雅典骑兵队中服役。[⑤]不过,这一点也不能完全确定。

据色诺芬在《长征记》中记载,在公元前401年,波斯王子小居鲁士(Cyrus the Younger)自小亚细亚起兵,与其兄波斯国王阿塔薛西斯(Artaxerxes)争夺王位,他应朋友普罗克塞努斯之邀,加入居鲁士军队中那约1.3万名希腊雇佣军,参与波斯帝国内战;后来,小居鲁士在巴比伦附近库纳克萨(Cynaxa)之役中战死、希腊雇佣兵诸位首领被波斯人诱杀之后,他成为这支希腊军队的首领之一;随后他们在波斯军队的引导下,穿越波斯帝国腹地,踏上漫漫归途;在这些希腊军人沿黑海南岸行军过程中,色诺芬两度乘军队等待渡船的机会,提出就地建立新城安居下来的主张,均遭否决。这

① 色诺芬:《长征记》(Xenophon, *Anabasis*) III. 1. 25。

② 色诺芬:《长征记》,II. 6. 20。

③ 色诺芬:《长征记》,III. 1. 14 等。

④ 在雅典公民中,养马者属于少数最富裕者阶层成员。他带着自家的马匹参加长征,即为明证。参阅色诺芬:《长征记》,III. 3. 19。

⑤ 参阅:II. 4. 6 及其附注。

主要是因为大多数希腊雇佣兵渴望返乡。色诺芬及其所率军队在拜占庭逗留期间，当地斯巴达驻军的首脑企图逮捕他，把他交给波斯总督。鉴于这种情况，公元前400年冬，色诺芬率部投靠奥德里赛国王修塞斯(Seuthes)[①]，此时他已成为这支希腊军队的惟一指挥官。按照两人之间的协议，如果斯巴达人继续追捕色诺芬，修塞斯将保护他；如色诺芬协助修塞斯作战，作为回报，修塞斯须划出一块地方交由色诺芬治理。但是，当修塞斯借色诺芬之助战胜敌手之后，却背惠食言。色诺芬打算回雅典，因希腊雇佣兵固请，他又率领他们到小亚细亚去为斯巴达人效力。这时，斯巴达人正在和波斯人交战。由于斯巴达人没有按时向这支雇佣兵发放薪饷，他们便靠就地劫掠富户为生。公元前399年，色诺芬及其手下六千余人一起投靠斯巴达将领提布隆(Thibron)。[②]

其后，色诺芬可能留在小亚细亚，在提布隆和德基里达斯(Dercylidas)领导下继续与波斯人作战。有研究者认为，他在《希腊史》中所提到的那位对提布隆大动肝火的曾效力于居鲁士麾下的将领，很可能就是色诺芬本人。[③] 大约在此期间，他娶斐列希亚(Philesia)为妻。斐列希亚为他育有二子，格里鲁斯(Gryllus，与其祖父同名)和狄奥多拉斯(Diodorus)，这哥俩可能是双胞胎。[④]

公元前396年，斯巴达国王阿格西劳斯奉命到小亚细亚指挥斯巴达军与波斯人作战。色诺芬很快就成了他的朋友，可能是指挥一支雇佣军为其效力，也可能是担任他的幕僚。色诺芬深受阿格西劳斯的器重，两人结下了深情厚谊。色诺芬肯定随阿格西劳斯亲历科罗尼亚(Coronea)战役，[⑤]但尚不知他是否亲自与雅典人交

---

① 奥德里赛人(色雷斯人一支)之王。参阅：III. 2. 2，9；IV. 8. 26。

② 关于库纳克萨之战和希腊军队长征，千百年来以讹传讹，误解不断。有关讨论参阅徐松岩：《库纳克萨之战与"万人军"长征新论》，《世界历史》2008年第5期。

③ 参阅：III. 2. 7。

④ 第欧根尼·拉尔修：II. 52。

⑤ 此战发生于公元前394年8月。参阅：IV. 3. 15—21。

过手。普鲁塔克在《传记集·阿格西劳斯传》中暗示，色诺芬随阿格西劳斯参加这次战役，并非出于对雅典人的憎恨，而是出于对阿格西劳斯的忠诚和友谊；他两度提及指挥居鲁士手下希腊籍雇佣军的将领赫里皮达斯（Herippidas，而非他自己），也是基于同样的缘由。[①] 普鲁塔克的分析也许不无道理。

公元前394年，色诺芬随阿格西劳斯返回希腊，前往斯巴达。[②] 大约公元前399—前394年间，雅典人对其缺席审判，判处他终身放逐。其原因也许与其师苏格拉底有牵连，但极有可能是在公元前395年"科林斯战争"爆发后，色诺芬采取亲斯巴达和反波斯的行动，从而触犯了雅典城邦的利益。[③] 拉栖代梦当政者在特里菲里亚（Triphlia）的斯基洛斯（Scillus，在爱利斯的奥林匹亚附近）划出一片土地赠予他，以示嘉奖。这是他们不久前从爱利斯人手中夺取的领土。[④] 阿格西劳斯也将色诺芬的儿子安排到斯巴达接受教育。[⑤] 这对于色诺芬而言，既是一种荣耀，也可因此而确保他对拉栖代梦人的忠诚。可以大致肯定的是，其后二十余年，色诺芬在这里过着悠闲而富足的生活。

色诺芬在《长征记》中提到，希腊雇佣兵将其拍卖包括俘虏在内的战利品所得钱款总数的十分之一提出，交由几位首领保管，并由他们负责奉献给阿波罗（Apollo）和阿尔特米斯（Artemis）两位神祇。[⑥] 色诺芬将他自己所得份额的一半送到德尔斐，存放在那里的

---

① 参阅：IV. 2. 4，3. 15—18；普鲁塔克：《传记集·阿格西劳斯传》，II. 10—11；XVIII. 2。

② 第欧根尼·拉尔修：II. 51—52；普鲁塔克：《传记集·阿格西劳斯传》，XX. 1—2。

③ 参阅 P. 科伦茨：《色诺芬〈希腊史〉译注》（Peter Krentz, *Xenophon' Hellenica*, II. 3. 11—IV. 2. 8, Aris & Phillips Ltd. 1995）序言，第2页。

④ 拉栖代梦人与爱利斯人的这次交战大约发生在公元前402—前400年间。参阅狄奥多拉斯：XIV. 17. 24；波桑尼阿斯：III. 8. 2以次。而色诺芬的记载为公元前399—前397年间。参阅：III. 2. 21—31。

⑤ 参阅普鲁塔克：《传记集·阿格西劳斯传》，XX. 2；《道德论集》（Plutarch, *Moralia*）212B；第欧根尼·拉尔修：II. 54。

⑥ 参阅色诺芬：《长征记》，V. 3. 7—13。

雅典圣库中，奉献给阿波罗(Apollo)神；出于安全的考虑，将另外一半存放在以弗所(Ephesus)的阿尔特米斯庙的住持麦加毕佐斯(Megabyzus)处。后来，麦加毕佐斯参加奥林匹亚竞技会时，将那笔存款如约带来移交给他。①

色诺芬收到钱款后，遵照阿波罗神谕的指示，为阿尔特密斯女神购置了土地，捐建了一座圣所。塞林努斯河(Selinus)横贯这片土地，河里鱼贝丰富；而在以弗所，也有一条塞林努斯河从阿尔特密斯神庙旁边流过。色诺芬用圣库的资金修建祭坛和神庙，以土地收入的十分之一献于阿尔特密斯女神。每逢重要节日，当地的公民、邻近的男男女女聚集一堂，热烈欢庆。阿尔特密斯女神赐予他们大麦、面包、葡萄酒和甜点，与他们共享献祭的牺牲和各种猎物。色诺芬的儿子和其他公民的儿子以及其他成年男子，均可参加为庆祝节日而举行的狩猎活动。他们在圣地和弗洛山(Pholoe)上猎捕野猪、狍子和牡鹿。

色诺芬的领地距奥林匹亚宙斯神庙三四千米，沿斯巴达通往奥林匹亚的大道前行即可抵达。圣域内有牧场，山上森林茂密，本地出产的猪、羊、牛、马，完全可以满足节日庆典之需。神庙的周围是成片的果树，出产各种应季的水果。斯基洛斯的女神庙，仿照以弗所大女神庙的样式建成，神像造型也完全一样，只是规模小一些。神庙旁边矗立着一根柱子，上面镌刻着这样的文字："谨以此地献给阿尔特密斯。此土地的拥有者和收获者，每年须奉献其收成的十分之一，并从余额中保养神庙。如有未照此行事者，阿尔特密斯定会明鉴之！"②

第欧根尼·拉尔修还提到，斯巴达将军斐洛皮达斯

---

① 参阅色诺芬：《长征记》，V. 3. 4。据考证，很可能是在公元前392年或前388年。M. 利普卡：《色诺芬之〈斯巴达政制〉》(M. Lipka, *Xenophon's Spartan Constitution: Introduction. Text. Commentary*)，柏林/纽约，2002年版，序言，第4页。

② 色诺芬：《长征记》，V. 3. 13。

(Phylopidas)曾将其征战所掳获的部分战俘赠予色诺芬。[①] 色诺芬在其所著《家政论》和《追忆苏格拉底》中，对大土地所有者训练、使用奴隶和管理田产的情况了如指掌，许多内容恐怕不是纸上谈兵，很可能就是他的经验之谈。色诺芬在这田园诗般的环境里，生活富足安定，衣食无忧。这位“跨世纪”老人在参加狩猎、饮宴、交友、献祭等活动的同时，针对当时希腊城邦的现实状况，以自己广博的知识、丰富的阅历和对时局的深刻理解，笔耕不辍数十年，就城邦社会、经济、政治、外交、教育、道德、哲学等诸方面的问题进行反思、写作，给后世留下了一份丰厚的文化遗产。

公元前371年，斯巴达人在琉克特拉(Leuctra)之役战败，不得不退出先前所占领的土地，色诺芬可能在此时离开斯基洛斯。[②] 公元前369年，为了对付日益强大的底比斯人，雅典、斯巴达这对老冤家不得不再度联手，雅典人大约在公元前368年撤销了对色诺芬的放逐令，不过仍然没有证据证明他重归雅典，而第欧根尼说他在科林斯定居终老。[③] 尽管如此，他还是把两个成年的儿子送回雅典参加骑兵队。格里鲁斯在公元前362年战死于曼丁尼亚之战。[④] 色诺芬提到雅典方面“有不少勇士”为国捐躯，但没有明确提到有他的儿子。第欧根尼援引历史学家埃弗鲁斯[⑤](Ephorus)的著作说，格里鲁斯作为骑兵战士，作战非常勇敢顽强，直至战死沙场；还

---

① 第欧根尼·拉尔修：II. 53。

② 参阅第欧根尼·拉尔修：II. 53。

③ 第欧根尼·拉尔修：II. 53。

④ 第欧根尼·拉尔修：II. 54；参阅：VII. 5. 17。

⑤ 埃弗鲁斯(约公元前405—前330年)，出生于小亚细亚的库麦(Cyme)，著有《历史》(30卷)，始于赫拉克利斯的子孙返回伯罗奔尼撒，直到马其顿国王腓力围攻柏林苏斯(公元前340年)，被誉为古代第一部通史。该著作未能保存下来，但有些古代作家特别是西西里的狄奥多拉斯在写作其大量援引其著作。参阅S. 霍恩布鲁尔、A. 斯鲍福斯主编：《牛津古典辞书》(S. Homblower & A. Spawforth, *The Oxford Classical Dictionary*, 3rd Edition Revised)，牛津大学出版社，伦敦：2003年版，第529—530页。

提到色诺芬头戴花环为儿子献祭,并且为有这样的儿子深感骄傲,[①]证明色诺芬名誉在雅典似已得到恢复。

色诺芬大约死于公元前354年或此后不久。他在记载色萨利(Thessaly)人的史事时明确提到,“亚历山大的大妻舅提西丰努斯(Tisiphonus)居于塔古斯之位,直至写作这部历史之时”。[②]这是其著作中所提及的可以确定的最晚年代。以上推论在其《雅典的收入》中还有重要佐证。他先提到所谓第三次“神圣战争”期间的情况(德尔斐神庙受制于某邦),此战爆发于公元前356年秋至前355年春;[③]他还指出,“如今海上已无战事,收入也正与日俱增”。[④]学者们一般认为,这是指公元前357—前355年“同盟战争”(Social War)之后数年的情况,是雅典财政最困难的一个时期。[⑤]色诺芬最终的居所很可能在科林斯,也可能在斯基洛斯。[⑥]第欧根尼·拉尔修援引前人的说法,认为色诺芬卒于第105届奥林匹亚竞技会的第一年,即公元前360/前359年。[⑦]据波桑尼阿斯(Pausanias)记载,一位疑为出身于爱利斯的作家宣称,他们的祖先曾宽恕了色诺芬,允许色诺芬继续在那里保有他的地产,他还能指出色诺芬的坟墓所在地。

---

① 第欧根尼·拉尔修:II. 55。

② 参阅:VI. 4. 37。

③ 参阅色诺芬:《雅典的收入》,V. 9;M. 利普卡:《色诺芬之〈斯巴达政制〉》序言,第5页。

④ 色诺芬:《雅典的收入》,V. 12。

⑤ 有些研究者认为,色诺芬此著乃是向雅典著名政治家、理财家优布鲁斯(Eubulus,约公元前405—前330年)所提出的施政建议书。优布鲁斯从公元前355年开始在雅典政坛崭露头角,其后十余年使得雅典国力有了明显增长,从而成为雅典最有影响力的政治家。参阅S. 霍恩布鲁尔、A. 斯鲍福斯主编:《牛津古典辞书》,第563—564页。

⑥ 参阅波桑尼阿斯:《希腊纪行》(或译《希腊志》,10卷,Pausanias, *Description of Greece*),V. 6. 6。作者乃是希腊地理学家、旅行家和历史学家,鼎盛年约在公元150年。该著作描述了希腊各地的名胜古迹、历史故事、风土人情、宗教信仰等等,具有重要的历史价值。以下简作“波桑尼阿斯”。

⑦ 参阅第欧根尼·拉尔修:II. 56。

色诺芬著述丰富，并且全都完整流传至今，这在古代作家中很少见的。除了《希腊史》之外，他还有以下著作：

1.《长征记》(*Anabasis*)，全书分为7卷，年代跨度在公元前401—前399年之间。作者以写实的手法，详细记述了他亲自参加波斯王子小居鲁士与其兄争夺王位的战争、库纳克萨之战失败后又与万余希腊籍雇佣军从波斯帝国腹地向地中海沿岸撤退的艰苦历程。全书晓畅生动，文采斐然，历来被视为希腊古典散文的杰作。此书奠定了他希腊文学家的地位；也是考察公元前四五世纪之交希腊城邦内部状况，波斯帝国军事政治以及波斯与希腊关系的重要史料。[①]

2.《居鲁士的教育》(*Cyropaideia*)，全书分为8卷，是一部酷似历史小说的传记题材的作品。[②] 书中的主角是波斯帝国的开创者居鲁士大帝。作者以晓畅生动的文笔，通过描写居鲁士所受的良好教育，来说明政治家的训练和家庭教育的重要性；通过叙述居鲁士的丰功伟绩，充分阐发自己的政治理想，具体史实往往经不起仔细推敲。书中记述军事方面的一些实际知识，如武器的种类，兵力的布置，进攻和退却的策略，等等。透过此书，也可以看到其时希腊人尚未充分形成对近东其他民族的歧视观念。

3.《阿格西劳斯传》(*Agesilaus*)，记述拉栖代梦国王阿格西劳斯二世(公元前444—前360年)的生平事迹。[③] 这位国王虽然先天腿有残疾，但富于军事才能，在位期间(前398—前360年)正值斯巴达国势由盛而衰的时期，他作为国家最高军事统帅之一，率兵东征西讨，南征北战，在公元前4世纪前期若干重大历史事件(如斯

① 中译本可参阅色诺芬:《长征记》，崔金戎译，北京：商务印书馆，1985年版。

② 中译本可参阅色诺芬:《居鲁士的教育》，沈默译，北京：华夏出版社，2007年版。

③ 除了此书，色诺芬在其《希腊史》中也不惜笔墨，记载阿格西劳斯的文治武功。普鲁塔克的《传记集·阿格西劳斯传》主要沿用色诺芬所提供的史料。现代学者的研究成果，可参阅P.卡特里奇:《阿格西劳斯与斯巴达的危机》(P. Cartledge, *Agesilaus and the Crisis of Sparta*, 1987)；S.霍恩布鲁尔、A.斯鲍福斯主编:《牛津古典辞书》，第39—40页。

巴达称霸、与波斯交战、科林斯战争等)中扮演重要角色。此书是西方最早的传记体历史著作之一。阿格西劳斯对色诺芬有知遇之恩,因而作者对这位国王推崇备至,赞扬他虔敬神明,诚挚待友,对祖国无限忠诚,对下属宽厚仁慈,作战时身先士卒,生活中质朴勤谨。溢美之词,不一而足。

4.《斯巴达政制》(*The Constitution of Spartans*, *The Politeia of the Spartans*),或译《拉栖代梦政制》(*The Constitution of Lacedaemonians*)是一部讨论斯巴达政制,或者说是讨论斯巴达人生活方式的专著,涉及内容相当广泛,是研究斯巴达人社会、政治、军事、法律、风俗的重要原始史料。[①] 要全面深入地理解此书的内容,必须结合《希腊史》、《居鲁士的教育》、《阿格西劳斯传》等著作,以及当时希腊历史的实际情况加以研读。

5.《雅典的收入》(*The Revenues of Athens*),或译《论收入》、《论财源》(*De vectigalibus*, *Ways and Means*)[②],针对同盟战争之后雅典财政极度困难的实际状况,着重讨论增加其财政收入的种种途径,虽然书中所提建议或设想往往带有某种理想化色彩,甚至脱离实际,但其立足点是社会现实。因此,此书对于研究其时雅典经济状况和希腊经济史,具有相当重要的参考价值。

6. 关于回忆苏格拉底的系列论著。在这些对话体的著作中,对话的主角通常都是苏格拉底。一般认为,色诺芬主要是借苏格拉底之口,阐发自己的观点。至于其中包含多少历史真实,则一直存有争议。[③]《申辩篇》(*Apologia*)是讲述苏格拉底在面对雅典人

---

① 此著中译本参见本书附录2。目前该书最详尽的译注专著,参阅 M. 利普卡:《色诺芬之〈斯巴达政制〉》,希腊文英文对照,柏林/纽约,2002年版。对该书相关评论可参阅施特劳斯:《斯巴达与色诺芬的品位》(陈戎女译),载刘小枫编:《苏格拉底问题与现代性:施特劳斯讲演与论文集》,北京:华夏出版社,2008年版,第168—201页。

② 中译本可参阅色诺芬:《经济论·雅典的收入》,张伯健、陆大年译,北京:商务印书馆,1983年版。

③ 例如,引人注目的是,在色诺芬和他的师弟柏拉图的笔下,苏格拉底就是迥然不同的两个形象。现代人很难判断哪一个更近乎历史事实。

的指控和审判时，在法庭上为自己所作的申辩，可信度较大；在《追忆苏格拉底》(*Memorabilia*)中，[①]色诺芬追忆了导师苏格拉底的日常生活和为人处事的方式，同时也叙述了苏格拉底对城邦、个人、友谊、美德等各种问题的见解。在《家政论》(*Oeconomicus*)[②]中，苏格拉底和雅典富裕的土地所有者伊斯霍玛科斯(Ischomachus)对话，讨论如何管理家政，如何使用奴隶，选购哪种奴隶管家，甚至娶什么样的妻子，以使私有财产有所增加，同时也探讨农业的地位和社会分工等问题。《会饮篇》(*Symposium*)记述了那些名流贤达在聚会时，在酒桌上就诸如性、晨练、饮酒等论题高谈阔论、畅所欲言。《希耶隆》(*Hieron*)，是叙拉古的僭主希耶隆与智者诗人西蒙尼德斯(Simonides)，就僭主的幸福所进行的对话。尽管苏格拉底没有出场，但仍可算是一篇与苏格拉底有关的作品。

7. 一组短文：《论骑兵长官的职责》(*Hipparchus*)；《论马术》(*On Horseship*)；《论狩猎》(*Cynegeticus*)。《论马术》是为那些有志养马但不得其门而入的贵族青年而作。他在此文中总结前人的经验，结合自己的实践，扼要介绍如何选购良驹、判断马龄、养马驯马、驯服烈马以及配备马具和武器装备等。[③] 他在《论狩猎》中指出，狩猎使人年轻而充满活力；狩猎者长寿、健康、勇猛、可靠。这些文章大都根据自己亲身经历写成，字里行间时常洋溢着轻松、惬意、欢笑、和谐。

除了上述作品以外，在色诺芬的作品集里还有一篇佚名作者的论文，名为《雅典政制》(*The Constitution of Athenians*)，写作时间大致在公元前446—前424年间，也有学者认为写于公元前441—前

① 这两部著作可参阅色诺芬：《追忆苏格拉底》，吴永泉译，北京：商务印书馆，1986年版。

② 或译《经济论》，*Oeconomicus* 由“家庭”和“管理”二词合成。现代西文“经济学”一词即由此而来。中译本可参阅色诺芬：《经济论·雅典的收入》，张伯健、陆大年译，北京：商务印书馆，1983年版。

③ 参阅王以欣：《神话与竞技》，天津：天津人民出版社，2008年版，第216—221页。

418年间。从写作时间和文风上看，它肯定不是出自色诺芬之手。此文自始至终以贵族寡头的口吻，贬抑平民百姓，针砭时政。后世学者通常称此文的作者为"老寡头"(Old Oligarch)或"伪色诺芬"(Pseudo-Xenophon)。在希腊古典时代，不同政治集团、社会阶层或者民间人士，对于雅典民主制早有不同看法。不过，近代以来，许多研究者在考察雅典历史时，往往特别关注修昔底德在《伯罗奔尼撒战争史》中借用伯里克利之口，对雅典民主制所做的带有明显理想化色彩的评述，[①]而对"老寡头"的重要评论则有所忽视。事实上，这篇对雅典时政的评述，无疑是客观、全面了解雅典民主制实际情况的极为珍贵的原始史料。[②]

古代评论家将色诺芬列为一位撰写历史著作的哲学家。[③]可是，他实际上主要关注的是伦理道德方面的问题，而不是形而上学或认识论的问题，这一点在关于苏格拉底的几部著作中，表现得最为明显。例如，在《论狩猎》中，根据亲身体会，详细列举了诸如各种猎网使用的网线数量以及47种猎犬名字。文章伊始，就列举诸位英雄师从马人喀戎(Chiron)[④]练习打猎，以讨论打猎可以提升美德作为全文的结束。在色诺芬看来，狩猎好处多多，猎手是辛勤的劳动者，他们对父母、对朋友尽心尽责，对整个邦国都有益。读过他作品的人，如果能够付诸实践，那么城邦就将永远立于不败之地，这也许正符合色诺芬的理想。色诺芬的作品，形式多样，内容庞杂，但是所有著作都多少有一些说教成分，对于希腊哲学也不无贡献。

---

① 修昔底德:《伯罗奔尼撒战争史》(中译本可参阅徐松岩译注，上海：上海人民出版社，2012年版。以下简作"修昔底德")，II. 35—46。

② 此著中译本参见本书附录1。

③ 参阅第欧根尼·拉尔修：II. 48。

④ 根据希腊的传说，马人喀戎乃是克洛诺斯的儿子，古代色萨利的神。他从阿波罗和阿尔特密斯那里学习医术、音乐、体操、狩猎术和预言术。和其他马人不同，他主持公道，富有智慧，对人和善，很多英雄在他那里从师学艺。

二、《希腊史》的写作背景和主要内容

在古代希腊历史学家当中，像色诺芬这样阅历丰富、视野开阔，历经城邦由盛而衰整个过程的“世纪老人”，是绝无仅有的。色诺芬《希腊史》主要记载公元前411秋至前362年夏将近半个世纪的希腊史。在他所记载的内容中，涉及确切年代的最晚的史实，是色萨利的提西丰努斯(Tisiphonus)。他统治时期始于公元前358/前357年，[①]结束于354/前353年。[②]近代学者的研究已经确认，色诺芬所写的伯罗奔尼撒战争史的“续篇”，[③]明显早于《希腊史》的其他部分，其他篇章的写作一直延续到公元前4世纪50年代，其间大概历经多次修改。因此，《希腊史》应该是色诺芬思想最成熟时期的著作。

毫无疑问，《希腊史》也是那个历史时代的产物。但是，千百年来，学者们对这个时代希腊城邦社会发展的主要特征的理解，却是千差万别的。国内学术界传统观点，是强调希腊社会经济发展、奴隶数量激增、贫富分化加剧和阶级斗争趋于激化等等。[④]其实，这些看法过于简单化，也不尽符合历史实际。我们认为，色诺芬所生

① 狄奥多拉斯：XV. 61，XVI. 14. 1。

② 狄奥多拉斯：XVI. 35。

③ 参阅：I. 1. 1—II. 3. 10。

④ 参阅周一良、吴于廑主编：《世界通史·上古部分》(齐思和主编)，人民出版社(1962年第1版，1973年第2版)1980年修订版，第222—223页；吴于廑、齐世荣主编《世界史·古代史编》(上卷，刘家和、王敦书主编)，高等教育出版社1994年第1版1998年重印本，第270—271页。此外，《世界上古史纲》编写组所著《世界上古史纲》(下册，人民出版社1981年第1版，第188—200页)、崔连仲主编的《世界史·古代史》(人民出版社，1983年第1版，第236—238页)、刘家和主编的《世界上古史》(修订版，吉林文史出版社，1987年版，第260—264页)、朱寰主编：《世界上古中古史》(上册，高等教育出版社，1986年第1版，1997年第2版，第186—188页)等著作，都持几乎完全一致的观点。笔者已就此提出不同看法。参阅徐松岩：《论古典时代雅典奴隶制经济走势》，《西南大学学报》(社会科学版)2009年第6期。

活的这个时代大致可以从三个层面来考察：

第一，希腊世界格局经历了从“有序”到“无序”的发展历程，一个个“霸主”经历了由盛而衰的过程。在希腊诸邦中，资历最深的霸主，无疑当属拉栖代梦人。斯巴达人定居拉哥尼亚之后，不断向外扩张，形成了国土面积和人力资源总数首屈一指的“超级大国”。自公元前7世纪末起，拉栖代梦不仅成为南希腊无可争议的霸主，而且依靠其强大的常备军，频频干预希腊其他城邦的事务，俨然成为希腊秩序的维护者。据希罗多德记载，为了结束皮西特拉图家族在雅典的僭主政治，他们曾两度出兵雅典。[①] 修昔底德则认为，正是他们推翻了包括雅典在内的希腊大多数城邦的僭主政治。[②] 波斯战争给希腊城邦的发展带来了新的机遇，同时也对希腊城邦世界的旧秩序造成重大冲击。其中最显著的表现，就是雅典海上霸国的崛起。雅典人虽然在陆上很难动摇斯巴达人的霸主地位，却不失时机地抓住了千载难逢的历史机遇，大力发展海军，一跃成为希腊第一海上强国；接着，利用原臣属于波斯帝国的那些希腊城邦急于摆脱波斯人桎梏的要求，使得爱琴海区域以及小亚细亚沿海诸邦先成为其领导下的“提洛同盟”(Delian League)成员国，继而通过一系列手段使其逐步臣属于雅典人，从而形成历史上的“雅典帝国”(Athenian Empire)。[③] 至公元前5世纪中期，在希腊世界，斯巴达、雅典两强并立，前者陆地称雄，后者海上称霸；两强相持不下，经过一系列冲突和战争，大体保持均势，两强共同维持着希腊世界的“有序”状态。然而，随着双方矛盾不断升级和激化，一场大战在所难免。在伯罗奔尼撒战争期间，双方的人力、财力、国力不断被消耗，到了战争后期，在斯巴达、雅典两败俱伤之际，波斯势力的介入，对于希腊世界的局势发生了至关重要的影响。波斯人对

---

① 希罗多德：《历史》（中译本可参阅徐松岩译注：《历史》，上海：上海三联书店，2008年版。以下简作“希罗多德”）V. 64—65。

② 修昔底德：I. 18。

③ 参阅徐松岩：《关于雅典同盟的几个问题》、《论雅典帝国》，分别载《西南师范大学学报》（社会科学版），1993年第3期、1999年第1期。

斯巴达人的支持，对于斯巴达人最终取胜发挥了决定性作用。

斯巴达在赢得这场战争之后的10年间（公元前404—前394年），实现了希腊及爱琴海地区暂时的"统一"。有的学者称之为"斯巴达帝国"。不过，斯巴达本已薄弱的国家机构，却并未在伯罗奔尼撒战争期间有所强化，反而更加难以适应规模急剧扩大了的国家。随着"科林斯战争"（Corinthian War，公元前394—前387年）的结束，这个外强中干的所谓"帝国"，在受到沉重打击之后，也分崩离析了。于是，希腊再次进入"无序"状态，不能不在越来越大程度上受制于波斯人了。[①] 公元前387年，波斯国王颁布"大王和平敕令"表明，希腊诸邦现有秩序的维持，斯巴达苟延残喘的霸权地位，所依靠的不过是波斯国王的一纸敕令而已。成立于公元前378/前377年的第二雅典海上同盟，一度使爱琴海的海上秩序有所恢复，但是从传世的盟约来看，雅典的势力已经今非昔比了。"同盟战争"后，该同盟亦名存实亡。[②] 在斯巴达、雅典双雄相继衰弛之际，底比斯人一度崛起（公元前371—前362年），他们在名将伊巴米浓达的统率下，多次攻入伯罗奔尼撒，数度重创斯巴达人及其同盟者。但随着伊巴米浓达的阵亡，其霸权也随即宣告终结。色诺芬亲眼所见希腊世界一个个霸主由盛而衰，看到一个个"强人"衰老或离世，看到希腊世界一次次由"有序"变为"无序"，终于使他不能不对希腊世界的前途感到迷茫，或者说，他一时还看不到未来重建希腊世界秩序的希望。公元前362年曼丁尼亚战役之后，他也许彻底绝望了。"战争所带来的后果与人们事先预料的恰恰相反……战后的希腊却比战前愈加混乱和无序了。"[③]

---

① 参阅A. G. 基恩、R. 霍洛威：《公元前412—前386年波斯在爱琴海地区的政策》（A. G. Keen, R. Holloway, "Persian Policy in the Aegean, 412—386 B. C."），《古代文明杂志》，（*Journal of Ancient Civilizations*），第13卷，1998年，第93—95页。

② 参阅J. L. 卡吉尔：《第二雅典海上同盟》（J. L. Cargill, *The Second Athenian League*），加利福尼亚大学，1977年版。

③ 参阅：VII. 5. 26—27。

第二，希腊城邦经历了数百年的发展，到公元前5世纪中后期，城邦危机出现萌芽并且初步发展，公元前4世纪前期普遍日益深化，在不同城邦，其表现形式也是复杂多样的。按照亚里士多德的说法，城邦就是具有足够人数的、自给自足的公民集体；[①]公民作为城邦社会的一分子，生活在城邦危机时代社会背景，势必在很大程度上决定着色诺芬对历史事实的取舍以及对历史人物的评价。

希腊城邦在公元前5世纪中期发展到鼎盛时期，同时也初现危机萌芽。其最主要的表现，是公民权、士兵、土地所有权三位一体结构出现某种松动甚至脱节的迹象，如雅典“军事移民”的常态化等等，都表明公民个人与公民集体(城邦)、公民权与土地所有权的关系正在发生着某种微妙的变化。[②] 城邦危机的实质，是城邦这种早期国家形态，已经不能适应业已变化了的经济社会基础，或早或迟要被规模更大、统治机构更复杂强大的国家组织所取代。城邦危机的深化主要有两种表现形式：一种是通过内部发展，逐步突破城邦原有的经济社会结构，国家机构随之演变和强化；一种是外表上虽依然保持城邦基本结构，但逐步失去活力(内部的凝聚力或外部的扩张力)，被其他更为强大的国家组织所征服或者取代。

就个人和公民集体的关系而言，随着私有制的发展(私有生产规模的扩大，私有化程度的加深，个人权势的增长等)，个人与集体的矛盾日益突出，某些权贵人物甚至把个人利益、党派利益凌驾于公民集体和国家利益之上。公元前5世纪末雅典政坛上的风云人物如阿尔基比阿德斯(Alcibiades)[③]、克里提亚斯(Critias)、塞拉麦涅斯(Theramenes)等等，都是其中的突出代表。

希腊城邦普遍实行公民兵制度，公民集体同时也是一个战士共同体。当兵打仗、保家卫国原本是公民义不容辞的职责。然而，随

---

① 参阅亚里士多德：《政治学》，1275b 20—21。

② 参阅徐松岩：《公元前5世纪末雅典城邦危机的深化及其原因》，《齐鲁学刊》，1989年第4期。

③ 又译“亚西比德”。

着战争频仍、规模日益扩大和商品经济的发展，某些城邦军队中异邦人的比例不断提高（如公元前5世纪末雅典海军），雇佣兵制度悄然发展起来。这样，城邦财力的强弱对于军事力量的决定性影响愈益明显。这也是波斯人自公元前5世纪末起能够在相当大程度上操纵希腊城邦外交关系达半个世纪之久的最主要的原因。及至公元前4世纪，财政拮据困扰下的雅典城邦，很少雇用大规模雇佣军，公民兵依然常常担任军队主力，但公民参战的积极性往往取决于国家或雇主的财力状况，这实际上就是公民兵的雇佣兵化。斯巴达城邦危机则属于另一类型。①

在古代世界历史上，战争是邦国交往的重要方式。纵观希腊人的历史，战争不仅扩大了希腊人活动范围，也大大开阔了希腊人的视野。大约自公元前5世纪开始，某些有识之士开始并且逐步习惯于跳出城邦的窠臼，从超越城邦的视角去观察城邦的兴衰，这是“希腊”作为历史、地理、民族和文化概念形成的历史基础。当然，历史上的“希腊”这个概念本身的内涵，也是动态演进的。色诺芬对希腊城邦社会的考察和阐述，无论在理论上还是实践上，都有突出的贡献。

第三，从希腊社会精英的心路历程来看，色诺芬是颇具代表性的一个。与古典时代其他思想家相比，色诺芬的视角有其独到之处。作为有深厚文化素养的雅典贵族，他热爱他的祖国雅典，希望雅典国富兵强，无论他走到哪里，这个情结一直深深地植根于他的心头。他后来将两个成年的儿子送回祖国效力，可以为证。

城邦危机时代的思想家们，大都有一个共同的特征，是根据自己对社会现实的理解，力图开出挽救危机的种种“灵丹妙药”。虽然色诺芬并未像柏拉图那样，以其严密复杂的哲学思辨体系，构建其心目中的“理想国”，但是他也作出了自己的尝试，在《斯巴达政制》的末尾，终于吐露了自己的心声。色诺芬的这个“理想国”的主

① 参阅徐松岩：《黑劳士制度、土地制度与“平等者公社”的兴衰》，《西南师范大学学报》（社会科学版），2003年第3期。

要特点，就是具体化、零碎化。柏拉图曾经设计过一个培养“哲王”的系统工程，而色诺芬则是通过一个具体的历史人物，抒发胸臆，用虚构的方法把居鲁士大帝种种“优秀品质”展示给读者。在他看来，假如现实希腊社会中有这样的人物，还用得着担心希腊世界秩序大乱吗？还用得着担心希腊世界会支离破碎吗？又如，他对于理想宪法设想，是通过对来库古斯(Lycurgus)的立法赞美来加以阐发的；在他看来，倘若斯巴达人一直遵守祖上圣贤的立法，何至于败落到如此地步？再如对理想生活的描述，他不像柏拉图那样设想出公民的理想生活图景，而是通过对酒会、狩猎、耕耘等具体事务的讨论，在相当程度上表现其对那种理想生活愿景的追求。惟其如此，读者们需要将其所描述的各种“景致”拼接起来观察，才会隐约看出其“理想国”的整体构思。读者们只有把《家政论》和《雅典的收入》所阐述的内容结合起来，才会比较清楚地看到作者的经济主张；[①]要把色诺芬在《希腊史》中对诸多英雄人物的评述，与他对雅典民主批评、对居鲁士、阿格西劳斯的称颂结合起来，才能大体厘清他的基本政治倾向。

色诺芬是奴隶制时代的思想家，其思想必然带有其时代特征。奴隶制经济和社会的发展，主要就是通过强者对弱者的征服、奴役和剥削来完成的。因此，这个时代的人们崇拜英雄和强者，希望自己的祖国以武力征服他邦，从而实现和平有序的生活。公元前5世纪斯巴达、雅典两强并立时期，希腊城邦总体上相安无事。然而，时过境迁，公元前5世纪末以后的雅典，对外扩张屡屡受挫。公元前378年雅典组织的第二海上同盟，也随着同盟战争的结束而名存实亡。作为一位雅典人，色诺芬退而反思：雅典平民不剥削同盟者，难道就不能实现富足和强大吗？基于此，他在《雅典的收入》中提出了改善雅典财政状况，增加雅典收入的种种理想化途经。如国家出面收购奴隶，以优惠政策吸引外侨前来雅典居住和

① 参阅李永采：《色诺芬经济思想述论》，《青岛大学学报》(社会科学版)，1991年第4期。

经营，授予外来经商者以诸多特权，等等。

色诺芬的作品中表现出明显赞赏斯巴达、贬抑底比斯的倾向。这是理解色诺芬《希腊史》后半部分内容的关键。但是，如果据此断定色诺芬不热爱甚至背叛自己的祖国，似乎也有些简单化了。城邦危机的重要表现，是人们爱国主义、集体意识日趋淡薄，不再像以前那样重视荣誉、真诚和友谊；雇佣兵行为的最明显的特征，简单地说，就是“有奶就是娘”。色诺芬在政治上崇敬波斯人及其先王居鲁士大帝，称许斯巴达人先前立法者来库古斯以及现任国王阿格西劳斯，这毫不足怪。因为波斯是近200年来全世界最强大的国家，而斯巴达是伯罗奔尼撒战争的胜利者，是希腊传统秩序的维护者。一个活生生的事实是，他获赠的那片土地，恰恰是拉栖代梦人对外扩张的直接结果。至于他对底比斯的看法，有的研究者指出，与其说是色诺芬个人的偏见，不如说是那个时代希腊人共同的偏见。虽然斯巴达和底比斯都有称雄全希腊的野心，然而在希腊人的心目中，底比斯人无疑是一种僭越行为，而斯巴达人则正当得多；在希腊诸邦中，论综合国力和国际地位，她长期居于斯巴达、雅典之下，属于“二流”强国。公元前5世纪末希腊与波斯交恶以后，人们更是念念不忘他们的历史污点——波斯西征希腊时，底比斯人坚定不移地投靠到波斯人一边。更为严重的是，底比斯的崛起势必打破希腊人长久以来所默认的陆（斯巴达）海（雅典）对峙势力制衡的传统格局，这似乎被视为不可接受的僭越。[①]

色诺芬正是在这样的背景下，写作其《希腊史》的。作者没有明确申明其写作动机，但是几乎没有人怀疑其前两卷乃是对修昔底德《伯罗奔尼撒战争史》未竟之作的续写，大概也是最先完成的。这两卷记述了公元前411—前403年的交战双方主要军事外交活动，特别是与波斯的外交关系，结束于雅典战败投降。这部分内容相对独立，主要战事都发生在伊奥尼亚地区及其附近岛屿，史称

---

① 施特劳斯：《评色诺芬的〈希腊志〉研究》（高诺英译），载刘小枫编：《苏格拉底问题与现代性：施特劳斯讲演与论文集》，第244—245页及附注。

"伊奥尼亚战争"。

大体说来,《希腊史》是一部编年体断代史。各卷主要内容如下:

第1卷(共7章):首先接续修昔底德著作第8卷末尾,从公元前411年秋冬之时雅典人与拉栖代梦人在赫勒斯滂地区的交战写起,直至公元前406年初冬雅典诸将军被判处并执行死刑。公元前411/前410年,阿卑多斯(Abydos)之战和库济科斯(Cyzicus)之战,雅典人虽然获胜,但由于财政拮据,他们不得不四处奔忙,筹措军费。雅典名将阿尔基比阿德斯整合现有的海军力量,力图夺回爱琴海及赫勒斯滂地区的制海权。公元前407年,波斯王子小居鲁士就任波斯沿海诸省总督,大力支持斯巴达人,战局急转直下。同年,阿尔基比阿德斯获准重返雅典,一度让雅典民众看到了希望,他"被宣布为全军总司令,授予绝对权力;人民认为他是惟一能够重振邦国势力的人物";[①]随后组建一支庞大的舰队。此时,斯巴达海军名将吕山德(Lysanderos)走马上任。双方在诺提昂交战,吕山德取胜。雅典民众得知此消息后,随即罢免了阿尔基比阿德斯,另选举出10位将军。[②] 公元前406年,雅典举全国之力,组织了有150艘战舰的舰队,在科浓(Conon)等将军的指挥下,取得阿吉努塞大捷。[③] 然而,大胜之后的雅典人并未乘胜追击,反而深陷内讧。塞拉麦涅斯(Theramenes)等人经过密谋策划,诬陷当时指挥作战的10位将军未能打捞起落难的桡手。控辩双方在雅典公民大会上唇枪舌剑,激烈交锋,最终竟然破天荒地一次性判处诸位将军死刑。[④]

第2卷(共4章):拉栖代梦人在阿吉努塞战败后,不得不重新启用吕山德担任斯巴达海军副将,行主将之职,[⑤]他上任后立即得到小居鲁士的鼎力资助。公元前405年,斯巴达的舰队停泊在兰

---

① 参阅:I. 4. 20。

② 参阅:I. 5. 10—16。

③ 参阅:I. 6. 22—34。雅典以25艘战舰的代价,击沉敌舰近70艘。

④ 参阅:I. 7. 9—34。返航回国的6位将军皆被处死。

⑤ 参阅:II. 1. 7 及附注。

普萨库斯(Lampsacus),雅典的舰队在海峡对面的羊河河口,双方对峙。吕山德以逸待劳,发动突袭,致使雅典舰队几乎全军覆没,俘虏中的3000雅典公民被悉数处死。[①] 羊河之战惨败的噩耗传至雅典,雅典人自知厄运难逃,全城笼罩在一片悲观失望和恐慌气氛之中。塞拉麦涅斯率使团两度出使拉栖代梦。最后,拉栖代梦人否决了底比斯等邦所提出的彻底摧毁雅典的建议,以苛刻的条件与雅典人签署和约。随后,吕山德大军开进比雷埃夫斯港,拆毁长城,允许被放逐者回国,建立三十寡头政府,雅典实际上已沦为斯巴达人的附属国。[②] 至此,历时27年[③]的伯罗奔尼撒战争以雅典人的彻底失败而告终。

然而,以克里提亚斯为首的三十寡头政府在斯巴达驻军的支持下,实施恐怖政策,大肆屠杀富裕的麦特克(Metics),没收其财产。色诺芬指出,“他们为了私人利益而在8个月内所屠杀的雅典人,几乎比在近10年战争期间被伯罗奔尼撒人杀死的总数还要多”。[④] 塞拉麦涅斯挺身而出,坚决反对,赢得了民众的支持。双方在议事会上展开激烈的论争。最终,塞拉麦涅斯被强行带走,执行死刑。[⑤] 不久,特拉叙布鲁斯率众占据边境要塞斐列(Phyle),攻占比雷埃夫斯,打败了三十寡头的军队,克里提亚斯战死,三十寡头政府垮台。寡头派及其追随者败退至埃琉西斯(Eleusis),由斐列和比雷埃夫斯

---

① 参阅:II. 1. 17—32;据普鲁塔克《传记集·吕山德传》(XIII. 1)和《阿尔基比阿德斯传》(XXXVII. 4)说,雅典公民共有3000人;而据波桑尼阿斯(IX. 32. 9)说,约为4000人。

② 参阅:II. 2. 10—23。

③ 27年是修昔底德的说法。色诺芬在本书(II. 3. 9)中认为伯罗奔尼撒战争持续了28年半。他很可能是根据斯巴达的历法,站在斯巴达人角度来推算的。即便如此,关于战争的时间可能还是有误差。

④ 参阅:II. 3. 21;4. 21。关于三十寡头屠杀雅典人的数字,古代作家有不同说法。吕西亚斯说有2500人被杀;埃斯奇涅斯(Aeschines, III. 235)说有超过1500人被杀;伊索格拉底(VII. 67;XX. 11)和亚里士多德(《雅典政制》,XXXV. 4)皆从此说。

⑤ 参阅:II. 3. 11—56。

返回的“港民党”与雅典城里的“市民党”之间达成和解。公元前403年，雅典民主制得以重建，实施大赦，诸派之间，和睦共处，并且依照“此前业已生效的祖先的宪法”行事。①

第3卷(共5章)：色诺芬将公元前402—前400年希腊史事以及随居鲁士出征的经过一笔带过，着重记载公元前399—前395年间，拉栖代梦人派军队在小亚细亚同波斯人的战争、波奥提亚诸邦结成反斯巴达同盟，以及斯巴达军遭到同盟联军的痛击和科林斯战争的爆发。色诺芬所率长征归来的雇佣军余部，先在提布隆、继而在德基里达斯麾下效力，与波斯驻小亚细亚地区的总督提萨佛涅斯和法那巴佐斯等展开较量。同时，拉栖代梦人在本土与爱利斯人交战，击败对手，强占其领土。如前所述，这是色诺芬在斯基洛斯的那片赠土的由来。公元前398年，瘸腿的阿格西劳斯继任斯巴达国王；翌年，在拉栖代梦，有位名叫基那敦(Cinadon)的人策划暴动，结果事泄被杀。② 这是战后拉栖代梦国内贫富分化、社会矛盾加剧的重要表现。前396年，阿格西劳斯率军出征小亚细亚，直逼萨尔狄斯(Sardis)，在击败老谋深算的提萨佛涅斯(Tisaphernes)之后，准备进军小亚细亚的弗利吉亚(Phrygia)省区。在此关头，波斯派人携巨款前往希腊，利用某些城邦的对斯巴达的不满，通过贿赂其当权派等手段，结成反斯巴达联盟。底比斯人首先发难，借机入侵佛基斯，迫使斯巴达人在希腊本土和小亚细亚两线作战。公元前395年秋，国王波桑尼阿斯率军增援佛基斯，哈里阿图斯(Haliatus)之役，吕山德战死，波桑尼阿斯回国后因此而被判死刑。③

第4卷(共8章)：主要记载“科林斯战争”的陆战和海战的情况。公元前395年，阿格西劳斯在法那巴佐斯所辖弗利吉亚省区内征战，一路势如破竹，节节胜利。正当他集结更多的军队，准备

① 参阅：II. 4. 2—43。
② 参阅：III. 3. 4—11。
③ 参阅：III. 5. 1—25。

向波斯腹地大举侵袭时，拉栖代梦当权者派出的使者来到他的军营，命其尽速班师。他明知波斯人采取的是“围魏救赵”之计，也不得不奉命回国。公元前394年，拉栖代梦人及其同盟者与科林斯人、阿尔哥斯人、波奥提亚人、雅典人等反斯巴达联军在科林斯境内交战，结果前者获胜；①阿格西劳斯率军由小亚细亚返回，在途经科罗尼亚时，遭遇由雅典人、阿尔哥斯人、科林斯人、罗克里斯人等组成的联军，双方在平原地带列阵对峙，阿格西劳斯浴血奋战，取得大胜。② 之后，拉栖代梦人及其同盟者与他们的对手，分别以西基昂和科林斯为基地，频频交战。阿格西劳斯回国后，多次出兵阿尔哥斯、科林斯等地。公元前390年，雅典名将伊菲克拉特率领麾下的“轻盾兵”，在科林斯和列凯昂(Lechaeum)之间，大败一向号称无敌的斯巴达重装步兵。③

在海战方面，拉栖代梦人屡遭重创。波斯总督法那巴佐斯(Pharnabazus)指挥以雅典旧将科浓为首的希腊雇佣军，公元前394年在克尼多斯(Cnidus)海战中，打垮斯巴达海军，杀死其主将，重新夺得爱琴海制海权。④ 公元前393年，科浓趁机利用波斯的金钱资助，扩大海军，重修雅典长城，海上诸岛纷纷倒向雅典一方。雅典势力的复兴，引起了斯巴达人的恐惧。他们向波斯将军提里巴佐斯(Tiribazus)派出使团，力图说服他停止资助科浓，并设法与波斯国王缔结和约。结果，科浓在波斯遭到拘押。公元前391—前389年，特拉叙布鲁斯(Therasybrus)所率雅典海军和伊菲克拉特(Iphicrates)所率轻盾兵，在赫勒斯滂地区海陆战场接连取得胜利。⑤

第5卷(共4章)：记述时间从公元前389年至前375年，涉及“大王和平敕令”、斯巴达势力衰落与底比斯的崛起等重要历史事件。反斯巴达联盟的势力增长使得斯巴达人和波斯人深为不安，

---

① 参阅：IV. 2. 9—23。

② 参阅：IV. 3. 15—21。色诺芬很可能亲历此次战役。

③ 参阅：IV. 5. 11—19。

④ 参阅：IV. 3. 10—12；8. 1—8。

⑤ 参阅：IV. 8. 23—39。

双方为了各自的利益又联合起来，战局开始对后者有利。公元前387年，波斯总督提里巴佐斯将波斯国王的敕令送达萨尔狄斯。[①]这明明就是波斯国王给希腊诸邦下达的一道敕令，却一直被某些希腊人奉为“和平条约”。[②] 斯巴达人通过这道敕令，狐假虎威，捞取了不少好处，而实际上真正得利的是波斯人，是其金钱外交的重大胜利。公元前385年，拉栖代梦人攻陷曼丁尼亚，拆毁其城墙；前382年又募集精兵1万，出征卡尔基狄克半岛上重要城邦奥林苏斯；前380年，国王阿格西波里斯在交战中染病身亡；前379年，阿格西劳斯国王征服弗琉斯；同年，粮尽援绝的奥林苏斯，不得不屈服。[③] 色诺芬认为，“大王和平敕令”颁行以后，拉栖代梦人所采取的一系列行动“终于极大地稳固了帝国的基础”。[④]

然而，拉栖代梦人称霸希腊的局面很快遭遇严峻挑战。在陆上，公元前379年，底比斯人在雅典人的支持下发动政变，推翻了拉栖代梦人所扶持的傀儡政府，驱逐了拉栖代梦驻军。其后，拉栖代梦人数度出兵底比斯，均遭到失败。公元前375年，在波奥提亚的泰吉拉(Tegyra)，底比斯将军佩罗皮达斯(Pelopidas)率军重创人数占优的斯巴达军；[⑤]同年，底比斯人再次征服波奥提亚诸邦。在海上，雅典人于公元前378年组建第二雅典海上同盟，[⑥]并于公元前376年那克索斯海战中大败拉栖代梦海军，重掌爱琴海制海权。在这种情况下，拉栖代梦人的霸权地位已经岌岌可危了。值得注意的是，色诺芬对泰吉拉之战和第二雅典海上同盟只字不提，对那克索斯海战也是轻描淡写。

---

① 参阅：V. 1. 30—31。

② 具体讨论参阅陈思伟、徐松岩：《和约还是敕令：对色诺芬〈希腊史〉中所谓“大王和约”实质与译名的几点思考》，《古代文明》，2012年第1期。以下统一译为“大王和平敕令”。

③ 参阅：V. 2. 11—3. 26。

④ 参阅：V. 3. 27。

⑤ 参阅狄奥多拉斯：XV. 37；普鲁塔克：《传记集·佩罗皮达斯传》，XVI. 2—XVII. 5。

⑥ 关于同盟的组织结构，参阅J. L. 卡吉尔：《第二雅典海上同盟》，第75—112页。

第6卷(共5章):记述公元前375—前369年主要史事。底比斯人在控制波奥提亚诸邦之后,实力大增。公元前374年,他们出兵佛基斯,拉栖代梦国王克列奥姆布洛图斯亲率大军驰援。插叙色萨利的法萨鲁斯人波里达玛斯前来斯巴达发表演说,介绍色萨利的塔古斯[①]伊阿宋的有关情况。[②] 面对底比斯的崛起,雅典人决定与老对手拉栖代梦人缔和,命令提摩修斯的舰队返航。拉栖代梦联合西西里的叙拉古人出征科基拉,取得一些战果,随后主帅被杀,惨败而归。[③] 公元前373—前372年,雅典将军伊菲克拉特率军出征,全歼叙拉古援军,控制了科基拉等地,战功显赫。[④]

公元前371年6月,为了遏制底比斯的崛起,雅典人分头出使底比斯和拉栖代梦,终于说服各方,缔结和约,史称"卡里阿斯和约"。该条约的核心内容是重申"大王和平敕令"的有关内容,强调各城邦必须独立,实际上是针对底比斯人的。[⑤] 同时,拉栖代梦当权者给佛基斯驻军统帅克列奥姆布洛图斯下令,如底比斯人不履行和约,便立即对其开战。[⑥] 公元前371年7月,拉栖代梦大军与底比斯的军队,在波奥提亚境内的琉克特拉展开决战,斯巴达的骑兵一触即溃;接着,向来打遍希腊无敌手的重装步兵队在底比斯人"斜楔阵"的攻击下,也死伤过半,参战的700位斯巴达公民,约400人阵亡。[⑦] 公元前370年冬,伊巴米浓达和佩罗皮达斯率7万大军,[⑧]攻入伯罗奔尼撒,在斯巴达人统治的核心区域大肆劫掠,这在拉栖代梦国家的历史上尚属首次;在斯巴达人的势力受到严重削弱的情况下,阿卡狄亚诸邦趁机组建阿卡狄亚同盟,成为该地区一

---

① 塔古斯(*Tagus*),色萨利人对全色萨利霸主的称呼。
② 参阅:VI.1.4—16。
③ 参阅:VI.2.1—26。
④ 参阅:VI.2.27—39。
⑤ 参阅:VI.3.1—19。
⑥ 参阅:VI.4.3。
⑦ 参阅:VI.4.9—14。
⑧ 参阅狄奥多拉斯:XV.62。据普鲁塔克《传记集·阿格西劳斯传》(XXXI.1)记载,底比斯的重装步兵人数为4万。

股新兴力量;[①]翌年,美塞尼亚人宣布独立,[②]底比斯人凯旋。

第7卷(共5章):从雅典和斯巴达结盟开始,结束于公元前362年的曼丁尼亚之战。公元前369年春,拉栖代梦人及其同盟者的全权大使抵达雅典,经过磋商,最后达成协议:双方轮流出任舰队司令,轮流出任陆军统帅。[③] 随后的奥涅昂之战,底比斯人大获全胜;接着,狄奥尼修斯派出的第一批援军赶到,与拉栖代梦人和雅典人协同作战,底比斯人及其同盟者的军队难以取胜,不得不班师回国。公元前368年夏,波斯总督的代表腓力斯库斯(Philiscus)携带大笔金钱来到希腊,在德尔斐召集底比斯和拉栖代梦等邦,商讨缔结和约事宜,未达成协议。于是,腓力斯库斯集结了一支雇佣军,支持拉栖代梦人重启战端。此时,狄奥尼修斯的第二批援军到达。大多数盟邦支持拉栖代梦人,主张将决战地点置于拉哥尼亚。[④] 同年,拉栖代梦人在本土击败阿卡狄亚(Acardia)和阿尔哥斯联军,取得了一场久违的胜利。[⑤]

公元前367年,底比斯人仿效20年前的拉栖代梦人,派使者觐见波斯国王,深受波斯人赏识的佩罗皮达斯(Pelopidas)力图通过一道敕令,控制主要对手,实现其称霸全希腊的目的。[⑥] 随后,在其召集的全希腊大会上,由于各邦普遍反对,底比斯人携波斯国王敕令以令希腊诸邦的如意算盘未能如愿,"佩罗皮达斯和底比斯人谋求称雄希腊的企图以失败而告终"。[⑦] 接着,插叙弗琉斯(Phlius)人的事迹,盛赞他们在琉克特拉战役之后,在庇里阿西人纷纷叛离、黑劳士集体起义的险恶情况下,依然对拉栖代梦人忠心耿耿,矢志不

---

① 参阅:VII. 1. 24;4. 33。

② 正如修昔底德所言(I. 101. 2—3),黑劳士大都是昔日美塞尼亚人的后裔。斯巴达人征服美塞尼亚,对其黑劳士制度的形成具有决定性的影响;同样,美塞尼亚的独立,意味着大多数黑劳士脱离了斯巴达人的统治。

③ 参阅:VII. I. 14。

④ 参阅:VII. 1. 24—28。

⑤ 参阅:VII. 1. 29—32。

⑥ 参阅:VII. 1. 33—36。

⑦ 参阅:VII. 1. 39—40。

移地维持与拉栖代梦的同盟关系。[①]

公元前366年，底比斯人及其同盟者第三次攻入伯罗奔尼撒，雅典人与阿卡狄亚人结盟。这样，在希腊，形成了彼此对立的两大势力，一是底比斯人及其同盟者，一是他们的反对者。这两大势力的一场大对决似乎是势所难免了。

公元前362年，伊巴密浓达再度挥师大举南下，由于斯巴达军队主力出征在外，斯巴达已是空城一座。幸亏阿格西劳斯及时率军折回，结果竟出人意料地以少胜多，击退来犯之敌。[②] 随后，双方军队都转而集中到曼丁尼亚(Mantinea)附近决战。这是一场两败俱伤的决战，虽然底比斯方面获胜，但也付出了惨重的代价。他们非但有大批将士阵亡，更严重的是主帅伊巴密浓达一命归天。[③]

许多学者的研究证明，《希腊史》并非一气呵成，而是分三部分依次写成的，中间有相当长的间隔：第一部分(I. 1. 1—II. 3. 10)，自公元前411年秋写至伯罗奔尼撒战争结束，完成修昔底德的未竟之作，写于公元前393年或稍后；第二部分(II. 3. 11—V. 1. 36)，自伯罗奔尼撒战争结束写至“大王和平敕令”，写于公元前385年—前380年间；第三部分(V. 1. 37至全书结束)，自“大王和平敕令”写至曼丁尼亚之战，写于前362年—前354年间。[④] 全书的重点是记载希腊霸主拉栖代梦人、底比斯人等先后由盛而衰的经过。色诺芬最后评论说：

> 战争所带来的后果与人们事先预料的恰恰相反。全希腊所有军民齐聚于此，站在两条敌对的阵线上彼此决战；没有一个人不这样想，一旦战斗打响，胜者将成为统治者，败者将沦为其臣民……

---

① 参阅：VII. 2. 2—3. 1。

② 参阅：VII. 5. 8—13。

③ 参阅：VII. 5. 14—25。

④ 参阅：C. L. 布朗森英译本(《劳易卜古典丛书》，哈佛大学1985年版)序言，viii—ix。

> 尽管双方都宣称本方获胜，但是任何一方的局势都没有丝毫好转，与战前相比，双方的版图、城市和影响力也没有一点增加；而战后的希腊却比战前愈加混乱和无序了。

也许色诺芬和许多同时代的希腊人一样，原本预想曼丁尼亚战役是全希腊的“统一战”，结果却令他们皆大失所望。这大概就是作者将这部《希腊史》写作到公元前362年的最主要的原因。

三、色诺芬的史学成就及其局限性

色诺芬无疑是希腊古典后期成就卓著的历史学家。然而，近代以来，国际学界对于色诺芬在文学方面的成就往往赞赏有加，而对于其在史学方面的贡献似乎有所忽视，甚至有意贬低。早在19世纪前期，德国学者B. G. 尼布尔（Barthold G. Niebuhr，1776—1831年）和英国学者T. B. 麦考莱（Thomas B. Macaulay，1800—1959年）等即对色诺芬叙事方式和史学观点提出严厉批评。1768年开始出版，至1998年已是第15版的《不列颠百科全书》指出，色诺芬的“散文受到古代文艺评论家的推崇，并对拉丁文学有很大影响。他的著作16世纪就被译成多种欧洲文字。直到近代，他仍然具有崇高的声望。他客观地记录自己的经历，表述个人对时人时事的看法，从这个意义上讲，他是有史以来第一个新闻记者。他文笔流畅，具有明快优美的风格”；但又认为，“由于对修昔底德的景仰，色诺芬为修昔底德未完成的著作增写续篇。但他所写公元前411—前403年的历史东拼西凑，缺乏分析，根本无法与修昔底德的著作相提并论。”①J. W. 汤普森在其《历史著作史》中指出，“希腊最盛时期的第三位著名历史家色诺芬（约公元前430—前350年）多才多艺，但不是像修昔底德那样的一位深刻的思想家；尽管他有才华横溢的撰述风格，但

① 《不列颠百科全书》（国际中文版），北京：中国大百科全书出版社，2002年版，第18卷，第347页。

他并不像希罗多德那样引人入胜。色诺芬不能算作第一流历史家，但是他的判断还是精明、诚实而清醒的。"汤普森认为《希腊史》是"色诺芬雄心最大、下功夫最多的一部书……打算把这部书写成修昔底德历史著作的续篇"；但是，"这部书远远不如修昔底德的著作，在准确和公平两方面都有缺陷，而且笔调沉重"。[①] 伊迪丝·汉密尔顿则认为，"色诺芬的文章——除了几篇以外——都属一般：切合实际，符合情理；开门见山，文理清晰，此外并无其他独到之处。不过有一些句子，散见于各章节之间，具有强烈的思想感染力和远见卓识"。[②] W.P.亨利在其关于色诺芬《希腊史》的专著中，认为其前两卷"纯系粗制滥造，苍白贫乏，甚至不能与色诺芬其他作品中最为拙劣之处相提并论"，至于其后5卷，"其连贯性不强"，"与前两卷叙述一样缺乏和谐"；在记述阿格西劳斯的部分，其"率真实为矫揉造作，伟大的理想形象也因缺乏技巧的表达显得刻板、僵硬"。[③]

最近半个世纪以来，欧美学界对于色诺芬的研究日益重视，陆续出版有关专著和注释本达数十种之多。[④] 但总体而言，研究者大都认为色诺芬史学成就乏善可陈。[⑤] 笔者认为，这种评价似乎有欠公允。希腊三大史家所处的历史时代不同，简单地将他们加以比较，这种做法本身恐怕就有值得商榷之处。仅就三大史家对希腊史料学的贡献而言，只能说他们各有千秋，难分高下。

---

① J.W.汤普森著：《历史著作史》，谢德风译，（上卷第1分册），北京：商务印书馆，1988年版，第45—46页。

② 伊迪丝·汉密尔顿：《希腊方式》，徐齐平译，杭州：浙江人民出版社，1988年版，第179页。

③ 转见施特劳斯：《评色诺芬的〈希腊志〉研究》，刘小枫编：《苏格拉底问题与现代性：施特劳斯讲演与论文集》，第245—246页。

④ 1999年在英国利物浦大学召开关于色诺芬的学术研讨会。会后从会议提交的六十多篇论文中，精选了24篇结集出版。参阅C.J.图普林：《色诺芬和他的世界》，第13—54，79—114页。

⑤ 例如，英国学者约翰·布罗在其专著《历史的历史》（John Burrow, *A History of Histories*）中，对于色诺芬这部主要史学著作仅轻描淡写地提及一句："色诺芬曾写过一本接续修昔底德的历史之作《希腊史》，但此书令人沮丧且大多数史家都认为不可靠。"（参阅黄煜文之中译本，广西师范大学出版社，2012年版，第60页）

根据笔者的粗略考察，色诺芬对西方古典史学的贡献，至少有以下五个方面：首先，完成了修昔底德的未竟之作。修昔底德原本要写一部完整的伯罗奔尼撒战争史的，可是他仅仅写到公元前411年就中断了。色诺芬对这场战争的续写部分是全书最优秀的部分之一。在写作风格上，似乎也尽力与修昔底德的著作保持一致，如严格按照年代顺序，大量援引演说辞，绝少提及神意天命等等。这与《希腊史》其余部分迥然不同。其次，对希腊古典史料学有重要贡献。公元前5世纪末到公元前4世纪中期希腊史的主要史料，主要是有赖于色诺芬的记载而流传下来。当然，关于其史料可信度，历来是有争议的。不过，色诺芬似乎是一位"爱憎分明"的著作家，并不刻意掩饰自己的政治倾向，细心的读者不难体察到这一点。如对拉栖代梦人以及阿格西劳斯的溢美之词；对弗琉斯人的称赞；有意回避与斯巴达为敌的底比斯人某些胜绩，等等。如他自己所说，对于不值得记载的一概忽略不记。[①] 不过，他笔下的史实，大都是经过认真考察的。其三，对经济史、政治史、战争史、社会生活史等专门史均有独到的贡献。对此前文已述及。色诺芬的著述，从某种意义上说是拓展了古典史学的研究领域。其四，在史书编撰体例方面，特别是对于传记体史书，具有开创性贡献。如他所著《阿格西劳斯传》，与同时代的伊索格拉底所著《攸阿哥拉斯传》[②]，同为西方最早的传记体史著，比奈波斯(Cornelius Nepos)的《外族名将传》[③]要早三百余年，比普鲁塔克的《传记集》[④]要早四百余年。最后，对西方历史文学及军事文学也有开创性贡献。色诺芬所著《居

---

① 参阅：IV. 8. 1。

② Euagoras，或译艾瓦哥拉斯(Evagoras)。塞浦路斯王子。参阅：II. 1. 29；IV. 8. 24；V. 1. 10。

③ 此书中译本可参阅刘君玲等译，奈波斯：《外族名将传》，上海：上海人民出版社，2005年版。

④ 普鲁塔克所著《传记集》，因其中有一位波斯国王，故而学者通常将其译为《希腊罗马名人传》似稍有不妥之处。中译本可参阅黄宏煦主编，陆永庭、吴彭鹏等译，《希腊罗马名人传》(上册)，北京：商务印书馆，1997年版；席代岳译：《希腊罗马名人传》(3卷本)，长春：吉林人民出版社，2009年版。

鲁士的教育》,可算是西方第一部长篇历史传记小说;两千多年来,色诺芬的《长征记》等作品一直被视为希腊散文的典范,它们被作为古希腊语的标准读本,正如恺撒《高卢战记》被作为拉丁文范本一样。由于色诺芬具有丰富的军事经验和生活阅历,他在描写排兵布阵、行军打仗时显得游刃有余,颇似现代一流的"战地记者"。色诺芬文笔简洁,优雅流畅,个性鲜明,因而被誉为"阿提卡的蜜蜂"。

毫无疑问,色诺芬的《希腊史》确有其不足和局限性。第一,此著作乃是接续修昔底德的著作而写的,[①]他显然应该读过修氏的著作,并且对其史学思想是认可的。然而,与其前辈希罗多德、修昔底德相比,他的确缺乏精深的分析和对历史进程的洞察力,缺乏深邃的思想。第二,在史实的取舍方面,有意回避某些重要史实,如对底比斯某些史事的处理,只字不提第二雅典海上同盟等。其实,向来以客观求实著称的修昔底德在史实取舍方面,又何尝没有倾向性呢?[②] 第三,把邦国振兴和希腊世界秩序重建的希望,寄托于少数英雄人物身上,证明色诺芬是以某种"英雄史观"来理解其当代史的。他每每述及一个重要政治军事人物,字里行间的这种情结,往往依稀可见。第四,与前两卷相比,后5卷的突出特色,是关于占卜、神谕的记载明显增多;他甚至屡屡把史事发展变化归于神祇干预和神意的安排。他在记载阿格西劳斯在斯巴达本土大破底比斯军,评述琉克特拉战役和曼丁尼亚战役的结局时,都有此类的评语。他在评述公元前379年底比斯的亲斯巴达政府被推翻时指出:"人们也许会注意到,无论在希腊人还是异族人的历史上,都有许多例证足以证明诸神是不会放任那些作恶之人或罪孽深重之人

---

① 有些学者对此提出质疑,但是似乎缺乏说服力。其著作以"其后不久"开头就是最有力的证据。尽管这个希腊词语的"……之后"未必是"紧接着……之后"(不同的英译者分别译为"thereafter"、"then"、"after this"等),即未必是与修昔底德著作结尾之处的历史事件紧密相连的,但是间隔时间显然不长(C. L. 布朗森的译本加上"not many days later")。

② 参阅徐松岩译注:《伯罗奔尼撒战争史》,上海人民出版社,2012年版,译序,第25—30页。

的。”[①]在他看来，世界的秩序和历史趋势，似乎都是诸神干预的结果。这在一定程度上折射出伯罗奔尼撒战争之后某些精英分子对希腊社会现实的迷茫、悲观和无奈的心态。

值得注意的是，色诺芬对于当时社会的认识深受苏格拉底的影响。在他们看来，公元前5世纪后期以来连绵不断的战乱、冲突和经济社会的发展，给希腊城邦世界所造成的严重冲击，似乎集中体现在社会道德的危机；其政治思想的核心内容，是针对民主制的种种弊端，主张道德振邦，希冀有智德兼备的贤能之士来治国平天下。这在色诺芬的多种著作特别是《希腊史》后5卷记述阿格西劳斯的事迹时，表现更为明显。[②] 此外，他不惜笔墨称许记述勇敢善战的弗琉斯人，说他们在粮尽援绝的困难条件下，依然坚守与斯巴达人的同盟，这正是那个时代的希腊人所普遍缺乏的。[③] 凡此种种，都与其在《追忆苏格拉底》中的某些取向完全一致。他因此而被某些研究者称为“苏格拉底式的历史学家”。[④]

无论如何，正如C. L. 布朗森所说，色诺芬的《希腊史》乃是所有涉及公元前411—前362年那半个世纪希腊历史的最权威的著作。[⑤] 当然，在笔者看来，他也是无愧于古希腊三大史学家这一称号的。

---

① 参阅：V. 4. 1。关于色诺芬的宗教观点，参阅J. 蒂勒里：《色诺芬及其同时代的历史》(John Dillery, *Xenophon and the History of His Times*, London, 1995)，第179—186页。

② 参阅：IV. 1. 38—41。

③ 参阅：VII. 2. 1。

④ 参阅J. 蒂勒里：《色诺芬及其同时代的历史》，第236页。

⑤ 参阅：《劳易卜古典丛书》，色诺芬《希腊史》(哈佛大学1985年版)英译者序言，xi。涉及这段历史的其他重要著作有：(1)西西里的狄奥多拉斯(Diodorus Siculus)的《历史丛书》(第13—15卷内容涵盖这段历史)。(2)普鲁塔克在其《传记集》中，所记载的阿尔基比阿德斯、吕山德、阿格西劳斯、佩罗皮达斯和波斯国王阿塔薛西斯等人的传记都属于这段历史。(3)几位续写修昔底德著作在作家，如佚名作者所著《奥克西林库斯希腊志》(*The Hellenica Oxyrhynchia*，奥克西林库斯乃是埃及一村社名，因该著作的3篇纸草断片皆发现于此，故名)，该著作破损严重，主要记载公元前411—前386年希腊史事(中译本，上海人民出版社2009年版)，而雅典人克拉提普斯(Cratippus，生卒年不详)的《希腊史》、(转下页)

四、关于《希腊史》的抄本和译本

在古代作家中，只有极少数人的作品得以完全保存下来。色诺芬是其中的幸运者之一。留存至今的色诺芬《希腊史》17 种古希腊文抄本情况如下：②

抄本简称	抄本全称	时间
B	Parisinus	14 世纪早期
P	Vaticanus Palatinus 1738	14 世纪
M	Ambrosianus A4 inf.	1344 年
L	Parisinus Coislinianus 317	14 世纪晚期或 15 世纪早期
V	Marcianus 368	14 世纪晚期或 15 世纪早期
D	Parisinus 1642	15 世纪早期
T	Matritensis 4561	1427 年
u	Urbinus 117	14—15 世纪
n	Neapolitanus 22. 1	15 世纪
c	Parisinus 2080	15 世纪中期
h	British Museum add. ms. 5110	15 世纪中期
g	Marcianus 365	1436 年
m	Laurentianus 69. 15	1455 年
f	Leidensis Perizonianus F 6	1456 年
b	Marcianus 364	1469 年
e	Parisinus 1739	1450—1475 年
a	Parisinus 1793	约 1535 年

（接上页）开俄斯人泰奥滂普斯所著《希腊史》也都续写修昔底德著作，都止于公元前 394 年，现今仅存少量残篇。(4)亚里士多德的《雅典政制》以及吕西亚斯等人的某些演说辞等，也都从不同侧面提供了当时社会历史资料。

② 参阅 P. 科伦茨：《色诺芬〈希腊史〉译注》，第 2 卷序言，第 11—12 页。

根据国际古典历史文献学研究成果，在这些古希腊文抄本中，最重要的抄本当属“抄本 B”和“抄本 P”。近代以来，欧美学者对于色诺芬著作研究的重视程度虽难以与对希罗多德和修昔底德的研究同日而语，但色诺芬《希腊史》的英、法、德、俄等各种现代译本（包括全书译本和分卷译本）出版至少也有数十种。对于现阶段的绝大多数中文读者而言，主要是借助中译本获取这部古典名著的相关知识，要实现从文献原文入手加以研究和考证，尚需时日。

译者手头最早的英译本是由 A. 阿什利等学者翻译的 1 卷本《色诺芬全集》（*The Whole Works of Xenophon*, Translated by Ashley Cooper and Others, Complete in one Volume, Philadelphia, 1845），收录了色诺芬名下所有著作。除此以外，20 世纪流行较广几种英译本，一是 C. L. 布朗森的译本（Xenophon, *Hellenica*, Translated by Carleton L. Brownson, *Loeb Classical Library*, Harvard University Press, Cambridge, MA; William Heinemann, Ltd., London. Vol. 1:1918; Vol. 2:1921）。该书的优点是希腊文英文对照，被收入《劳易卜古典丛书》（该英译本网络版有 2002 年版 http:www. perseus. tufts. edu/cgi-bin）；二是 H. G. 达金斯的译本（Xenophon, *Hellenica*, Translated by Henry G. Dakyns），载 F. R. B. 哥多尔芬主编：《希腊历史学家著作全集》（Francis R. B. Godolphin, *The Greek Historians*, Vol. 2, New York, 1942）。该译本有经过修订并附有较多注释的 2008 年网络版（http://en. wikisource. org/wiki/Hellenica）。另外，P. 科伦茨出版了多卷本《希腊史》注释本，参见《色诺芬之〈希腊史〉》（P. Krentz, *Xenophon' Hellenica, Introduction. Translation. Commentary*, Vol. 1, Aris & Phillips Ltd. 1989; Vol. 2, Aris & Phillips Ltd. 1995）。作者制定了宏大计划，该书前两卷内容到《希腊史》第 4 卷第 2 章为止，希腊文英文对照，并附有详细注释。

2010 年 12 月，R. B. 斯特拉斯勒编辑、约翰·马林科拉新译的《地标色诺芬〈希腊史〉》（R. B. Strassler edt. *The Landmark Xenophon's Hellenika*, A New Translation by John Marincola,

Introduction by David Thomas, New York, 2010)。该书译者系当代最负盛名的古希腊史和古典史学史专家之一，书中附有长篇序言、较为详尽的注释、专题索引、多幅精美插图/地图、16 篇附录(其中多由编者邀请国际古典学界知名专家撰写)，令读者耳目一新。

译者在译注过程中，主要参考古希腊文原文以及上述几种英译本。特别是对于诸译本有不同理解之处，会仔细推敲原文。本书的注释，主要来源有四个：一是 P. 科伦茨的注释本前两卷，二是网络版 H. G. 达金斯英译本的注释，三是《劳易卜古典丛书·色诺芬全集》英译者的注释(2002 年网络版也新增一些注释)，四是译者自己的一些思考和研究的成果。同时，根据自己对原文和希腊史粗浅的理解，对有些注释做了相应的处理，以便使读者更好地理解原著的内容。译者自知学力有限，虽竭尽所能，但错误之处实所难免，期待广大读者和专家批评指正。

徐松岩

二〇一三年三月

第 1 卷

第 1 章

［1］其后不久，[①]塞摩卡列斯[②]率领数艘舰船由雅典而来。于是，拉栖代梦人的舰队和雅典人的舰队又进行了一场海战，[③]拉栖代梦人在阿吉山德里达斯[④]的领导下获胜。

［2］稍后，在初冬时节，狄亚哥拉斯的儿子多利尤斯[⑤]率 14 艘

---

① 公元前 411 年深秋。这是指修昔底德所记载的最后那些事件之后。但具体过了多长时间，色诺芬没有作出确切说明。色氏著作这样开头，是要明示读者它与修昔底德著作的关系。参阅修昔底德：《伯罗奔尼撒战争史》（以下简作“修昔底德”），VIII. 109。中译本可参阅徐松岩译注：《伯罗奔尼撒战争史》，上海：上海人民出版社，2012 年版。修昔底德原计划完整记载这场旷日持久的战争，但写到这里突然中断。色诺芬是紧接着修昔底德的著作续写的。在古代，力图续写这场战争历史的绝不止色诺芬一人。不过，只有色诺芬的著作得以完整保存下来，成为研究其后半个世纪希腊历史的最重要的史料。以下凡援引《希腊史》的，皆只注明卷、章、节。——译者注

② 公元前 411 年夏天当选的雅典将军。在爱利特里亚（Eretria）与阿吉山德里达斯（Agesandridas）的首次海战中，损失了 36 艘战舰中的 22 艘（修昔底德：VIII. 95. 2）。——译者注

③ 这次海战发生在赫勒斯滂海峡。

④ 斯巴达将领，斯巴达人阿吉山德（Agesander）之子（修昔底德：VIII. 91. 1）。——译者注

⑤ 即所谓“罗德岛的多利尤斯”。据考证，此人出身贵族，属于寡头派，在伯罗奔尼撒战争之初被放逐后，移居至雅典在意大利的殖民城邦图里伊（Thurii）。因而修昔底德在其著作中称他为“图里伊的多利尤斯”（VIII. 35，104）。公元前 412 年，他率领 10 艘图里伊战舰加入斯巴达一方，在伊奥尼亚战争中与雅典为敌。公元前 411 年，他很可能在策动罗德岛叛离雅典一事中发挥过关键作用。据统计，色诺芬在其《希腊史》中共涉及人物近 400 位，绝大多数只知其名，可以辨认其身份者不足 8%。参阅：I. 5. 19。P. 科伦茨：《色诺芬〈希腊史〉译注》，第 1 卷，第 87—88 页。——译者注

舰船,由罗德岛而来,在拂晓时分驶入赫勒斯滂海峡。雅典的哨兵发现这支舰队后,立即向他们的将军们[①]发出信号,[②]雅典人投入20艘舰船出战;多利尤斯调转船头向岸边逃去。他尽快行驶,力图摆脱追敌,其舰队在罗伊特昂[③]附近靠岸。

[3] 当雅典人的舰队向他们逼近时,多利尤斯手下将士从舰上、从岸上发起反击。最后,雅典人在未取得任何战果的情况下,撤离战场,驶往玛迪图斯,[④]在那里和他们其余的舰船会师。

[4] 这时候,正在伊利昂[⑤]向雅典娜女神献祭的明达鲁斯[⑥],注意到战事的情况,急命他的舰船[⑦]下海起航,以增援多利尤斯的舰队。[5]雅典人的舰船前来迎击,战斗沿阿卑多斯附近海岸一线进行,从早晨一直厮杀到黄昏。雅典人在有些地方获胜了,在有些地方失利了。这时,阿尔基比阿德斯[⑧]率18艘战舰驶入赫勒斯滂海峡,前来增援。

[6] 于是,伯罗奔尼撒人的舰队朝阿卑多斯方向逃去,而法那巴佐斯[⑨]沿海岸行军给他们以增援。他一边大声喊话,激励手下骑兵和步兵,一边快马加鞭,赶赴海边,想亲自参战。

[7] 同时,在岸上,伯罗奔尼撒人用他们的战舰围成一道屏障,据守以战。最后,雅典人在俘获了30艘敌舰之后,驶往塞斯托斯。

---

① 据修昔底德(VIII. 104—105)记载,当时驻防赫勒斯滂地区的雅典将军是特拉叙鲁斯(Thrasylus)和特拉叙布鲁斯(Thrasybulus)。——译者注

② 色诺芬在这里没有说明发出的是何种"信号"。修昔底德(VIII. 102. 1)提到,稍早前他们是在高处点起烽烟报警。——译者注

③ 城镇,在亚细亚一侧,濒临赫勒斯滂海峡。——译者注

④ 城市,在色雷斯的科尔松尼斯。——译者注

⑤ 即特洛伊。

⑥ 拉栖代梦海军将领。公元前411年夏取代阿斯泰奥库斯(Astyochus)指挥拉栖代梦舰队(修昔底德:VIII. 85. 1)。——译者注

⑦ 据狄奥多拉斯(XIII. 45. 6),他手下有84艘战舰。——译者注

⑧ 又译"亚西比德"。

⑨ 此人至迟自公元前412年起,担任波斯赫勒斯滂的弗利吉亚(Phrygia,小弗利吉亚省)总督,首府在达斯基里昂(Dascyleium)。他在伯罗奔尼撒战争后期支持拉栖代梦人。——译者注

虽然敌舰尽是没有桡手的空船，但是也总算弥补了他们此前所遭受的损失。

[8] 所有40艘战舰从塞斯托斯起航，驶出赫勒斯滂海峡，兵分两路去征收钱款；[①]作为将军之一的特拉叙鲁斯，乘船前往雅典，通报战事情况，请求再派遣些军队和战舰前来增援。

[9] 之后，提萨佛涅斯[②]来到赫勒斯滂海峡，阿尔基比阿德斯随即携带表示友好的赠品和其他礼物，乘一艘三列桨战舰前去拜谒。[③] 提萨佛涅斯却趁机将他逮捕，囚禁在萨尔狄斯，宣称波斯国王命他向雅典人开战。[10]然而，在30天之后，阿尔基比阿德斯和被关押在卡里亚的曼提修斯，[④]他们弄到了马匹，夜里从萨尔狄斯逃到克拉左门奈。

[11] 同时，那些在塞斯图斯的雅典人，在获悉明达鲁斯正计划以60艘战舰前来攻击他们后，便连夜撤退到卡狄亚。[⑤] 阿尔基比阿德斯从克拉左门奈带着5艘三列桨战舰和一艘先遣船，在那里与他们会师。但是，基于伯罗奔尼撒人的舰船已经从阿卑多斯起航前往库济科斯[⑥]这一情况，他就通过陆路前往塞斯图斯，并且命

---

① 雅典当政者从帝国各臣属之邦征收贡金（*phoros*）之数，在伯里克利时代年均约600塔连特，最高时（公元前427/前426年）达到约1300—1500塔连特（雅典帝国通用银币，1塔连特＝60明那＝6000德拉克玛）。雅典人将此款用于维持其强大的常备军（主要为海军）以及雅典公民大会所赞同的其他开支。参阅R. B. 斯特拉斯勒：《地标色诺芬〈希腊史〉》（R. B. Strassler edt. *The Landmark Xenophon's Hellenika*, A New Translation by John Marincola, Introduction by David Thomas, New York, 2010），以下简作"地标《希腊史》"，第4页附注。

② 约自公元前416年起，他奉大流士二世之命，担任驻萨尔狄斯总督，大概有节制波斯西部沿海诸省军队之权，此人多谋善断，是伯罗奔尼撒战争后期波斯方面重要人物。他的父亲名叫海达涅斯（Hydarnes），很可能是大流士"七人帮"成员之一海达涅斯（即维达尔纳，Vidarna）的后人。参阅希罗多德：III. 70—71及附注；修昔底德：VIII. 5—108；参阅：地标《希腊史》，附录M，29。——译者注

③ 这表明阿尔基比阿德斯希望得到友好接待。此前他亦曾极力争取提萨佛涅斯支持雅典。参阅修昔底德：VIII. 45—47，56，81—88，108—109。

④ 一个雅典人。——译者注

⑤ 公元前410年。卡狄亚位于色雷斯的科尔松尼斯北部沿海。——译者注

⑥ 库济科斯，濒临普洛彭提斯海（今马尔马拉海）。——译者注

令本方舰船必须航行到塞斯图斯附近与他会合。

［12］舰队抵达那里后，阿尔基比阿德斯立即出航，准备应战；塞拉麦涅斯[①]从马其顿率 20 艘舰船归来增援，而特拉叙布鲁斯[②]从塔索斯率二十多艘舰船抵达，这两支舰队此前都是去筹集钱款的。[③]

［13］阿尔基比阿德斯下令取下巡航帆，[④]吩咐他们跟随着他，然后率各自的舰船向帕里昂[⑤]进发；所有的战舰在帕里昂集结之时，总数达 86 艘。他们在深夜登船起航，翌日早餐时分抵达普洛康涅苏斯。[⑥]

［14］在那里，雅典人获悉，明达鲁斯的舰队停泊在库济科斯，那里还有法那巴佐斯及其所率军队。当天，他们在普洛康涅苏斯按兵不动；翌日，阿尔基比阿德斯将手下的将士们召集起来，告诫他们说，必须做好进行海战、陆战和攻城拔寨的准备。他说："因为我们已经囊中空空，而敌人却可以从国王那里取得充足的金钱。"

［15］在决战的前一天，雅典舰队刚刚抛锚停泊，阿尔基比阿德斯就立即将港口中所有舰船，无论大小，都集中到一起，目的在于封锁消息，不让敌人得知其舰队的规模。他还当众宣布，凡乘船前去海峡对面者，[⑦]格杀勿论。

---

① 雅典政治家、将军，伯里克利同僚将军哈格浓(Hagnon)之子。塞拉麦涅斯被认为是解读公元前 5 世纪末雅典政坛风云的一位关键人物。参阅：地标《希腊史》，附录 M，24。——译者注

② 斯提里亚(Steiria，雅典一德莫)的吕康(Lycon)之子特拉叙布鲁斯，公元前 5 世纪末雅典将军、政治家。公元前 411 年雅典"四百人"政变时，他作为驻萨摩斯的舰长表示反对，被舰队推举为将军(修昔底德：VIII. 73. 4—76. 2)。随后，在库诺塞马(Cynossema)和阿卑多斯海战中，他都是坐镇雅典舰队右翼指挥(修昔底德：VIII. 104. 3，105. 2；狄奥多拉斯：XIII. 45. 7)。他是公元前 403 年雅典内战中民主派领袖。注意雅典还有另一位将军、科里图斯(Collytus，德莫)的特拉叙布鲁斯(V. 1. 26)。参阅：地标《希腊史》，第 5 页附注，附录 M，26。——译者注

③ 参阅：I. 1. 8。——译者注

④ 即"取消巡航行动"。参阅：II. 1. 27；VI. 2. 27。——译者注

⑤ 帕里昂，濒临普洛彭提斯海。——译者注

⑥ 普洛康涅苏斯岛，位于普洛彭提斯海。——译者注

⑦ 敌人的舰队就在海峡对面。——译者注

[16] 大会结束后，他命令舰队做好战斗准备，然后冒着大雨向库济科斯进发。就在他们即将抵达库济科斯时，雨停了，天空放晴，阳光普照。阿尔基比阿德斯看到，明达鲁斯属下的60艘舰船，正在离港口不远的海域进行操练，它们已被雅典的舰队分隔开来。[17]而在伯罗奔尼撒人方面，当他们看到雅典的舰船数目比此前大为增多，并且已经逼近本方港口的时候，急忙向岸边退却；他们试图把舰船停靠在一起，等敌舰逼近的时候，再予以反击。

[18] 而阿尔基比阿德斯率20艘舰船则绕过敌舰，靠岸登陆。明达鲁斯看到这一情况，也登陆上岸，双方在岸边厮杀起来；而他手下的舰船则四散而逃。雅典人俘获了伯罗奔尼撒方面的所有舰船（叙拉古人的舰船除外，因为这些舰船已经被他们的船员自行焚毁了），把它们都带往普洛康涅苏斯。翌日，雅典人从普洛康涅苏斯起航，进攻库济科斯。

[19] 库济科斯人看到伯罗奔尼撒人和法那巴佐斯已经撤离，于是同意雅典人进城。[20]阿尔基比阿德斯在那里驻扎了20天，从库济科斯人手中勒索了大量金钱，未再给该城邦以更多伤害，便从海上返抵普洛康涅苏斯；又从那里驶往柏林苏斯①和塞林布里亚。② [21]柏林苏斯人允许雅典军队进入他们的城市，而塞林布里亚人宁愿支付金钱，也不同意雅典军队进驻他们境内。

[22] 雅典军队又从那里进驻位于卡尔开顿地区的克利索波里斯；③他们加固克利索波里斯城防，在城内建起了一个海关所，对所有驶离本都海④的舰船课征什一税⑤。他们还留下一支30艘⑥舰船

① 柏林苏斯，濒临普洛彭提斯海。——译者注

② 塞林布里亚，濒临普洛彭提斯海。——译者注

③ 克利索波里斯，位于博斯普鲁斯海峡东岸，拜占庭对面。——译者注

④ 即黑海。黑海沿岸诸国盛产粮食和其他必需品，因而控制黑海的出海口，具有重大的战略意义。——译者注

⑤ 对所有通过博斯普鲁斯海峡的货物都课征10%的税。

⑥ 据狄奥多拉斯（XIII. 64.3），为50艘。——译者注

的军队和他们当中的两位将军——塞拉麦涅斯和攸马库斯留守此地，[①]指示他们不仅要负责镇守要塞，还要密切监视过往舰船，尽其所能，打击敌人。之后，其他诸位将军急忙返回赫勒斯滂。

[23] 这时候，明达鲁斯的副将[②]希波克拉特斯此前送往拉栖代梦[③]的一封信，被雅典人截获并转送至雅典。信中写道："舰船尽失。明达鲁斯已死。将士们在忍饥挨饿。我们不知道该怎么办?!"

[24] 然而，法那巴佐斯力劝伯罗奔尼撒全军以及他们的同盟者，不要因为海战的失利就灰心丧气。他说："只要我们的将士平安健全，我们何必因为损失那几条木船而耿耿于怀呢？在国王的领土上，到处都能找到可取用的木材的地方！"于是，他不仅赠送给士兵每人一件外衣和两个月的生活用品，而且他还给那些船员们配备了武装，让他们坚守海岸线。[25]接着，法那巴佐斯把各城邦的将军们和舰长们召集到一起，指示他们在安坦德鲁斯[④]的造船所建造一批新的三列桨战舰，数量要和他们此前损失的一样多。他告诉他们说，造船的费用皆由他支付，造船木材尽可前往伊达山[⑤]上去采伐。

[26] 在建造战舰期间，叙拉古人帮助安坦德鲁斯人修筑了一段城墙，使得他们在驻军当中颇受欢迎。由于这个缘故，直到现在，叙拉古人在安坦德鲁斯还享有"施惠者"的特权和公民权。至于法那巴佐斯，他在做出这些安排之后，立即救援卡尔开顿[⑥]去了。

[27] 这时候，叙拉古国内有消息传来，告诉叙拉古人的诸位将

---

① 公元前410年。

② *Epistoleus*，即"书记"。按斯巴达的制度，其地位仅次于海军主将。希波克拉特斯于公元前411年率12艘战舰驶抵克尼多斯。——译者注

③ 色诺芬在其著作中，经常交替使用拉栖代梦（Lacedaemon）和斯巴达（Sparta）这两个专有名词。实际上，二者以及相应的拉栖代梦人和斯巴达人是既有区别又有联系的。参阅：地标《希腊史》，附录E。

④ 安坦德鲁斯，在小亚细亚西北部。——译者注

⑤ 伊达山，在小亚细亚西北部。——译者注

⑥ 卡尔开顿，在博斯普鲁斯海峡亚洲沿岸。——译者注

军,说他们已经遭到民主派[①]的放逐。于是,他们把自己士兵都召集到一起,[②]通过发言人赫摩克拉特斯[③]表示,哀叹自己的不幸遭遇,因为他们个个都遭到了不公正的、也是不合法的放逐。诸位将军鼓励他们的士兵们,要继续满怀热情对待未来,因为他们一直就是服从命令的真正的男子汉;诸位将军命令士兵们推举出新的指挥官,由他们行使权力,直到那些从叙拉古新选出的将军来此取而代之。

[28] 然而,叙拉古的将士们尤其是那些舰长、水兵和舵手们[④]齐声呐喊,宣称继续服从将军们的指挥。将军们则回应说,他们不应该迁就同党人反对他们的政府。他们说,“如若有人对我们提出控告,你们应该听听我们的意见,要知道你们曾经赢得过多少海战,你们亲手捕获过多少敌舰;你们在我们的指挥下,在和其他盟友联合作战时,常常是所向披靡、无往不胜;无论在陆上还是海上,为了展示我们的作战技能,展示你们的战斗激情,你们在整个战阵中一直居于最荣耀的位置。”

[29] 但是,如果没有人对他们提出任何控告,那就按照将士们

---

① 此时叙拉古实行民主制,带兵出征的诸位将军属于寡头派。

② 公元前410年。

③ 赫摩克拉特斯,叙拉古的政治家,赫尔蒙(Hermon)之子。公元前424年,他作为主要组织者,把西西里诸邦集合在格拉共同议事,消弭分歧,共同对付来自雅典的威胁;公元前415年,雅典大军远征西西里,大战来临,他再次成为西西里人的精神领袖;前412年,在他鼓动下西西里人为彻底打垮雅典人,派出一支舰队增援米利都,与伯罗奔尼撒人联合作战。参阅修昔底德:IV. 48,59—64;VI. 72;VI. 73,96,99;VII. 21;VIII. 26。——译者注

④ 三列桨战舰(或译三层桨战舰)是古典时代希腊世界标准型战舰。在雅典,一艘三列桨战舰通常配备有1名舰长(*trierachos*,意为trireme-commander),10名重装水兵(*epibatai*),4名弓箭手,包括1名舵手在内的16名水手,170名桡手,共计200人。战舰有三层桨座,桡手分坐两侧,上中下三层。在希腊语中,上层桡手称为*thranitai*,中层桡手称为*zygioi*,下层桡手称为*thalamioi*,每一层桡手设有一位桡手长。桡手必须训练有素,相互之间配合默契,才能发挥出最强的战斗力。参阅S.霍恩布鲁尔、A.斯鲍福斯主编:《牛津古典辞书》,第1552—1553页;相关图片参阅:地标《希腊史》,附录K,2—4。——译者注

的要求，他们继续担任将军职务，直到继任者到来。这些将军的名字是：爱皮基德斯之子德玛库斯、麦涅科拉特斯之子米斯孔和格诺西斯之子波塔密斯。大多数舰长都宣誓，表示一旦他们返回叙拉古，他们立即接受被放逐的将军们回国，让他们在路途中尽快前进，并且对他们都加以举荐。

[30] 可是，将士们，尤其是那些曾经和赫摩克拉特斯接触过的人，更深深地怀恋他和蔼、关怀、热情和率直。因为不管是舰长们、舵手们还是船员们，都和他朝夕相处，每天早晨和晚上，他常常把他们召集到他的营帐里，和他们促膝交谈，让他们说出自己想法和行动计划；还会给他们以教诲，有时要求他们即席发言，有时则要求他们三思之后作答。

[31] 正是由于赫摩克拉特斯在将军委员会中享有至高无上的威望，他因此而被认为是最有资格担任代言人和建议者的。于是，赫摩克拉特斯立即前去拜见法那巴佐斯；他在拉栖代梦的时候曾经开罪于提萨佛涅斯，[①]当时阿斯泰奥库斯支持他作为目击证人，要求他说出真相，在他被询问之前，他去拜访法那巴佐斯并且接受了后者的金钱，因为他想重返叙拉古，故而忙于招募雇佣军和三列桨战舰。这时候，接替被放逐的将军们的那些叙拉古人抵达米利都，并且接管了那里的舰船和军队。

[32] 大约在这时候，在塔索斯发生了一场革命，拉栖代梦人的支持者以及他们派驻当地的统治者、拉哥尼亚人爱特奥尼库斯被逐出了该岛。而拉哥尼亚人帕希皮达斯被指控参与了这场阴谋，与提萨佛涅斯相互勾结，结果他被逐出斯巴达。拉栖代梦委派克拉特斯皮达斯前去接管帕希皮达斯从同盟者那里所征募的舰队，其指挥部设在开俄斯。

[33] 就在这些日子里，即特拉叙鲁斯逗留雅典期间，阿基斯[②]

---

① 关于此事的原委，可参阅修昔底德：VIII. 85。——译者注

② 斯巴达国王，公元前 427—前 400 年在位。参阅：地标《希腊史》，附录 M，2。——译者注

从狄凯利亚出发，向雅典城发动了一次突袭；[①]特拉叙鲁斯率雅典人以及城里所有丁壮出城迎击，在吕凯昂[②]附近严阵以待，抵御来犯之敌。

[34] 阿基斯看到这种情况，赶忙撤退，[③]落在后面的少数士兵被雅典轻装兵杀死。鉴于此次突发事件，雅典人准备给前来求援的特拉叙鲁斯以更多的援助，[④]他们议决，特拉叙鲁斯可以选拔1000重装步兵、100骑兵，再配给他50艘三列桨战舰。

[35] 同时，阿基斯看到，许多运送谷物的舰船从狄凯利亚中转，最后驶入比雷埃夫斯港。他说，他的军队这么长时间以来都力图从陆路切断雅典的对外联系，结果都是徒劳的，除非我们也占据那些经由海上为他们供应谷物的地方；最好是派兰斐亚斯之子克里阿库斯前去卡尔开顿和拜占庭，他在斯巴达担任拜占庭的外交代理人。[⑤]

[36] 阿基斯作出这个决定之后，克里阿库斯率领由麦加拉人和其他同盟者配备的15艘战舰，还有数量更多的运输船，一同起航。在赫勒斯滂海峡，舰队遭到9艘雅典舰船攻击，有3艘被击沉。这些舰船一直在那一带海域巡航，以保护雅典商人的安全。但是，克里阿库斯其余的舰船都逃到塞斯图斯，又从那里安全抵达拜占庭。

---

① 自公元前413年开始，斯巴达国王亲自统率大军在距离雅典约20公里的狄凯利亚建立设防据点，四处劫掠，直到战争结束。斯巴达长期占领狄凯利亚，给予雅典以沉重打击，对伯罗奔尼撒战争后期战局也有重大影响。参阅修昔底德：VII. 19、27、28。——译者注

② 吕凯昂(Lyceum)体育馆位于雅典城近郊。后来亚里士多德也在此开办学园。——译者注

③ 公元前410年。

④ 参阅：I. 1. 8。

⑤ “代理人”(*proxenos*, *proxenoi*)，原意为“公客”或“朋友”。按照希腊城邦外交惯例，他们是A邦安排在B邦关照A邦利益的人物，通常由B邦公民担任。在款待和协助他们所代表的国家的使节和公民时，他们享有B邦的某些特权，颇似现在的“领事”。这里斯巴达人克里阿库斯，就是拜占庭在斯巴达的代理人。参阅S. 霍恩布鲁尔、A. 斯鲍福斯主编：《牛津古典辞书》，第1268页。——译者注

[37] 至此，这一年结束了。[①] 就在这一年当中，迦太基人在汉尼拔的领导下，对西西里发动了一次远征。他集结了10万大军，在3个月内攻占希腊人的两个城邦——塞林努斯和希麦拉。

① 色诺芬(I. 1. 11—36)所述大都为公元前410年所发生的事件，也有个别公元前411年事件混于其中。——译者注

第 2 章

[1] 翌年，[①]在第 93 届奥林匹亚竞技会上，在新增设的项目双马战车竞赛[②]中，爱利斯人攸阿哥拉斯获胜，在 1 斯塔狄亚[③]赛跑比赛中，库伦涅人攸波塔斯折桂。这一年，在斯巴达，攸阿齐普斯担任监察官；在雅典，攸克特蒙担任执政官。[④] 雅典人在索里库斯[⑤]设防；特拉叙鲁斯得到了经过投票表决，划拨给他的那些舰船，配备了 5000 名船员，他们既可以担任桡手又可以充作轻盾兵[⑥]。舰队

---

① 公元前 409 年。这个年代尚有争议。第 93 届奥林匹亚竞技会应该是在公元前 408 年。因此，这段文字疑为后来编辑或者抄写此书的人错误地插入，或者是色诺芬本人把这个年代弄错了。参阅 D. M. 刘易斯、J. 博厄德曼，J. K. 戴维斯、M. 奥斯特沃德主编：《剑桥古代史》，第 5 卷（D. M. Lewis, J. Boardman, J. K. Davis and M. Ostwald, *The Cambridge Ancient History*, 2nd edition, Vol. 5, Cambridge University Press, 1992），第 503—505 页。——译者注

② 直译为“双马竞赛”。在希腊文中，赛车和赛马统称为“马赛”，是各种竞技会中最引人注目的项目。有一种家喻户晓的传说，英雄伯罗普斯在战车比赛中战胜皮萨国王奥诺玛俄斯，赢得国王的女儿希波达美亚公主，并创建了奥林匹亚竞技会。但赛车并不是古代奥运会最早的比赛项目。直到公元前 680 年第 25 届奥运会上，“驷马战车赛”才首次成为正式比赛项目；公元前 648 年第 33 届奥运会上增设“赛马”项目；公元前 408 年第 93 届奥运会增设“双马战车赛”项目。由于造车、养马、驯马和雇用职业御手费用高昂，得奖者不是御手，而是马车的拥有者，况且参赛者可以同时投入多辆马车参赛，因而这项比赛往往成为贵族富人炫耀其财富的良机。——译者注

③ 约合 185 米，有的英译者译为 200 码。——译者注

④ 希腊诸邦实行各自的纪年法。在雅典，每年执政官团中有一位“名年执政官”。这位攸克特蒙执政时间为公元前 408/前 407 年。参阅本书附录 4。

⑤ 城镇，在阿提卡半岛南部。——译者注

⑥ *Peltasts*，手持 *pelta*（轻盾）的轻装步兵，有别于重装步兵。

在初夏时节起航驶往萨摩斯。

[2] 他们在萨摩斯岛停泊了3天，之后又驶向皮格拉；他们蹂躏了当地乡村，攻击皮格拉城。可是，有一支来自米利都的军队，前来增援皮格拉人，他们发现雅典的轻装步兵队形分散，便去追杀他们。[3]随后，雅典的那些轻盾兵和两队重装步兵前来援助他们的轻装步兵。那些米利都人的士兵，只有少数几人得以幸免；雅典人还缴获了大约200面盾牌，树立了一座胜利纪念碑。

[4] 翌日，他们从那里驶往诺提昂，在那里做了必要的准备之后，向科罗丰进军，科罗丰人不战而降。这时正值谷物成熟的季节。第二天夜里，他们进入吕底亚境内到处袭掠，烧毁了许多村舍，抢走金钱，劫走奴隶，还掠获了大量其他战利品。

[5] 然而，驻守当地驿站[①]的那个波斯人，看到雅典人离开军营，分散行动，各自劫掠，他捉获了其中一人，杀死另外7个，尽管雅典军中有骑兵前来营救。

[6] 之后，特拉叙鲁斯率领他的军队返回海边，打算由此起航前往以弗所。但是，提萨佛涅斯获悉这个情报后，便集结了一支大军，并且派骑兵传话给以弗所的居民，要他们重整旗鼓，保护以弗所的阿尔特密斯神庙。[②]

[7] 特拉叙鲁斯在袭掠行动之后的第17天，率兵抵达以弗所；登陆后，他的重装步兵驻扎在科列苏斯山脚下，骑兵、轻盾兵、海军和所有其他人员都驻扎在以弗所对面的沼泽地附近。拂晓时分，他率领这两路军士同时向前推进。

[8] 守卫城市的以弗所人奋起迎击，而提萨佛涅斯所带来的那些盟军，原先那20艘叙拉古战舰和新来的5艘战舰的桡手们，也恰好在那时到达那里。这5艘新近从叙拉古来的舰船由希蓬的儿

---

① 波斯国王大流士一世在位期间(公元前522—前486年)，在波斯帝国境内大修驿道，设立驿站，改善交通。看来，这种制度一直沿用下来。不过，这位驿站执勤人员的战斗力之强着实令人吃惊。——译者注

② 阿尔特密斯是以弗所城邦的主神。——译者注

子攸克利斯和阿里斯托根尼的儿子赫拉克利德斯担任指挥官；另外，两艘塞林努斯舰船的桡手们也位列其中。

［9］以弗所方面的所有这些军队，首先直接向科列苏斯山脚下的重装步兵发起攻击；结果击溃敌军，杀死一百余人。他们乘胜追击，把残敌驱赶到海岸一带。接着，他们调转方向，转而攻击沼泽地附近的敌军。在这里，雅典人也四散奔逃，约有 300 人被杀死。

［10］于是，以弗所人在那里树立了一座胜利纪念碑，在科列苏斯山下又树立了一座胜利纪念碑。至于叙拉古人和塞林努斯人，以弗所人也因为他们英勇作战而予以奖赏；不仅对其军队集体予以奖励，还对其中许多突出的个人予以奖赏。这些人在任何时候都可以来以弗所居住，并且享有免税特权；①至于其他塞林努斯人，在塞林努斯城市被毁灭之后，②以弗所人也授予他们公民权。

［11］在雅典人方面，他们在签订休战协议后，收回了阵亡者的尸体，由海路返回诺提昂，把死者安葬在那里。随后，他们朝列斯堡岛和赫勒斯滂海峡方向航行。［12］他们在列斯堡岛的麦提姆那港口抛锚时，碰巧看见来自以弗所的那 25 艘叙拉古的舰船从他们那一带海域通过，于是他们冲出港口，发起攻击，俘获了 4 艘舰船及其船上所有人员，把其余舰船赶回了以弗所。

［13］特拉叙鲁斯把除阿尔基比阿德斯以外的所有俘虏，都遣送回雅典。这位阿尔基比阿德斯是一个雅典人，是被放逐的阿尔基比阿德斯将军的堂兄弟，特拉叙鲁斯将其乱石击死。然后，他从麦提姆那起航前往塞斯图斯，与其余的军队会合；全军又从塞斯图斯出发，斜穿过海峡抵达兰普萨库斯。③

［14］现在进入冬季了。在这期间，囚禁在比雷埃夫斯采石场中的那些叙拉古人，④从岩石缝隙间挖开洞口，在夜里逃走了。他

① 实际上是给予这些叙拉古人和本邦公民相同的权利。——译者注

② 不久之后，迦太基人摧毁了塞林努斯。

③ 塞斯图斯和兰普萨库斯分别在海峡两岸。——译者注

④ 雅典西西里远征的被俘人员，也被囚禁在叙拉古当地采石场。——译者注

们大多数逃到了狄凯[illegible]其余的逃到了麦加拉。

［15］同时，在兰普萨库斯，阿尔基比阿德斯力图将全军整合起来，但是他原来那些士兵们不愿意和特拉叙鲁斯军队整编到一起；因为他们说他们从来没尝过失败的滋味，而其余人刚刚经历过一次失败。然而，这两支军队还是在那里一起过冬，各自都忙于加固兰普萨库斯的城防。

［16］他们还对阿卑多斯发动了一次攻击；法那巴佐斯统率大批骑兵前来救援，结果被击败，四散而逃。阿尔基比阿德斯统率雅典骑兵和米南德率领的120名重装步兵前去追击，直到夜幕降临，才停了下来。

［17］这次作战，双方士兵们服从统一的调遣，阿尔基比阿德斯原有的军队，和特拉叙鲁斯手下士兵之间得以友好相处。在这个冬季里，雅典人也调派其他一些军队多次深入亚细亚内地，劫掠国王的领土。

［18］在这个时期，拉栖代梦人批准了关于黑劳士的条款，黑劳士们曾经反叛，并且从马利亚逃到科里法西昂。① 条款允许黑劳士

---

① 科里法西昂即派罗斯，自公元前425年起一直为雅典人所控制。这里的驻军大都是美塞尼亚人和黑劳士。根据拉栖代梦的宪法，国家政权完全掌控在斯巴达人手里。他们统治下的臣民分为两部分：(1)黑劳士(*Helots*)，一般认为他们是国家所有的奴隶。由斯巴达人教育和培养的黑劳士人的子女被称为摩萨凯斯(*Mothakes*)；获得自由的黑劳士被称为涅奥达摩德斯(*Neodamodes*，即所谓"新公民")。公元前8—前7世纪，斯巴达人征服美塞尼亚之后，黑劳士人数激增。(2)庇里阿西人(*Perioeci*)，这些人大概是古代阿凯亚人的后裔，生活在广大乡村和城镇，拥有自己的财产，缴纳贡金，在拉栖代梦的军队中充任步兵。据说在公元前458年，他们大约有3万人。斯巴达人像所有多利亚人一样，分为三个部落，即海雷斯(*Hylleis*)、迪曼那太(*Dymanatae*)和滂菲利(*Pamphyli*)，每一个部落分成10个奥巴(Oba)，奥巴再分为若干家庭，占有土地财产。公元前458年，这样的家庭据说有9000户。此后，由于土地转让、战争以及其他种种原因，公民人数剧减。到公元前244年斯巴达国王阿基斯三世时，斯巴达人原来的家庭仅有七百余户，而其中仅有100户拥有土地和份地。参阅亚里士多德：《政治学》，1270a15—40；普鲁塔克：《传记集・阿基斯传》，V. 4；刘家和：《论黑劳士制度》，《古代中国与世界》，武汉：武汉出版社，1995年版，第78—139页。——译者注

和平地撤出科里法西昂。大约同时，在特拉齐斯的赫拉克利亚的殖民者，在一次战斗中被阿凯亚人出卖。这两个民族一起对付与他们为敌的奥塔人，①阿凯亚人的倒戈造成大约700名赫拉克利亚人阵亡，拉栖代梦人派驻当地的统治者拉波塔斯也被杀死。

[19] 这一年就这样结束了。在这一年当中，②米底人反叛波斯国王大流士③未果，再一次沦为波斯的臣民。④

① 北希腊一部族，居住在奥塔山一带。——译者注

② 公元前409年。

③ 大流士二世(公元前423—前405年在位)，阿塔薛西斯一世之子，阿塔薛西斯二世和小居鲁士之父。——译者注

④ 米底人和波斯人同属印欧语系伊朗语族，波斯人曾经附属于米底人，后来波斯人举兵起义，首先征服了米底人，接下来又征服了亚欧非许多民族。——译者注

第 3 章

[1] 翌年，[1]佛凯亚的雅典娜神庙遭到雷击，起火燃烧。在冬去春来之际——潘塔克利斯为时任拉栖代梦监察官，安提格尼斯为雅典执政官，这场战争[2]已经持续了 22 年——雅典舰队全体出动，驶往普洛康涅苏斯。

[2] 他们在那里准备攻击卡尔开顿和拜占庭，并且在卡尔开顿附近扎营。当卡尔开顿人获悉雅典海军向他们逼进时，他们把所有可移动的财产，都转移到邻近的比赛尼亚色雷斯人那里。

[3] 阿尔基比阿德斯带着少量的重装步兵和骑兵，命令舰队沿着海岸航行，向比赛尼亚人那里推进，去索要卡尔开顿人的财物。他威胁比赛尼亚人说，如果他们不交出那些财物，就对他们开战。于是，比赛尼亚人只得交出财物。

[4] 阿尔基比阿德斯带着战利品返回营地，在与比赛尼亚人缔结一项条约后，他随即统率全军来围攻卡尔开顿，他们在从海到海[3]之间，修建了一道木栅栏，目的是尽可能将这条河囊括在他的栅栏之内。

[5] 于是，拉栖代梦人派驻当地的统治者希波克拉特，率领他

---

① 公元前 408 年。

② 伯罗奔尼撒战争。——译者注

③ “从海到海”，亦即从博斯普鲁斯海峡到普洛彭提斯海。色诺芬写这段文字的时候，想当然地认为读者都了解当地的地理环境。因为卡尔开顿位于拜占庭对面，地处半岛之上，东西两侧都有河流入海口。栅栏修筑在卡尔开顿以北，尽可能靠近河岸，从而使法那巴佐斯无法对希波克拉特实施有效增援。——译者注

的军队出城交战，雅典人也整顿队伍迎战。而在栅栏的外面的法那巴佐斯，带着大量的步兵和骑兵，力图来增援希波克拉特。

［6］这时候，希波克拉特和特拉叙鲁斯双方带着各自的重装步兵，已经厮杀了许久。阿尔基比阿德斯带领他手下少量重装步兵和骑兵，前来增援特拉叙鲁斯。最后，希波克拉特被杀死，他手下的士兵逃回城里。

［7］同时，由于地域狭窄，法那巴佐斯无法与希波克拉特会师，因为那道栅栏是紧靠着河边修建的。这样，法那巴佐斯只好回到卡尔开顿境内的赫拉克利昂①，在那里安营。

［8］之后，阿尔基比阿德斯前往赫勒斯滂地区和科尔松尼斯半岛去筹集钱款；鉴于卡尔开顿的情况，其他诸位将军和法那巴佐斯缔结了一个条约，②条件是：法那巴佐斯同意支付给雅典人20塔连特③，并且要保障他们前往国王那里的使者的安全。

［9］法那巴佐斯还发誓承诺：卡尔开顿人必须分厘不差地按照以前所缴纳的数额，向雅典人缴纳贡金，并且要缴清所拖欠的贡金。④ 而雅典人方面也发誓，在他们的使者从波斯国王那里返回之前，决不向卡尔开顿人开战。

［10］他们双方相互宣誓的时候，阿尔基比阿德斯不在现场，而是在塞林布里亚附近；他在攻下该城市之后，又统率所有科尔松尼斯人以及来自色雷斯的士兵，还有三百多骑兵，兵临拜占庭城下。

［11］法那巴佐斯认为，阿尔基比阿德斯也应该宣誓，因此他在卡尔开顿等候着，直到阿尔基比阿德斯从拜占庭归来。但阿尔基比阿德斯归来后，却不愿宣誓，除非法那巴佐斯也必须和他一样。

---

① 一座赫拉克利斯神殿，大概在卡尔开顿城附近。

② 公元前408年。

③ 古代近东地区有多种度量衡制。1塔连特按阿提卡·优波亚制为25.86千克；按埃吉那制为37.8千克；按巴比伦制则为30.3千克。我们无法确认色诺芬这里所说是哪一种币制。按照希腊古典作家的惯例，如果没有特别说明，阿提卡币制的可能性最大。——译者注

④ 他们在雅典人海上霸权削弱的时候，也许并未按时缴纳贡金。——译者注

[12] 最后，阿尔基比阿德斯在克利索波里斯，对法那巴佐斯的代表米特洛巴特斯和阿那佩斯宣誓，而法那巴佐斯在卡尔开顿，对阿尔基比阿德斯的代表攸里托里姆斯和狄奥提姆斯宣誓，双方不仅进行了正式宣誓，而且还相互作了个人保证。

[13] 之后，法那巴佐斯很快离开了卡尔开顿。他放话说，将在库济科斯会见派往国王那里的使者。使团成员包括雅典人多洛秀斯、腓洛基德斯、塞奥根尼斯、攸里托里姆斯和曼提修斯，同行的还有两位阿尔哥斯人：克列奥斯特拉图斯和皮罗洛库斯；[①]而拉栖代梦人的使团也出使波斯，他们是帕希皮达斯和其他一些人，同行的还有一位来自叙拉古的被逐者赫摩克拉特，以及他的兄弟普罗克塞努斯。

[14] 法那巴佐斯在作出上述安排的时候，雅典人正在围攻拜占庭；他们在拜占庭城四周筑起一道围墙，用远距离的投射结合近距离的突击攻城。[15]这时，在拜占庭城里，拉栖代梦派驻该城的统治者是克利尔库斯，和他一起的，有一些拉哥尼亚的庇里阿西人，有少数获释黑劳士；[②]还有一支麦加拉人的军队，由麦加拉人赫里克苏斯指挥；一支波奥提亚人的军队，由科拉塔达斯指挥。

[16] 雅典人发现他们武力围攻收效甚微，就设法说服一些拜占庭人充当内应，献出他们的城市。[17]同时，拜占庭的统治者克利尔库斯，未曾料想会有人叛离，因而便尽他所能做好各项部署；他把城市的事务交给科拉塔达斯和赫里克苏斯，自己横渡海峡到对岸，去迎接法那巴佐斯。他这样做的目的，一方面是想从法那巴佐斯那里获取士兵们的薪饷，另一方面也是想再征召一些舰船。他的计划是，把那些留在后面在赫勒斯滂地区担任警戒任务的帕希皮达斯的舰船，那些在安坦德鲁斯的舰船，以及那些在明达鲁斯

---

① 阿尔哥斯长期与斯巴达为敌，公元前420年以后大都站在雅典一边。——译者注

② 黑劳士大都是被征服的美塞尼亚人的后裔。文献中首次提及 *Neodamodeis*（获释黑劳士）是修昔底德（V. 34. 1）。大约从公元前5世纪末起，随着斯巴达兵源日渐枯竭，他们开始解放一些黑劳士补充到军队中。——译者注

的部将阿吉山德里达斯指挥下的在色雷斯沿海的舰船，都集中到一起；最后，再新建造一些舰船。克利尔库斯认为，等他把所有舰船都集中到一起之后，就可以去打击雅典人的同盟者，将那些围攻拜占庭的军队击退。

[18] 然而，当克利尔库斯乘船离开之后，那些想背叛拜占庭的人——库敦、阿里斯顿、安那克西克拉特、来库古斯和安那克西劳斯，便紧锣密鼓地展开他们的工作。[19]后来，这位安那克西劳斯试图在拉栖代梦谋生，可是因这次背叛行为受到死罪的指控。他申辩说，自己并没有背叛拜占庭人，而是拯救了拜占庭人；他说，他是一个拜占庭人，而不是拉栖代梦人，当他看见拜占庭的妇女儿童被活活饿死的时候——他说，因为克利尔库斯已经把这个城市中所有可以吃的东西都给了拉栖代梦的士兵们——这是他放敌人进城的原因，他既不是为了金钱，也不是出于对拉栖代梦人的仇恨。结果，他因此而被赦免。[①]

[20] 然而，如上所述，这些背叛者已经做好了献城的准备。随后，他们在夜里打开了通往所谓"色雷斯广场"的几道城门，让雅典的军队和阿尔基比阿德斯长驱直入。[21]当时，赫里克苏斯和科拉塔达斯两人对所发生的一切浑然不知，情急之下带着全体将士直奔市政广场，但是却发现敌人已经控制了全城。他们无计可施，只好束手就擒。

[22] 他们把所有俘虏都送往雅典，当他们在比雷埃夫斯港口登陆时，科拉塔达斯趁着人多混乱，悄悄溜走，逃往狄凯利亚。

---

① 公元前408年。

第4章

[1] 法那巴佐斯和那些使者们在弗利吉亚的哥尔狄昂过冬期间，得知了在拜占庭所发生的事情。

[2] 但是，初春之时，[①]他们在继续前去觐见波斯国王的途中，不光是遇到了返程回国的拉栖代梦人的使团——波奥提乌斯及其同伴们，还有报信者[②]，他们说，拉栖代梦人已经从国王那里得到了他们想要的一切。

[3] 他们还见到了居鲁士。[③] 居鲁士是来此赴任沿海诸族的统治者，并受命在战争中支持拉栖代梦人。就是这位居鲁士，还携带着一封致所有沿海居民[④]的书信，放在国王专用信封内。信中有这样的内容："朕委任居鲁士前去统治以卡斯托鲁斯[⑤]为首府的那些民族。"[⑥][4]"卡拉努斯"这个词，意为"主人"。雅典的使者们得知这些情况并且见到了居鲁士本人后，他们希望如果可能的话，再去觐见国王，否则他们就要返回国内了。

---

① 公元前407年。

② 这里所指不甚明确。

③ 即小居鲁士(Cyrus the Younger，公元前424/前423？—前401年)，波斯国王大流士二世次子，其母为王后帕里赛蒂斯(Parysatis)。公元前407年，奉国王之命前往小亚细亚地区，节制沿海诸省，协助斯巴达人对抗雅典人；后与其兄阿塔薛西斯二世争夺王位继承权失利。公元前401年自小亚细亚起兵，在库纳克萨(Cynaxa)之战阵亡。参阅：地标《希腊史》，附录M，7。

④ 即小亚细亚沿海诸省，以区别于波斯帝国的内陆的领土。

⑤ 城镇，在吕底亚境内。——译者注

⑥ 直译为："委任居鲁士为……的卡拉努斯(*caranus*)"。

[5] 然而,居鲁士指示法那巴佐斯,由他亲自来监控这些使者,反正无论如何也不许他们即刻回国,因为居鲁士不想让雅典人知道目前所发生的事情。[6]因此,法那巴佐斯为了避免受到居鲁士的责难,就把这些使者扣押下来,有时告诉他们说,他愿意带他们去觐见国王;过一阵儿又说,他愿意让他们平安回国。

[7] 三年过去了。[①] 法那巴佐斯请求居鲁士释放他们回国,因为他曾发过誓,答应他们,既然不能带他们去觐见波斯国王,就要带他们返回沿海。于是,他们把这些使者送到阿里奥巴赞尼[②]那里,并指示由他继续护送他们出境;阿里奥巴赞尼把他们带到美西亚的基乌斯,他们从那里起航,加入了雅典的军队。

[8] 这时,阿尔基比阿德斯也正想带着他的军队回国,准备率军直奔萨摩斯。于是,他率领 20 艘舰船起航,前往卡里亚的凯拉米克湾;他在当地收取了 100 塔连特之后,返回萨摩斯。[9]而特拉叙布鲁斯率 30 艘舰船,前往色雷斯沿海游弋,征服了此前叛离了雅典而倒向拉栖代梦人的所有地方,[③]尤其是塔索斯,这个地方因为战乱、革命和饥馑,情况十分糟糕。

[10] 最后,特拉叙鲁斯率舰队的其余舰船,直接返回雅典。但是,在他返抵雅典之前,雅典人已选举其时放逐在外的阿尔基比阿德斯为将军,选举不在国内的特拉叙布鲁斯为将军,选举在国内的科浓为第三位将军。

[11] 这时候,阿尔基比阿德斯率 20 艘舰船,携带一些金钱从萨摩斯驶向帕罗斯,又从帕罗斯直抵吉特昂。[④] 他听说拉栖代梦人在那里有 30 艘战舰,此行的目的就是想看看它们的动向;另外还想试探一下雅典人对他回国的态度。

[12] 阿尔基比阿德斯发现雅典人态度友善,并且已选举他为

---

① 三年过后,应该是在公元前 404 年。作者这句话似乎有些令人费解。——译者注

② 波斯总督。也许是法那巴佐斯的继任者。参阅:V. 1. 28。——译者注

③ 公元前 407 年。

④ 吉特昂乃是斯巴达的港口和军械库,坐落于拉哥尼亚湾(今日之 Marathonisi)。

将军,他的朋友也私下捎信,力劝他回国。于是,他率舰队驶入比雷埃夫斯港,抵达的那一天,正值雅典庆祝普林特里亚节,[①]雅典娜雕像被罩起来——有些人认为,无论对于个人还是城邦,这都意味着不祥之兆。因此,在节日当天,在雅典,没有人会轻举妄动,从事任何重大的事务。

[13] 当他乘船进入港口的时候,来自比雷埃夫斯和雅典城的普通民众,便蜂拥而至,聚集到他的舰船附近。他们充满好奇,很想亲眼看看这位声名赫赫的阿尔基比阿德斯。有人说,阿尔基比阿德斯是最优秀的公民,他之所以被放逐,没有任何正当理由,而是遭到那些势力不如他,口碑也不好的人们的栽赃陷害,他们的政治行为,是出于自己的私心贪欲,而他却始终不渝地努力为平民谋福利,或者靠一己之力,或者靠城邦之力去实现这个目标。

[14] 他们说,就在人们热议这个问题期间,[②]有人指控他涉嫌参与亵渎埃琉西斯密仪之事,他很乐意马上接受审判;因为他显然是清白的。然而,他的政敌们却拖延审判日期。随后,当他离开雅典之后,他的政敌就褫夺了他返回祖国的权利。[③] [15]其后,他流落异乡,软弱无助,如同奴隶一般,天天生活在危险之中,他被迫去讨好自己的死敌;[④]尽管他眼睁睁地看着自己最亲密的朋友、同胞公民、自己的亲属和整个雅典,都不断地在犯错误,但是由于他被放逐在外,因而毫无办法。

[16] 他们说,像他这种人是不会挖空心思,谋求发动革命或者政变的;因为在民主制度之下,他的地位不仅高于他的同时代人,

---

① 洗涤节(Plynteria, *ta Plunteria*),在萨尔格里昂月(*Thargelion*,意为献祭"初熟果实"之月,雅典历11月,跨今之公历5—6月。参阅附录4。——译者注)25日举行。节日期间,人们要把雅典娜女神雕像的外衣揭下来,由Praxiergidae来洗涤;这一天,公民大会不得开会,民众法庭不得开庭,雅典娜神庙也要关闭。

② 公元前415年。即在他准备起航远征西西里之前。参阅修昔底德:VI. 28。——译者注

③ 修昔底德(VI. 27—29、53、60—61)就此有翔实的记载。——译者注

④ 指斯巴达人和波斯人。

同时也不亚于他的前辈；另一方面，他的政敌们，在他被放逐之前或之后，都同样地低估了他；后来，他们在取得政权之后，大肆屠杀城邦中的精英分子；随后，既然唯有他们成为幸存者，同胞公民也只好接受他们，因为精英分子已经被他们屠杀殆尽了。

[17] 然而，还有些人认为，阿尔基比阿德斯应该独自为他们过去所遭受的苦难负责，至于那即将威胁到城邦的不幸，可能主要是由他一个人造成的。

[18] 同时，阿尔基比阿德斯已经抛锚靠岸，由于惧怕他的政敌，他并没有立即登陆。他登上战舰的甲板，察看他的朋友们是否在场。[19]当他看见他的堂兄弟、佩辛那克斯之子攸里托里姆斯，以及他的其他亲戚朋友时，便登陆上岸，前往雅典城，这群人簇拥在他的周围护卫着他，以防有人袭击。

[20] 阿尔基比阿德斯在五百人议事会和公民大会上为自己辩护，说他没有亵渎圣仪，说自己曾受到不公正的对待，随后他又就类似的话题发表相同的观点，没有人提出反对意见，因为在当时的气氛下，没有人敢贸然在公民大会提出否定意见。于是，阿尔基比阿德斯被宣布为全军总司令，①授予他绝对权力；人民认为他是惟一能够重振邦国势力的人物。随后，他采取的第一步行动，就是统领所有的军队，以游行队伍通过陆路推进，②前去埃琉西斯举行密仪；最近这几年，由于这场战争，雅典人不得不通过海路前去举行密仪。③

[21] 之后，他征募军队，包括1500名重装步兵、150名骑兵和100艘战舰。然后，在他重返雅典后的第4个月，④他起航出征安

---

① 据狄奥多拉斯（XIII. 69. 3），“确立他为陆海军总司令（commander-in-chief, *strategos autocrator*）”。——译者注

② 从雅典到埃琉西斯的德墨特尔神庙。

③ 庆祝埃琉西斯密仪包括从雅典出发到埃琉西斯的游行。由于斯巴达人自公元前413年开始占领狄凯利亚，通过陆路游行被认为是不安全的。关于密仪，参阅：地标《希腊史》，附录J，9，11。——译者注

④ H. G. 达金斯英译本[载 F. R. B. 哥多尔芬主编：《希腊历史学家著作全集》(Francis R. B. Godolphin, *The Greek Historians*)，第2卷，英译者 H. G. Dakyns，纽约1942年版，第3—221页。]为“在他返回雅典的3个月之后”。——译者注

德罗斯，因为该邦叛离了雅典人；和他一起出征的将军有阿里斯托克拉特，以及琉科罗斐德斯的儿子阿代曼图斯。雅典人推选出的这两位将军，是负责陆战事务的。

[22] 阿尔基比阿德斯的军队在安德罗斯境内的高里昂地方登陆。当安德罗斯人和驻守当地的拉哥尼亚人出来迎战时，雅典人击溃了他们，迫使他们紧闭城门，虽然他们只有少数几个人被杀死。

[23] 于是，阿尔基比阿德斯在那里树立了一座胜利纪念碑。数日之后，他率军起航前往萨摩斯，[①]把萨摩斯作为一个作战基地。

---

① 公元前407年。

第 5 章

[1] 此前不久，由于克拉特斯皮达斯任期届满，拉栖代梦人指派吕山德担任舰队司令。吕山德首先抵达罗德岛，在那里得到一些舰船，然后起航前往科斯和米利都，再由米利都至以弗所，吕山德及其 70 艘战舰在那里一起等候着，直到居鲁士抵达萨尔狄斯。居鲁士一到达，吕山德就在来自拉栖代梦的使者们的陪同下，赶紧去拜访他。

[2] 他们向居鲁士陈述了提萨佛涅斯的犯罪事实，并请求他以最大的热情投入到这场战争中。[3]居鲁士答复说，他这样做乃是奉父王之命，他自己没有任何其他目的，但是他愿意尽力而为；他说，他随身带来了 500 塔连特，如果这些钱还不够用的话，他愿意拿出他私人的金钱，那是他父王以前给他的；如果这些钱加在一起依然不够，那他愿意去筹款，直至砸碎他那金银铸成的宝座。

[4] 使者们对他表示感谢，并劝他付给每个桡手每天一个阿提卡德拉克玛。① 他们解释说，如果照此标准发放薪饷，雅典舰队中的桡手们将离弃他们的舰船，这样可使他少花费些金钱。②

[5] 居鲁士回应说，此计甚好，但是对他来说违背国王的旨意是不可能的。此外，原先所订的条约还是要执行，国王每个月付给

---

① 如果按照每日 1 个德拉克玛(6 奥波尔)发放薪饷，那是相当高的。

② 雅典方面的桡手们为了取得高薪，会纷纷投奔到拉栖代梦的舰队中来，使得战事很快结束。

每艘舰船 30 明那，[①]无论拉栖代梦人舰船数量有多少。[②] [6]于是，吕山德暂且不说此事。但是，晚餐后，双方干杯，互助身体健康时，居鲁士问采取什么行动才会让他感到更满意时，吕山德回答道："给每个桡手增加一个奥波尔。"

[7] 从此以后，船员的薪饷为每天 4 个奥波尔，而此前一直是 3 个奥波尔。此外，居鲁士还付清了拖欠的军饷，并且还预付给他们一个月的薪饷。这样，海军将士们的士气日渐高涨。

[8] 雅典人听到这个消息后，感到十分沮丧。他们通过提萨佛涅斯派遣使者们到居鲁士那里。[9]然而，居鲁士不肯接见他们，虽然提萨佛涅斯劝他接见，并提醒他要看到，没有哪个希腊城邦会独自强大起来，所有城邦通过彼此之间持续不断的争斗，始终处于疲弱状态——这项政策就是按照阿尔基比阿德斯的建议而制定的[③]。

[10] 至于吕山德，他完成了舰队的编组，把在以弗所现有的 90 艘舰船拖曳上岸，这些舰船在那里晾晒着，等待维修。

[11] 同时，阿尔基比阿德斯听说特拉叙布鲁斯已出赫勒斯滂海峡向南，正在围攻佛凯亚，便把舰队指挥权移交给他的领航员安条库斯，并指示他们不得袭击吕山德的舰船，他自己横渡过来想见见特拉叙布鲁斯。

[12] 但是，安条库斯乘坐自己舰船和另外一艘舰船，从诺提昂驶进以弗所的港口。他们沿海岸行驶，紧贴着吕山德舰队的船首而过[④]。[13]吕山德先是启动了几艘战舰，跟踪追击，但是当雅典

---

① 1 明那＝100 德拉克玛＝600 奥波尔。一艘三列桨战舰通常配备 200 人，如果每艘船每月 30 明那，相当于每人每天 3 个奥波尔。——译者注

② 公元前 407 年。

③ 据修昔底德记载，阿尔基比阿德斯向波斯人献计，希望他们不要固定支持希腊的某一个城邦，而是要随机应变，以金钱为工具，让希腊诸邦彼此交战，相互削弱，如此就难以对波斯帝国造成重大威胁。这恰恰成为公元前 5 世纪末前 4 世纪初波斯对希腊城邦所采取的基本外交政策。参阅修昔底德：VIII. 46。——译者注

④ 关于此事，参阅普鲁塔克：《传记集·阿尔基比阿德斯传》，XXXV. 4—6。

人开动更多的舰船前来援助安条库斯的时候，吕山德就把他手下每一艘舰船都编入战阵，准备迎击来敌。于是，雅典人也出动在诺提昂的其余战舰，他们目标明确，直奔作战海域而来。

［14］随后，双方投入战斗，吕山德一方队形齐整，而雅典人方面，其舰船队形散乱，在损失 15 艘[①]舰船后，终于败下阵来。至于雅典舰船上的人员，大多数逃走了，有一些束手就擒。接着，吕山德收集了战利品，在诺提昂树立了一座胜利纪念碑，然后率舰队驶往以弗所，而雅典人则前往萨摩斯。

［15］稍后，阿尔基比阿德斯回到萨摩斯，率领手下所有舰船开赴以弗所的港口，在港口的出口处摆开战阵，向对方挑战，随时准备投入战斗。但是，吕山德看到本方舰队在数量上居于明显劣势，拒不应战。于是，阿尔基比阿德斯只好又驶回萨摩斯。不久，拉栖代梦人攻陷了德斐尼昂和爱昂两城。

［16］国内的雅典人得知诺提昂之战的消息后，他们迁怒于阿尔基比阿德斯，认为由于他的失职和放荡，而造成舰队的损失。于是，他们新选出十位将军，分别是：科浓、狄奥麦敦、列昂、伯里克利、爱拉辛尼德斯、阿里斯托克拉特、阿切斯特拉图、普罗托玛库斯、特拉叙鲁斯和阿里斯托根尼。[②]

［17］这样，阿尔基比阿德斯在军中也遭到冷遇。于是，他乘坐一艘三列桨战舰，前往他在科尔松尼斯半岛上的城堡去了[③]。

［18］之后，科浓率领他手下的 20 艘舰船，从安德罗斯起航来到萨摩斯，在那里按雅典人投票所通过的决议，执掌舰队指挥权。同时，他们派法诺斯提尼率 4 艘舰船到安德罗斯，以弥补科浓离任后的空缺。

［19］法诺斯提尼在赴任途中，遭遇两艘图里伊的战船，将其战

---

① 狄奥多拉斯（XIII. 71. 4）说，损失 22 艘，从《奥克西林库斯希腊志》（IV. 3）之说；而普鲁塔克在《传记集·吕山德传》（V. 2）中从色诺芬之说。——译者注

② 后来他们 10 人被集体罢免并判处死刑。参阅：I. 7. 1—34。——译者注

③ 据普鲁塔克《传记集·阿尔基比阿德斯传》（XXXVI. 2）所说，他在那里修筑了一座城堡，一旦遇到麻烦，就来此避难。——译者注

船以及所有船员俘获。所有被俘人员都被雅典人监禁起来。但是,他们的指挥官多利尤斯,一个出生于罗德岛的人,在被雅典人逐出雅典和罗德岛前的一段时间,他和他的亲属都曾经被判处死刑。如今他成为图里伊的公民,雅典人出于对他的同情,将他释放,甚至没有索要赎金。[①]

[20] 科浓在到达萨摩斯后,发现雅典舰队中弥漫着悲观失望的情绪,他配齐了原先在这里的 70 艘三列桨战舰上的人员,总数达一百多艘舰船,他和其他诸位将军一起,统率着这支舰队出发,在敌方的领土上随处登陆,大肆劫掠。

[21] 这一年终结了。在这一年当中,[②]迦太基人的 120 艘三列桨战舰、12 万大军远征西西里。尽管他们在交战中也有败绩,但是他们在围攻阿克拉加斯 7 个月之后,迫使其投降。

---

① 参阅:I. 1. 2 及其附注。希腊城邦在交战中被俘虏的公民,失败者往往以向获胜者缴纳赎金的方式使他们重获自由。——译者注

② 公元前 407 年。

第 6 章

［1］翌年[①]——在这一年里，某天夜里发生月食，[②]雅典的雅典娜古神庙[③]失火，在斯巴达，比提亚斯担任监察官；在雅典，卡里阿斯担任执政官——拉栖代梦人委派卡里克拉提达担任舰队指挥官，以取代任期届满的吕山德。这是战争的第 24 年了。

［2］吕山德在移交舰队时，对卡里克拉提达说，他移交的时候要像海上君主和海战的获胜者一样。卡里克拉提达告诉他，由萨摩斯的左手（那里有雅典人的舰船）沿以弗所海岸航行，到达米利都之后再移交舰船。卡里克拉提达说，到那时他才承认他是海上君主。

［3］但是，吕山德回答说，别人当舰队司令，他才懒得去多管闲事呢。卡里克拉提达用来自开俄斯、罗德岛和其他同盟国的人员配备了 50 艘战舰，再加上他从吕山德手上接管的舰船，在把所有战舰集中起来之后，总数达到 140 艘。他准备率舰队出海迎敌了。

［4］但是，卡里克拉提达发现吕山德的朋友们正在密谋造谣中伤他——他们非但不积极执行他的命令，还在国内广泛散布这样的说法，说拉栖代梦人在更换海军统帅方面，犯下一个严重错误：本来是称职的人，却被别人取代了；说吕山德深谙海军事务，深知如何去对付敌人，他们派来的人却对海军事务一窍不通，对附近的居民了解甚少；他们说，照这样下去的话，拉栖代梦人即将遭到惨

---

① 公元前 406 年。

② 据现代天文学家推算，此次月食的具体时间为公元前 406 年 4 月 15 日。

③ 指雅典卫城上的雅典娜神庙。

败——在得知这些说法之后，卡里克拉提达将当地的拉栖代梦人召集起来，对他们说：

[5]“对我而言，我情愿待在国内，如果吕山德或者其他任何人在海军事务方面比我更富有经验的话，我会让位给他的；但是，我是受邦国的派遣前来接管舰队指挥权的，我除了服从命令，尽力而为以外，别无选择。考虑到我所展现的雄心壮志和我们邦国斯巴达所招致的指责——既然你们也知道我在做什么——那你们所能做的，就是把关于我在这里留任的任何好建议，都可以提出来，也可以返航回国去报告这里的实际情况。”

[6]既然他是服从国内当权者的命令，来这里执行公务的，因而没有人敢提出任何异议了。于是，他前往居鲁士处，为他的桡手们索要薪饷。然而，居鲁士告诉他，让他再等两天。① [7]卡里克拉提达因为居鲁士的拖延而不满，他们在其官邸大门前说好话，他们喊叫着说，希腊人的处境好可怜。他们说，为了金钱而不得不向异族人献媚拍马，如果他们平安回国，会尽其所能促成雅典人和拉栖代梦人达成和解，然后再驶往米利都。

[8]卡里克拉提达从米利都派舰船回拉栖代梦筹措军费，之后他召开米利都人的公民开会，对他们说：

“米利都人啊，就我而言，我必须服从国内当权者给我的命令；至于你们，我认为你们应该在战争中展示出极高的热情；因为你们居住于异族人中间，过去你们也曾经遭到过他们的许多伤害。[9]你们作为领导者，应该向其他同盟者说明，我们将如何在最短的时间内给敌人以最大的伤害，直到我派去筹取军费的人从拉栖代梦返回为止。[10]至于军费，吕山德把手头的金钱都交还给了居鲁士，仿佛那是多余的钱一样；然后，他一走了之；至于居鲁士，我每次去拜见他，他总是找借口拖延，让我白白地等待，我不能在他的大门前卑躬屈膝地去讨好他。[11]但是，我答应你们，无论我们取得什么样的战果，我们要等待来自斯巴达的军费到来，那时我

① 居鲁士似乎对卡里克拉提达不太信任。——译者注

们将给你们应有的报答。让我们在诸神的庇佑下,向异族人表明,我们不靠他们,照样可以惩罚我们的敌人。"

[12] 听到卡里克拉提达这样说,许多人举手赞成,尤其是被指控反对他的那些人,他们在恐惧之中同意缴纳一笔钱,甚至拿出了私人捐款。他用这笔钱以及从开俄斯得到的金钱,给他的桡手们每人分发了5德拉克玛,他率舰队去攻打列斯堡岛上与其为敌的麦提姆纳。[13]由于麦提姆纳人拒不投降——当地有一支雅典人的驻防军,掌控政府的都是亲雅典党人——卡里克拉提达发动强攻,一举拿下了这座城市。

[14] 于是,城里所有的财产都落入士兵手中,成为他们的战利品,而卡里克拉提达将所有的俘虏都集中到市场上;当他的同盟者都怂恿他将麦提姆纳人和雅典人统统卖为奴隶时,他回答说,只要他担任统帅,他会尽其所能,不让任何一个希腊人遭到奴役。

[15] 于是,他在第二天就将所有麦提姆纳人都予以释放,却将雅典驻防军以及所俘虏的奴隶都卖为奴隶;[①]随后卡里克拉提达捎话给科浓,说决不许他再调戏他的新娘了。[②] 黎明时分,他看到科浓的舰队出海,便前来追击,目的是切断科浓前往萨摩斯的航线,使他们无法从那里逃走。

[16] 然而,科浓的战舰速度极快,原来他的桡手是从大批桡手中间精选出来,再集中配备到那几艘战舰上的;最后,他想驶往列斯堡岛的米提列涅的港口去避难,和他一起的还有10位将军当中的两位——列昂和爱拉辛尼德斯。但卡里克拉提达率170艘战舰紧追不舍,也同时驶入这个港口。

[17] 由于敌舰速度也很快,科浓的计划落了空,被迫在港口的入口处交战,损失30艘战舰;这些舰船上的船员们,纷纷逃命上岸。科浓下令将其余40艘战舰拖曳上岸,置于城墙脚下。

---

① 在将俘虏雅典人卖为奴隶这点上,卡里克拉提达及其同盟者看法一致。如果攻下的是雅典人属下的城邦,他反对奴役当地居民。

② 海,即斯巴达的新娘。大概是说不许科浓在海上为所欲为了。

[18] 于是,卡里克拉提达的舰队停泊在港口,把守着海上出口,封锁海面。至于陆上,他命令麦提姆纳人全力来援,还命令开俄斯派兵来援;催促居鲁士派人把军费送到他手上。

[19] 科浓发现自己从陆上和海上遭到封锁,无法从任何地方取得给养——城里的人口虽多,但雅典人无法得到援助,因为他们对城外所发生的事件一无所知——他命两艘最快的战舰下水,在天亮之前将人员配备好。这些桡手,个个都是整个舰队之中最优秀的,他们轮流上船,并且竖起闪光盾牌。[①]

[20] 他们整个白天都这样做,而每当夜幕降临时,战舰就靠上岸,因此敌人摸不清他们在干什么。到了第 5 天,他们在甲板上放了一些食物。正午时分,封锁港口的敌军有些疏忽,他们趁有些敌人昏昏欲睡的时候,两艘战舰冲出港口,一艘朝赫勒斯滂方向驶去,一艘向公海[②]上驶去。

[21] 至于那些封锁港口的战舰,由于相互之间是隔开的,他们从睡梦中醒来,赶快启锚,乱哄哄地发起追击,原来他们正巧在岸上用早餐;他们登船之后,追踪那艘逃向公海的那艘战舰,在傍晚的时候追上了,经过一番搏斗,将其擒获,然后用绳索将战舰连同舰上所有桡手,一起拖回他们的舰队停泊地。

[22] 那艘前往赫勒斯滂地区的战舰,成功摆脱了追敌。他们抵达雅典之后,报告了雅典舰队被围困的情况。同时,狄奥麦顿正在设法援助遭到围困的科浓,率领 12 艘战舰停泊在米提列涅海峡。[③]

[23] 然而,卡里克拉提达却突然率舰队冲过来,俘获了他的 10 艘舰船,狄奥麦顿自己的战舰和另一艘战舰脱逃。

[24] 雅典人得知所发生的事情以及他们的舰队被围困的情况

---

① 在防波堤上竖起临时屏障,通常是用于遮挡标枪的投射,这里是为了隐蔽。

② 严格说来,当时希腊人尚无近代意义上的"公海"概念。英译者所用"公海"(the open sea)一词系指离陆地较远的广阔海域。——译者注

③ 或称攸利普斯(Euripus)海峡。

后，他们通过投票，决定准备用110艘战舰前去营救，命令所有的役龄男子，[①]无论他是奴隶还是自由人，[②]都必须登船服役；在30天之内，他们就配备了110艘舰船，出海作战。许多骑士阶层的公民也都上船服役。[③]

［25］之后，他们起航前往萨摩斯，又从那里得到10艘萨摩斯人的战舰；还从其他同盟者那里招募了30余艘战舰，如同正在海外服役的其他舰船一样，强迫所有人都登上战舰。这样，雅典舰船的总数超过150艘。

［26］卡里克拉提达得知雅典的救援舰队已经停泊在萨摩斯了，便留下50艘战舰在米提列涅，由爱特昂尼库斯负责指挥，他自己统率手下的120艘战舰，在列斯堡的马利亚海角[④]用晚餐。［27］就在同一天，雅典人碰巧在阿吉努塞诸岛上举行晚宴。该群岛地处米提列涅的对面。[⑤]

［28］夜里，卡里克拉提达看到了对面的火光。有人来禀告说，那是雅典人在举行宴会，他下令午夜时分起航出海，给敌人以出其不意的打击。可是，一场不期而遇大雨夹杂着雷电袭来，使得出击行动化为泡影。等到雷雨停下来，他便率舰队朝阿吉努塞诸岛驶来。

［29］雅典人列阵迎战，战阵的左翼向海面展开。具体部署如下：阿里斯托克拉特指挥左翼，麾下有15艘战舰，紧挨着他的狄奥麦顿率约15艘战舰；伯里克利位于阿里斯托克拉特之后，爱拉辛尼德斯在狄奥麦顿之后；在狄奥麦顿的外侧有萨摩斯人的10艘战舰，排成一列纵队；他们的指挥官是一位萨摩斯人，名叫希佩乌斯；

---

① 18岁至60岁。

② 在雅典，奴隶是没有权利服兵役的。这是形势危如累卵时，雅典人所采取的非常措施。而用奴隶充任兵役，这也是雅典史料中仅有的例证。——译者注

③ 这个阶层的雅典公民通常是不在海上服役的。

④ 位于列斯堡岛南端。

⑤ 即在列斯堡岛与小亚细亚大陆之间。

在他们旁边有10艘部落战舰,[①]也排成一列纵队;在这些舰队的后面有3艘那瓦克战舰,[②]还有同盟者的一些战舰。

[30] 雅典海军右翼由普罗托玛库斯指挥,其麾下有15艘战舰;他的旁边是特拉叙鲁斯所部约15艘战舰;吕西亚斯率领同样多的战舰在普罗托玛库斯身后,阿里斯托根尼在特拉叙鲁斯身后。

[31] 雅典舰船这样布阵,给敌人突破整个阵线以可乘之机;或者说,雅典人在驾船技艺方面稍逊一筹。[③] 但是,拉栖代梦人的全部战舰都排成一列纵队,这样便于突破敌阵,或者绕敌而行,因而他们是海上的行家里手。卡里克拉提达居于右翼。

[32] 这时候,卡里克拉提达的战舰领航员、麦加拉人赫尔蒙对他说,最好是溜之大吉;因为雅典人的战舰数量大大超过他们。然而,卡里克拉提达却说,斯巴达所遇到最坏的情况,无非是他本人战死,但如果弃阵而逃,他说,那可是奇耻大辱了。

[33] 随后,双方开始交战了。战斗持续了很长时间,他们的舰船一开始是密密地靠在一起,后来阵型逐步散开了。当卡里克拉提达的战舰正在猛击一艘敌舰的时候,他从舰上失足落水,此后踪影全无;于是,普罗托玛库斯以及他所在的右翼阵线,击败了对面的拉栖代梦舰队的左翼。这样,伯罗奔尼撒人的战舰向开俄斯逃去,尽管还有许多战舰逃往佛凯亚;而雅典人的战舰则返回阿吉

---

① 雅典公民集体分为10个部落,每个部落设有首领(taxiarchs)一名,指挥由各部落装备的分遣队(taxeis)。参阅:地标《希腊史》,附录B,7。——译者注

② 这些舰船显然是属于那瓦克(nauarchs)的,但是这个头衔在雅典海军中的具体所指尚不得而知。

③ 希腊海战有新旧两种战术,旧战术为两舰靠拢,由舰上的战斗员交战,实际上相当于海上的"陆战"。新战术约兴起于公元前6世纪到前5世纪之交,疾驶战舰对敌舰的薄弱之处作忽进忽退的灵活袭击;διέκπλος(*diekplous*,突破阵线)是其主要战术之一,撞击战术包括在敌人两艘战舰之间全速推进——在途中毁坏敌人的桨或者尽可能对敌舰造成其他伤害——然后转向,对敌舰的船尾或者船舷发起攻击;在环绕战术(*periplous*)中,己方战舰先是绕行敌舰编队的尾部,再来完成同样的攻击。这支雅典舰队的船员多为临时招募,缺乏系统训练,技术方面逊于对手,结果可想而知。参阅希罗多德:VI. 12;VIII. 9;修昔底德:I. 49。——译者注

努塞。

［34］这次海战，雅典方面损失25艘战舰，船员当中只有极少数上岸得救；而在伯罗奔尼撒方面，拉哥尼亚的10艘战舰当中，损失了9艘；而同盟者的战舰，损失超过60艘。

［35］此战取胜之后，雅典的将军们决定，由时任舰长塞拉麦涅斯和特拉叙布鲁斯以及一些部落首领，[①]统率47艘战舰前去营救那些失去战斗力的战舰以及舰上的船员，而将军们则亲自统率其余的战舰，前去攻打爱特昂尼库斯麾下那些正在围困米提列涅的舰队。虽然他们也想奉命对残舰和落难船员实施救援，但是那天风暴突起，使他们无法前去。于是，他们在那里树立一座胜利纪念碑，然后就地宿营。

［36］至于爱特昂尼库斯，通信船向他通报了整个战役的情况。然而，他随即又将那船派出，命令船上人员，不要向任何人说起此事，悄悄地驶出港口；而自己则立即返回其舰队所在地，戴上花环，高喊说卡里克拉提达已经获得胜利，雅典人的所有战舰都被击沉。

［37］通信船奉命行事。当他们再次驶入港口的时候，爱特昂尼库斯因为得到“好消息”而开始献祭，他下令士兵们用晚餐，命令商贩们把货物悄悄地放入船舱，向开俄斯开进（因为是顺风），同时命令战舰全速向那里行驶。

［38］在放火烧掉营盘之后，爱特昂尼库斯本人率领他手下的陆军返回麦提姆纳。[②] 这时候，既然敌人已经逃走，而且风平浪静，科浓便命令舰队从阿吉努塞起航，前去与雅典人的舰队会师。科浓告诉他们爱特昂尼库斯的行动情况，于是雅典舰队驶回米提列涅，从那里出发去攻击开俄斯，没有取得任何战果，又返航萨摩斯。

---

① 参阅：I. 6. 29。——译者注

② 参阅：I. 6. 13。据狄奥多拉斯（XIII. 100. 5），爱特昂尼库斯的陆军撤至皮拉（Pyrrha）。狄奥多拉斯也许是正确的。因为皮拉距离麦提姆纳比米提列涅和开俄斯都要近些，而最终他们在开俄斯与伯罗奔尼撒的舰队会合（II. 1. 1）。

第 7 章

[1] 这时候，雅典国内的人民将以上所提到的诸位将军（除了科浓），[①]都给罢免了。他们又为科浓新补选了两位将军，分别是阿代曼图斯和腓洛克利斯。

[2] 那些在最近海战中获胜的诸位将军中，有两位一直没有回过雅典。他们是普罗托玛库斯和阿里斯托根尼。其余 6 位将军返航回国。他们是：伯里克利、狄奥麦敦、吕西亚斯、阿里斯托克拉特、特拉叙鲁斯和爱拉辛尼德斯。那时候，民主派的领袖是阿切德姆斯，他是两奥波尔基金[②]的负责人。他们抵达之后，阿切德姆斯当庭[③]指控爱拉辛尼德斯，强烈要求对他课以罚款，指控他私自挪用来自赫勒斯滂地区的钱款，而那些钱是属于雅典人民的；他还提出进一步指控，说他在行使将军职责时犯有重大过失，因此，法庭宣判将其羁押起来。

[3] 在法庭上，诸位将军在面对议事会[④]就最近海战的胜利以

---

① 参阅：I. 5. 16。——译者注

② 该基金是为救济因战争而造成的穷困和不幸而设立的，和“观剧基金”不是一回事。——译者注

③ Dicastery 即合法的法庭。在雅典，自由公民依照宪法，要宣誓出任“dicasts”（民众法庭的陪审员），以听取有关案件的陈述。任何一组陪审员都构成一个“法庭”。

④ 这里系指五百人议事会。其主要职责之一，是为公民大会所要讨论的问题做准备。五百人议事会也具有一定司法权力，要听取原告的陈述，有权课以最高 50 德拉克玛的罚金。五百人议事会由 10 个部落各出 50 人组成，各部落的“主席团”在一年之中轮流执行公务，时间为一年的十分之一（大约 35 天或 36 天）。每天通过抽签选出一位当值主席，是为当天最高公职人员。——译者注

及特大风暴的有关情况加以陈述后,法庭开启了以下程序。根据提摩克拉特建议,应该将其他5位将军羁押起来,移交给公民大会。[①] 于是,议事会将他们都囚禁起来。

[4] 公民大会召开的日子到了。在公民大会上,有不少人,特别是塞拉麦涅斯[②]对诸位将军提出正式控告。塞拉麦涅斯坚称,诸位将军应该说清楚,他们为什么未能打捞起那些落难的桡手。塞拉麦涅斯指出,诸位将军一直试图把责任推卸给别人,他还展示了一封信,那是将军们派人递交给议事会和公民大会的信函,信中将这场灾难完全归咎于那场风暴。

[5] 之后,将军们依次为自己辩护,但是每个人只限寥寥数语,因为按照雅典的法律,他们无权在人民大会上进行详细的阐述。他们对此事的解释,是说他们要全力以赴去攻击敌人,于是就把打捞遇难桡手的责任分派给那些干练的舰长,这些人也曾经担任将军,如塞拉麦涅斯和特拉叙布鲁斯,以及其他类似的人物。[6]而如果他们非要追究某些人的责任的话,那么,除了那些奉命打捞遇难者尸体的人之外,是不应该由其他任何人来承担的。"但是,"他们补充说,"正因为这些人公开指控我们,否则我们也不会说他们应该受到谴责,而宁愿说只是因为特大风暴,使打捞工作根本无法进行。"

[7] 为了证明自己说法的真实性,他们主动请领航员以及许多亲历这次海战的战友们前来作证。他们是想通过这些人的陈述,以公平的方式说服民众,还他们以清白。事实上,许多普通公民也站起来,希望这些被告得到保释。然而,公民大会却作出决定,将此案推延到下一次大会再作出最终判决。[③] 而那天天色已晚,的确

---

① 即大型公民大会(*Ekklesia*),所有年过20岁的雅典公民都有资格参加。

② 关于阿吉努塞海战以及塞拉麦涅斯指控诸位将军一事,应该比照狄奥多拉斯的记载(《历史丛书》,XIII. 101—103.2)。许多学者认为,并非无端指控。——译者注

③ 在一个"主席团"任期内,公民大会通常召开四次,即每隔八九天召开一次。——译者注

也无法辨认民众举手投票的具体数目。公民大会还决定，要求五百人议事会起草一个关于如何对这些被告加以审判的预案，[①]提交到下一次公民大会上。

[8] 此时阿帕图里亚庆节[②]临近了，庆节期间本族的长辈和亲戚都要聚集在一起。于是，塞拉麦涅斯及其支持者[③]网罗了大批身披黑衫、蓬头垢面的人，[④]在庆节期间，让他们来出席公民大会，假装是在海战中死去的那些人的亲戚；他们还说服卡里森努斯，要他在五百人议事会上指控诸位将军。

[9] 召开公民大会的日子到了。当五百人议事会在公民大会上要提交关于这个案件处置预案的时候，卡里森努斯等人提出如下预案。他说，"在上一次公民大会上，既然你们知道，关于如何处置这个案件，分为两派，一派是要控告诸位将军的人们，另一派就是为自己作辩护的被告们；现在，我们建议所有在场的雅典人，每个人都要按部落进行投票。每个部落的前面摆放着两个投票瓮，[⑤]每个部落都有一位公共传令员，他们高声喊着，告诉人们投票的规则：'凡是认为诸位将军在最近的海战中对落水的英雄们坐视不救有罪的，把票投到第一个票瓮中；凡是认为他们这样做无罪的，把

---

① 按照雅典的审判程序，一般是要求首先将问题提交给五百人议事会审查，提出预案，然后再将其提交公民大会作最终表决。

② 阿帕图里亚节(*Aparturia*)是各胞族每年举行的隆重会议，会上要对前一年出生的孩子进行登记，使他们将来有资格拥有公民权。在雅典和大多数伊奥尼亚的城邦，每一个胞族或者氏族，在普亚诺普西昂月(Pyanopsion)即10月末、11月初举行祭典，每次持续3天。在雅典，首日晚上举行胞族成员的公餐仪式；次日举行祭祀宙斯和雅典娜的仪式；在最后一天，举行青少年割献长发的仪式。正式接受成年的青年为胞族的成员。通过此庆节，确认他们都是来自于一个共同的始祖——伊翁(Ion)，阿波罗·帕特柔斯(Apollo Patrous)之子，强化他们的对血族关系的认可。参阅本书附录4；希罗多德：I. 147。——译者注

③ 希腊文直译为："塞拉麦涅斯周围的那些人。"这是古希腊语描述一个政治集团最常用的短语。

④ 这象征着他们正在服丧。

⑤ 公元前5世纪时，雅典人的这种"选票"通常是小鹅卵石，票箱就是陶瓮，选民将其投入瓮中，再由专门的人加以清点。

票投入第二个票瓮中。[10]而且，如果经过投票认为诸位将军有罪，他们将被判处死刑。这些有罪之人将被移交给‘十一人委员会’。[①] 他们的财产将被没收充公，将其中十分之一上交给女神。’”[②]

[11] 有一个人随即在人民大会上发言，自称是海战落难者中的死里逃生者，他说，自己抓住一个饭盆漂浮在海面上，才幸免于难。他周围那些可怜的同伴们，在葬身大海之前，都嘱咐他，如果他自己有幸活下来的话，要告诉雅典人民，他们是如何为祖国英勇杀敌的，又是如何被那些将军们抛弃，而溺死于大海的。

[12] 这时候，佩西安那克斯之子攸里托里姆斯和其他一些人，提请大家对卡里森努斯提出控告，坚称他的建议是违反宪法的，他的动议在会场上引起一阵鼓掌喝彩。但是，大多数人不断地大声叫喊，说如果人民的任何意愿因受到阻挠而未能实现，那可是荒谬绝伦的。

[13] 于是，吕基斯库斯将这种高涨情绪的中心意思表达出来，他正式提议说，如果这些人不放弃他们的动议，他们就必须和那些将军们一起，同样地接受投票的考验。民众们听到这个建议，便吵吵嚷嚷，大喊大叫，表示热烈拥护。于是，这些提出动议的人们不得不放弃了他们的主张。

[14] 此外，当某些普利塔涅斯[③]成员也反对将这件讼案提交违

---

① 雅典城邦负责对囚犯行刑，并负责执行死刑的人员，被称为“十一人”(古希腊文意为 eleven)。日知先生《雅典政制》中译本译为“警吏”。他们是通过抽签选举出来的。关于他们的职责，参阅亚里士多德：《雅典政制》(Aristotole, *The Athenian Constitution*)，LII. 1。——译者注

② 即雅典娜女神，是雅典城邦的保护神。通常，没收财产所得的收入的十分之一要纳入其金库。

③ 普利塔涅斯(Prytanes)是五百人议事会中的一个特别的“执行委员会”，来自于一个古老的部族，据说是血统最纯正的伊奥尼亚人。五百人议事会和公民大会皆由他们主持。当天的主席被称为爱皮斯塔特(*Epistates*)。雅典的公共议事厅被称为“普利塔涅昂”。参阅希罗多德：I. 146。——译者注

法的投票加以表决时，卡里森努斯再次登上大会的讲台①，以同样的条款指控他们，民众的喊叫声随之再次响起。他们高喊："谁不同意，就传唤谁！"

[15] 结果，除了一个人，所有普利塔涅斯由于惧怕，而同意此事通过民众投票表决来判决。② 这位坚决不同意这样做的倔人，就是索弗隆尼斯库斯之子苏格拉底。他坚称，处理任何讼案，都必须依法行事。③

[16] 随后，攸里托里姆斯登上讲台，为诸位将军申辩。他说，"雅典人啊，我站在这里，一方面是要谴责伯里克利，虽然他是我的亲戚，与我过从甚密，我还要谴责我的朋友狄奥麦敦；另一方面我强烈呼吁，千万要从他们的角度慎重考虑。而我主要是想提出一种无论对整个邦国还是对我个人都是最佳的解决方案。[17]我要谴责他们，因为他们劝阻了他们的同僚们改变主意，未能派人把信件送达五百人议事会和公民大会，而在那封信中，他们下令塞拉麦涅斯和特拉叙布鲁斯率领所部 47 艘战舰负责打捞失事舰船的落难桡手，后者却未能按照这些指令履行职责。[18]这个案件的情况是，尽管那原本是个别人犯下的过错，但是如今却连累了诸位将军同塞拉麦涅斯和特拉叙布鲁斯二人一起受责罚；而这些人本应知恩图报，可是，他们怎么就忍心通过要弄阴谋而把那些有恩于他们的那些人和某些其他人，推进最危险的境地呢？

[19]"如果你们听从我的忠告，按照公平而正确的程序去审理，事情绝不至于到此地步！按照这样的程序，当你们发现你已经犯下无论对于上苍还是你个人都是不可饶恕的罪行时，可以使你们去发现事实真相，并且也不至于使你们后悔莫及；我这里所提出的迫切要求是，你们不要受由我和任何其他人所设圈套和阴谋的

① 即 bêma。

② 这里不同版本节次划分略有不同。——译者注

③ 关于苏格拉底在这件讼案上的所作所为，参阅柏拉图：《申辩篇》(Plato, *Apology*)，32B；色诺芬：《追忆苏格拉底》(*Memorabilia*) I. 1. 18；IV. 4. 2。

蒙蔽，而是要按照一个公平正当的程序进行，这将使你们按照你们喜欢的程序去发现或惩罚罪犯，无论这些罪犯是团体还是个人。如果不能给他们更多的时间，无论如何也要给他们一整天的时间，让他们尽可能为自己做辩护；相信你们会以毫无偏见的判断来指导你们得出正确的结论。

[20]“雅典人啊，你们知道，堪诺努斯法令①是最具公信力的。按照这项法令，无论是谁，只要他犯有背叛雅典人民的罪行，他就要被戴上镣铐，在人民的面前接受审判。如果他被判有罪，他就会被抛下巴拉特隆（Barathron），②使其死无葬身之地；他的财产将由邦国没收，其中十分之一交给雅典娜女神。

[21]“我强烈呼吁你们按照堪诺努斯法令来审讯这几位将军。宙斯作证，如果这位神祇眷顾你们，那就从与我同族的伯里克利开始审判；就我而言，我考虑问题的出发点不是为了他，而是邦国的整体利益。[22]或者说，你们宁愿依照其他法律来审判他们，如那些惩罚劫掠圣物罪和背叛祖国罪，条文如下：倘若有人背叛了他的城邦，或者劫夺了诸神的一座圣殿，他将在法庭上受到审判，如果他被判有罪，他的尸体不得葬于阿提卡境内，他的财产将由邦国予以没收。

[23]“雅典人啊，请你们在这两部法律之间作出选择吧！让这些在押者接受其中一部法律的审判。对每一个人的审判都要分别在一天之内、分三个时段来进行：第一个时段，他们要听取对他们的指控；第二个时段，他们为自己辩护；第三个时段，你们将进行投票，以判定他们是有罪或是无罪。[24]依照这项程序，被羁押的这些人将因为他们的罪行而受到应有的惩罚，而那些清白无辜的人

---

① 雅典司法程序中有一个原则，被称为堪诺努斯法令（the psephism of Kannonus）。至于这项法令何时开始实施，已经无从稽考。不过，这项法令已经成为惯例，并且受到人们极大的尊重。它严禁任何形式的集体审讯或者判决，指出在所有案件中都必须采用公正的投票，反对控告某一党派。

② 抛下巴拉特隆（Barathron）是一种非常严厉的死刑。这等于是暴尸荒野，使死者在阴间没有归宿，不得安宁。——译者注

们，将由你们雅典人恢复他们的自由，以免蒙受不白之冤。

[25]“就你们而言，依照公认的法律程序对这些被告加以审判，你们将展示自己是服从对诸神的虔诚情感，并且敬重誓言的圣洁，而不是与你们的死敌拉栖代梦人联手，为他们而战。如果你们杀害那些打败拉栖代梦人的功臣，这些将军曾经击毁70艘敌舰，在胜利之时却不加审讯就违法地将他们处死，这难道不等于是为拉栖代梦人而战吗？

[26]“你们如此十万火急地催促人民投票定案，究竟是惧怕什么呢？你们是惧怕一旦你们失去这个权利，便无法将这些人处死；而如果你们依法行事，他们就会被无罪释放，但是如果你们要保住这个权利，又会违背法律；难道你们要使用卡里森努斯所用的伎俩，设法说服五百人议事会，建议这次公民大会用一次性投票来给所有被告定罪吗？

[27]“但是，你们仔细想一想，你们如果真要把一个清白无辜的人处以死刑，即使你们在第二天后悔，那也太晚太晚了！那时候，想想你们该有多么痛心，想想你们那些无用的懊悔，想想你们那些无益的自责，特别是你们的过错使同胞付出了自己的生命啊！

[28]“在关于阿里斯塔库斯这个人的案例中，你们曾经做过何等滑稽可笑的审判；[①]此人先是推翻了民主制政府，继而又将奥诺伊[②]出卖给我们的死敌底比斯人，在审判之日，你们居然准许他为自己辩护，还征求他的想法；他得到了法律所赋予他的所有权利；而现在你们正准备剥夺你们的将军们同样的权利，他们的所作所为都遵循了你们的意见，并且在海战中击败了你们的敌人。

[29]“雅典人啊，我求求你们，不要对他们这样处置。这些是属于你们自己的法律，它们是你们得以称雄的最主要的因素，你们何必要这样对待它们呢？好好卫护你们的法律吧！我恳求你们，

---

① 公元前411年，阿里斯塔库斯协助建立短暂的四百人政府，并成为其成员之一。参阅：II.3；修昔底德：VIII.90,98。——译者注

② 雅典人设防要塞，濒临波奥提亚边境。——译者注

法律不允许的事情，决不要去做。

“现在，让我们回过头来，再来看看诸位将军们涉嫌犯下过错的实际情况吧！当时，海战已经结束，并且我们获得了胜利，舰船已返航靠岸。这时候，狄奥麦敦要求整个舰队列队出海，去救捞失事舰船和落难的桡手。爱拉辛尼德斯主张所有舰船尽快开赴米提列涅，以对付那里的敌人。而特拉叙鲁斯不同意，他主张两个目标都要力争实现，部分舰队留守在那里，其余的舰船出海去打击敌人。

[30]“如果这个方案得以实施，他建议8位将军各留下自己分队中的3艘战舰，加上10艘部落的舰船，10艘萨摩斯人的舰船，3艘是属于那瓦克的。这些舰船加在一起，据说总数为47艘，按4比1去救助那12艘落难舰船。

[31]“在留守舰队的舰长当中，有两个人，即特拉叙布鲁斯和塞拉麦涅斯，他们就是在最近一次公民大会上控告诸位将军的人。将军们率领舰队中其余的战舰，去攻击敌人的舰队。你们必须得承认，方方面面的部署应该说是相当周密了。因此，只有一件事对大家来说都是公平的：谁的职责是去攻击敌人，谁就应该对其军事行动中的所有失误负责；同样，那些奉命去海上打捞遇难桡手的人，如果他们未服从将军们的命令，那他们也必须因未能完成任务而被处死。

[32]“事实上，这一点我是站在两派人士的立场上说的。尽管诸位将军已经做了部署，但是的确是风暴使他们无法实施救捞落难者。有目击者已经证实了这一点：那些落难者如果活下来那真算是奇迹，他们当中就有一位将军，他在一艘即将下沉的舰船上，并且得救了。就是这个人，在那个紧急关头，也还需要有人来拉他一把。可是，他们坚持要把他交付审判，而原告却正是那些未执行他们命令的人啊！

[33]“雅典人啊！我再一次恳求你们，要接受你们的胜利和好运，而不是去做不幸和失败的无法挽回的牺牲品。我们得承认，神祇的威力是不可抗拒的；当时他们面对风暴的确是无能为力，不要

无情地将这种情况定为叛国罪，从而判处那些因风暴而无法执行他们的命令的人有罪；你们却恰恰相反，你们不是按照正义的要求，给这些胜利者戴上胜利的花冠，反而是在那些恶人的教唆下将他们处死。”

[34] 攸里托里姆斯在演讲结束的时候，提出了修正案。根据堪诺努斯法令，要对在押的这些将军逐个地分别加以表决，而不是像五百人议事会所建议的，将他们所有人一次性投票，集体判决。检票员说，根据举手的情况，大多数人都支持攸里托里姆斯所提出的修正案，但是惟独门涅克利斯对这项决议提出异议，[①]于是公民大会又进行了第二次举手投票，这一次，公民大会作出裁定，按照五百人议事会的预案进行表决。稍晚些时候，投票结果出来了。根据票数，8 位将军被判定有罪，其中 6 位在雅典的将军都被处死了。[②]

[35] 不久，雅典人就感到后悔了。他们通过一项违法申诉法令，[③]批准要公开检举那些曾经欺骗了人民的人，并且给予举报者以适当的安全保证，直到案件审理终结。卡里森努斯就是被交付审判的那些人当中的一个。除了卡里森努斯，还有另外 4 位被告，他们的罪行都被一一公布了，结果这 5 个人都被他们的担保人羁押起来。然而，他们在交付审判之前，趁克列奥丰[④]被杀而引起的

---

① 显然对攸里托里姆斯修正案的合法性提出质疑。

② 这是雅典人用滥用民主而造成重大恶果的重要例证，也成为日后人们批评雅典民主的重要口实。——译者注

③ 即所谓 *probolê*，是指原告向公民大会提出控告，宣称有人危害了邦国的利益。于是，公民大会就如同一个盛大庄严的陪审团，决定着被告是否交付法庭审判。

④ 克列奥丰，雅典著名的“平民领袖”(demagogue)，公元前 404 年即羊河之战后不久被处死(吕西亚斯：XIII. 12)。关于雅典“平民领袖”在其民主政治中的作用，国内外学者历来有不同评价。参阅 M. I. 芬利：《雅典的平民领袖》(“Athenian Demagogues”)，载芬利主编《古代社会研究》(M. I. Finley, *Studies in Ancient Society*)，伦敦，1974 年版，第 1—18 页。关于克列奥丰的性格，参阅阿里斯托芬：《蛙》(Aristophanes, *Frogs*)，第 677 行。——译者注

骚乱，都得以脱逃。最后，当比雷埃夫斯港民[①]返回雅典城的时候，卡里森努斯也回来了。当时雅典实行大赦，[②]但是他遭到所有人的切齿痛恨，最终饥饿而死。

---

① 所谓“港民党”。参阅：II. 4. 23—38。——译者注

② 公元前403年秋。在推翻三十寡头政府之后，新建立的民主制政府实行大赦。参阅：II. 4. 39—43。——译者注

第 2 卷

第 1 章

[1] 在开俄斯，爱特昂尼库斯麾下的这些军队，[①]在夏季里[②]都是靠时令农产品以及在岛屿各地打工维持生活；然而，当冬季来临的时候，士兵们食物匮乏，缺衣少鞋，于是他们聚集起来，一致商定准备袭掠开俄斯城；他们还作出决定，凡是同意这个行动计划的，每人都手持一根芦苇，这样他们就可以得知其人数。

[2] 爱特昂尼库斯获悉这个密谋之后，鉴于"持芦苇者"人数众多，如何处置此事，有些举棋不定。对他而言，公开镇压是危险的，因为他害怕一旦"持芦苇者"获胜，他们就会迅速拿起武器，占领开俄斯，与他为敌，那将毁了一切；另一方面，处死数量如此之多的同盟者士兵，显然也是一桩很严重的事情，因为这样做不仅会使拉栖代梦人遭到其他希腊人的严厉指责，还会招致军队的强烈不满。

[3] 因此，他亲率 15 名身怀短剑的随从，穿行于城市之中，路遇一位刚刚离开医生诊所的患有眼疾的人，见他手持一根芦苇，便将其处死。

[4] 由此引起了一阵骚动，人们询问，这个人为什么被处死？这时，爱特昂尼库斯便命令他的随从宣布："就因为他手持芦苇。"通过这一宣告，便使得所有那些手持芦苇的人都丢弃了芦苇，听说此事的每个人都害怕自己会重蹈覆辙。

[5] 这之后，爱特昂尼库斯把开俄斯人召集起来，命令他们捐

① 参阅：I. 6. 36 以次。

② 公元前 406 年。

纳金钱，目的在于支付海军服役人员的薪酬，以避免发生骚乱；开俄斯人照他的吩咐做了。同时，他命令自己部下一律登上舰船，然后他依次绕行到每一艘战船跟前，不厌其烦地对他们进行鼓励和劝说，仿佛任何事都没发生过似的，把一个月的薪饷都分发到每个人手中。

[6] 随后，开俄斯人和其他同盟者在以弗所集会，考虑到目前的形势，他们决定，派使团前往拉栖代梦去禀报所发生的事情，并且请求由吕山德出任舰队司令。吕山德由于此前在诺提昂之战中指挥得力而取胜，[①]在同盟诸邦中赢得普遍好感。

[7] 于是，使团出发了。随使团一同前去的，还有居鲁士的使者，他们也提出同样的请求。拉栖代梦人答应了他们的请求，任命吕山德为海军副将，[②]任命阿拉库斯为主将。原来，在拉栖代梦，一个人两度出任主将是违法的。尽管如此，拉栖代梦人还是将其舰队归吕山德指挥。至此，战争已经持续了25年。[③]

[8] 在这一年当中，居鲁士处死了奥托波萨凯斯和米特拉尤斯，他们二人是大流士的姐妹——大流士的父亲薛西斯的女儿——的儿子，起因是他们在与他相遇的时候，未将其手臂缩回长袖[④]之中，这是仅对波斯国王本人所行使的一种荣誉性礼节。[⑤] 这种长袖子比胳膊还长，一个人如果把手缩进长袖子，那他什么事也做不成了。[9]结果，希耶拉门尼[⑥]和他的妻子就此事对大流士说，如若对居鲁士的骄横跋扈的行为听之任之，那是非常可怖的一件事情了。于是，大流士就以自己生病为托辞，派遣使者去召居鲁士来见他。

---

① 参阅：I. 5. 11—14。

② 据狄奥多拉斯（XIII. 100. 8），吕山德是以普通人的身份出征的，但是要求阿拉库斯对吕山德必须言听计从。——译者注

③ 公元前406年。指伯罗奔尼撒战争。——译者注

④ corê，kore，音译“科列”，意为“长袖子”。——译者注

⑤ 小居鲁士只是王子，还不是国王。这种行为似乎是他以国王自居了。——译者注

⑥ 此人很可能就是修昔底德（VIII. 58）所提到的那个希耶拉门尼。大概是大流士的姐（妹）夫，奥托波萨凯斯和米特拉尤斯的父亲。

[10] 翌年[①],在斯巴达,阿奇塔斯担任监察官;在雅典,阿列克西亚担任执政官。吕山德抵达以弗所,派人命令爱特昂尼库斯率开俄斯方面的舰船前来,同时,还尽其所能搜罗各地所发现的其他舰船;然后,他一方面忙于修缮这些舰船,另一方面在安坦德鲁斯建造更多的战舰。

[11] 同时,吕山德自己前往居鲁士那里,请求予以金钱资助;居鲁士告诉他说,波斯国王所提供的金钱早已花光,实际上还多用了许多;居鲁士向他列举每一位将军的各种开支细目;尽管如此,他说他一定要设法提供金钱。[②] [12]在接受金钱资助之后,吕山德任命了各艘三列桨战舰的舰长,并且支付了桡手们应得的薪饷。这时候,雅典诸将军已经率他们的舰队抵达萨摩斯严阵以待。

[13] 这时,居鲁士派人来请吕山德前去,因为他父王派遣一位使者到他那里,传口谕说父王抱病在床,希望见他一面。使者还说,他父王正在米底的萨姆涅里亚,[③]距卡都西亚人[④]的境域不远。卡都西亚人举兵反叛,父王出征来到那里。

[14] 吕山德来到后,居鲁士告诫他,不到万不得已不要和雅典人开战,除非他的战舰数目大大超过雅典人;居鲁士指出,无论是他父王还是他本人都拥有充足的金钱,就这一点而论,便有可能配备许多舰船的人手。随后,他把属于他个人的各个城市的所有贡金都转交给吕山德,把手头现有的余钱也都交给了他;居鲁士临行前还提醒他说,无论对于拉栖代梦邦国还是对于吕山德私人而言,他都是他们的好朋友。随后,他出发前去探望他的父王去了。

[15] 居鲁士奉命前去探视患病的父王,把所有的金钱都移交给吕山德。吕山德把薪饷发放给手下,然后起航前往位于卡里亚

---

① 公元前 405 年。

② 居鲁士在 I. 5. 3 中说他带了 500 塔连特。安多吉德斯(Andocides, III. 29)说,波斯国王给拉栖代梦人提供了 5000 塔连特的军费;而伊索格拉底(VIII. 97)则说"超过 5000 塔连特"。

③ 米底一城镇。——译者注

④ 居住在里海西海岸一部族。——译者注

境内的凯拉米克海湾。在那里,他们袭击了一个名叫凯德里埃的城市,该城邦是雅典人的盟邦。在交战的第二天,他们发动突袭,攻下这座城市,将其居民卖为奴隶。这里的居民是希腊人和异族人的混血。接着,吕山德由凯德里埃驶往罗德岛。

[16] 对于雅典人而言,他们袭掠波斯国王的领土,从海上袭击开俄斯和以弗所,都是以萨摩斯为基地的;同时,他们也在做海战的准备,他们在三位原有的将军——米南德、图德乌斯和凯斐索多图斯之外,又新推选出三位将军。

[17] 这时,吕山德的舰队从罗德岛起航,沿着伊奥尼亚海岸前往赫勒斯滂海峡,为的是封堵那些通过海峡的运粮船,并且采取行动,报复那些叛离拉栖代梦人的城市。同样,雅典人的舰队也从开俄斯起航,游弋在公海水域。[①] [18]因为亚细亚的沿海地区与他们处于敌对状态。

但是,吕山德的舰队沿海岸推进,从阿卑多斯向兰普萨库斯推进,这个城市是雅典人的同盟者;而阿卑多斯人以及沿岸附近其他诸城邦都支持吕山德,他们的指挥官是一位名叫索拉克斯的拉栖代梦人。

[19] 随后,他们发起攻击,一举拿下兰普萨库斯,获胜的士兵大肆劫掠。这是一座富庶的城市,到处都有酒、谷物和其他各种必需品。但是,吕山德把所俘虏的自由人都予以释放。

[20] 现在,雅典人的舰队,紧紧尾随吕山德的舰队而来,停泊在科尔松尼斯的爱拉尤斯[②],共有180艘战舰。他们在那里用早餐的时候,获悉关于兰普萨库斯陷落的消息,随即起航前往塞斯图斯。[21]他们从那里补充了给养之后,随即开赴羊河[③]河口,此地位于兰普萨库斯的对面,赫勒斯滂海峡此处的宽度大约为15斯塔

---

① 参阅:I.6.20及附注。——译者注

② 城市,位于色雷斯的科尔松尼斯半岛最南端。——译者注

③ 音译“埃哥斯波达米”(Aegospotami),由希腊文“羊”和“河”二字组合而成,故而译为“羊河”。——译者注

狄亚。[①] 他们在那里用晚餐后过夜。[22]翌日凌晨，吕山德给手下将士发出信号，吩咐他们吃早餐，然后登上战舰，做好一切战斗准备，展开了闪光的盾牌。[②] 他还发布命令，所有人都要各就各位，不得擅离岗位或者起航。

[23] 太阳升起的时候，雅典人的舰队来到兰普萨库斯港入口处，摆开战斗队列。然而，由于吕山德并未出港迎战，他们就驶离了那里；当天晚些时候，雅典舰队返航羊河。

[24] 于是，吕山德命令他的快艇尾随雅典人的舰队，一旦看到他们靠岸登陆，立即返航向他报告；只要这些侦察船未返航，任何人不得离船上岸。雅典人每天都出航前来挑战，而吕山德连续 4 天都是以同样的方法加以应对。

[25] 这时候，[③]阿尔基比阿德斯从他的城堡[④]里观察到，雅典人的舰队停泊在空旷的海岸地带，附近没有任何城市，他们需不断地从距离他们舰队停泊地 15 斯塔狄亚[⑤]的塞斯图斯取得给养，而敌人却停泊在港口里，临近城市，各种给养随时可以取用。于是，他告诫雅典人，说他们舰队停泊之地不太有利，建议他们转换地点，前去塞斯图斯停泊，从而依托一个港口城市。他指出，“如果你们在那里[⑥]停泊的话，你们可以选择有利的时机，随时出战。”[26]然而，雅典舰队的诸位将军，尤其是图德乌斯和米南德，却命他离开。他们说，现在舰队的统帅是他们，而不是你阿尔基比阿德斯。于是，他只好离去了。[⑦]

[27] 到了第 5 天，雅典人继续出航前来向他挑战，吕山德命令他的部下，在敌方舰队撤退的时候，尾随着他们，一旦发现敌人靠

---

① 约合 2.8 千米。——译者注
② 参阅：I. 6. 19 及附注。——译者注
③ 公元前 405 年。
④ 这个城堡的具体位置不明，但显然就在这附近。
⑤ 约合 2.8 千米。实际距离还要宽一些。——译者注
⑥ 指塞斯图斯。——译者注
⑦ 参阅狄奥多拉斯的相关记载(XIII. 105. 3—4)。

岸登陆，分散到科尔松尼斯各地的时候——雅典人天天都是若无其事地这样做，这不仅是因为他们要四处购买食物，还因为他们蔑视吕山德，认为他不会出来迎战了——那些快艇就立即返航，在途中他们高高举起一面盾牌。他们完全奉命行事。

[28] 吕山德立即给他的舰队发出一个信号，命他们全速出航，索拉克斯率其陆军也随舰队一同前往。这时，科浓看到敌人马上就要发起攻击，就示意雅典人赶紧设法登上各自的舰船。但是，由于他属下的士兵分散在各个地方，有些战舰上尚有两排桡手，有些战舰上仅有一排桡手，而有些战舰则是完全没人了；[①]事实上，科浓自己的那艘战舰，以及他身边其他 7 艘战舰，人员是配备齐全的，这些战舰排成密集队形起航了，和他们在一起的，还有“帕拉鲁斯”号战舰；[②]除此之外，余下的所有战舰都在海滩上为吕山德所俘获。至于那些船员，他们的绝大多数都在岸上束手就擒；[③]但是，还有少数人躲进附近的一些堡垒里，在那里被捉获的。[④]

[29] 至于科浓本人，他在率 9 艘战舰逃命之时，意识到此战雅典人大势已去，便来到兰普萨库斯的阿巴尼斯海角，在那里寻机捕捉吕山德所派出的巡航舰；随后，他率领 8 艘战舰前往塞浦路斯，寻求攸阿哥拉斯[⑤]的庇护；而“帕拉鲁斯”号则前往雅典，去报告这里所发生的事情。

[30] 而吕山德则带上他的战利品、战俘和其他各种物品凯旋兰普萨库斯，战俘当中还包括腓洛克利斯、阿代曼图斯以及其他几位将军。另外，在他获胜的当天，他委派名叫塞奥滂浦斯的米利都

---

① 三列桨战舰有三层桨座。参阅：I. 1. 28 及附注。

② 雅典国家两艘装备精良的圣船之一，通常执行各种重要的公共事务。——译者注

③ 这就是说，雅典方面仅有 9 艘舰船得以脱逃，余下 171 艘战舰悉数被歼，每艘战舰大约配备 200 人，损失兵员总数超过 3 万人。——译者注

④ 狄奥多拉斯关于羊河之战的记载，参阅：XIII. 105—106. 1—6。

⑤ 塞浦路斯岛萨拉米斯城的统治者，长期依附于波斯的势力，与雅典人保持友好关系。——译者注

海盗前往拉栖代梦报告战况；塞奥滂浦斯在第3天抵达，并且递交了他的战报。

［31］之后，吕山德把同盟者召集到一起，吩咐他们商讨一下该如何处置这些战俘。于是，人们纷纷声讨雅典人，一方面，有人控诉雅典人曾经犯下的滔天暴行，以及他们在近期海战中一旦获胜，就会通过投票表决[①]，把生俘的每一个男子的右手都砍掉；另一方面，有人列举事实，说雅典人最近在俘获了两艘三列桨战舰（一艘是科林斯人的，另一艘是安德罗斯人的）之后，他们将所俘虏的每一个船员都从船舷上猛掷下去。雅典的将军之一腓洛克利斯，就是如此处置所擒获的那些战俘的。

［32］他们还诉说了许多事情，最后他们作出决定，将俘虏中的雅典人悉数处死。[②] 惟独保留阿代曼图斯的性命，因为在雅典公民大会表决关于是否将战俘的右手砍掉时，惟有他一个人提出反对意见；然而，有些人却指责他叛变投敌，出卖舰队。至于那位曾经把安德罗斯人和科林斯人从船上掷入海中腓洛克利斯，吕山德首先问他，那些首先对希腊人实施如此暴行的人理应遭受怎样的苦难？随后就挑断了他的喉管。

---

① 如此残酷地处置战俘的决定，大概也是通过公民大会表决之后作出的。

② 据普鲁塔克《传记集·吕山德传》（XIII. 1—2）和《阿尔基比阿德斯传》（XXXVII. 4）说，俘虏中的雅典公民共有3000人；而据波桑尼阿斯（IX. 32. 9）说，约为4000人。

第 2 章

［1］吕山德在兰普萨库斯把有关事宜处置妥当之后，统率舰队从海上向拜占庭和卡尔开顿发起进攻。那些城市的居民同意他进城，愿意献出城池，条件是允许雅典的驻防军撤离。而那些背叛了祖国的拜占庭人，他们投靠了阿尔基比阿德斯，这时候逃到本都[①]地区，后来又前往雅典，并且成为雅典的公民。

［2］现在，对于雅典人派驻各地的那些驻防军，事实上对于任何一位其他地方的雅典人，吕山德只要发现他们，就会把他们遣送回雅典；他规定，他们只有返航雅典而不是任何其他地方，才是安全的。因为吕山德知道，聚集在雅典城和比雷埃夫斯港口的人口越多，那里食粮短缺的情况也就会越早来临。于是，吕山德留下拉哥尼亚人斯森涅劳斯统管拜占庭和卡尔开顿的事务，自己乘船返航兰普萨库斯，致力于修缮他的战舰。

［3］"帕拉鲁斯"号在夜间抵达雅典，告知雅典人他们遭遇惨败的消息。消息由一个人传给另一个人，雅典人的哀号之声通过长城，[②]从比雷埃夫斯传到雅典城里去；这天夜里谁也未能入眠，他们不单为那些死难者悲伤，更多的是为他们自己担心，他们认为自己将遭受同样的苦难——他们曾经在围攻征服对方后施加于拉栖代

① 黑海。

② 波斯战争之后，雅典人快速修建了由城区到比雷埃夫斯港口的两条长城，全长约 7 千米。——译者注

梦人的殖民者米洛斯人[①]，施加于希斯提埃亚人[②]、斯基奥涅人[③]、托伦涅人[④]、埃吉那人[⑤]以及许多其他希腊人身上的，自己也将遭到报复。

［4］翌日，他们召开公民大会，在此次会议上决定，阿提卡的所有港口，除了一个以外，都加以堵塞，整修长城，驻扎卫戍军队，为应对雅典城被围困所需其他方面一切准备工作。于是，他们都忙于这些事务了。

［5］同时，吕山德统率200艘战舰出赫勒斯滂海峡，抵达列斯堡岛，他部署米提列涅以及岛上其他城市的事务；派遣爱特昂尼库斯率10艘三列桨战舰前往色雷斯沿海地区，爱特昂尼库斯使那些地区全都归附于拉栖代梦人了。［6］实际上，其他的希腊人，也在那次海战[⑥]之后，都立即脱离了雅典人，只有萨摩斯例外；在这里平民曾经对贵族实施屠杀，并且掌控着该城市。

［7］之后，吕山德派人送信给正在狄凯利亚的阿基斯，并且派人送信去拉栖代梦，说他正率领200艘战舰归来。于是，根据拉栖代梦人另一个国王波桑尼阿斯的指令，所有拉栖代梦人以及其他伯罗奔尼撒人，除了阿尔哥斯人以外，全部出征。［8］各邦军队到齐后，波桑尼阿斯率他们出发前往雅典，驻扎在阿卡德美。[⑦]［9］同时，吕山德在到达埃吉那之后，把国家交还给埃吉那人，并且尽其

① 据修昔底德记载，公元前416年，米洛斯人向雅典人投降后，其男丁悉数被处死，妇女儿童被卖为奴隶(V. 116)；公元前431年，埃吉那人被逐出埃吉那岛，7年后大批埃吉那人在伯罗奔尼撒的避难所被俘获后，都被处死(II. 27；IV. 57)。这里所提到的其他希腊人同样地遭到雅典人的驱逐、奴役或集体屠杀。

② 优波亚岛北部城市希斯提埃亚。公元前446年雅典人驱逐其居民，占据其领土(修昔底德：I. 114.3)。——译者注

③ 斯基奥涅位于卡尔基狄克半岛。公元前421年，雅典人攻占其城，杀其丁壮，将其妇孺卖为奴隶(修昔底德：V. 32.1)。——译者注

④ 托伦涅位于卡尔基狄克半岛。公元前422年，雅典人攻占其城，将其妇孺卖为奴隶，丁壮掳回雅典(修昔底德：V. 3.4)。——译者注

⑤ 埃吉那岛位于萨罗尼克湾。——译者注

⑥ 羊河之战。——译者注

⑦ 阿卡德美(Academy)，位于雅典近郊，后来柏拉图在此开办学园。——译者注

所能，把那些被放逐者都召回来；他也这样对待米洛斯人以及所有其他被雅典人逐出祖国的希腊人。接着，他在蹂躏了萨拉米斯岛之后，率 150 战舰停泊在比雷埃夫斯，封锁了商人进入港口的通道。

[10] 现在，雅典人从陆上和海上被包围，处于进退维谷的境况。他们没有战船，没有同盟者，没有粮食；他们认为自己别无选择，势必要遭受他们以前施加给其他希腊人身上的那些苦痛，所不同的只在于拉栖代梦人现在是准备对雅典人报复他们以前犯下的罪行，而雅典人之所以欺辱那些小邦的人民，没有别的理由，仅仅就是因为他们是拉栖代梦人的同盟者。

[11] 因此，他们恢复那些被褫夺了政治权利的人们的身份，始终不渝地坚守着，尽管城里已经有许多人都快饿死了，他们仍拒绝进行媾和谈判。然而，当他们的余粮吃得净光的时候，他们派遣使团到阿基斯那里去，提出愿意以这样的条件媾和：他们愿意成为拉栖代梦人的同盟者，但是要完整地保全他们的长城和比雷埃夫斯港。[12]但是，阿基斯命令他们前往拉栖代梦，说他本人没有答复他们的权力。当雅典使团把这个答复向雅典人汇报之后，雅典人就派遣他们出使拉栖代梦。

[13] 可是，当他们抵达拉哥尼亚附近的塞拉西亚的时候，监察官们得知了他们此次所提出的媾和条件——即和他们此前向阿基斯所提出的完全一样——就指示他们循原路返回，不要再向前多走一步了；还说，如果他们真心求和的话，下次再来之前可要考虑得更周全些。

[14] 雅典的使团回到国内，向他们的人民作了汇报，会场上完全笼罩在一片悲观失望的气氛中；因为他们想到，他们都将沦为奴隶，而就在他们派遣另一个使团的期间，许多人将会被活活饿死。

[15] 尽管如此，没有一个人建议将拆毁长城列为媾和的条件；因为当阿切斯特拉图[①]在五百人议事会上提出，最好是答应拉栖代

① 雅典一将军。——译者注

梦人所提出的条件——其中包括：雅典人必须把两条长城各拆除 10 斯塔狄亚[①]——的时候，他被关押入狱；随后通过一条法令：严禁任何人再提出这类建议。

[16] 这就是当时雅典的状况。塞拉麦涅斯在公民大会上指出，如果人民愿意派他出使去吕山德那里，他将搞清楚拉栖代梦人为何非要拆毁长城；究竟是因为他们想把雅典人变为奴隶，还是为了获得一种善意的保证。然而，在出使之后，塞拉麦涅斯却在吕山德那里拖延了 3 个月有余，一直等到缺粮断食，雅典人答应所提出任何条件为止。

[17] 当他在第四个月回到雅典的时候，他在公民大会上报告说，吕山德在这期间一直不许他回国，并且指派他前往拉栖代梦，说他没有权力答复塞拉麦涅斯所提出的任何问题，只有监察官才有这个权力。之后，塞拉麦涅斯被选派为人使，前往拉栖代梦；使团拥有全权，[②]塞拉麦涅斯担任这个 10 人使团的团长。

[18] 同时，吕山德派遣雅典的一位名叫阿里斯托特里斯被放逐者，和一些拉栖代梦人一起，前往监察官那里通报他是如何答复塞拉麦涅斯的，即只有他们这些监察官才有决定和平还是战争的权力。

[19] 这时，塞拉麦涅斯和其他使者已经抵达塞拉西亚，当被问及此次出使所带来的是什么条件时，使者们回答说，他们拥有进行和谈的全权。于是，监察官发布命令，召见雅典使者。他们到达拉栖代梦后，监察官们召集了一次公民大会。会上，科林斯人和底比斯人，特别激烈地反对与雅典人缔结和约，支持摧毁雅典城邦，其他许多希腊人也赞同他们的意见。

[20] 但是，拉栖代梦人却说，他们不会去奴役一个在最惨重灾难[③]降临到希腊的时候，为希腊做出重大贡献的希腊城邦。他们以

---

① 合 1.85 千米，约相当于整个长城的 1/4。——译者注

② 即拥有代表邦国处置一切事务的权力。——译者注

③ 指波斯战争。——译者注

如下条件缔结和约：雅典人必须拆毁长城和比雷埃夫斯的城墙，交出除12艘舰船以外的其他所有舰船，允许他们的被放逐者回国，与拉栖代梦人有共同之友，共同之敌，[①]无论在陆上，还是在海上，都要服从拉栖代梦人的领导。

[21] 这样，塞拉麦涅斯及其使团一行带着这个消息回到了雅典。他们一进入雅典城，人们就纷纷围拢上来，害怕他们空手而归；因为每天都有许多人饿死，已经不可能再继续拖延下去了。

[22] 翌日，使者们向公民大会报告了拉栖代梦人所提出的缔结和约的条件；塞拉麦涅斯担当使团的发言人，他敦促雅典人，最好是接受拉栖代梦人所提出的条件，拆毁长城。其间，也有些人起来发言反对他，但是支持他的人要多得多，于是投票同意接受和约。[②]

[23] 之后，吕山德率舰队驶入比雷埃夫斯港，允许雅典的被放逐者回国，伯罗奔尼撒人满怀热情地拆毁长城，他们在长笛女[③]音乐的伴奏下动手，仿佛那一天就是希腊获得自由的开始。

[24] 这一年终结了。在这一年当中，在叙拉古，赫摩克拉特斯之子狄奥尼修斯成为僭主；迦太基人虽在交战中被叙拉古人击败，但他们却通过围困的办法攻取了阿克拉加斯，[④]西西里的希腊人放弃了那个城市。

---

① 即加入以拉栖代梦人为盟主的同盟。——译者注

② 吕山德和阿基斯的海陆大军围困之下的投票，显然是被迫的。——译者注

③ 在雅典，长笛女是高级妓女，她们通常是在酒会上为男人们助兴的。参阅：地标《希腊史》，第52页附注。——译者注

④ Acragas，即阿格里真坦。

第3章

[1] 在下一年——本年是举行奥林匹亚竞技会之年，[①]色萨利人克罗金那斯在竞技场上获得优胜；在斯巴达，恩狄乌斯为时任监察官；在雅典，皮索多鲁斯担任执政官。然而，由于皮索多鲁斯当选之年正值寡头政府当政时期，雅典人就不用他的名字命名那一年，而是称之为“无执政官之年”。[②] 这个寡头政府的来历是这样的。

[2] 人民投票通过一项决议，选出“三十人委员会”，[③]他们有

---

① 公元前404年。

② 按雅典的传统，在正常情况下，以九执政官当中的首席执政官（名年执政官）来命名那一年。——译者注

③ 时值公元前404年9月。这三十人委员会就是所谓“三十寡头”。三十寡头政府的建立及其被推翻，是公元前5世纪末雅典政治史上的重大事件。然而，由于色诺芬是站在亲斯巴达的立场上记载此事的，他的说法如此简单明了，看不出雅典人受到任何胁迫，着实令人怀疑。吕西亚斯在其演说（Lysias, *Against Eratosthenes*）中当众指出，三十寡头是这样组合起来的：由塞拉麦涅斯提名10人，由雅典寡头派人士指定10人，再由民众大会从尚未离开会场的人（一些正直的公民已经离场）中推选10人（XII. 71—76）。据稍晚的亚里士多德在其《雅典政制》（XXXIV. 2—XXXV. 1）中记载，雅典当时有三派势力，吕山德支持寡头派，在其武力威慑下，雅典民众被迫通过实行寡头政治的决议；以塞拉麦涅斯为首的一派，主张“恢复祖先的宪法”。据狄奥多拉斯（XIV. 3. 2—7）记载，雅典分为民主派和寡头派，塞拉麦涅斯属于前者，吕山德支持后者。当时斯巴达人在新征服城邦普遍建立所谓“十人”政府，而在雅典则是扶植建立“三十人”政府，也许正是基于雅典实际政治环境。参阅P.科伦茨：《色诺芬〈希腊史〉译注》，第1卷，第190—191页；P. J. 罗德斯：《亚里士多德之〈雅典政制〉注释》（P. J. Rhodes, *A Commentary on the Aristotelian Athenion Politeia*, Clarendon Press · Oxford, 1981），第415—435页。——译者注

权将祖先的宪法,[①]纳入现行宪法加以实施。以下是那些选出来的人物名单:波里卡里斯、克里提亚斯、麦罗比乌斯、希波洛库斯、攸克雷德斯、希耶隆、姆涅西洛库斯、克列蒙、塞拉麦涅斯、阿列西亚斯、狄奥克利斯、腓德里亚斯、凯列勒奥斯、安奈提乌斯、佩松、索福克利斯、爱拉托斯提尼、卡里克利斯、奥诺玛克利斯、塞格尼斯、埃斯奇涅斯、塞奥根尼斯、克列奥麦德斯、爱拉西斯特拉图、斐冬、德拉康提德斯、攸玛特斯、阿里斯托特里斯、希波玛库斯和姆涅西特德斯。

[3] 这之后,吕山德起航前往萨摩斯,而阿基斯从狄凯利亚撤走其陆军,并打发各盟邦的军队回国去了。[②]

[4] 大约在这期间,发生了一次日食。[③] 大约在这个时候,一位名叫吕科弗隆的斐莱人,在交战中击败了色萨利人当中的那些对手,即拉里萨人和其他城邦,杀死甚多,欲成为全色萨利的统治者。

[5] 大约同时,叙拉古的僭主狄奥尼修斯,在交战中败于迦太基人之手,丧失格拉和卡玛林那二城。不久,一直居住在叙拉古的列昂提尼人,也叛离了狄奥尼修斯和叙拉古人,重返他们自己的城市。[④] 随后,狄奥尼修斯派遣一支叙拉古骑兵前往卡塔那。

[6] 这时,萨摩斯人正遭到吕山德的四面围困。起初,萨摩斯人拒绝他所提出的条件;最后,吕山德对他们发动袭击,他们与他达成这样的协议:每一位自由人必须离开萨摩斯岛,只许穿一件外套,其他所有的财产都留下,交给吕山德。依据这些条件,萨摩斯人撤走了。

[7] 吕山德把萨摩斯城和那里所有的一切都移交给那些从前的公民,指定十人统治者,守护萨摩斯;然后,他遣散了同盟者的海

① 即克里斯提尼和梭伦时期的法律,以与晚近时期的激进民主制相对照。参阅亚里士多德:《雅典政制》,XXIX. 1—4。

② 斯巴达自公元前 413 年派重兵占据狄凯利亚,到这时已超过 9 年。——译者注

③ 据现代学者推算,这次日食发生在公元前 404 年 9 月 2 日。

④ 列昂提尼。——译者注

军，让他们各自返回自己的城邦。[1] [8]而他统率拉哥尼亚的舰船返回拉栖代梦，带回所俘获的舰船的船喙；[2]带回从比雷埃夫斯俘获的舰船（留给雅典人的12艘除外）；带着各城邦献给他个人礼物的花冠；还有470塔连特的现金，这是居鲁士分派给他战争军费支出的结余款；[3]以及在征战过程中其他战利品。

[9] 在夏季结束的时候，以上所有这些东西都移交给了拉栖代梦人。至此，这场历时28年零6个月的战争终于落下了帷幕。[4]战争期间，拉栖代梦人第一位名年监察官是埃涅西亚斯，他在任期间战争爆发。在战争的第15年，在征服优波亚之后，双方签署三十年休战和约。他之后的名年监察官名单如下：

[10] 伯拉西达、伊萨诺尔、索斯特拉提达斯、爱克萨库斯、阿哥西特拉图、安格尼达斯、奥诺玛克利斯、宙西浦斯、比提亚斯、普雷斯托拉斯、伊拉库斯、列昂、凯里拉斯、帕特西亚达斯、克列奥斯提尼、吕卡琉斯、爱佩拉图斯、奥诺曼提乌斯、阿列克西庇达、米斯哥莱达斯、伊西亚斯、阿拉库斯、攸阿齐普斯、潘塔克利斯、阿奇塔斯和恩狄乌斯；就在恩狄乌斯任职期间，吕山德取得上述战功之后，由海路回国。

[11] 在雅典，三十人委员会刚刚被推选出来，两条长城和环绕比雷埃夫斯的城墙就被拆除了。然而，尽管选出他们的目的在于草拟一部宪法，现政府照此行政，但是他们却一再拖延，迟迟不拟定和颁布这部宪法，而只是指定了一个议事会（Senate），任命了其他一些他们认为最合适的官员。[12]接下来，他们所采取的第一

---

① 公元前404年。

② 将船头部分锯下，以证明他们俘获敌舰。——译者注

③ 据普鲁塔克《传记集·尼基阿斯传》（XXVIII. 3）说，此前吕山德已经委派吉利普斯（Gylippus）送回1000塔连特；而据狄奥多拉斯（XIII. 106. 8—10）说，送回1500塔连特。——译者注

④ 按照色诺芬这里的说法，伯罗奔尼撒战争持续了28年半。修昔底德（V. 26）明确指出战争持续了27年，如果加上从雅典投降到吕山德返回斯巴达这数月的时间，也还多出整整一年。也许是色诺芬弄错了。——译者注

步行动，是逮捕和审讯那些在民主政治时期的"告密者"。按照一般说法，这些人以告密为生，曾对贵族们造成损害；该议事会乐于通过投票，宣判这些人有罪，而其他的公民——至少是所有那些自认为并非他们的同党的人们——对此却漠不关心。

[13] 然而，三十寡头并未就此罢休。他们开始谋划如何才能完全掌控这个城邦，以便使他们可以为所欲为。于是，他们首先派遣埃斯奇涅斯和阿里斯托特里斯出使拉栖代梦，说服吕山德鼎力相助，确保能够派遣一支拉栖代梦的驻军前来雅典，使者们说，军队一直驻扎到他们把那些"恶棍们"扫地出门，并且建立起他们的政府；使者们承诺，他们自筹费用来供养这支军队。

[14] 吕山德对此表示赞成，并且促成他们派出一支军队，其指挥官是卡里比乌斯。但是，当三十寡头得到那支驻军之后，他们就天天去讨好卡里比乌斯，目的是想让他默认他们的各项行动。他们说服卡里比乌斯，允许一些卫兵跟随他们左右，他们对那些准备下手的人物实施抓捕——现在所逮捕的这些人，既非"恶棍"，又非无名之辈，而是两种人：一种是他们认为从这时起绝不可能对他们的行为袖手旁观的人，一种是那些一旦他们提出任何反对意见，就会博得绝大多数人支持的人。①

[15] 开始一段时间，克里提亚斯和塞拉麦涅斯关系尚好，在政策上也是一致的。但是，等到克里提亚斯自己越来越热衷于把许多人处决(起因只有一个，就是他曾经遭到民主党的放逐)的时候，塞拉麦涅斯便反对他，指出假如一个人没有对贵族造成任何损害，仅仅因为他受到平民的尊敬，就把他处死，那是毫无道理的。他说，"克里提亚斯啊，因为你和我也都说过和做过许多事情，为的是赢得城邦的支持。"

[16] 当时，克里提亚斯(这时候他还是把塞拉麦涅斯当作朋友对待)回答说，对于想掌握政权的人们来说，不可能不铲除那些前进道路上的最大障碍。他说，"但是，由于我们是三十人共同执政，

① 参阅亚里士多德：《雅典政制》，XXXV. 4。

而不是一人独揽大权，因此，如果你觉得必须像对待专权的君主制政府那样，来严密监督我们这个政府，那也未免太愚蠢了。”

［17］但是，鉴于大批人士接连不断地、并且是不公正地被处死，显然有许多人聚集在一起，他们对邦国的前途感到忧心忡忡，塞拉麦涅斯再次发言，指出除非他们容许足够人数的公民和他们一起参与公共事务的决策，否则这个寡头政府是不可能再维持下去的了。

［18］于是，克里提亚斯和三十寡头当中的其他人——那些一直最最惧怕大批民众支持塞拉麦涅斯的人们，他们立即着手登记了一个三千人的名单，如他们所说，这些人将参与政府的管理。

［19］然而，塞拉麦涅斯还是反对这个动议，他指出，首先，在他看来，当他们想要使公民当中的最优秀分子与他们合作共事的时候，他们却把人数限定在这三千人以内，仿佛贤能之士的数量就只有这么多，好像名单之外就再也没有优秀分子了，而名单之内也没有流氓无赖一样，这未免是荒谬可笑的。他又说：“其次，在我看来，我们正在做着两件截然对立的事情——一方面，我们把政权建立在武力的基础之上，另一方面，我们又使得统治者比被统治的臣民还要弱小。”①

［20］以上是塞拉麦涅斯所说的话。至于那三十寡头，他们进行了一次复查，那三千人聚集在市政广场上，而在三千人“名册”之外的那些人，则分散在各地；随后，三十寡头下令收缴武器，如果被收缴者刚好不在，他们就委派拉栖代梦驻军士兵和那些同情他们的公民去，收缴除那三千人以外所有其他人的武器，集中到卫城上存放，封存于神庙之中。

---

① 这段话与亚里士多德的说法完全一致。参阅亚里士多德：《雅典政制》，XXXVI.2。这段文字恰恰阐明塞拉麦涅斯一派的政治主张——扩大公民权，拓展并且巩固雅典城邦统治基础。然而，这一主张明显违背雅典现行宪法。实现这个目标的前提，是首先推动宪法改革。梭伦和克里斯提尼时代雅典宪法，对于公民权的开放的。由此我们不难理解此派不遗余力地“托古改制”，恢复祖先的宪法的缘由了。——译者注

[21] 现在，随着这项工作的完成，他们觉得自己终于可以为所欲为了，便以报复私敌的办法施行大屠杀，许多人杀死对方也是为了获得他们的财产。为了解决拉栖代梦驻军的费用，他们决定采取这样一项措施，就是命令名单当中所开列的每一个人都必须去逮捕一名居住在雅典的侨民，必须将他们处死，并没收其财产。

[22] 于是，他们命令塞拉麦涅斯也去逮捕一位他想逮捕的人。塞拉麦涅斯却回答说："对于我来说，这可是一件不荣誉的事情啊，因为这些人虽然自称为最优秀的公民，但是其所作所为比从前那些'告密者'的做法更加不讲道义。因为那些'告密者'捞取别人的钱财，起码还给人家留条活命；但是我们呢，为了贪图钱财，还要把那些没有任何过错的人都弄死！这些行为加在一起，岂不是连那些'告密者'都不如吗？"

[23] 既然三十寡头认为塞拉麦涅斯已经成为他们为所欲为的一个障碍，就筹划如何来谋害他。他们不断地在个别议事会成员面前诽谤他，一传十，十传百，说他危害政府。当这些风言风语传到某些年轻议员那里的时候，那些看起来最鲁莽的人士，就在他们召集议事会开会的时候，个个身藏短剑前来出席会议。

[24] 当时，塞拉麦涅斯也到了会场，克里提亚斯起来发言如下：

"在座的诸位议员：如果你们当中有任何人认为杀人太多，处置失当的话，那么，我要提醒他，无论在哪个国度，在政体转换过程中，这类事情总是难免的；那些要把政体转变为寡头制的人，遭遇到敌人的数量必然是最大的。这不仅是因为咱这个城邦的人口比其他任何一个希腊城邦都要多，同时还因为这个城邦的平民在自由的环境下生活的时间比任何其他城邦都要长。

[25]"现在，我们可以确信的是，首先，对于咱们——无论是我们还是你们——来说，民主政治是一种令人憎恶的政体；其次，雅典的平民从来就没有友好地对待我们的保护者拉栖代梦人，而那些贵族却一直对他们充满信心。正是由于这些原因，我们才依靠拉栖代梦人的支持，建立现在这种寡头政体。[26]而如果我们发

现有人反对寡头制，只要我们掌握着政权，我们就要将他们除掉；然而，如果我们当中有人要破坏这种秩序，我们必须对其施以惩罚，因为我们认为这样做是正当的。

[27]“实际上，这个人就在现场，他就是塞拉麦涅斯。他殚精竭虑，企图毁了你们，同时也毁了我们。你们好好想一想，就会发现事实正是如此：没有人像塞拉麦涅斯那样对当前的事务提出如此多的指责，也没有人像他那样在我们准备清除某些‘平民领袖’时，①表现出如此强烈的反对。如果他从一开始就持有这样的观点，那他肯定就是我们的一个敌人，不过由此认为他是一个恶棍，也是不公正的。

[28]“然而，事实上，首倡与拉栖代梦人建立友好和互信关系的人，正是塞拉麦涅斯；他还是首倡推翻民主政治的人，而极力鼓动你们对那些首次带到你们面前加以审讯的人加以惩罚的，又是他；但是现在一切都变了，当咱们双方都大张旗鼓地痛恨民主党的时候，他又不赞成继续推行这一政策了——只有这样，他才可以再次保全自己，而我们则会因为过去的所作所为而遭受惩罚。

[29]“因此，他理应受到惩罚，这不仅是因为他是我们的敌人，还因为无论对于你们还是我们，他都是一个叛徒。他的叛逆行为比公开交战还要可怕得多，原因就在于隐藏着的危险比公开的危险更难以防范，更为可怕的是，因为是他与敌人签署的和约，并且再次成为他们所信任的朋友，但是如果他们察觉这个人是个叛徒，他们无论如何也不会与这样的人签署和约，今后也决不会再信任他了。

[30]“现在，我要让你们知道这个人的现在的所作所为没有什么新花样，毋宁说是一个叛徒本质的暴露罢了，我将向你们讲述一下他过去的经历。这个人在开始的时候，虽然在民主派中受到尊

① 关于“平民领袖”（*demagogues*, *demagogy*）的身份、地位和作用，自古迄今争议不断，评价不一。参阅S.霍恩布鲁尔、A.斯鲍福斯主编：《牛津古典辞书》，2003年修订版，第446页。黄洋：《雅典民主政治新论》，1994年第1期。——译者注

敬，但是他和他的父亲哈格浓[①]一样，都是不遗余力地去推翻民主政治，建立四百人寡头政体；[②]他还是那个政府一个首脑。可是，当他察觉到某些反对寡头政治的力量积聚到一起的时候，他再次摇身一变——他竟然成了民主派反对寡头派的头号人物！要知道，正是因为这个缘故，人们才送他绰号'巴斯金靴'——'墙头草'。[③]

[31]"因为这种靴子的任何一只左右脚都可以穿，所以说他是个两面派并不为过。塞拉麦涅斯啊，你真是机关算尽太聪明！但是，那个保全自己性命的人，不应该聪明到把他的同伴们引入危险的境地，一旦遇到什么困难，就立即见风使舵，自行逃避，而应当像领航员一样完成他的任务，直到他们进入风平浪静的境地。另外，在世界上，如果航船在遇到困难险阻的时候就逆向行使，那船员们如何才能到达目的地呢？

[32]"当然，在政体转换中，各种变动都伴随着生命的丧失，这也是事实；但是，由于你塞拉麦涅斯如此轻易地改变立场，你要承担责任，不光是要对许多寡头派成员被平民所屠杀的事情负责，还要对大批平民被贵族派所屠杀的事情负责。你们可要记住，塞拉麦涅斯就是这样的一个人。在列斯堡附近的海战中，[④]尽管将军们分派他去打捞那些因为舰船失事而落难的雅典人，然而正是他，为了保全自己的性命，反而去起诉指挥那场海战的诸位将军，并且把他们往死里整！[⑤]

[33]"现在，当一个人清楚地表明他总是在意他自己的利益，

---

① 哈格浓是伯里克利的朋友和将军（公元前 440/前 439、前 431/前 430 和前 429/前 428 年），是安菲波里斯的创建者（公元前 437/前 436 年）。——译者注

② 参阅：I. 7. 28 附注；修昔底德：VIII. 68、89、90、91—92。

③ 巴斯金靴（Buskin），希腊文原意为"厚底靴"。希腊戏剧演员在演出时穿的靴子，厚底，穿的时候不分左右脚。克里提亚斯暗指塞拉麦涅斯脚踏两只船。E. 巴克尔在《希腊政治学说》中称塞氏为 trimmer，即"骑墙派"（E. Barker, *Greek Political Theory: Plato and His Predecessors*, London, 1977, p. 90）。——译者注

④ 阿吉努塞之战。参阅：I. 6. 35，7. 4 以下。——译者注

⑤ 参阅：I. 6. 35—7. 34。——译者注

而毫不顾及朋友的荣誉，在世界上留着这样的人怎么可能是正确的呢？我们了解到他以前的那些情况后，我们就应该当心，他会不会也采取同样的办法来对付我们呢？因此，我们要就他密谋攻击并且背叛咱们双方的事情来传讯他。这些事实证明，我们这样做也是正当的。

[34]“我们知道，拉栖代梦人的宪法，被认为是世上最为完善的宪法。如今，在拉栖代梦，如果一名监察官对现政府提出责难，并且反对政府所做过的事情，而非屈从于多数人，你们都想象不出人们会如何对待他，包括监察官自己和其他国人会如何对待他，他将会受到最严厉的处罚！如果你们是明智的，你们与其宽恕塞拉麦涅斯，还不如宽恕你们自己吧；因为如果留着他，就会导致许多对你们持反对意见的人们心怀奢望，而除掉他，则会断绝所有这些人的希望，无论是邦国内部还是邦国以外的人。”

[35]以上是克里提亚斯的发言。他发言过后，就坐下了。这时，塞拉麦涅斯起来发言，他说：“诸位议员，我首先要说说克里提亚斯所攻击我的最后一件事。他说，诸位将军之死是因为我的控告所致。但是，你们知道，这一事件并不是由于我控告他们而挑起的；恰恰相反，是由于那些人控告我而肇始的；他们说，尽管这一职责由他们分派给我，而我却未能打捞起那些在列斯堡附近海战中的不幸落难者。我为自己辩解说，由于风暴骤起，连航行都不可能，救人就更不可能了；我的同胞公民都认为我的辩解合情合理，诸位将军显然是咎由自取。因为，虽然他们说有可能救捞起那些落难者，但是他们还是把舰船开走，从而使那些落难者遭到灭顶之灾。

[36]“不过，对于克里提亚斯误解这一事件，我并不感到诧异。因为这些事情发生的时候，他碰巧不在现场；那时候，他在色萨利，随普罗米修斯一起建立一个民主政权。他正在把当地的奴仆武装起来，对付他们的主人。

[37]“任何人都绝不可能做到的事情竟然发生在这里！然而，我和他的看法有一点是完全一致的。如果有人意欲褫夺你们在政

府中的职位，并且要加强阴谋反对你们的那些人的力量，那么他招致最严厉的惩罚也是理所应当的。但是，如果你们认真思考我们两个人在过去和现在的所作所为，我认为你们能够作出最确当的判断，究竟是谁正在这么做。

[38]“直到你们成为议事会成员，并且被任命为官员，[①]而对那些臭名昭著的‘告密者’加以审判的时候，我们大家所持的观点还是完全一致的；但是当三十寡头开始逮捕并且杀死那些有财富的和有名望的人物的时候，我站在自己的立场上，我的观点开始与他们对立了。

[39]“因为当萨拉米斯的列昂——他是一位才能卓越、德高望重的人物，尽管他没有犯下一点过错——被处死的时候，我终于明白，像他这样的人是可怕的；由于可怕，因而就成为这个政府的敌人。我还知道，当尼基阿斯[②]之子尼凯拉图斯被捕——这个人像他父亲一样，也是一个富翁，[③]却从未为讨好人民而作任何事情——之时，那些喜爱他的人们，就会与我们为敌。

[40]“还有那位安提丰[④]，他在战争中用自己的金钱装备了两艘快速三列桨战舰，也被我们给处死了。我知道，所有那些热心于邦国事业的人，都在以疑惑的眼光注视着我们。当他们说要我们每个人都必须去逮捕一名留居侨民，我也提出反对；因为非常明显，如果把这些人也处死，那么所有居住在这里的侨民都会变成政府的敌人。

[41]“同样，我也反对收缴人民手中的武器，因为我认为，我们不应使邦国日趋衰弱；因为我看到，拉栖第梦人的目的不是为了保全我们，我们在数量上成为少数而不能给他们任何益处；因为如果

---

① archas 即 arche 的复数受格。复数的 archai(Magistrates)可表示“各种官职”、“当局”的意思，可以译作“官员”。——译者注

② 雅典政治家、将军，西西里远征军的统帅。——译者注

③ 据吕西亚斯(XIX. 47)所说，尼基阿斯曾经拥有 100 塔连特的资产，他的儿子仅继承了 14 塔连特。

④ 不是著名演说家安提丰。——译者注

这曾是他们所希望的，在他们的武力包围之下，只要把围困的时间稍加延长，我们就一个也活不成了。[①]

［42］“另外，雇佣那些卫兵并不能使我满意，因为我们可以在我们的服役人员中，征召与我们自己公民数量相当的人员，直至作为统治者的我们轻而易举地成为我们自己臣民的主人。更重要的是，当我看到我们邦国内部有许多人与政府为敌，许多人流落异乡，在我看来，驱逐特拉叙布鲁斯、安尼图斯或阿尔基比阿德斯都不是上策；因为我知道，一旦平民大众得到有才干的领导者，如果那些希望成为领导者的人得到大批的支持者的话，这些举措所造成的结果就是使敌对势力更为强大了。

［43］“现在，我要请教那位公开发出这种警告的人，公正地说，他究竟是恩人，还是叛徒呢？那位避免树敌过多的人，那位教导人们如何去争取最大数量同盟者的人，并不是克里提亚斯——我要说，他就是使敌人更加强大的那个人。克里提亚斯说我是叛徒，其实真正的叛徒是那些不公平地褫夺他人财产，并且屠杀无辜人民的人，是那些使自己的敌人不断增多的人，这些人既背叛了他们的朋友也背叛了他们自己，所做的一切都是为了满足自己的贪欲。

［44］“我可以用许多方式证明我的所说是真实的，如果你们还不明白，请看下面的问题：你们好好想想，特拉叙布鲁斯、安尼图斯以及其他被逐者是愿意追随我现在所述说的这种政策呢，还是追随这些人正在实行的这种政策呢？在我看来，使人迷惑不解的是，如今他们相信每个城市到处都充斥着他们的同盟者，而倘若邦国最优秀的人物与我们和好，他们将不至于在这片国土上无立足之地的！

［45］“另外，如他所说，我总是不断改变自己的立场，请注意如下事实：众所周知，四百人政府是人民自己投票选举出来的，因为拉栖代梦人说，他们相信除民主政府以外的所有形式的政府。

［46］“但是，当时拉栖代梦人毫不松懈地进行战争，阿里斯托

① 参阅：II.16，21。——译者注

特里斯、麦兰修斯和阿里斯塔库斯，以及他们的同僚将军们，在半岛上筑起一个要塞，[①]他们建议让敌人进来，这样把邦国控制在他们自己和那些寡头派的盟友手中——如果我知道这个计划并且加以阻止的话，那么就是对他的朋友的背叛吗？

[47]“正如他宣称，我是一株‘墙头草’，因为我试图去迎合两个党派。但是对于不满这两个党派的人，——以神的名义起誓，我们应如何称呼他们呢？就你们而言，在民主政治时代被认为是所有人当中痛恨平民的最甚者，而在贵族政治下，你们又表明是所有人当中仇视贵族最甚者。

[48]“克里提亚斯啊，我从来没有停歇与这样一些人的斗争。他们认为，除非奴隶们和那些分文没有而出卖邦国的人也参加政府，否则就不算是优良的民主政制；另一方面，我也曾与这样一些人为敌，他们认为只有使城邦达到由少数人绝对统治时，才算是建立了最好的寡头政制。但是，引导政府与那些具备服役财产资格者，或者达到骑士或达到重装步兵财产资格的人们[②]合作。——这是我以前所认为的最佳蓝图，如今也毫不改变这一观点。

[49]“克里提亚斯啊，如果你能够举出我与平民领袖或专权的君主合作，或褫夺有名望者的公民权的任何一个例证，那你就说出来。因为无论现在还是过去，如果我犯过这种罪行，我甘愿一死，决无怨言。”

[50] 塞拉麦涅斯的演讲话音刚落，议事会诸位议员对他深表同情，报以热烈的掌声。克里提亚斯明白，如果让议事会就这个讼案进行表决宣判，那么塞拉麦涅斯必将化险为夷；这样的结果是他无法接受的。于是，克里提亚斯进去与三十寡头进行了简短的磋商后出来，命令身怀短剑的那些人站在护栏边，[③]让议事会的议员

① 以指挥比雷埃夫斯港口的事务。

② 直译为“可以配备马匹和盾牌”，即其财产达到可以自费配备骑士或者重装步兵的水平。——译者注

③ 将议事会和听众席隔开的护栏。参阅 P. J. 罗德斯：《雅典布列议事会》(P. J. Rhodes, *The Athenian Boule*, Oxford University Press, 1972)，第 29—30 页。——译者注

们看得清清楚楚。

［51］随后，克里提亚斯再次进来，他说："诸位议员，我认为，作为一个领导人，他应尽的职责就是，一旦看到他的朋友们上当受骗了，不能坐视不管。因此，我也必须这样做。此外，看看站在护栏边的这些朋友们，他们说，如果我们提议放过一个明显损害寡头政治的人，那么就不会饶过我们。现在颁布新法律，三千人名册中的任何一个人没有你们的投票都不得处死，而三十寡头对名册以外的人拥有生杀予夺之权。因此，三十寡头一致同意，我将塞拉麦涅斯的从三千人名册中除名。"克里提亚斯又说，"现在，我们判处塞拉麦涅斯死刑。"

［52］塞拉麦涅斯听到这番话，一跃而起，冲到神坛下。他说，"诸位议员啊，我请求你们要严格按法律来审判——不要完全受克里提亚斯把我或者你们当中的任何人从名册中除名的影响，而正确地做法应该是，无论关于你们的讼案还是我的讼案，都应该严格依照法律的规定来审判，对这些人的审判要和以前对名册中的人一样。"

［53］塞拉麦涅斯又说："当然，我以诸神的名义诅咒，我知道这座神坛一点也没有佑护我，我想说明的是，这三十寡头不仅是最不公正地对待人，而且是最不虔诚对待神的。可是，我对诸位善良诚实的议员阁下感到诧异的是，你们居然不去维护你们自身的权利，尤其是你们必定会看到，你们每一个人都像我一样，是很容易被除名的。"

［54］这时候，三十寡头命令十一人委员会①来捉拿塞拉麦涅斯；十一人委员会带着他们的随从进来了，他们的首领就是他们当中最鲁莽、最无耻的萨提鲁斯。克里提亚斯说，"我们把他交给你们了。这个塞拉麦涅斯依法被宣判有罪。命你们十一人委员会把他带下去，带到他该去的地方，接下来该怎么办就怎么办吧！"

---

① 参阅：I.7.10。这些人依法本应抽签选出，但是他们是由三十寡头直接任命的。——译者注

[55] 克里提亚斯话音刚落，萨提鲁斯就在他的随从的协助下，把塞拉麦涅斯从神坛下拖走。塞拉麦涅斯神态自若，他呼唤诸神以及在场的人们为所发生的事情作证。但是，这时候，议员们都保持缄默，[①]因为他们看到，在护栏旁边站着的尽是与萨提鲁斯一样的人，而在议事厅前面的空地上，也布满了拉栖代梦人的卫兵。他们很清楚，这些人来的时候都是身藏短剑的。

[56] 这样，他们押着塞拉麦涅斯，穿过市政广场扬长而去。在这个过程中，塞拉麦涅斯声嘶力竭地高喊，说自己完全是被冤枉的。据说，有这样一种说法：当萨提鲁斯告诉他，如果他不闭嘴，他将因此受罚，塞拉麦涅斯反问道："难道我保持缄默，就会免于受罚吗？"他们把毒药（Hemlock）端给他，等行刑时辰一到，他就喝下了那致命的毒药。[②]

他们说，他倒出最后剩下的数滴，就像一个男人在玩考塔博斯[③]游戏一样；他大声喊道："我心爱的克里提亚斯，我在这里祝你健康！"至于是否真有此事，我也不得而知，这些说法都是不值得记载的。然而，我认为此人令我钦佩的一点是，当死亡近在咫尺之时，依然能够如此泰然自若、不乏风趣。

---

① 狄奥多拉斯（XIV. 5. 1—3）记载了一个有趣的细节，说哲学家苏格拉底看到那些刽子手准备将塞拉麦涅斯从神坛下强行拖走之时，便带着两名密友跑上前来，试图施救。色诺芬在《希腊史》中对其师苏格拉底尽可能少提，似乎是有意而为。——译者注

② Hemlock，芹叶钩吻，从其中提炼制成毒药，苏格拉底死的时候大概也是喝下这种毒酒。据说喝下这种毒药，首先感觉发冷，毒性从双脚向上扩展，伴随着痉挛，当毒性扩展到心脏时，人很快就死去了。——译者注

③ 考塔博斯（kottabos）游戏是这样的：将杯中最后剩下一点酒倒入一个金属盆，同时说出你所钟爱的那个人的名字，恭祝此人身体健康。此游戏盛行于西西里。

第4章

[1] 塞拉麦涅斯就这样结束了自己的生命。[①] 三十寡头认为，他们现在可以肆无忌惮地行使僭主的权力了，便发布一道命令，严禁三千人名册以外的人进入雅典城，并且将他们从其田产上予以驱逐。这样，他们自己以及他们的朋友们就可以侵占这些人的田产。当这些人逃到比雷埃夫斯的时候，三十寡头把他们当中的许多人又从那里赶走，以至于无论在麦加拉还是底比斯，都充斥着雅典的被逐者。

[2] 不久，特拉叙布鲁斯率领大约70名同伴，从底比斯出发，攻克斐列[②]，这是一个坚固的要塞。三十寡头从雅典城出发，统率三千人[③]以及骑兵前去攻打斐列。那天，天气很好，阳光灿烂。当他们抵达斐列的时候，一些轻率鲁莽的年轻人，马上向要塞发起攻击，结果他们一无所获，多人受伤，铩羽而归。[3]随后，三十寡头开始筹划对这个地方实施包围，欲切断他们的粮食补给通道，以迫使他们投降。可是，就在那天晚上，一场特大暴风雪不期而至，一直下到第二天。他们的计划落空了，只好冒雪返回雅典城；他们撇下的许多随军商贩，落入斐列守军之手。

[4] 三十寡头知道，如果没有军队严加防范，斐列的敌人也会

---

① 公元前404年。

② 临近波奥提亚边境一坚固要塞(其遗迹至今犹存)，距离雅典近20千米。该要塞俯临帕涅斯(Parnes)山间狭窄通道，由底比斯经此穿过阿卡奈，可直达雅典。——译者注

③ 就是登录在册的那三千人，不是军队人数的三千人。

聚集起来，出来劫掠临近的农庄，他们将那少量的拉哥尼亚驻军悉数派出，外加两个骑兵队，[①]部署在距离斐列 15 斯塔狄亚[②]的区域内。这些军队埋伏在丛林茂密之处，时刻保持警戒。

[5] 现在，聚集在斐列的人数约为 700。入夜，特拉叙布鲁斯率领他们悄悄出动；大约在距离敌军三四斯塔狄亚的时候，便匍匐在地，鸦雀无声。

[6] 天刚蒙蒙亮，敌军士兵已经起床，他们离开营地，四处游走；马夫们打理着马匹，不停地吆喝着；这时，特拉叙布鲁斯和他手下士兵拿起武器，快速出击。他们把一些敌人击倒，另一些则四散奔逃，他们将逃敌追出约六七斯塔狄亚；共杀死敌军骑兵至少 120 名，死者当中有一位名叫尼科斯特拉图斯，绰号"俊美者"，还有另外两人被杀死，他们被俘虏时还在床上睡觉。[③]

[7] 他们追杀敌人，在收兵之后，树立了一座胜利纪念碑，把所俘获的武器和辎重，都收集起来，返回斐列。当来自雅典城的骑兵队前来救援时，他们连敌人的影子都没有见到。于是，他们在那里等待着，等死者亲属收敛好死者的尸体，便返回雅典城里。

[8] 自此以后，三十寡头认为他们的政权无法维持下去了，就拟定了一个抢占埃琉西斯的计划，这样便可以在必要的时候以此作为避难之地。因此，克里提亚斯和三十寡头中的其他人，发布一道命令，要求骑士们随他们一同前往埃琉西斯。在那里，他们在骑士的监管下检阅埃琉西斯公民，佯称他们想知道其公民数量，另外还需要多大的一支驻防军，于是命令来自埃琉西斯的公民们都去注册；每个男子在登记后，都必须从雅典城朝向海一方的那个城门出去。同时，他们将骑士沿大门两侧部署，每出来一个人，其仆从们随即都将其捆绑起来。这样，他们在把所有的人都逮捕起来之

---

① 直译为"两个部落的骑兵"。雅典 10 个部落，每个部落大概提供 100 名骑兵。

② 约合 2.8 千米。

③ 有研究者认为，色诺芬之所以知道此人的绰号，很可能与其相识；进而推测色诺芬很可能在三十寡头政府的骑兵队中服役。——译者注

后，命令骑兵司令吕西玛库斯将他们带往雅典，移交给十一人委员会。[①]

［9］翌日，他们召集登记在册的骑士以及重装步兵来到奏乐堂[②]开会。克里提亚斯站起来发言，他说："诸位，我们建立这个政府，既是为了我们自己，更是为了你们。因此，既然你们愿意分享荣誉，那你们也必须共担危险。因此，你们必须对已经逮捕的埃琉西斯人投票定罪，因为你们同我们一样，有着同样的希望与担忧。"然后，他指示他们到一块空地上，吩咐他们在大家注视下投票。

［10］当时，拉哥尼亚驻军全副武装，占据着半个奏乐堂。这些程序对于这些只关心自己利益的公民来说，也是乐于接受的。此后不久，特拉叙布鲁斯集结斐列的人们，如今他集合起来约1000人，晚间来到比雷埃夫斯。三十寡头获悉这个情报后，他们立即带着拉哥尼亚驻军以及他们的骑兵和重装步兵出动，沿马车路直奔比雷埃夫斯港而来。

［11］来自斐列的人一度试图阻击他们，但是当他们看到比雷埃夫斯城防线如此开阔，[③]需要很大一支军队来防御，而他们人数还不是很多，便集结成一个密集的阵型，驻扎在穆尼基亚山丘上。[④]那些来自雅典城的人们，进入希波达姆斯市场，[⑤]首先组成战斗阵型，这样他们布满于通往穆尼基亚的阿尔特密斯神庙和本狄斯避难所的大路上；他们的队伍纵深不少于50排盾牌；他们保持着这个队形，向山上推进。

---

① 即把他们一次性处决。吕西亚斯（XII. 43、52；XIII. 44）认为有300人被处死。狄奥多拉斯（XIV. 32. 4）则说三十寡头将"全体"埃琉西斯人和萨拉米斯人都予以处决。

② Odeum，一座奏乐堂。位于雅典城墙东南方外侧。

③ 据修昔底德（II. 13）记载，环绕比雷埃夫斯和穆尼基亚的城墙周长达60斯塔狄亚，约合11千米。——译者注

④ 比雷埃夫斯的卫城，位于比雷埃夫斯半岛东边。——译者注

⑤ 比雷埃夫斯一市场，位于两条长城与比雷埃夫斯交界处。由该市场出发，沿一条宽阔大街可直达穆尼基亚卫城。据说希波达姆斯是这个市场也是整个比雷埃夫斯港城的建筑师，故而市场以他命名。

［12］至于来自斐列的人们，他们也布满于道路之上，但其重装步兵队列纵深不超过10排。而在重装步兵之后，他们配有轻盾兵和轻装标枪手，再后面是投石手。这类人员数量很多，因为他们是来自于邻邦。当敌人逼近之时，特拉叙布鲁斯命令他的手下将盾牌平放在地上，他自己也是这样做的，而其他人仍然手持武器。然后，他走到他们中间发表演说。

［13］他说："公民同胞们，我希望告诉你们当中的一些人并提醒另外一些人的是，构成敌军右翼的那些人，四天前才被我们打得溃不成军，而居于左翼的那些人——他们就是三十寡头，我们无缘无故地被他们判定有罪，我们获罪期间，他们洗劫了我们这些在城里的人，把我们赶出家园，驱逐了我们的最亲爱的人。但如今你们看啊！他们已经身陷他们自己从未预料到的一种窘境，却是我们朝思暮想所期盼的一种局面。

［14］"现在，我们手持武器，与我们的敌人正面相对；诸神啊，曾几何时，我们在吃饭、睡觉或者经商的时候被逮捕，由于我们当中一些人不只是无缘无故地被驱逐，甚或根本就不在城市中，而今他们都光明正大地站我们这边来战斗。晴空万里，诸神却送来一场暴风雪，可谓天助我也。这场风雪对我们有利，尽管我军在数量上处于明显劣势，但诸神恩准我树立一座胜利纪念碑。

［15］"如今情况相似，诸神把我们带到这样一个地方，敌人就在你们面前，因为敌军由山下向山上发起进攻，既不能向我们投掷矛、标枪，也无法投掷石块，而我们却居高临下，可以顺势向山下投掷矛、标枪和石块，将对他们造成很大杀伤。

［16］"虽然有人认为，我军不得不与敌军前排人员在对等条件下作战，但事实上，如果你们坚决地投掷你们的手中的武器，敌人将根本无法分清谁是他们自己人，因为道路上挤满了全都是他们的人，为了尽力自保，他们会一直用盾牌遮住自己。因此，他们一个个都像瞎子一样，你们可以随心所欲地痛击他们，然后跃起冲向他们，将他们打翻在地。

［17］"战友们，我们必须采取这样的行动：每个人心中都必须

要有必胜的信念。神意已经显明,胜利属于我们,将在今天把祖国和家园,自由和荣誉,把我们的妻子和儿女,统统归还给我们!毫无疑问,幸福是属于赢得胜利的我们,属于活到一辈子最快乐的那一天的人!幸福也属于那些牺牲的人;因为无论一个人他多么富有,都无法得到如此荣耀的一座纪念碑。现在,这个时刻到了,让我唱起赞歌,呼唤战神恩亚琉斯[1]来佑助我们,然后让我们全体人员,同心协力,向曾经欺辱我们的这些人复仇吧!"

[18] 说完这番话,他转过身,面对敌人,沉默不语。因为预言家吩咐他们,只有他们自己方面有人被杀或者负伤时,他们才开始进击。那位预言家说:"一旦这事发生,我将引导你们前进,胜利将属于你们;而对于我自己来说,死期将至。"

[19] 这种说法并没有错,因为当他们拿起盾牌的时候,这位预言家仿佛受到了一种命运的引导,第一个冲出去,扑向敌人,结果他被杀死了,他的遗体被安葬在凯斐索斯河[2]的浅滩上;但其他人则在交战中获得了胜利,他们一直把敌人驱赶到平坦地带。在这次战役中,三十寡头当中有两人被杀死,即克里提亚斯和希波玛库斯;比雷埃夫斯十人执政团成员之一格劳孔之子卡米德斯,[3]也被杀死了;其他阵亡者还有70人。获胜者收缴了死者的武器,但是他们并未剥去任何一位公民的战袍。[4] 他们做完这些事情之后,便归还了死者的尸体,交战双方的许多人走到一起,相互交谈。

[20] 这时,克列奥克利图斯,传授者[5]的传令人,嗓音特别好,他让大家安静下来,说:"公民同胞们,你们为什么非要把我们逐出

---

① Enyalius,即战神(Ares)。

② 阿提卡的一条河流。——译者注

③ 卡米德斯(Charmides)乃是克里提亚斯的堂兄弟,柏拉图的娘舅。色诺芬在《追忆苏格拉底》(III. 6、7)中曾提及此人。老格劳孔是柏拉图和其弟小格劳孔的外祖父。——译者注

④ 这衣服是穿在胸甲里面的。胜利者取走死者的武器和盔甲,而不取走其衣服。——译者注

⑤ 埃琉西斯秘仪的传令官。此人不但有一副好嗓子,而且身材硕大。参阅阿里斯托芬:《蛙》(Aristophanes, *Frogs*),第1237行。

城市呢？你们为什么想要杀掉我们呢？我们从来没有对你们造成任何损害，我们与你们一同参加最隆重的典礼和牺牲，共同参加最盛大的节日，在舞会上，我们是舞伴；在学校里，我们是同窗；在战场上，我们是战友，在保卫我们双方的共同的安全和自由的陆战和海战中，我们与你们风雨同舟，历经千难万险。

[21]“以我们父亲的诸神的名义，以我们母亲的诸神的名义，以我们血缘纽带、婚姻和同志之谊的名义——因为所有这些都是我们许多人彼此共享的，却被废止了，这在诸神与人类的面前都是一种耻辱，这是对你们祖国的犯罪，不要再顺从那最可憎的三十寡头，他们为了私人利益而在 8 个月内所屠杀的雅典人，几乎比在近 10 年战争期间被伯罗奔尼撒人杀死的总数还要多。[①]

[22]“当我们与同胞公民一样过上和平生活的时候，这些人把我们拖入了与另外一些人的战争，这场战争是最令人感到耻辱、最令人忍无可忍的战争，是一场邪恶之极、遭到神人共憎的战争。然而，由于所有这一切，可以完全肯定的是，如今对于那些死于我们手下的人而言，无论是你们还是我们，都要为之沉痛落泪了。”

他讲了这番话之后，寡头政府当中那些幸免于死的官员，由于他们的追随者也听到了上述演讲，就率领他们返回雅典城去了。

[23] 翌日，垂头丧气的三十寡头及其残留下来的少数追随者，在议事厅举行了一次会议；至于那三千人，则成群结队地聚集在一起，彼此之间争吵不休。因为所有那些曾施过暴行的人们，都因此

---

① 关于三十寡头屠杀雅典人的数字，古代作家有不同说法。吕西亚斯说有 2500 人被杀；埃斯奇涅斯(Aeschines, III. 235)说有超过 1500 人被杀；伊索格拉底(VII. 67；XX. 11)和亚里士多德(《雅典政制》，XXXV. 4)皆从此说。吕西亚斯本人就是受害者，属于距离事件最近的证人，他的数字较为可信。值得注意的是，这里所说的“雅典人”概念有些模糊，因为被三十寡头下令杀死的人，很多都是所谓“麦特克”，没有雅典公民权，严格说来他们还不是“雅典人”。据 M. H. 汉森研究，伯罗奔尼撒战争的最后 10 年，伯罗奔尼撒人大概共杀死 1.6 万雅典人。P. 科伦茨：《色诺芬〈希腊史〉译注》，第 2 卷，第 146 页。——译者注

而感到害怕，他们信誓旦旦，说不应向比雷埃夫斯的港民们[①]作出让步；而那些自信没有任何过错的人们，则坚持自己的看法，并向其他人述说，不必受这些恶行的连累。他们说，自己不应服从三十寡头，任由他们毁了邦国。最后，他们投票决定，废黜三十寡头，另选其他人当政。于是，他们从每个部落各推选一人，组成十人委员会。

[24] 于是，三十寡头退居到埃琉西斯去了；[②]而十人委员会，则在骑兵指挥官的帮助下，对居留在雅典城里的人们小心翼翼，因为这时候人们忧心忡忡，互不信任。事实上，即使晚上执勤的那些骑士们，也居住在奏乐堂里面，马匹和盾牌随时带在身边；[③]由于这种猜疑的流行，在夜里，他们手持盾牌沿长城[④]巡逻，而白天，则是骑马巡逻，他们总是惧怕在比雷埃夫斯港民对他们发动突然袭击。

[25] 这时候，比雷埃夫斯的港民聚集了很多，各种人等都有，他们忙于制作盾牌，有些盾牌用木料制成，还有些是用枝条编成，再涂上颜色。[⑤] 他们许下诺言，无论是谁，只要与他们一起战斗，那么即使他是异邦人，也将在纳税[⑥]方面取得与公民平等的地位；结果，不到10天，等他们出击之时，这支军队中已经拥有大批的重装步兵和许多轻装步兵，另外还纠集了约70名骑兵；他们四处劫掠，搜集木材和农产品，然后再返回比雷埃夫斯过夜。

---

① 当时在雅典和比雷埃夫斯明显分为两派，分别称其为“市民党”和“港民党”。——译者注

② 公元前403年。

③ 目的在于既可以骑兵也可以重装步兵的身份出战。——译者注

④ 在长城的外面巡逻。由于他们相互之间的不信任，他们想通过这种方式防止雅典城里的人逃亡至比雷埃夫斯去。

⑤ 在中国古代兵器制造中，一些防御性武器如藤甲、藤盔等，在编好之后常常浸泡于桐油之中，外表上看如同上了一层“油漆”，可以明显增加其韧性。希腊语这个词从字面上讲，有涂染料，漂白之意，也有“涂油漆”之意。希腊人是否掌握了这样的制作技术，尚不能完全确定。不过，斯巴达制作武器的工作中，也有油漆匠。参阅：III. 4. 17。——译者注

⑥ 常住侨民当中的一个特权阶层（*isopeleis*），他们在纳税方面和雅典公民享有同等待遇。

［26］至于雅典城里的那些人，除了他们的骑兵以外，没有一个人在备战期间胆敢出城；有时候他们的骑兵俘获一些从比雷埃夫斯出来搜掠食物的人，给敌军主力造成一些杀伤。他们还俘获了埃克松尼[1]村社的一些人，这些人到自家的农场去寻找食物；尽管俘虏们苦苦哀求，而骑兵当中的许多人也强烈反对他这样做，骑兵司令吕西玛库斯还是把他们给处死了。

［27］作为报复，比雷埃夫斯港民也杀死一位此前在乡下俘虏的骑士，他名叫卡里斯特拉图，属于列昂提斯部落。因为这时候，港民们勇气十足，甚至发动袭击，兵临雅典城下。也许值得一提的是，在雅典城方面，其应对策略是这样的。当雅典市民的指挥官得知敌人企图通过吕凯昂体育场的跑道，来调运他们的攻城器时，他命令军队各个分队，都去用车辆拖运石块，每块的重量以车辆装得下为宜，然后把石块随意投到任何地方。这样一来，每一块石头都给敌人造成很大的麻烦。

［28］这时候，盘踞在埃琉西斯的三十寡头派遣使者前往拉栖代梦；同样，雅典城中那些登录在册上的人们，他们借口雅典平民已叛离拉栖代梦人，请求予以援助。吕山德考虑到，如果从陆路和海路封锁比雷埃夫斯，断绝其粮食来源，是有可能很快迫使他们投降的；于是，他决定给予援助，借给雅典寡头党 100 塔连特，吕山德亲自出马作为陆军司令，他的兄弟利比斯作为海军司令。[2]

［29］因此，吕山德亲自招募了一支规模不小的伯罗奔尼撒重装步兵，奔赴埃琉西斯；同时，利比斯率舰队在海上游弋，以防有任何必需品通过海路运进被围困的要塞。于是，比雷埃夫斯的人们很快再度陷入困境，而雅典城的人们依靠吕山德的支持，又恢复了信心。

---

① 阿提卡—德莫。——译者注

② 吕西亚斯（XII. 59）、伊索格拉底（VII. 68）、亚里士多德（《雅典政制》，XXXVIII. 1）都说是 100 塔连特。狄奥多拉斯（XV. 33. 5）说，拉栖代梦人派出的军队有 40 艘战舰（总人数约 8000 人）和 1000 名步兵。这样，按每人每天 3 奥波尔计，100 塔连特仅够支付他们 4 个月的薪饷。

事态发展到这种地步，拉栖代梦国王波桑尼阿斯，却出于对吕山德的嫉妒，说服了 5 位监察官中的 3 人，同意改由他来担任拉栖代梦军队的总司令。原来吕山德实施这次军事行动，不仅使其声名大振，而且有可能把雅典据为己有。

[30] 除了波奥提亚人和科林斯人以外，所有的同盟者的军队都愿意服从波桑尼阿斯的调遣；他们认为，如果雅典人根本没有任何违反和约的行为，那么对雅典人开战是违背他们的誓言的；然而，事实上，他们之所以这样做，是因为他们认为拉栖代梦人想把雅典的国土牢牢控制在自己手中。因此，波桑尼阿斯在比雷埃夫斯附近的一片被称为哈里佩敦的平原上摆开阵势。他亲自坐镇右翼，而吕山德及其雇佣军构成左翼。

[31] 随后，波桑尼阿斯派使者到比雷埃夫斯港民那里，命令他们各自回家，如不服从，便发起攻击；这期间喊杀声此起彼伏，以便使人们不会觉得他对他们过于宽厚了。这次进攻无果而终。翌日，他带着拉栖代梦军队的两个团[①]和 3 个部落的雅典骑兵，沿着"寂静之港"[②]岸边巡视，希望寻找到打开比雷埃夫斯城墙缺口的最佳位置。

[32] 他在返回的时候，遭到敌人的袭击，造成一些麻烦，波桑尼阿斯有些恼怒了，他命令骑兵全速追杀敌人，命令军龄在 10 年以内的士兵[③]前去接应；而他自己和其余的部队在后面压阵。他们杀死了将近 30 名敌人轻装兵，把其余的人一直追击到比雷埃夫斯的剧场。

[33] 碰巧的是，比雷埃夫斯的全体轻装步兵和重装步兵正在那里备战。那些轻装步兵，立即冲上前来投掷标枪和石块，张弓射箭，开动抛石器；而在拉栖代梦人这方面，许多人受伤，受到很大压力，被迫退却，且战且退；这样，对方发起了更加猛烈的攻击。在这次交锋中，凯隆和提布拉库斯双双阵亡，两人同为波列玛克；阵亡

---

① 拉栖代梦军事编制最大单位"团"(*morai*)，团长音译波列玛克。参阅附录 2:《斯巴达政制》，XI. 4；XIII. 1—4。——译者注

② Still Harbour(*Kophos Limên*)，显然是比雷埃夫斯主要港湾西侧入口。

③ 即服兵役未满 10 年者。参阅：III. 4. 23；IV. 5. 14。

者还有奥林匹亚竞技会的优胜者拉克拉特和其他一些拉栖代梦人，他们都被安葬在雅典城门外制陶区一带。[①]

[34] 这时，特拉叙布鲁斯和他的其余的军队——重装步兵——看到这种情况，便冲过来增援，他们很快排成作战队列，纵深8排，位于他们战友之前。波桑尼阿斯迫于压力，退却四五个斯塔狄亚，来到一座土丘附近，他命令拉栖代梦人以及那些盟军前来他这里与他会合。在那里，他摆出一个纵深极厚的方阵，指挥着对雅典人实施反击。结果，雅典人只能在狭小的区域内应战。最后，他们被迫进入哈莱[②]的沼泽地。有些人逃走，大约150人被杀。

[35] 于是，波桑尼阿斯树立了一座胜利纪念碑，然后返回营地；尽管发生这些事，他并未对他们动怒，而是秘密派人去比雷埃夫斯港民那里，命令他们派使者来见他以及随他出征的几位监察官，还告诉他们这些使者应该提出什么样的建议；他们听从了他的指示。接着，他又着手分化雅典城里的人们，发出指令，将尽可能多的人们聚集起来，拉到他和监察官一边。他指出，他们并不想与比雷埃夫斯港民交战，宁愿与他们和解，并且和雅典市民一起都成为拉栖代梦人的朋友。

[36] 现在，身为监察官的那乌克雷达斯也乐于听从这些。因为按照惯例，两名监察官与波桑尼阿斯国王一同出征。那乌克雷达斯和另外一位监察官在场，他俩一致赞同波桑尼阿斯的策略，而不支持吕山德。正因为如此，他们一方面热心地支持比雷埃夫斯"港民党"派出使者前往拉栖代梦，建议与拉栖代梦人议和，另一方面他们也支持来自雅典"市民党"方面使者，以私人身份出使的凯斐索丰和麦列图斯。

[37] 可是，那时候，这些人已经离开了拉栖代梦，因为雅典"市

① 修昔底德(II. 34)说这里是"雅典城外景色最美的地方"。它位于雅典城西北部的狄皮隆门外的外陶区，有一条公墓大街直通雅典。参阅阿里斯托芬：《鸟》，第395行。——译者注

② 雅典一德莫。——译者注

民党”的那些掌权者也准备派遣使者，携带信件，准备顺从拉栖代梦人的意愿，向拉栖代梦人投降，并且交出他们所占据的长城；他们又说，他们认为，对于比雷埃夫斯的“港民党”来说，如果他们也宣布要成为拉栖代梦人的朋友的话，应当同样献出比雷埃夫斯和穆尼基亚，只有那样才算公平。

[38] 监察官和拉栖代梦人及其同盟者大会的与会者，[①]在听取了各方使者的陈述之后，当即派遣15人前往雅典，委托他们与波桑尼阿斯通力合作，以最有利的方式达成和解。他们最终以下列条件达成和解：雅典“市民党”和比雷埃夫斯“港民党”，双方应当和平共处，除三十寡头成员、十一人委员会成员和管理比雷埃夫斯的十人委员会成员以外，其他人皆须各自起程回家。他们还作出决定，居住在雅典城的人如果感到害怕，他们可去埃琉西斯定居。[②]

[39] 这些安排完成之后，波桑尼阿斯遣散了他的军队，来自比雷埃夫斯的人们全副武装向雅典卫城进发，他们登上卫城，向雅典娜献祭。等他们下来之后，将军们召集了一次公民大会。特拉叙布鲁斯在会上发言。

[40] 他说：“我奉劝你们这些雅典城里的人们，你们要有‘自知之明’。你们最好要弄清楚你们凭什么傲慢自大，你们凭什么对我们行使统治权。难道是因为你们比我们更公正吗？那些平民大众，尽管比你们穷困，却从来没有为了钱财而做一件错事；而你们呢，尽管比他们任何人都富有，却为了牟取私利而干了许多不光彩的事情。既然你们完全没有站在正义的一边，那么你们好好想一想，你们是否应该理直气壮地傲慢自大。

[41] “倘若如此，那么我们在相互交战中不是已得到公正的检验——战争的结果岂不是很好的证明吗？你们还说，你们在智慧上占优势，你们拥有城墙、武器和金钱，而且有伯罗奔尼撒人作为同盟者，然而你们却被不拥有这一切的那些人打得落花流水！难道

---

① 参阅：VI. 3. 3。——译者注

② 公元前403/前402年。参阅：亚里士多德：《雅典政制》，XXXIX. 1—6。——译者注

是拉栖代梦人使得你们认为可以傲慢自大吗？为什么会这样呢？拉栖代梦人把你们移交给这些曾经蒙受羞辱的平民，这就好比主人们用缰绳拴住他们的狗，把它们交给了看护者，而今他们一走了之，只剩下你们这些丧家之犬了。

[42]“尽管如此，我的战友们，我决不要求你们违背任何誓言，但我请求你们不如向世人展示这种美德，并展示其他的美德——即你们是真诚信守诺言的，是敬畏神祇的人。”他说完这番话，又苦口婆心地继续劝告说，他们大可不必惊慌失措，只须在此前业已生效的祖先的宪法[①]下生活即可。随后，他宣布解散公民大会。

[43]这样，他们就在那个时候任命了若干官员，宪法得以重新执行，公民的生活也得以重启；但在后来一段时期内，[②]当获悉埃琉西斯的那些人[③]正在招募雇佣军的情况后，他们便全军出动，来攻打埃琉西斯人，他们将对方前来谈判的诸位将军全都处死。然后，派人到他们的朋友和亲戚那里，说服他们达成和解。他们保证信守誓言，也的的确确未再提旧怨。时至今日，[④]这两个党派的人士还是如同胞公民一般和睦共处，而民主派也一直信守他们的誓言。[⑤]

---

① 参阅：II. 3. 2 及附注。——译者注

② 公元前 401 年。

③ 大概是那些寡头派人士。在推翻三十寡头的统治之后，雅典国内三股势力呈鼎足之势，分别以雅典城、比雷埃夫斯和埃琉西斯为中心。后来，埃琉西斯的寡头派残余势力被消灭之后，雅典国家再次实现了统一。——译者注

④ 作者何时撰写的这段文字，成为一个饶有兴趣的问题。这部分有可能是写于参加居鲁士远征军之前，即写于公元前 403 年 9 月民主制重建到公元前 401 年 3 月之间；《希腊史》的其他部分显然是远征归来之后写成，这点在其书中（III. 1. 2）亦有所交待。实际上，《希腊史》的第一部分到此为止。色诺芬在《长征记》中记载的时限为公元前 401 年 3 月至前 399 年 3 月（他将“万人军”余部移交给斯巴达将领提布隆）。经过这段间隔，或者说，作者经历长征以后，在写作指导思想上似乎发生了某种转变。第一部分所写是名副其实的“希腊志”，在地理上也严格限定在“希腊”范围内，接下来的其他部分似乎不是直接写下去的，而是按照年代顺序，就重大事件加以记载。也许正是基于这一点，色诺芬随后插叙关于长征的事实。如果色诺芬对全书做过通盘的修改，那就意味着直到公元前 4 世纪中期，雅典内部的两股主要政治势力一直和睦共处。这也大致符合雅典历史事实。——译者注

⑤ 参阅亚里士多德：《雅典政制》，LX. 2—3。

第 3 卷

第1章

[1] 雅典的内部纷争就这样结束了。不久，[①]居鲁士派遣使者前往拉栖代梦，要求拉栖代梦人应该向他表示友善之意，就如同他在与雅典人作战中对拉栖代梦人所做的那样。监察官们认为居鲁士的要求是正当的，便向当时拉栖代梦的海军司令萨米乌斯发出指示，一旦居鲁士有什么要求，命他要服从居鲁士的指令。事实上，萨米乌斯也确实积极地按照居鲁士的吩咐行事。他一马当先，率领他的舰队，随同居鲁士的舰队一起绕航至基里基亚，致使基里基亚的统治者叙恩涅西斯在陆地上向波斯国王进攻的同时，无法攻击居鲁士。

[2] 至于居鲁士是如何招募了一支军队，并且率领那支军队深入内地去攻打他的兄长[②]的？这次战役是怎么打的？[③] 居鲁士是怎样被杀死的？其后希腊人是如何安全返抵海边的？[④] ——所有这些都是由一位名叫塞米斯托根尼斯[⑤]的叙拉古人记载下来的。

[3] 现在，[⑥]提萨佛涅斯由于在对居鲁士的作战中，为波斯国王

---

① 公元前401年。

② 阿塔薛西斯二世（公元前405—前358年在位）。——译者注

③ 库纳克萨之战。库纳克萨是巴比伦附近一个村庄，战役发生在公元前401年秋，小居鲁士兵败被杀。——译者注

④ 公元前400年3月10日，"万人军"返回特拉佩佐斯（Trapezus）。

⑤ 我们对这位作家的具体情况不得而知。看来，色诺芬自己所著的《长征记》，在他写作这段文字的时候似乎还没有发表。

⑥ 公元前400年。——译者注

立下过汗马功劳，[①]因此而他本人受命同时担任两个行省的总督，这两个行省以前是受居鲁士管辖的。他到任后，立即要求所有伊奥尼亚城邦必须向他称臣。但是，伊奥尼亚诸邦既想获得自由，又惧怕提萨佛涅斯，由于他们在居鲁士在世时候是接受居鲁士、而不是提萨佛涅斯为他们的统治者，因而他们拒绝提萨佛涅斯进驻他们的城市，并且派遣使者前往拉栖代梦——既然拉栖代梦人是全希腊的领袖，他们请求拉栖代梦人保护他们这些生活在亚细亚的希腊人，以使他们的土地不再遭到劫掠，自己也不再遭受奴役。

［4］于是，拉栖代梦人委派提布隆为总督，[②]划拨给他一支由1000名获得解放的黑劳士[③]和4000名其他伯罗奔尼撒人组成的军队。提布隆还从雅典招募了300名骑兵，并承诺这些骑兵薪饷由他本人支付；雅典人派给提布隆的那些骑兵，是曾在三十寡头当政期间骑兵队服过役的；[④]他们认为，如果这些骑兵在异国他乡生活终老的话，那对于民主派来说也不啻为一个收获。

［5］他们在抵达亚细亚之后，提布隆还从当地希腊城邦中招募兵士；因为那时候各邦对于拉栖代梦人皆惟命是从。[⑤] 现在，提布隆行进在全军最前头，但他并未率军冒险进发至平原地带，因为他看到敌军中也有骑兵。如果他能够保住自己所在的这片领土免遭劫掠的话，他就感到心满意足了。

［6］这时候，那些随居鲁士参加过长征的士兵们，在平安返回

---

① 据色诺芬《长征记》记载，当小居鲁士准备对其兄长发起远征之时，提萨佛涅斯火速向阿塔薛西斯二世通风报信，使后者有了较为充分准备（小居鲁士征程历经数月）。在波斯国王击败并杀死小居鲁士之后，为消除这批群龙无首的“万人军”对波斯帝国的威胁，提萨佛涅斯亲自率兵将其引出境外。不过，此举在20年后就被伊索克拉底（IV. 145—149）曲解为波斯人的“护送”行动。——译者注

② 公元前399年。即由他总领亚细亚方面的事务。——译者注

③ 参阅：I. 3. 15；修昔底德：VII. 58。

④ 参阅：II. 4. 2。

⑤ 参阅：《长征记》，VI. 6. 12。——译者注

后加入了提布隆的队伍。[1] 自那时起，提布隆甚至可以率领手下士兵在平原上抗击提萨佛涅斯了。他降服了许多城市，其中伯迦姆斯主动投降，类似的情况还有特乌特兰尼亚和哈里萨那，这两座城市曾分别处于攸里斯提尼和普罗克利斯[2]的统治之下，他们是拉栖代梦人德玛拉图斯[3]的后裔；这两座城市曾是波斯国王赐予德玛拉图斯的，作为对他随同国王远征希腊的奖赏。[4] 而哥尔基昂和冈基鲁斯主动表示效忠于提布隆，这两人是亲兄弟，一位是冈布里昂和帕莱甘布里昂的统治者，另一位是梅林那和格里尼昂的主人。这些城市均为波斯国王赐予以前一位名叫冈基鲁斯的人，因为冈基鲁斯是爱里特利亚人当中惟一一个加入波斯大军的人，他因此而遭到本邦放逐。[5]

［7］另一方面，一些弱小城市实际上是提布隆以武力攻下来的，至于拉里萨（所谓“埃及人的拉里萨”[6]），守军拒不投降，提布隆便率军围攻该城。他使尽浑身解数，结果还是一筹莫展。于是，他下令挖掘一个大坑，再由坑底横向开掘一条暗渠，目的在于切断城内居民的水源。对此，拉里萨城内的人频频出城，发动袭击，不断

① 据色诺芬记载，在库纳克萨战役之前，这支希腊雇佣军的人数约为1.3万，平安返回的大约有6000人，包括色诺芬本人。其他大都阵亡、投降或者开小差了。然而，从公元前4世纪80年代开始，希腊作家以至后世的西方人出于不同的考虑，往往不顾史实，随意夸大希腊军人的战斗力。西方学术传统对此战及相关问题的理解与历史事实似乎有些出入。参阅徐松岩：《库纳克萨之战与“万人军”长征新论》，《世界历史》2008年第5期。——译者注

② 参阅：《长征记》，VII. 8. 8—16。——译者注

③ 据希罗多德（V. 75；VI. 50—84；VII. 3，101—104，209，234—237）记载，德玛拉图斯为阿里斯顿之子，曾任斯巴达国王，后来被废黜，流亡波斯；先后随大流士、薛西斯出征。——译者注

④ 公元前480年波斯国王薛西斯赐予他的。参阅希罗多德：VII. 101以下。——译者注

⑤ 公元前490年，波斯大军从海上直扑爱里特利亚，经过数日激战，攻陷此城。参阅希罗多德：VI. 100—102。——译者注

⑥ 因居鲁士大帝将一些埃及战俘安置在那里而得名。参阅色诺芬：《居鲁士的教育》，VII. 1. 45。

地把大量的石块和木头投进大坑中，提布隆只好用木料在大坑的上方构筑一个顶棚加以遮掩。然而，拉里萨人又发动夜袭，纵火烧毁了木棚。既然提布隆的攻城行动收效甚微，监察官命令他放弃拉里萨，转而进攻卡里亚。

[8] 提布隆来到以弗所，正准备着由此向卡里亚进军的时候，德基里达斯[①]抵达那里，接替他执掌指挥权。[②] 德基里达斯向来以足智多谋著称，事实上他有一个绰号，叫做"西绪福斯"。[③] 于是，提布隆回国。由于同盟者的指控他默许手下士兵劫掠他们的友邦，因而他在回国后被课以罚款，判处放逐。

[9] 德基里达斯在执掌这支军队的指挥权之后，逐步了解到提萨佛涅斯和法那巴佐斯彼此猜忌，便首先与提萨佛涅斯达成谅解，然后率军进入法那巴佐斯的辖区，他宁肯与他们当中的一人交锋，也不愿意与其双方同时开战。另外，德基里达斯和法那巴佐斯早有宿怨。因为在他就任阿卑多斯统治者之后，那时吕山德担任海军司令，[④]由于受到法那巴佐斯诋毁，德基里达斯被迫带着盾牌去站岗放哨——这是用以惩罚叛逆行为的，而在拉栖代梦人看来是一桩有失体面的事情。因为这个缘故，德基里达斯其后的最大乐事，就是与法那巴佐斯对着干。

[10] 德基里达斯率军横穿友邦的领土，直抵法那巴佐斯辖区之内的埃奥利斯，[⑤]其间对其同盟诸邦没有任何损害，表明他实战

---

① 参阅：地标《希腊史》，附录 M，8。——译者注

② 公元前 399 年。

③ Sisyphus，亦译"息息法斯"。相传为科林斯的建城者和国王。在希腊神话中，他以诡计多端著称。最流行的神话，说他骗了死神，给死神戴上镣铐，结果造成世间多年无人死去。直到阿瑞斯释放了死神，死神才把西绪福斯带走。在地狱，他依然能够使众神上当，成为死人中惟一的还阳者。在荷马史诗中，他是一个狡诈的、恶劣的、贪财的人，因生前犯罪，死后受到惩罚。在地狱，他被迫把一块巨石推上山，刚到山顶，巨石就坠落下来，坠而复推，推而复坠，永无止息。还有一种传说，说他是《荷马史诗》中的"智多星"奥德修斯的父亲。——译者注

④ 公元前 408—前 407 年。参阅：I. 5. 1。

⑤ 小亚细亚西北部一地区。其北部即属于法那巴佐斯的管辖范围。

指挥方面强过提布隆。事实上，埃奥利斯这地方是属于法那巴佐斯管辖的。但是，一位名叫曾尼斯的达尔丹努斯人在世的时候，曾是这个地方的统治者，当他因病离世后，法那巴佐斯正准备把统治权交给另一个人。这时候，达尔丹努斯人曾尼斯的妻子曼尼亚，也准备带上大批随从和一些礼物去奉献给法那巴佐斯，同时也想用这些礼物取悦于法那巴佐斯的妾妇们和他府上最具影响力的那些人。于是，曼尼亚动身前去拜访法那巴佐斯。曼尼亚获准面见法那巴佐斯的时候，她说：

[11]“法那巴佐斯啊，我的丈夫曾尼斯不仅是你始终不渝的好朋友，而且他还如数缴纳你所规定的贡金，因而也赢得了你的称赞和尊敬。现在，既然我和我的丈夫一样为你忠心效力，那你为何还要委任其他人担任统治者呢？如果我在哪一点上做得不能使你满意，你当然有权将我革职，让其他人取而代之。”

[12] 听了这番话，法那巴佐斯决定让曼尼亚担任这个职务。曼尼亚在成为埃奥利斯的女首脑之后，她所缴纳的贡金不仅不少于他的丈夫，而且，她每次前去法那巴佐斯的官邸时，总是带着礼物送给法那巴佐斯；无论法那巴佐斯何时来她的辖区巡视，曼尼亚总是对他毕恭毕敬，接待事宜安排得比其他地方都要豪华气派。

[13] 曼尼亚不仅为法那巴佐斯继续控制着从她的丈夫手中接管下来的那些城邦，而且还征服了沿海地带尚未臣服于法那巴佐斯的那些城邦，如拉里萨、哈玛西图、科罗奈——在她指挥希腊雇佣兵攻打这些城邦的时候，自己就坐在马车里坐镇督战。无论什么人，只要得到她的表彰，就都会得到她的慷慨赐赠，因而她手下的雇佣兵装备得极其精良。法那巴佐斯外出作战时，曼尼亚还时常陪伴在他的身边，甚至在他因美西亚人和比西狄亚人不断地袭掠国王的领土而攻入他们境内的时候，也是如此。为了回报曼尼亚的功绩，法那巴佐斯不仅授予她最高荣誉，有时还聘请她担任自己的参谋。

[14] 曼尼亚年过40以后，有人对她的女婿梅狄亚斯进行言语挑唆。他们对他说，你梅狄亚斯尚未出任一官半职，却由一位女人

担任统治者,那简直太不光彩了。尽管曼尼亚很关注自身安危,对所有外人都小心提防,就像一位拥有绝对权力的统治者所做的那样。不过,她信任自己的女婿,对他倍加厚爱,丈母娘喜欢自己的女婿,原本就是天经地义的事。可是,梅狄亚斯还是取代了她的位置。据说,他把曼尼亚给掐死了,随后又杀死了曼尼亚的儿子,一个年仅 17 岁的俊秀少年。

[15] 梅狄亚斯如此行事之后,迅速攻占了斯凯普西斯和哥尔吉斯两座大城,曼尼亚的财宝大都存放在这两座城市里。而其他城市则不许梅狄亚斯进入,城里的驻军为法那巴佐斯守卫城市。梅狄亚斯向法那巴佐斯贡献礼物,并声称自己有权成为该地区的统治者,就像此前曼尼亚一样。法那巴佐斯作出答复,告诉他说,在他本人回来亲自收缴这些礼物、生擒梅狄亚斯之前,他要好生看管这些礼物。法那巴佐斯还说,如果他不能亲自为曼尼亚报仇雪恨的话,他也不想再活下去了。

[16] 就在此时,德基里达斯率军抵达这里,他采取里应外合的策略,在短短一天之内就攻下了沿海的三座城市——拉里萨、哈玛西图、科罗奈;然后,他派人前往埃奥利斯诸邦,鼓动他们要解放自己,允许他进入他们的城市,和他们结成同盟。现在,涅安德利亚、伊利昂、科基利昂三座城市的人民,照德基里达斯所说的做了。原来,自曼尼亚死后,那些城市的希腊驻军就从未受到善待。

[17] 但是,凯不伦城防强固,那里的驻军首领认为,只要他能为法那巴佐斯成功保住这座城市的话,他将会从他那里得到荣耀,因而他拒绝德基里达斯进城。德基里达斯大怒,准备发动攻击。德基里达斯首日献祭,未显示吉兆;翌日他再次献祭,但是仍未显示吉兆;于是,他在第 3 天又一次献祭。尽管进攻时间再三推迟,使他心烦意乱,但他在第 4 天还是继续献祭,因为他要赶在法那巴佐斯前来救援之前,迅速地控制整个埃奥利斯地区。

[18] 这时候,有一位西基昂人的首领,名叫阿特纳达斯。他说,德基里达斯愚蠢之极,坐失良机,他自告奋勇,说凭他之力,就完全可以断绝凯不伦人的饮水供应。于是,他率领部下冲上前去,

试图填塞凯不伦人的泉眼。凯不伦城内的人们冲出来，给他的军队造成许多杀伤，有两人阵亡，其余的人因敌人抛射武器，而被迫退却。但是，正当德基里达斯恼羞成怒，认为他的进攻会导致士气低落之际，城里的希腊人派出了一位使者声称，他们的统帅所做或许不合他们的心意，但是他们宁肯站在希腊人一边，也不愿站在异族人那边。

[19] 他们还在就此加以商讨期间，城里的驻军统帅又派信使传话，说他完全同意第一个使者所说。碰巧的是，当天的献祭也显示吉兆，因此，德基里达斯立即命令手下士兵拿起武器，全军向城里进发；凯不伦的平民也打开城门，迎接他们入城。德基里达斯在凯不伦城内也部署了一支驻防军，随即向斯凯普西斯和哥尔吉斯进军。

[20] 梅狄亚斯正翘首以盼法那巴佐斯的到来。另一方面，此前他一直为本城的公民担心，于是派人至德基里达斯那里，说如果对方愿意先交出人质的话，他会前来与德基里达斯会晤。德基里达斯从每个同盟城市中各选出一人，派他们前去；让梅狄亚斯从中随意挑选，以作为人质。梅狄亚斯从来者之中选中10人，然后出城来会晤德基里达斯，他问德基里达斯，要想成为拉栖代梦人的同盟者，需要些什么条件。德基里达斯答复说，只要允许自己的公民获得自由和独立。他说这话的时候，正准备进攻斯凯普西斯。

[21] 随后，梅狄亚斯意识到自己无法违背公民的意愿，也无法阻止德基里达斯的行动，只好允许他进入城市。德基里达斯在斯凯普西斯卫城上向雅典娜献祭之后，控制了梅狄亚斯的军队，然后把这个城市移交给该城的公民；他劝诫他们，要像希腊人和自由民那样，安排他们的日常生活，之后便离开了这个城市，率军攻打哥尔吉斯去了。许多斯凯普西斯人加入了他的军队，跟随德基里达斯参加这次行动，他们称颂他，十分乐于为他效力。

[22] 梅狄亚斯也随德基里达斯一起出征，还劝他把哥尔吉斯人的城市也移交给他。德基里达斯是这样答复他的，说他不会去攫取他的任何正当权利。他在说这番话的同时，正率军与梅狄亚

斯一起逼近哥尔吉斯人的城门，紧随其后的军队排成两列纵队，仿佛正在执行一项和平使命。

现在，站在哥尔吉斯城高高塔楼之上的士兵们，看到梅狄亚斯和德基里达斯在一起，因而并未向他们投射标枪。这时，德基里达斯说："梅狄亚斯啊，叫他们打开城门。这样，你为我们带路，我可以和你一起前往神殿，在那里为雅典娜奉献牺牲。"梅狄亚斯虽不想打开城门，但又惧怕自己可能会被当场被捉起来，于是下令打开城门。

[23] 德基里达斯进城后，直奔卫城而去，像此前一样，始终让梅狄亚斯跟随在自己身边；命令主力部队沿城墙一线各就其位、履行其职，而他带领左右人员，前去为雅典娜奉献牺牲。献祭结束后，他宣布梅狄亚斯卫队中的持矛者作为他的军队的先锋。他说，他们应该像雇佣兵一样为他效力。他对梅狄亚斯说，他以后再也不必担惊受怕了。

[24] 梅狄亚斯一时不知所措，他说："对我来说，这样也很好。那我去为你们准备盛宴吧。"德基里达斯回应说："不可。这样做，宙斯也不会答应的！对于刚刚献祭的我来说，如果接受你的款待而不是我款待你，那是一件可耻的事情。因此，你就和我们一起在这里，盛宴正在准备之中，你和我要好好想想，对咱们双方都公平的是什么，要采取怎样的措施才能实现。"

[25] 他们就座之后，德基里达斯开始发问：

"梅狄亚斯啊，告诉我，你的父亲把他的大部分的财产都留给你了吗？"

梅狄亚斯说："是的，的确如此。"

德基里达斯又问："那么你有几幢房屋？有几个农场？几个牧场？"

梅狄亚斯正要开列财产清单的时候，在场的斯凯普西斯人插嘴说："德基里达斯啊，他在欺瞒你呢。"

[26]"你现在不要说得太详细了。"德基里达斯说。

当梅狄亚斯把他继承的遗产细目列举完毕后，他又问："告诉我,曼尼亚是谁的女人?”在场的人们都说,她是法那巴佐斯的女人。

“那么,她的财产莫非也是法那巴佐斯的?”德基里达斯问道。

他们说:“是的,的确如此。”

德基里达斯接着说:“那么,他们的财产就肯定是属于我们的,因为我们是胜利者,而法那巴佐斯是我们的敌人;[①]找个人给我们带路,去曼尼亚或者毋宁说是法那巴佐斯的财宝储藏之地。”

[27] 随后,人们引领他们来到曼尼亚曾经的居所,这里也曾是梅狄亚斯成功夺权的地方,梅狄亚斯随同他们来到那里。德基里达斯进入居所,把管家叫来。告诉他的仆人们说,要好生看管这些财物,并警告他们,一旦他们隐匿曼尼亚的财物而被发现,就会被当场挑断喉管。于是,他们把各种财物都拿出来给他看。德基里达斯见到所有财物后,命令部下将其装到箱子里,然后加以密封,指示卫兵严加看守。

[28] 德基里达斯从曼尼亚的居所出来,他对站在门外的手下将领和首领们[②]说:“诸位,我们已为全军8000名士兵赢得了差不多一年的薪饷;如果我们赢得的更多,薪饷也会增加的。”他之所以说这番话,因为他知道,将士们听到这样的消息,会更加乐于服从他的命令,遵守军纪。而梅狄亚斯则问:“德基里达斯啊,你让我住到哪里呢?”他回答说:“梅狄亚斯啊,最适合你居住的地方莫过于你自己的城邦——斯凯普西斯,你去住你父亲的房子吧。”

---

① 正如亚里士多德《政治学》(1255a6)所指出的,希腊世界通行的法则是,“凡战败者皆归战胜者所有”。——译者注

② 直译为:“of the taxiarchs and lochagoi”。

第 2 章

[1] 以上就是德基里达斯所成就的功业——8 天之内攻占了 9 座城市。[①] 随后，他开始筹划如何才能避免以前提布隆所犯过错——在友邦境内过冬时给盟邦增加负担。另一方面，尽管法那巴佐斯因其骑兵实力雄厚而鄙视拉栖代梦人的军队，但他不会对希腊诸邦构成威胁。因此，他派人去法那巴佐斯那里，问他究竟想战还是想和。法那巴佐斯看到，既然埃奥利斯已成为德基里达斯进攻他所在的弗利吉亚稳固的基地，因而选择休战。

[2] 与此同时，德基里达斯前往比赛尼亚的色雷斯，[②]在那里过冬。这件事当然招致了法那巴佐斯的不悦，因为比赛尼亚人[③]总是与他作对。其间，德基里达斯在没有风险的前提下，在比赛尼亚各地实施劫掠，获得了大量的必需品。当时，有一支奥德里赛人的军队，由大约 200 名骑兵和 300 名轻盾兵组成，他们作为盟军从修塞斯[④]那里出发，横渡海峡赶赴德基里达斯那里。这支军队在距离希腊军队大约 20 斯塔狄亚[⑤]的地方扎营，营地四周围以栅栏。他们请求德基里达斯抽调出一些重装步兵，协助守卫他们的营地。然后，他们发动袭击，大肆劫掠，俘获许多奴隶和大量财物。

[3] 他们的营地里到处都是大量劫掠物。比赛尼亚人获悉希

---

① 公元前 399 年。

② 在小亚细亚西北部。——译者注

③ 即比赛尼亚的色雷斯人。——译者注

④ 奥德里赛人之王，居住在“海峡对面”（即博斯普鲁斯海峡对面）的色雷斯地区。

⑤ 约合 3.7 千米。——译者注

腊人当中有多少人出去劫掠，也知道有多少人留守营地之后，就把大批轻盾兵和骑兵集结起来，在黎明时分对大约 200 名希腊重装步兵发动袭击。偷袭者在逼近的时候，有些人向希腊人投出长矛，有些人则投掷标枪。结果，希腊的士兵一个个非死即伤。由于被围困在齐人高[①]的栅栏里，他们无力对敌人实施反击。最后，他们拆开栅栏，向比赛尼亚人冲杀过去。

[4] 无论希腊人从什么地方突围，比赛尼亚人都让开一条路，让他们很容易地冲出来，因为轻盾兵可以迅速闪躲开希腊重装步兵的攻击，这样比赛尼亚人再从四面八方朝他们投掷标枪，希腊人每次突击，都会有许多人被杀死；最终，希腊人就像一群被关在围栏里的牲口一样，任人宰割。然而，还是有 15 名士兵逃回希腊人的大营，这些士兵之所以得以生还，就是因为他们在战斗中见势不妙，就趁比赛尼亚人大意的时候溜走了。

[5] 至于比赛尼亚人，他们在赢得这场速决战后，又杀死了看守营帐的奥德里赛的色雷斯人，将营寨洗劫一空，然后扬长而去。希腊人得知那里发生的事情后，立即前去营救，到那里才发现，除了赤裸裸的尸体外，整个营寨空空如也。奥德里赛人返回营地后，他们先是掩埋了死者的尸体，然后开怀畅饮，以示纪念，还举行了一场战车比赛。[②] 自那时起，他们与希腊人一起扎营，并且不断地纵火劫掠，蹂躏比赛尼亚。

[6] 春季伊始，[③]德基里达斯离开比赛尼亚，来到兰普萨库斯。他在兰普萨库斯期间，阿拉库斯、那乌巴特斯和安提斯提尼受拉栖代梦最高权力机构的委派，抵达这里。他们奉命前来视察亚细亚战事的总体情况，告诉德基里达斯，要继续坚守亚细亚，其统帅任职也延期一年。他们还告诉他，说监察官指示他们，要召集全体士兵大会，当众宣布，监察官对他们以前的所作所为表示谴责。但

---

① H. G. 达金斯英译本为“6 英尺高”。——译者注

② 参阅：I. 2. 1 及附注。——译者注

③ 公元前 398 年。

是，目前他们没有任何闪失，监察官们对此表示赞赏；他们还宣称，监察官们说，今后如果士兵们犯下错误，那他们是不会得到宽恕的；但如果他们能公正地处理与盟邦的关系，监察官将予以表彰。

[7] 然而，当他们将士兵召集起来，向他们宣告这些事情的时候，一位此前曾为居鲁士效力的将领[①]却反驳说："拉栖代梦人啊，现在我们这些人和去年完全一样，但是我们的统帅现在是一个人，过去是另一个人。因此，你们立即可以自行判明，为什么我们过去一无是处，而现在却无可挑剔了呢!?"

[8] 来自拉栖代梦国内的使团在与德基里达斯会晤的时候，阿拉库斯一派当中有人提及这样一个事实，来自科尔松尼斯的使者还留在拉栖代梦。他们说，这些使者指称，现在他们无法在科尔松尼斯耕种他们的田地了，因为他们频频遭到色雷斯人的袭击和劫掠。但是，假如有一道横贯半岛[②]的长墙加以防护的话，那么，他们，当然还有那些希望如此的拉栖代梦人都将拥有大片的良田沃土。因此，他们说，"如果贵邦果真委派一些拉栖代梦人去执行这项任务的话，我们是不会感到诧异的。"

[9] 德基里达斯得知这些情况后，并不想让别人知道自己的真实意图，他打发这些使者经由希腊城市前往以弗所，此时使者们满心喜悦，因为他们仿佛看到了这些城市将享有一个和平而繁荣的局面。于是，他们便动身回国了。但是此时仍驻留在亚细亚的德基里达斯，再次派人去法那巴佐斯那里，问他在这个冬季是愿意遵守休战协议，还是选择战争。既然法那巴佐斯再次选择了休战，那么在这种形势下，德基里达斯也对该地区诸邦的安全感到放心，便率领他的军队横渡赫勒斯滂海峡，返回欧罗巴。他率军穿越受过修塞斯恩惠并且与其交好的色雷斯地区，抵达科尔松尼斯。

[10] 德基里达斯了解到，在科尔松尼斯半岛上，共有十一二座城镇，这里土地肥沃，物产丰饶。但正如人们所说，他们时常遭到

---

① 有研究者认为，此人就是本书的原作者色诺芬。——译者注

② 直译为"从海到海"，因为半岛三面环海。——译者注

色雷斯人的劫掠。他查明该地峡的宽度为37斯塔狄亚。[1] 德基里达斯在献祭之后，随即着手修建一道城墙，他把整个城墙再划分为若干段，然后分派给手下士兵们，并允诺谁最先完成筑城任务者，将会得到头奖，而其他完成任务的也将会分别得到相应的奖赏。虽然他在春季才开始动工修筑，但到秋收之前就竣工了。这样，处于长墙保护范围之内的，有11座城镇、许多港口、大片盛产谷物和水果的肥沃土地，以及为数众多的适宜饲养各种牲畜的优良天然牧场。

[11] 德基里达斯完成这项任务后，又横渡海峡，重返亚细亚。他在视察亚细亚诸邦的时候，发现这里总体情况良好，但他也注意到，来自开俄斯的流亡者控制着阿塔纽斯这座强固的要塞，他们以此为基地，袭击并劫掠伊奥尼亚诸邦以获取生活资源。德基里达斯进一步了解到，他们在这座要塞里，还储存着大量谷物。于是，他决定围攻这些流亡者；经过8个月的围困，迫使他们屈服。德基里达斯指定培林尼的德拉古负责镇守此要塞，并且在这里储存了丰富的必需品，以后他无论何时来到那一带，都要驻扎到阿塔纽斯；做出这样安排之后，他启程前往以弗所，那里距萨尔狄斯有3天的路程。

[12] 到目前为止，提萨佛涅斯与德基里达斯之间以及该地区的希腊人与异族人之间，都还是和睦相处的。[2] 然而，其时伊奥尼亚诸邦的使团来到拉栖代梦，他们宣称，希腊诸邦处于提萨佛涅斯的控制之下，独立与否完全取决于他的意愿。因此，他们强调说，如果提萨佛涅斯所在的卡里亚这个省区遭受到战争的威胁，那么在这种形势下，他们相信提萨佛涅斯会很快允许希腊诸邦独立的。监察官们得知这个情况，便派人前往德基里达斯处，命令他率军越过边境，向卡里亚境内挺进；同时，他们还命令海军统帅法拉克斯，率舰船沿海岸推进，前往卡里亚。两人皆奉命行事。

---

① 约合6.8千米。——译者注

② 公元前397年。

[13] 这时候，法那巴佐斯碰巧前去拜见提萨佛涅斯。他去拜见不单是因为提萨佛涅斯已被任命为总司令，①同时也是为了向提萨佛涅斯保证，他是他的同盟者，时刻准备与他并肩作战，同心协力以把希腊人从波斯国王的领土上驱逐出去。法那巴佐斯暗自嫉妒提萨佛涅斯总司令的职位，原因有很多，特别是因为他刚刚被褫夺对埃奥利斯的管辖权，提萨佛涅斯就接任了这一职务。提萨佛涅斯听他这样说，就回应道："你首先跟着我一起向卡里亚境内推进，然后我们再考虑这些问题吧。"

[14] 但是，他们在卡里亚期间作出决定，将大批军队派到各个要塞驻扎，而他们又返回伊奥尼亚。

德基里达斯听说他们又一次渡过麦安德河的时候，便对法拉克斯说，他担心由于这个地区没有设防，法那巴佐斯和提萨佛涅斯会在当地大肆劫掠，因而他亲自率军进入伊奥尼亚。他们在行军途中，将士们对于一触即发的战事全然不知，因为他们估计敌人在他们的前方，并已进入以弗所境内。但他们突然发现，前方墓地里出现了侦察兵。

[15] 于是，他们也派人站到坟堆上，以及邻近塔楼上侦察敌情，发现在通往卡里亚的路上有一支排成战斗队形的军队——他们是手持白色盾牌的卡里亚人。波斯军队全体将士就在那附近，在两位总督的麾下，都有大批希腊士兵。② 其中骑兵很多，提萨佛涅斯率军居于右翼，法那巴佐斯率军居于左翼。

[16] 德基里达斯得知以上情况后，命令手下各级将领立即行动，尽快排好纵深八列的战斗队形，两翼分别有轻盾兵和骑兵。所有这些骑兵都是偶然得到的，他们就这样部署的。同时，他亲自去献祭。

---

① 不是波斯帝国军队的总司令，而是帝国西部诸省区的军事总指挥。波斯帝国自大流士一世改革以后，除在每省设立一位军事首长，还设立管辖数省军务的军区首长。据考证，他很可能早在公元前 400 年就得到这一任命，而不是在公元前 398/前 397 年。——译者注

② 这些希腊士兵显然主要征自其统治区域内的希腊城邦。——译者注

[17] 这时候，所有来自伯罗奔尼撒各地的将士们都默不作声，准备战斗；但是，那些来自于普林涅和阿基列昂，以及来自于海上诸岛和伊奥尼亚诸邦的士兵们，有的把自己的武器丢弃在庄稼地里（麦安德平原的庄稼长得很高），就开溜了；而所有那些严阵以待的士兵显然也坚持不了多久。

[18] 另一方面，据说法那巴佐斯正在催促开战。但是，提萨佛涅斯回想起小居鲁士的军队和波斯军队作战的情景，也深信所有希腊人都像他们那样，所以他不希望开战。① 提萨佛涅斯派使者去德基里达斯处，要求来此和他会晤。德基里达斯在认真仔细地检阅了他的全部军队，包括骑兵和步兵后，对提萨佛涅斯的使者说："正如你们所见，我是做好了战斗准备的。但是，既然他希望来此举行谈判，那我本人也不反对。而如果要举行谈判，双方必须相互发誓，必须交换人质作为保证。"

[19] 双方就此达成一致并付诸实施后，各自的军队都撤离了战场，异族人的军队撤至卡里亚的特拉列斯，希腊人军队撤至琉科弗利，当地有一座倍受崇奉的阿尔特密斯神殿，还有一个湖泊，水面宽度超过一斯塔狄亚，湖底多沙，流淌着从不枯竭的温泉，可以饮用。这是当天发生的事情。翌日，双方的指挥官在指定地点会晤，他们似乎都希望从对方那里探知，究竟需要什么条件，双方才能达成和平。

[20] 于是，德基里达斯说明了他的条件——波斯国王必须允许希腊诸邦独立；而法那巴佐斯和提萨佛涅斯也陈述了他们的条件——希腊军队必须从这个地区撤离，拉栖代梦人派驻各地的统治者也必须撤走。双方在交换了意见之后，达成临时休战协议。临时休战协议的有效期，直到德基里达斯把情况向拉栖代梦国内汇报，提萨佛涅斯把情况向国王禀报为止。

[21] 在德基里达斯在亚细亚采取这些行动的同时，②拉栖代梦

---

① 指库纳克萨之战，暗示希腊军队战斗力强。——译者注

② 公元前399年。

人在本土也正进行着一场与爱利斯人战争。他们与爱利斯人结怨已久，一则因为爱利斯人与雅典人、阿尔哥斯人和曼丁尼亚人结成联盟，[①]二则因为他们所宣布的裁决结果一直有意与拉栖代梦人作对，他们不许拉栖代梦人参与赛车和竞技比赛。[②] 这些还不算完。更让拉栖代梦人忍无可忍的是，当利卡斯[③]正式把他自己的马车移交给底比斯人参赛，当底比斯人获胜的时候，利卡斯进入竞技场，给他的御车者戴上花环，他们居然鞭打这样一位老人，还将其驱逐出场。[④]

[22] 后来，阿基斯按照神谕的指示而受命前去向宙斯献祭时，[⑤]爱利斯人又不许他祈求在战争中获胜，还说自古以来就有一条不变的法则，希腊人不得为一场与希腊人的战争而来祈求神谕。这样，阿基斯献祭未成，不得不离开那里。

[23] 所有的这些事情的后果，是激怒了拉栖代梦的监察官们，公民大会作出决定，对爱利斯人加以惩罚。于是，他们派使者前往爱利斯，说拉栖代梦的最高当权者认为，爱利斯人应允许边远地区的城镇独立，那才是公平的。爱利斯人答复说，他们不会这样做的，原因就在于他们是通过战争的胜利而得到这些地方的。于是，监察官们号召向爱利斯人宣战。[⑥] 阿基斯作为军队的统帅，率军穿过阿凯亚，沿拉里苏斯河突入爱利斯境内。[⑦]

---

① 公元前 421 年。参阅修昔底德：V. 31。——译者注

② 即不许他们参加奥林匹亚竞技会的这些项目。比赛地点就在爱利斯境内的奥林匹亚。——译者注

③ 参阅：《追忆苏格拉底》，I. 2. 61；修昔底德（V. 50）对此有详细说明。——译者注

④ 此事发生在公元前 420 年。据修昔底德（V. 49—50）记载，爱利斯人因拉栖代梦人侵占列普里昂并且拒不缴纳罚款，而不许他们进入奥林匹亚祭祀和参加竞技会。——译者注

⑤ 坐落在爱利斯境内的奥林匹亚宙斯神像闻名遐迩，被希腊誉为古代世界七大奇观之一。——译者注

⑥ *phrouran phainein*（call out the ban），是拉栖代梦人的一个短语，意为“向……宣战或者出兵”。

⑦ 是从北部侵入的。因为拉里苏斯河是阿凯亚和爱利斯的界河。参阅斯特拉波：VIII. 387。

［24］正当拉栖代梦的军队刚刚踏上敌人的领土，开始大肆毁坏田地的时候，发生了一次地震。[①] 阿基斯认为，这是上苍发出的征兆，于是决定从爱利斯撤军，解散了他的军队。结果，爱利斯人变得更加胆大妄为了。凡是与拉栖代梦人敌对的邦国，他们都派遣使者前去。

［25］然而，就在这一年当中，监察官们再次下令出兵爱利斯。拉栖代梦人的同盟者中除了波奥提亚人和科林斯人以外，包括雅典人在内都派兵参加了阿基斯的行动。当阿基斯统率大军取道阿乌龙[②]进入爱利斯时，列普列昂人、[③]玛基斯图人立即背叛了爱利斯人，投靠了他，随后爱皮塔利昂人也如此效仿。他率军过河[④]后，列特林尼人、安菲多里人和玛尔迦那人，也都纷纷归附于他。

［26］于是，阿基斯前往奥林匹亚，向奥林匹亚的宙斯献祭，[⑤]这一次没有人试图阻止他了。献祭完毕，他率军进逼爱利斯城，一路之上，烧杀抢掠，所到之处，尽情毁坏，在这片国土上还俘获了为数巨大的牲畜和奴隶。关于牲畜和奴隶的数量众多的消息传出后，更多的阿卡狄亚人和阿凯亚人，纷纷主动加入这次军事行动，为的是参与对当地的劫掠。事实上，这次出征，对于伯罗奔尼撒而言，不啻是一次大丰收。

［27］当阿基斯兵临爱利斯城下时，大军对市郊的一些地方和健身馆加以破坏，这些地方原本是很美的。至于爱利斯城本身，由于没有城墙卫护，拉栖代梦人觉得他不过是不想去占领它罢了。当爱利斯正在遭受蹂躏的时候，拉栖代梦的军队集中在毗邻的库伦涅附近。

有一个名叫森尼亚斯的人，[⑥]据说此人从他父亲那里继承了巨

① 公元前399年。

② 城镇，位于美塞尼亚和爱利斯交界处。——译者注

③ 参阅：VI. 5. 11；波桑尼阿斯：IV. 15. 8。——译者注

④ 阿尔弗尤斯河。

⑤ 公元前398年。

⑥ 一位爱利斯人。——译者注

额财富。森尼亚斯的支持者们希望将他们的城市交给拉栖代梦人，为了博取拉栖代梦人的欢心，他们就冲出住所，手持利刃，大肆砍杀；在他们所杀的人当中，有一个人，长相酷似民众领袖特拉叙达尤斯，[①]民众误以为特拉叙达尤斯本人已被杀死，完全失去了斗志，便停止了抵抗。

[28] 而那些纵情杀戮的人们，以为大功告成了，他们的支持者们也携带武器聚集到市政广场上。但巧合的是，特拉叙达尤斯并没有死，而是因为饮酒过量，正在酣睡呢。民众得知他没有死，又都聚集在他的住所周围，如同蜜蜂聚集在蜂王周围那样。

[29] 特拉叙达尤斯带领着他们冲上前去，民众紧随其后，一场厮杀开始了。民众们获得了胜利，而那些屠杀民众的人，不得不跟随拉栖代梦人一起逃跑了。

至于阿基斯，当他撤兵回国，再一次途径阿尔弗尤斯河时，在阿尔弗尤斯河畔的爱皮塔利昂，派驻了军队，任命吕西浦斯为驻守当地的首领，把爱利斯的那些被逐者也安置在这里。随后他解散了军队，自己也返回国内。[②]

[30] 在这个夏季其余时间和整个冬季里，爱利斯的乡村遭到吕西浦斯及其部下的大肆劫掠。但是，在翌年的夏季里，[③]特拉叙达尤斯派人去拉栖代梦，他同意拆除斐亚和库伦涅的城墙，允许弗里克萨的特里斐里亚诸城镇和爱皮塔利昂独立。同样，列特林尼人、安菲多里人和玛尔迦那人，也都获得了独立。此外，阿克罗里亚和拉西昂，[④]由阿卡狄亚人宣布其独立。然而，爱利斯人宣称，他们有权控制位于赫莱亚和玛基斯图之间的爱佩昂；他们说，整个那片土地是他们用 30 塔连特从当时拥有其所有权的民众手中买下来的，而且支付了现金。

---

① 参阅波桑尼阿斯：III. 8. 4。他是吕西阿斯的朋友。——译者注

② 据考证，拉栖代梦人与爱利斯人的这次交战大约发生在公元前 402—前 400 年间。参阅狄奥多拉斯：XIV. 17. 24；波桑尼阿斯：III. 8. 2 以次。

③ 公元前 397 年。

④ 拉西昂(Lasion)，位于边境地带一城镇。

[31] 但是,拉栖代梦人认定,通过强买的方式从弱者手中获取财产,一点也不比武力掠夺的方式更为公道。因此,他们强迫爱利斯人也要允许这个城镇独立。然而,他们并没有剥夺爱利斯人在奥林匹亚的宙斯神庙所在地区的管辖权,虽然在古时候这一带不归属于他们;因为他们认为有权提出要求的对手,[①]是那些乡村的民众,他们难以胜任管辖权。双方就这些事情达成一致后,爱利斯人和拉栖代梦人之间缔结和约,成为盟友。爱利斯人和拉栖代梦人之间的战争就这样结束了。[②]

---

① 比萨人(爱利斯的一个城镇)在公元前580年以前,一直拥有奥林匹亚宙斯神庙和竞技会的管辖权。

② 色诺芬记载这场战争发生在公元前400—前398年间。——译者注

第3章

[1] 此后,阿基斯前往德尔斐,按规定将战利品的十分之一奉献给神祇。他在回国途经赫莱亚时生病了。如今的阿基斯老迈年高,虽然他活着被送回了拉栖代梦,但很快就病故了。他的葬礼盛大隆重,远远超过普通人。①

在规定的神圣祭日过后,必须指定一个王位继承人。这时候,自称是阿基斯之子的列奥提齐德斯,和阿基斯的一个兄弟阿格西劳斯,发生了王位之争。②

[2] 列奥提齐德斯说:"阿格西劳斯啊,法律明确规定,继承王位的是国王之子,而不是他的兄弟;如果国王碰巧没有子嗣,那么他的兄弟才可以继位。"

阿格西劳斯说:"继位为王的就应该是我。"列奥提齐德斯反问道:"既然我还健在,怎么会轮到你为王呢?"

阿格西劳斯说:"因为你叫他父亲的那个人曾说过,你不是他的亲儿子。"

列奥提齐德斯说:"不!我的母亲比我父亲更了解实情。直到今天她还说,我就是国王的儿子。"

阿格西劳斯说:"但是波塞冬神已经宣布,你完全弄错了。由于发生了地震,这位神祇把你父王③带出了你母亲的寝宫。而且,

---

① 参阅色诺芬:《阿格西劳斯传》,XI. 16;《斯巴达政制》,XV. 9。

② 公元前398年。

③ 列奥提齐德斯被认为是雅典人阿尔基比阿德斯之子。普鲁塔克在其《传记集·阿尔基比阿德斯传》(XXIII. 7—8)提及此事。——译者注

时间也是最有力的见证，可以证明神祇是正确的。因为你是出生在他离开你母亲寝宫后的第10个月。”

以上就是他们两人的对话。

［3］有一位名叫狄奥佩提斯的人，非常精通神谕。[①] 他出面帮列奥提齐德斯说话，指出，阿波罗有这样一道神谕，告诫拉栖代梦人，要他们提防其国王会变成瘸子。[②] 但是，支持阿格西劳斯的吕山德这样反驳他说，他并不认为神谕告诫他们使其国王避免因受伤而变成瘸子，而是要他们提防非王室血统的人成为他们的国王。因为如果两位国王不都是出自于赫拉克利斯的后裔的话，那王权成为“瘸腿”的王权，才真正应验了。[③]

［4］在听取了双方的论辩后，邦国选定阿格西劳斯为国王。阿格西劳斯继承王位后不足一年，有一次在代表邦国献祭[④]的时候，预言家说，诸神提示我们，将有一场危害深重的密谋。[⑤] 他再次献祭的时候，预言家则说，征兆显示这场密谋危害程度加深了。等到他第三次献祭的时候，预言家又说：“阿格西劳斯啊，我所得到的征兆，就如同我们身陷敌人的重重包围之中。”于是，他们再次向那些可以逢凶化吉、赐予平安的诸位神祇献祭，结果都难以获得吉兆，于是就不再献祭了。5天之后，有人向监察官们禀报，说有一场密谋，基那敦是这次事件的首要人物。

［5］这位基那敦年纪轻轻，身体强健，性情刚毅，但他并非平等者成员。[⑥] 于是，监察官们就询问告密者，他们准备如何实施这场密谋。告密者回答说，基那敦曾带他到市政广场附近，让他数一数

---

① 参阅普鲁塔克：《传记集·阿格西劳斯传》，II. 4；《传记集·吕山德传》，XXII. 3。

② 阿格西劳斯是瘸子。

③ 斯巴达实行双王制，相传他们都是赫拉克利斯的后裔。这里的意思大概是说，如果其中一位国王是非王族血统，那么王权也就变成“瘸腿”的双王制了。——译者注

④ 参阅：《斯巴达政制》，XV. 2。——译者注

⑤ 公元前397年。

⑥ 就是说，他并非享有全权的公民，并非“斯巴达人”（Spartiatae, *Homoioi*）之一员。

在市政广场范围内，究竟有多少斯巴达人。[1]

告密者说："我数了数，除了国王、监察官、元老院成员，还有其他 40 人。然后我问他：'基那敦啊，你为什么要我点数这些人呢？'他回答道：'相信他们就是你的敌人，而在市政广场上的其他人，为数超过 4000，却都是你的盟友'。"告密者还说，基那敦还指称，在大街上他们所遇见的人当中的那些敌人，说这里有一个，那里有两个，除此以外，所有其他人都是盟友；在这片国土上，所有的财产都属于斯巴达人，他们都是主人，都被宣布为敌人；而其他人数众多的各个阶层，都是盟友。

[6] 监察官又询问，到底有多少人参与这场密谋，告密者回答说，关于这一点，基那敦说，和他一起秘密策划这场密谋的人，有他和其他几位首领，人数肯定不多，不过他们都值得信赖；而密谋的策划者，用这种方式表明，他们知道其他人——黑劳士、涅奥达摩德斯、[2]次等的斯巴达人[3]和庇里阿西人——内心的想法；因为无论何时，只要在这些阶层当中有人提及斯巴达人，没有人会否认这样一个事实：他们必欲将斯巴达人生吞活剥而后快。

[7] 监察官又问："他们说将从哪里获取武器呢？"告密者转述基那敦的话说："当然，我们队伍中的一些人自己拥有武器，而其他大众也都有。"——基那敦带他去了铁市，给他展示了数量巨大的刀、剑、叉、斧、小斧和镰刀。告密者接着说，基那敦说所有这些器具，包括在田地里耕作者的农具、木棒和石块，都可以用作武器，其他大多数手工业者所使用的各种工具，特别是在用于对付那些手

---

① 在拉哥尼亚，斯巴达人与其他成分的居民相比，始终只是极少数，如今由于持续的战争和财富等多种因素的影响，其人数明显下降。参阅徐松岩：《黑劳士制度、土地制度与"平等者公社"的兴衰》，《西南师范大学学报》（社会科学版）2003 年第 3 期。——译者注

② 参阅：I. 2. 18 附注。——译者注

③ *Hypomeiones*，原意为"次要者"、"下等人"、"低贱者"。据研究，他们包括那些被降低身份的斯巴达人，以及一些私生子和外邦人，他们因为出身问题一直不能拥有斯巴达人（平等者成员 *Homoios*）的身份。基那敦肯定是属于这一阶层的人。——译者注

无寸铁的人们时，都可以用作武器。当他被问及这些人准备何时举事时，告密者说，现在他接到的命令是在城里待命。

［8］得知这些情报，监察官们得出以下结论——这是一场经过精心策划的密谋，必须予以高度警惕；他们甚至没有召开所谓"紧急公民大会"①，而只是就近召集了一些人，几位监察官和部分元老院成员，举行非正式会议。他们决定，"派遣"基那敦去阿乌龙，随行带上若干年轻人；命令他去搜捕一些阿乌龙人和黑劳士，他们的名字都写在正式的急令上。② 同时，他们还命令他要逮捕那些据说是最漂亮的阿乌龙女人，只要能够使前去那里的拉栖代梦人着迷，年长年轻都可以。

［9］现在基那敦所要做的这类事情，就是过去监察官们常常派人去干的。所以，这一次在他们写给基那敦的急件上，开列着那些要逮捕的人的名字。基那敦问，和他一起执行任务的是哪些年轻人，他们告诉他："去问问年纪最大的卫队指挥官，让他顺便派给你六七个在他身边的年轻人。"事实上，卫队指挥官知道要挑选谁和他一起去，而随他去的人也知道，他们所要逮捕的正是基那敦。监察官另外还对基那敦交代说，他们要派三辆马车前去，这样他们就不必带着囚犯徒步走回来——这样做只是为了尽可能掩饰一件事，即他们只须押解一个人回来，那就是基那敦本人。

［10］他们之所以不在城里逮捕他，是因为他们不知道到底有多少人参与这场密谋，他们希望在基那敦的同伙知道密谋败露之前，从基那敦口中得知其同伙的名单，以防止他们出逃。因此，那些派出去的捕快首先逮捕了基那敦，在从他那里得知他的同伙的

---

① Little Assembly，直译为"小型公民大会"，也许是一种紧急情况下才召开的会议。希腊原文的真实含义不甚明确（如为什么冠以"小"？）。

② 拉栖代梦人有两个大小相同的圆柱形权标，平时都放在国内，战时有一个掌握在国外最高司令官手中。一块条状羊皮纸斜着卷在权标上，急令纵向写在上面。然后取下羊皮纸送到持有另一个权标者手上，他收到后将羊皮纸重新卷到权标上，便可以看到其内容。这样可以保证中途不泄密。参阅：修昔底德：I. 131；普鲁塔克：《传记集·吕山德传》，XIX. 6—7。——译者注

情况后，写下他们的名字，火速把名单送至监察官处。监察官考虑到事态严重，派出一个团的骑兵去接应那些受命前往阿乌龙的人。

[11] 基那敦被捕后，一个骑兵带回了基那敦所开列的同伙名单，监察官立即派人逮捕了预言家提萨门努斯和参与此次密谋的其他几个最主要的头目。当基那敦被押解回来审讯时，他毫无保留，坦白交代，并且供出了他同伙的名字。他们问基那敦，这次行动的最终目的到底是什么。他回答说："在拉栖代梦，我不想比任何人低下。"然后，他和他的同伙们随即个个被五花大绑，在皮鞭和刺棒[①]的驱赶下，在全城游街。他们就这样遭到了惩罚。[②]

① 一端尖的长木棍，用来驱赶牲畜。——译者注

② 公元前 397 年。

第4章

［1］这个事件之后，[①]有一位名叫赫罗达斯的叙拉古人，匆匆赶到拉栖代梦提供情报。此人是一个船主，在腓尼基的时候，他亲眼看见在腓尼基有不少战船——有的自其他各地航行至此，有的人员配备齐整，有的准备起航出海；他还打听到，这些战舰总数达300余艘。于是，他尽早登上前往希腊的舰船，来到拉栖代梦。他向拉栖代梦人报告说，波斯国王和提萨佛涅斯正在准备此次远征；至于出征的具体目的地，那就不得而知了。

［2］一时间，这些情况激起拉栖代梦全国上下一片剧烈骚动，他们召集同盟诸邦前来，一起商讨该采取何种对策；吕山德认为，既然希腊人海上实力具有明显优势，而且那些跟随居鲁士深入内地远征的陆军已然安全返回，[②]于是，他征得阿格西劳斯同意，说只要拉栖代梦人拨给他30个斯巴达人、2000名获释黑劳士和6000名同盟者的分遣队，他就统率这支军队远征亚细亚。得知上述情报是吕山德提出这项动议的原因，除此以外，他还有自己的考虑，即他想随阿格西劳斯一同出征，以期在阿格西劳斯的帮助下，重建他原先在各个城邦建立的“十人政府”。[③] 这些政府已经被监察官

---

① 公元前396年。

② 此处系指公元前401—前400年小居鲁士率军远征波斯的事件。色诺芬是亲历远征全过程的见证人，他在这里说参加远征的安全返回，显然不尽符合史实。——译者注

③ *Decarchy*，直译为“十人执政”。在羊河战役之后，吕山德在他控制下的所有附属城邦中，广泛建立寡头制政府，当地最高权力归属于一个“十人委员会”，相当于雅典的“三十人寡头”政府。

们推翻，因为监察官们主张，要在这些城邦恢复祖先的宪政。[①]

[3] 当阿格西劳斯提出愿意率军出征时，拉栖代梦人答应了他的所有请求，并且提供了军队6个月的给养。他在按规定完成各项献祭、包括在边境上的献祭之后，[②]便率军踏上征途；他派遣使者前往许多城邦，传达命令，通知各个城邦出兵人数，以及集合地点；而他自己则想去阿乌利斯[③]献祭。当年阿伽门浓跨海远征特洛伊之前，也曾在这个地方献祭。

[4] 然而，他到达阿乌利斯开始献祭的时候，波奥提亚同盟官[④]知道他此行的目的，便派出一队骑兵，阻断了他的献祭，他们把已祭献的牺牲从祭坛上抛出去，散落一地。阿格西劳斯怒火中烧，祈求诸神为此事作证，然后登上他的三列桨战舰，起航远征。他到达格拉斯图海角[⑤]后，在那里尽可能多地集结军队，然后率军由海上直抵以弗所。

[5] 阿格西劳斯在兵抵以弗所之后，提萨佛涅斯立即派人前来，询问他来此目的何在。[⑥] 他回答说："亚细亚的这些城邦必须获得独立，就如同在我们希腊的那些城邦一样。"对此，提萨佛涅斯回话说："如果你愿意在我向国王禀报有关情况之前与我签订一个停战协议，我觉得你有可能实现此目的；如果你迫不及待地要这样做，那你最好返航回家吧。"

阿格西劳斯说："事实上，我确实是迫不及待了，即便如此我也不会中你的圈套。"提萨佛涅斯说："不过，关于这一点是尽可以放心的，我是真诚承诺，绝无欺诈。如果你遵循这个停战协议，那么

① 参阅亚里士多德：《雅典政制》，XXXIV. 3。在雅典，以塞拉麦涅斯为首的一股政治势力，主张恢复祖先的宪法。——译者注

② 斯巴达的统帅每次率军跨越拉哥尼亚边境之前，都要分别向宙斯和雅典娜两位神祇献祭。参阅色诺芬：《斯巴达政制》，XIII. 2—4。——译者注

③ 城镇，在波奥提亚东部沿海。——译者注

④ *Boeotarchs*，即"波奥提亚同盟官"，波奥提亚同盟的最高官员。

⑤ 海角，位于优波亚岛最南端。——译者注

⑥ 公元前396年。

我们在协议有效期间，绝不会去袭扰你们的领土。”

[6] 在双方达成临时和平协议之后，提萨佛涅斯又向阿格西劳斯派来的三位专员——赫里皮达斯、德基里达斯和麦吉鲁斯发誓，信守协议，绝不食言；而这三位专员也代表阿格西劳斯向提萨佛涅斯真诚宣誓，保证遵守协议，如同阿格西劳斯本人发誓一样。但是，提萨佛涅斯竟然完全违背自己的誓言；他向波斯国王禀报的不是要维持和平，而是请求在其现有军队的基础上，再增派一支大军前来。然而，阿格西劳斯虽然知道对方已经背信，可他还在坚守着和平协议。

[7] 这期间，阿格西劳斯正在以弗所安静悠闲地打发时光，因为该地区各城邦的政制都处于一片混乱状态——因为在雅典人统治下的民主政治早已不复存在，而在吕山德统治下的“十人政府”的寡头政治也被颠覆了。可是，吕山德又回到了这里，各地的人士都还认得他。他们聚集在他的周围，纷纷请他去求阿格西劳斯，求他批准他们的请愿，因而无论吕山德走到哪里，总有大批民众紧追不放，跟随左右。这种情况使得阿格西劳斯更像一个普通人，而吕山德仿佛成了他们心中的国王了。

[8] 一开始，阿格西劳斯没当回事，后来却被这些事情激怒了。而那一同出征的三十个斯巴达人[①]则嫉妒他，他们不再保持沉默，向阿格西劳斯进言，说吕山德正在干一件非法的勾当，他声名显赫，已经超过了国王。然而，当吕山德引领民众向阿格西劳斯国王请愿时，国王置若罔闻，他知道那些意见是受到吕山德支持的，所以未予准许。最后，当吕山德知道国王处处和他作对时，他意识到自己的处境不妙。因此，他不许民众再跟随他，并且直言不讳地告诉那些支持者，如果他们获得了他的支持，那他们将面临更大的危险。

[9] 此事使吕山德感到十分窘迫，于是他面见阿格西劳斯，说：

---

① 参阅：III. 4. 2。H. G. 达金斯英译本则为“至于那三十个斯巴达人中的其他人……”似乎暗示吕山德乃是这30人中之一员。——译者注

“阿格西劳斯啊，你在羞辱自己的朋友方面，看来还真是行家里手哦！”阿格西劳斯回答说：“是的，宙斯作证，对于任何在威望上想超过我的人，我都会这样做的；但是，对于当年那些曾鼎力相助的人，如果我不知道怎样使他们获得荣誉以为报答，那我也会感到羞耻的。”吕山德又说，“好吧，或许你的做法确实比我的行动更合适。因此，你至少要答应我这个请求：为使我的名誉不致因这次令人难堪的事件而受损，也使你的威望不因我的出现而下降，请派遣我到其他地方去吧。不论我到什么地方，我都会竭尽所能，为国王效力。”

[10] 他说完这番话，阿格西劳斯也认为，最好的办法是顺水推舟，于是派他前往赫勒斯滂地区。在那里，吕山德得知波斯人斯庇特里达特斯在法那巴佐斯的手下有些受气，就去见他。[①] 结果，斯庇特里达特斯携其子女、手头的金钱以及大约200骑兵，叛离了波斯人。吕山德把其他一切都留在库济科斯，只带着斯庇特里达特斯本人和他的儿子上船，然后带他们去拜见阿格西劳斯。阿格西劳斯见到他们，对吕山德的这次行动也颇感满意，立即询问有关法那巴佐斯辖区内的领土和地方政府的情况。

[11] 由于波斯国王方面的援军已经派出，提萨佛涅斯信心有所增强。如果阿格西劳斯不主动从亚细亚撤军的话，他就对阿格西劳斯宣战。而这期间，拉栖代梦人和他们的同盟者则感到惴惴不安，因为他们觉得阿格西劳斯的军事实力不敌国王的大军；但是，阿格西劳斯却面带微笑，命令使者向提萨佛涅斯回话，说他要好好感谢提萨佛涅斯，由于他违背了誓言，致使诸神都站到了他的对立面，而成为希腊人的同盟者。之后，阿格西劳斯直接命令他的士兵整装待发，准备战斗。他派人送信到出征卡里亚途中必经的那些城市，要他们各自准备一个市场。[②] 阿格西劳斯也向伊奥尼亚人、埃奥利斯人和赫勒斯滂人发出命令，要求他们参加此次军事行

---

① 公元前396年。

② 军队路过此地时，可以从当地市场上得到给养。——译者注

动分遣队都到以弗所与他会合。

[12] 现在，提萨佛涅斯决意出兵卡里亚，目标直指阿格西劳斯在当地的官邸。一方面是因为阿格西劳斯手下没有骑兵(卡里亚也不适于骑兵作战)，另一方面也对阿格西劳斯反叛行为感到气愤。于是，提萨佛涅斯命令所有步兵都开入卡里亚境内，至于他的骑兵队，他率领他们绕道进入麦安德平原，认为他的骑兵足够强大，不等阿格西劳斯到达不适于骑兵作战的地方，希腊人就已经败在他们的脚下了。

然而，阿格西劳斯却并未向卡里亚进军，而是朝完全相反的方向，即向弗里吉亚进军。在进军途中，他还收编了所遇到的一些分遣队，征服了一些城邦；此次行动出其不意，他们从那些被征服的地区，缴获了大量战利品。

[13] 在阿格西劳斯统率大军穿越那个地区的过程中，大抵是平安无事的。但是，在距离达斯基里昂不远的地方，走在他前面的骑兵为了查探前方的情况，率先登上了一个山头。巧合的是，这时候他们看到，法那巴佐斯所派出的骑兵，人数和希腊骑兵几乎相等，在拉提涅斯和巴伽尤斯兄弟的指挥下，也登上了这同一座山丘。两军不期而遇，相距不足4普列特隆[①]时，双方都停下脚步，相互对峙着，希腊人的骑兵排成类似于方阵[②]的阵型，而异族人方面，其前排不超过12人，纵深很厚。然而，随后异族人首先发起攻击。

[14] 在双方短兵相接之时，所有的希腊人，手握长枪，击杀敌人，而异族人手持木杆标枪，希腊人很快有12人战死，损失战马两匹。希腊人转身败逃。当阿格西劳斯带重装步兵前来救援时，异族人被迫退却，有一人阵亡。

[15] 在双方骑兵交战结束的次日，[③]阿格西劳斯献祭，就是否

---

① 1普列特隆(plethron)=1/6斯塔狄亚。4普列特隆约合120米。——译者注

② 这一时期希腊人的方阵(*phalanx*)有时纵深4排，很少有超过8排的。其后排兵布阵的趋向，是纵深厚度不断增加(参阅：IV. 2. 18；VI. 4. 12)，直到著名的“底比斯方阵”和“马其顿方阵”，局部纵深达到16排甚而多至20排。——译者注

③ 公元前396年。

继续进军作占卜，结果发现牺牲的肝脏上缺少一片肝叶。[①] 由于牺牲本身呈现这种迹象，于是他调兵遣将，向海岸方向推进。阿格西劳斯深知，除非拥有足够强大的骑兵，否则无法在平原地带作战。他决心要解决骑兵兵源的问题，这样他也就不至于不敢与敌人正面交锋了。因此，他下令，该地区所有诸邦中的最富有者阶层，都必须饲养马匹；他还宣布，无论是谁，只要能够提供一匹战马、一套武装和一名合格的士兵，他本人兵役就可以被豁免。由于所有人都热切期望让别人替自己去赴死，因而他的这些措施得以顺利施行。

[16] 之后，当春天的脚步慢慢走近的时候，[②]阿格西劳斯将所有军队集结于以弗所。他很想搞好军训，给重装步兵队设立奖金，以奖励那些具有最强身体素质的连队；同时，他给骑兵队设立奖金，以奖励骑术最精湛者；他还给轻盾兵和弓箭队设立奖金，只要他们被证明出色地履行了各自的职责，就可以得奖。于是，人们可以看到，所有的室内健身馆都人满为患，因为士兵们在那里加强训练；而在室外竞技场上，到处可以看到骑手、掷标枪者和弓箭手在操练。

[17] 事实上，无论你在哪里驻足，整座城市都会给你留下难以忘怀的印象；因为市场上到处都是各式各样准备出售的马匹和武器；而铜匠、木匠、铁匠、皮匠和油漆匠，[③]这些工匠们都在忙碌着，制造各种武器。因此，人们甚至认为那座城市简直就是一个名副其实的兵工厂了。[④]

[18] 而且，当人们看到另一种场面——阿格西劳斯站在最前面，他身后是手下的士兵们，他们戴着花环从健身馆归来，又把他们的花环都献给女神阿尔特密斯——的时候，也会从中受到鼓舞。

---

① 通常是将牺牲宰杀后，观察其内脏情况，以确定吉凶。此即古代近东地区流行的“脏卜”。——译者注

② 公元前395年。

③ 参阅：II. 4. 25。——译者注

④ 公元前395年。

在这里,人们敬奉诸神,全身心投入军训,训练时服从指挥。这样看来,难道它不是理所当然地成为一个让我们高度期待的地方吗?

[19] 况且,阿格西劳斯相信,鄙视敌人会激发本方士兵的勇气,他让传令官传达命令,希腊骑兵只要捉获异族人,就要扒光他们的衣服再将其出售。由于这些异族人从不裸体训练,因而皮肤白皙;也因为他们经常乘坐战车,故而身体柔弱,不能劳作。他们由此得出结论:这场与异族人的战争,与一场同妇女的战争绝无二致。[①]

[20] 自阿格西劳斯从希腊起航出征,到如今吕山德和他那三十个斯巴达人返航回国,而赫里庇达斯和他那三十个斯巴达人成为他们的继任者,这一年就终结了。在这些人当中,阿格西劳斯任命谢诺克里斯和另一个人指挥骑兵,任命斯库塞斯指挥黑劳士的重装步兵,[②]赫里庇达斯指挥原居鲁士手下的那些希腊军人,[③]梅格东指挥那些来自同盟诸邦的分遣队;阿格西劳斯还宣布,他将马上率领他们通过最便捷的途径,直捣敌国境内最致命的地方。为了实现这个目标,他们必须加紧备战,养精蓄锐。

[21] 然而,提萨佛涅斯觉得,阿格西劳斯不过是这样说说罢了,目的是想再次诱骗他上当;认为阿格西劳斯这一次肯定是想入侵卡里亚。因此,他派遣他的骑兵队进入卡里亚境内,就像上次那样,将其骑兵部署在麦安德平原上。阿格西劳斯则说话算数,正如他宣布的那样,直接率军向邻近萨尔狄斯的地区挺进。在穿行该地区的前三天当中,他们基本上没遇到敌人,沿途取得了丰富的给

① 由于地理环境和生活习惯的关系,波斯人在军训时通常穿衣戴帽的。阿格西劳斯为提高士气,有意贬低波斯人的战斗力。因为对于波斯人而言,说男人如同妇人,那是对他们最严重的侮辱了(希罗多德:IX. 20、107)。其实,这些希腊人刚刚败于波斯人之手。——译者注

② 获释的黑劳士不仅可以充当轻装步兵,还可以担任重装步兵。这显然是斯巴达兵源枯竭的结果。——译者注

③ 就是说,曾经在居鲁士麾下服役的那些希腊军人(他们被称为 *Cyreans* 或 *Cyreians*),而今则成为阿格西劳斯军队的一部分。参阅:III. 1. 6,2. 7。

养。但是,到了第四天,敌人的骑兵出现在他们面前。

[22] 敌军骑兵司令告诉辎重运输队的首领,要他穿过帕克托卢斯河,然后安营扎寨;而骑兵们看到,在希腊人一方,那些落伍的士兵分散开来,四处劫掠,就发起攻击,杀死很多。面对这种情况,阿格西劳斯命令他的骑兵前来救援。而在波斯人方面,他们注意到这种动向,便把大批骑兵集结起来,组成战斗队形,严阵以待。

[23] 阿格西劳斯知道敌方的步兵并未在附近,无法前来增援,而本方的军队各兵种人员齐整,因此,如果现在能够开战,那可是千载难逢的大好时机。因此,在献祭完毕之后,阿格西劳斯立即命令自己的方阵,去进攻敌人的骑兵队;他命令军龄在 10 年以内的重装步兵[①]杀向敌阵,命令轻盾兵迅速让路。他还派人去他的骑兵队,命令他们发起攻击,因为他确信全军就在他身后。

[24] 现在,波斯人遭到希腊骑兵的攻击。但是,当希腊全军以排山倒海之势扑向他们的时候,他们却夺路而逃。有些人在过河的时候当即被杀死,其余大多数都逃跑了。希腊军队尾随敌军,紧追不舍,攻占了他们的营寨。这时候,那些轻盾兵也不顾一切地大肆劫掠。但是,阿格西劳斯把他们统统包围起来,无论是自己人还是敌人,都围在一个包围圈之内。[②] 此战缴获大量战利品,这些东西售得七十多塔连特,而且这次战役还缴获了几头骆驼,阿格西劳斯把它们带回了希腊。

[25] 这次战役发生的时候,提萨佛涅斯正坐镇萨尔狄斯。因此,波斯人指控提萨佛涅斯出卖了他们。而且,波斯国王本人也得出结论:认为提萨佛涅斯应该对此战的失利负责。于是,波斯国王委派提特劳斯特前来取了提萨佛涅斯的首级。之后,提特劳斯特派出的使者至阿格西劳斯处,说:“阿格西劳斯啊,在你们和我们的心目中,那个理应对这个事件负责的人已经受到了惩罚;波斯国王认为,你们应该返航回国;国王还认为,亚细亚的那些城邦,应当保

---

① 参阅:II. 4. 32 及注。——译者注

② 如此那些轻盾兵便无法独吞属于全军共同所有的战利品了。

持独立，[1]应该继续像先前那样向他缴纳贡赋。

［26］阿格西劳斯答复说，如果没有本国当权者准许，他无权这样做。提斯劳图斯则说，“但是，至少在你接到来自拉栖代梦的答复之前，你应该先撤至法那巴佐斯的辖区之内，因为对你们的敌人复仇的是我。”阿格西劳斯说：“在我到达那里之前，你要为我的军队提供给养。”于是，提斯劳图斯就给了他30塔连特。阿格西劳斯带着这笔钱，向法那巴佐斯辖区内的弗利吉亚进发。

［27］他率军行进到库麦上方的平原地带时，拉栖代梦当权者给他的命令到了。该命令授予他指挥舰队的全权，海军将领的人选完全由他决定。现在，拉栖代梦人这样做的理由是，如果陆军和海军的统帅由一个人兼任的话，那么陆军因为和海军联合在一起，实力会更加强大；同样，海军的实力也因陆军在必要时的呼应而有所增强。

［28］但是，阿格西劳斯听了这些说法后，所采取第一项措施，就是派人到岛上诸邦和沿海诸邦去，命令他们建造三列桨战舰，要达到他所要求的数量。结果，新的三列桨战舰数量达到了120艘，其中包括有各城邦提供的，也有私人为了取悦于阿格西劳斯而建造的。

［29］随后，阿格西劳斯任命他的妻舅皮山德为海军司令。此人雄心勃勃，骁勇善战，只是在解决这么大一支舰队的给养方面，经验稍嫌不足。这样，皮山德率舰队起航，忙于海军事务；而阿格西劳斯则继续向弗利吉亚进军。[2]

---

① 值得注意的是，由于现在它们处于希腊人的控制之下，“保持独立”具有特殊含义。——译者注

② 公元前395年。

第5章

[1] 现在,提斯劳图斯认为,他已经看得出来,阿格西劳斯无视波斯国王的势力,非但无意从亚细亚撤兵,相反,他甚至雄心勃勃,企图制服国王。面对这种局势,他感到不知所措了。于是,他委派罗德岛人提摩克拉特前往希腊,给他价值50塔连特白银的黄金,[①]命令他把这些金钱分发给希腊诸邦的领袖们,条件是他们必须向拉栖代梦人开战。因此,提摩克拉特前往希腊各地。在底比斯,接受这笔钱的人物是安德罗克雷达斯、伊斯蒙尼亚斯、伽拉西多洛斯;在科林斯,是提摩劳斯和波里安特斯;在阿尔哥斯,是库隆及其支持者。

[2] 雅典人说,即使他们没有得到这笔钱,他们也渴望开战,因为他们有权统治这个地区。而那些拿到金钱的人们,开始在他们各自邦国内部,诽谤拉栖代梦人;等到他们使本邦人民也憎恨拉栖代梦人的时候,这些最强大的城邦之间就相互结成了联盟。

[3] 但是,底比斯的领导人知道,除非有人向拉栖代梦人开战,否则拉栖代梦人不会破坏他们与其同盟者之间的和约,于是就鼓动奥彭提亚的罗克里斯人开始向他们和佛基斯人有争议的领土上征收贡赋。他们认为,这样做会导致佛基斯人入侵罗克里斯。果然不出所料,佛基斯人立即出兵罗克里斯,劫走价值更高的财物。

[4] 安德罗克雷达斯及其支持者赶紧说服底比斯人前去援助

---

① 古希腊各邦大都采用银本位币制。因此,只要没有特别说明,皆指白银。公元前5世纪末以后,越来越多的金币进入商品流通流域。公元前4世纪金银比价约为1比13。——译者注

罗克里斯人，[①]他们说，佛基斯人侵略的不是那些有争议的领土，而是其友好盟邦罗克里斯的本土。于是，底比斯人针锋相对，侵入佛基斯境内，蹂躏其领土，佛基斯人立即派使者前往拉栖代梦，向拉栖代梦人求援。他们说，他们并没有挑起事端，只是出于自卫才反击罗克里斯人。

［5］这时候，拉栖代梦人也乐于抓住这个借口向底比斯开战，因为拉栖代梦人对底比斯人的仇视由来已久，那不仅是因为他们宣称要向在狄凯利亚的阿波罗神缴纳十分之一，[②]还因为底比斯人拒绝和他们一同去攻打比雷埃夫斯。[③] 更有甚者，拉栖代梦人还指责他们说服科林斯人，也拒不参加那次军事行动。而且，这也使拉栖代梦人联想起底比斯人阻挠阿格西劳斯在阿乌利斯献祭的事情，他们把已经献祭的牺牲从祭坛上扯出来抛弃，并且拒不参加阿格西劳斯在亚细亚的军事行动。[④] 他们认为，这是出兵攻击底比斯的大好时机，这样可以制止他们对拉栖代梦人的傲慢行径；在阿格西劳斯的强有力的领导下，他们在亚细亚节节胜利，在希腊也没有其他战事妨碍他们。

［6］这样，在拉栖代梦，人们对于局势的看法形成了共识，于是监察官们下令出兵。他们委派吕山德前往佛基斯，并命令他统领佛基斯人以及奥塔人、赫拉克利亚人、马里人、埃尼安尼人[⑤]，一起发兵哈里阿图斯。波桑尼阿斯作为全军总司令，同意在指定的日期率拉栖代梦人和其他伯罗奔尼撒人的军队，在哈里阿图斯与他们会师。现在，吕山德不但执行了下达给他的所有命令，还策动奥科门努斯人叛离了底比斯人。[⑥]

---

① 关于雅典与罗克里斯人结盟，参阅：IV. 2. 17。——译者注

② 即要求拉栖代梦人将伯罗奔尼撒战争中的战利品的十分之一，交给位于在狄凯利亚的阿波罗神庙。

③ 参阅：II. 4. 30。

④ 参阅：III. 4. 4。

⑤ 色萨利南部一部族。——译者注

⑥ 奥科门努斯，在波奥提亚。——译者注

［7］波桑尼阿斯在边境上献祭，显示吉兆，便委派他的官员到各个盟邦去征召分遣队。他在等待拉哥尼亚各城镇的军队到来的同时，自己则在泰格亚休养。[①] 眼见拉栖代梦人侵底比斯领土的迹象越来越明显，底比斯人派出使者前往雅典，对雅典人这样说：

［8］“雅典人啊，你们曾经抱怨我们，说我们在那场战争结束的时候支持对你们使用严厉的手段，[②]但是你们的抱怨是不公正的；因为那并不是我们整个城邦支持那些措施，而只是个别人，他碰巧在当时同盟代表大会中有一席之地。但是，当拉栖代梦人命令我们向比雷埃夫斯进攻时，我们整个城邦投票决定不参加他们的军事行动。[③] 可见，拉栖代梦人迁怒于我们，都是因为你们的缘故。所以，我们认为，你们应该援助我们的邦国，那才是公平的。

［9］“我们认为，你们当中的当年那些属于‘市民党’[④]人们，更应该义无反顾地支持对拉栖代梦人开战。拉栖代梦人在你们这里建立寡头政治之后，平民憎恶你们，使你们成为众矢之的，而他们将一支大军开进你们城里，表面上成为你们的同盟者，实际上是把你们交到了民主派的手里。因此，如果你们还是一如既往地仰赖于他们，那你们将死无葬身之地，但是，我们在雅典的朋友——雅典的平民大众却拯救了你们。[⑤]

［10］“雅典人啊，还有一点，我们都理解，即你们意欲恢复你们从前所拥有的帝国。那么我们不禁要问，你们除了帮助那些受虐于拉栖代梦人的人们之外，还有什么更好的途径去实现你们的目标呢？不要因为他们统治着众多邦国而害怕，而那恰恰是使人们

---

① 公元前 395 年。

② 指他们在伯罗奔尼撒战争结束时，主张摧毁雅典的情况。参阅：II. 2. 19。——译者注

③ 参阅：II. 4. 30。

④ 当时情况相当复杂，以雅典城为中心为一派，以比雷埃夫斯为中心形成另一派。这里说的是前者。参阅：II. 4. 11，24 等。——译者注

⑤ 公元前 403 年重建的雅典民主制实现了两派的和解。底比斯的使者面对权力不断增长的雅典平民，力图讨好平民，以赢得其支持。——译者注

勇气倍增的理由。想想你们自己的情况吧，当你们统治下的臣属之邦数量达到最多的时候，你们的敌人也同样是最多的。只要没有臣民发动暴动，他们对你们的敌意，自然是被遮掩起来的；但是一旦拉栖代梦人站出来，成为他们的领导者时，他们对你们的真实态度立即就会展露无遗了。

［11］“就目前而言，当我们和你们齐心协力，拿起武器对付拉栖代梦人的时候，可以肯定的是，仇恨他们的人将会悉数站出来。如果你们稍加考虑，就马上会看到我们所说都是事实。现在还剩下谁是拉栖代梦人的朋友呢？阿尔哥斯人难道不是一直与他们不共戴天吗？

［12］“现在，不久前被抢占了大片领土和诸多城镇的爱利斯人，也加入到他们敌人的行列。至于我们下面说到的科林斯人、阿卡狄亚人和阿凯亚人，他们在拉栖代梦人发动的对你们的战争中，曾经热心参与，共同分担艰难险阻，支付军费开支；然而，当拉栖代梦人如愿以偿地获胜之后，所获得的领土、荣誉以及所掠获的财宝，那些忠实的追随者可曾分享过吗？不仅如此，他们甚至认为他们的黑劳士都可以被派往各地担任统治者，然而对于同盟者这些自由人，他们获胜之时，却还是颐指气使，像主人对待奴仆一样对待他们。

［13］“而且，显而易见的是，他们以同样的手法欺骗了叛离你们的那些人。他们非但没有得到自由，相反，却受到了他们的双重奴役——他们受到拉栖代梦指定的地方统治者和吕山德在每个城邦所建立的‘十人政府’双重僭主统治。最后，我们来说说亚细亚之王[①]吧。尽管国王用他的贡赋全力资助他们，战胜了你们，但是如果国王站在你们这一边，征服了他们，他现在的境遇不至于如此吧？

［14］“现在，如果你们主动去领导那些受苦受难的人们，你们

---

① 即波斯国王。波斯人固执地认为，亚细亚自古以来就是他们的领土。有趣的是，这里希腊人也套用波斯人的传统观点。——译者注

必将成为天下诸邦中前所未有的最卓越的领袖，这还有什么值得怀疑的吗？你们回想一下，当年你们拥有帝国的时候，你们是领导者，但是你们所统治的仅仅是海上居民；但是现在你们将统治全人类——包括我们，还有伯罗奔尼撒人，你们以前统治过的那些城邦，甚至包括拥有最强大势力的波斯国王所统治的区域。当然，我们曾是拉栖代梦人得力的同盟者，这一点是你们是很清楚的；但是，从现在起，我们将比过去支持伯罗奔尼撒人还要坚决地支持你们；因为既不是为了岛上居民[①]或叙拉古人，也不是为了任何外人，而是为了受到伤害的我们自己，我们才如同以往一样来帮助你们。

[15]"这是很好理解的。为谋一己之私而获得帝国的拉栖代梦人，将比你们当年所建立的帝国更容易被摧毁。因为你们拥有强大的舰队，统治着那些没有任何海上力量的臣民；而他们战舰很少，却妄称统治着那些在数量上大大超过他们，而且装备更精良的臣民。以上就是我们的建议。但是雅典人啊，你们要确信一点，那就是我们坚信，我们请你们参战对雅典城邦的益处，要大大超过我们自己城邦。"

[16]以上就是底比斯的使者所说的话。至于雅典人，人们纷纷发言，都支持使者的意见，最后他们一致通过决议，援助底比斯人。特拉叙布鲁斯将雅典人的决议通报使者，作为答复；他还指出，尽管比雷埃夫斯现在还没有城墙，然而为了更好地报答底比斯人的支持，他们会勇敢面对危险。他说："既然你们不再参与他们对我们的战争，那么我们将和你们并肩作战，如果他们来进攻你们的话。"

[17]这样，底比斯的使者返回国内，为自卫战做准备，而雅典人也正准备增援他们。

事实上，拉栖代梦人也未再迟疑了。拉栖代梦国王波桑尼阿斯率领来自本邦和伯罗奔尼撒其他地方的军队，进军波奥提亚，惟独科林斯人拒绝参战。吕山德为全军先锋，他率领来自佛基斯、奥科

---

① 指爱琴诸岛的居民。——译者注

门努斯以及该地区其他地方的军队，在波桑尼阿斯之前，率先抵达哈利阿图斯。

[18] 兵临城下之后，吕山德并没有安营驻扎，等待来自拉栖代梦的大军到来，而是带着他手下的军队，登上哈利阿提图斯的城墙。起初，他试图说服他们叛离底比斯人，取得独立；但是城内的那些底比斯人，阻止他们这么做。于是，吕山德下令开始攻城。

[19] 底比斯人获知这里的情况之后，便派出重装步兵和骑兵，迅速前来救援。至于哈利阿提图斯人是出其不意对吕山德发起反击，还是吕山德看到敌人压上来，因自认为他会取胜而坚守阵地，这事无法确定；但有一点是很清楚的，战斗就发生在城墙的外侧。哈利阿提图斯人在他们城门前树立起一座胜利纪念碑。吕山德被杀之后，他的军队向山上逃去，底比斯人紧追不放。

[20] 他们追击到一定高度，进入一块地势崎岖、通道狭窄的地方，敌人[①]的重装步兵回过头来，向他们投掷标枪和其他器物。他们当中最前面的两三个人被击中倒下，敌人又开始从山上向追兵抛滚石头，他们士气高昂，越战越勇。底比斯人从斜坡上被赶跑，他们当中有二百多人被杀死。

[21] 底比斯人在当天颇感沮丧，原来他们认为自己所遭受的损失，和他们给敌人所造成的杀伤相差无几。然而，第二天，当他们听说来自佛基斯和其他诸邦的军队，在夜里就各自回国时，他们开始为自己所取得的战果而兴高采烈。但是另一方面，他们看到波桑尼阿斯率领着来自拉栖代梦的军队抵达时，又觉得自己深处险境之中。人们都说，全军上下，死气沉沉，悲观失望。

[22] 然而，到了第三天，雅典的军队到了，双方军队一起布阵，而波桑尼阿斯没有立即向他们逼进，也没有发起挑战。于是，底比斯人的信心大为增强。至于波桑尼阿斯，他召集手下诸位波列玛克和五十夫长，和他们一起商讨，以决定是立即开战，还是签订休战和约，以收回吕山德以及和他一同阵亡将士的尸体。

---

① 指吕山德军队的残部。——译者注

[23] 因此,波桑尼阿斯和其他位高权重的拉栖代梦人,考虑到吕山德已死,他手下残兵败将业已逃散,而科林斯人完全拒绝派兵一起出征,那些到达这里的军队[①]士气全无;同时,在骑兵方面,敌众我寡;最重要的是,那些阵亡者的尸体就置于城墙跟下,如此则即使他们获胜,在哈里阿图斯的塔楼之下,要取回阵亡者的尸体,也不是轻而易举的。鉴于以上种种情况,他们决定,最好的签订休战和约,以收回阵亡者的尸体。

[24] 然而,底比斯人却说,他们绝不放弃那些尸体,除非拉栖代梦人从他们的领土上撤离。拉栖代梦人对这些条件表示欢迎,他们准备在收回阵亡者尸体之后,随即从波奥提亚撤兵回国。事情得到解决之后,拉栖代梦人垂头丧气地从那里撤离,而底比斯人则感到无比自豪——这就如同一个人在来到他人田地时虽秋毫无犯,却遭到人家一顿毒打,然后被驱赶出来。拉栖代梦人的这次军事行动就这样结束了。

[25] 但是,波桑尼阿斯回到国内以后,就有人指控他犯下死罪。有人指控他,说他在吕山德到达之后才抵达哈利阿图斯,尽管他如约在同一天到达;还有人指控他,说他通过签订休战和约,而不是通过作战获胜而收回阵亡者尸体的;说他在比雷埃夫斯捕捉到雅典民主人士后,又将他们放走。[②] 除此以外,他还在缺席审判的情况下,被判处死刑。波桑尼阿斯逃到了泰格亚,在那里寿终正寝。以上这些,就是发生在希腊的事情。

---

① 即其他的伯罗奔尼撒人(参阅:III. 5. 17)。

② 参阅:II. 4. 29—39。

第 4 卷

第 1 章

[1] 初秋之时，[①]阿格西劳斯进抵法那巴佐斯管辖的弗利吉亚省区之后，[②]在当地烧杀抢掠，占领了一座又一座城市。在这些城市中，有些是以武力征服的，有些则是主动归降的。

[2] 这时，斯庇特里达特斯告诉他，如果他愿意随他一起前往帕弗拉冈尼亚，他将引见帕弗拉冈尼亚国王前来谈判，并促成双方结盟。于是，阿格西劳斯迫不及待地启程上路，因为策动波斯国王属下诸族中的某个民族叛离，原本就是他梦寐以求的事情。

[3] 他到达帕弗拉冈尼亚后，国王奥提斯[③]立即前来与他订立盟约。事实上，波斯国王不断传令召见奥提斯，但他一直不肯前去。在斯庇特里达特斯的劝说下，奥提斯拨给阿格西劳斯 1000 名骑兵和 2000 名轻盾兵。

[4] 对于斯庇特里达特斯的鼎力相助，阿格西劳斯心存感激。他这样说："斯庇特里达特斯啊，你告诉我，你是否愿意把你的女儿嫁给奥提斯国王呢？"

斯庇特里达特斯回答道："如果奥提斯愿意娶她，我当然求之不得呢！我的女儿不过是一放逐者之女，而他却是拥有大片领土和强大势力的国王。"随后，他们再也没有提起这桩亲事。

[5] 当奥提斯准备起身离去，前来向阿格西劳斯辞行的时候，阿格西劳斯先让斯庇特里达特斯回避一下，然后开始同他在那三

① 公元前 395 年。

② 参阅：III. 4. 29。

③ 色诺芬在其《阿格西劳斯传》(III. 4)中称他为科提斯(Cotys)。——译者注

十个斯巴达人[①]面前交谈。

[6] 阿格西劳斯问道:“奥提斯啊,请告诉我,斯庇特里达特斯的家世如何?”奥提斯国王回答说,他的家族在所有的波斯人中属于最高贵的阶层。阿格西劳斯又问道,“你注意到他的儿子没有?长得多英俊啊。”奥提斯说:“我当然注意到了,因为昨天晚上我还和他一同进餐呢。”阿格西劳斯说:“听说他的女儿长得可比他儿子漂亮。”

[7] 奥提斯说:“是的,宙斯作证,她真的很美。”阿格西劳斯说:“既然你已是我们的朋友了,那我建议你娶他女儿为妻。她美貌绝伦——难道有比成为她的丈夫还快乐的事吗?她的父亲出身高贵,有权有势。如你所见,他因为遭到法那巴佐斯的迫害,而被迫逃亡,背井离乡。”

[8] 阿格西劳斯接着说:“你尽可以相信,当他能够报复他的敌人法那巴佐斯的时候,也就会对他的朋友有利。我请你慎重考虑我的建议,如果这个计划顺利得以实施的话,那就不仅仅是你们之间结盟,也还包括我和其他的拉栖代梦人;而且,由于我们是全希腊的领袖,因此其他希腊人也将加入进来。

[9] “再说,如果你迎娶他的女儿,那么还有谁的婚礼会比你的更气派呢?又有谁的新娘子能像你的娇妻那样,在那么多的骑兵、轻盾兵和重装步兵护卫下,进入你的寝殿呢?”

[10] 奥提斯问道:“但是,阿格西劳斯啊,不知斯庇特里达特斯是否乐于接受你的这个建议呢?”阿格西劳斯回答说,“诸神可以作证,我可不是他托来说媒的。对我来说,惩戒敌人固然能够使我欣喜若狂,但是我相信,更令我感到高兴的,是我发现一些对我的朋友们有益的事情。”

[11] 奥提斯说:“那么,为什么你不去问问斯庇特里达特斯,这件事是否能也让他高兴呢?”阿格西劳斯转过身来说:“赫里皮达

① 参阅:III. 4. 20。

斯，你们[①]都去说服他同意我们所说的这些事。”

[12] 于是，他们就前去说服斯庇特里达特斯了。当他们离开了一阵子之后，阿格西劳斯说：“奥提斯啊，你是否愿意把他找来，我们亲自跟他谈谈？”奥提斯说：“我觉得所有其他人都加起来，也没有你说服他的可能性大。”于是，阿格西劳斯派人把斯庇特里达特斯和其他人都找来了。

[13] 他们一进来，赫里皮达斯辟头就说：“阿格西劳斯啊，你为什么非要把早已说定的事情搞得拖拖拉拉的呢？斯庇特里达特斯说过，他愿意按你的想法去做任何事。”

[14] 阿格西劳斯说，“那好吧，斯庇特里达特斯，我觉得你最好把你的女儿嫁给奥提斯——这会给你带来好运，而奥提斯应当娶她。不过，我们无法在春天到来之前把那姑娘从陆路接过来。”奥提斯说，“但是，宙斯作证，如果你很想要她的话，我们可以立即把她从海路送过来。”

[15] 于是，他们互相起誓，达成协议，然后送奥提斯上路。阿格西劳斯知道奥提斯国王心急，便马上配备了一艘三列桨战舰，命令拉栖代梦人卡里阿斯去接她，再护送姑娘到她的新家；而他则动身前往法那巴佐斯的总督官邸所在地达斯基里昂。[②] 总督官邸周边有许多大村庄，那里粮草丰足，还有成群的野生猎兽，其中一些被圈围在狩猎场内，其余的则游走在旷野上。

[16] 当地还有一条河流，从官邸旁蜿蜒流过，河里鱼类繁多；除此之外，还有许多飞禽可供人们捕捉。斯巴达国王就在那里过冬，军队的补给一部分就地取用，一部分则通过外出抢掠。

[17] 碰巧有一次，正当士兵们收集粮草的时候——由于他们此前从未遇到过任何麻烦，因此显得傲慢而漫不经心，他们分散到在平原各地——法那巴佐斯统率两辆绑有长柄镰刀的战车，[③]以及

① 指那三十个斯巴达人。——译者注

② 公元前395年。

③ 色诺芬在《长征记》中也提及波斯的这种战车。——译者注

大约 400 名骑兵向他们发起攻击。

[18] 当希腊人看到法那巴佐斯向他们逼近的时候，赶紧集合，聚集起大约 700 人的队伍。法那巴佐斯当机立断，将战车置于最前面，他本人和骑兵跟随在战车后面，随后下令向希腊人进攻。

[19] 战车突入密集的战阵，将希腊人冲得七零八落，骑兵则快速跟进，将约 100 名士兵打翻在地，其他人仓惶逃窜，向阿格西劳斯和他的重装步兵靠拢，因为他们碰巧就在附近。

[20] 大约在这次事件之后的三四天，斯庇特里达特斯获悉，法那巴佐斯在距离他们大约 160 斯塔狄亚①，名叫考耶的大村庄安营扎寨，他马上把这个情报告知了赫里皮达斯。

[21] 赫里皮达斯渴望取得一次辉煌的战功，他向阿格西劳斯请求拨给他 2000 重装步兵、2000 轻盾兵和一些骑兵——其中包括斯庇特里达特斯的骑兵和帕弗拉冈尼亚人。他还尽力说服更多的希腊人与他同往。

[22] 当阿格西劳斯答应给这些军队之后，赫里皮达斯便开始奉献牺牲。黄昏时分，他得到了吉兆，于是结束献祭。他命令手下士兵用晚餐，然后到营前报到。但是直到夜幕降临的时候，前来集合的人数还不足一半。

[23] 可是，为了不让那三十个斯巴达人中的其他人嘲笑他——如果他放弃计划，他们肯定会取笑他——就带领这些士兵开拔了。

[24] 黎明时分，他向法那巴佐斯的营寨发起进攻。许多担任哨兵的美西亚人被杀死，而大部队则四处逃散，法那巴佐斯的营寨就这样被攻下来了。俘获的战利品中包括许多酒杯，以及像法那巴佐斯那样的人物所应该拥有的其他物品。此外，还缴获了大批辎重和许多役畜。

[25] 由于害怕固定驻扎在某一地点，有可能遭到包围和袭击，法那巴佐斯一直在其辖区内不断变换着驻地，甚至如同游牧民族

① 160 斯塔狄亚约合 29.6 千米。——译者注

一样，小心翼翼地隐蔽自己的营寨。

[26] 当帕弗拉冈尼亚人和斯庇特里达特斯带着他们所虏获的战利品归来时，赫里皮达斯派手下的将领和头目拦住他们，没收了斯庇特里达特斯和帕弗拉冈尼亚人的所有东西。他这样做的目的，不过是为了将大量战利品集中起来，移交给负责出售的官员。

[27] 然而，赫里皮达斯这样的做法，使他们觉得忍无可忍，如同是遭受了奇耻大辱。于是，他们收起行囊，夜里不辞而别，投奔萨尔狄斯的阿里埃乌斯去了。他们之所以信任阿里埃乌斯，是因为他也曾叛离波斯国王，同国王开战。[①]

[28] 此次战役中，最让阿格西劳斯伤脑筋的，莫过于斯庇特里达特斯、麦加巴特斯[②]和帕弗拉冈尼亚人的逃亡了。[③]

[29] 这时，有一位名叫阿波罗芬尼的库济科斯人，碰巧是法那巴佐斯的老朋友，同时也是阿格西劳斯的朋友。他告诉阿格西劳斯，说他觉得可以设法让法那巴佐斯来与他谈判，磋商建立友好关系事宜。

[30] 阿格西劳斯听从了他的意见。阿波罗芬尼在取得休战协议和誓言后，将法那巴佐斯带到事先约定的地点。阿格西劳斯和那三十个斯巴达人已经到达那里，躺在草地上等候着他们；而法那巴佐斯则身披一件价值连城的外套来见他。但是，当他的仆从们正准备往他脚下铺地毯，以便让这些波斯人舒舒服服地坐下时，他看到阿格西劳斯如此简朴，觉得自己如此奢侈而面露愧色。于是，他二话没说，也躺到地上。

[31] 他们首先互致问候。接下来，法那巴佐斯伸出右手，阿格西劳斯也伸出右手，双方握手。之后，由于法那巴佐斯年长一些，他首先发表看法。他说：

[32] "阿格西劳斯以及在场的诸位拉栖代梦人啊，当你们与雅

---

① 色诺芬在其《长征记》中有记述。

② 斯庇特里达特斯的儿子。

③ 公元前395年。

典人交战的时候，我是你们的朋友，与你们结成同盟。那时候，我不仅为你们提供金钱资助，使你们的舰队实力增强，我还在陆地上亲自出马与你们并肩作战，把你们的敌人驱赶下海。[①]你们不能像指责提萨佛涅斯那样来指责我，因为无论何时，也无论在行动上还是在口头上，我都没有对你们耍两面派。

[33]“我本人就是这样很够朋友的。而今你们却把我拖入这样一种窘境：我在自己的土地上甚至连一顿饱饭也得不到，只能像野兽那样，舔食你们留下的残羹剩饭。我的父亲曾给我留下多处华丽的宅邸，以及林木茂密、遍布走兽的园林，这些都是我喜爱的东西——而今我却眼睁睁地看着一片片林木被砍伐，一座座豪宅被焚毁。纵然我不懂得什么是公平，什么是正义，那么我想聆听你们的指教，你们这些懂得知恩图报的人们，他们的这样做算是怎么一回事呢？”

[34]这是法那巴佐斯的发言。所有那三十个斯巴达人听到这话，都感到羞愧难当，沉默不语。最后，阿格西劳斯说：“我想你是知道的，法那巴佐斯，在希腊的那些城邦中，这些邦国居民之间有友好相处的，也有相互敌对的；但是，一旦他们的城邦卷入了战争，他们个个都会站在祖国一方，在战场上你会看到朋友和朋友之间交战；以至于巧合到朋友之间给对方以致命一击。今天我们的情况也是这样，因为我们与你的国王为敌，不得不对他所有的一切都怀有敌意。不过，至于你本人，我们应该超越一切去珍惜与你的友情。

[35]“如果你不得不去做一桩交易——以我们取代波斯国王成为你的主人，我个人是不建议你这样做的。而实际上，以你现有的势力，通过与我们的联合，可以自由地享用你所拥有的财富，不需要向任何人效忠，也不需要向任何人称臣。在我看来，自由的价值丝毫不亚于任何财富。

[36]“然而，我们并不是怂恿你去过自由而贫穷的生活，而是

① 参阅：I. 1. 6，24，25 等。

希望你与我们结盟，通过征服今日的那些奴隶，使他们成为你来日的臣民，从而扩充你自己的而不是波斯国王的势力。这样，你既获得了自由，同时也变得富有了，难道你愿意让所有这些幸福从身边溜走吗？”

[37] “那么，我能直截了当地告诉你，我该怎么做吗？”法那巴佐斯问道。

“当然可以。”阿格西劳斯说。

法那巴佐斯说，“好吧，如果国王另外指派别人担任将军，并且命我归他统属，那么我会选择与你为友，与你结盟；但如果国王把军队的最高指挥权交给我——我实现雄心的力量既然如此强大——那你尽可以确信我应该会尽全力与你作战。”

[38] 阿格西劳斯听了这番话后，抓住法那巴佐斯的手说：“哦！最高尚的人啊！一位达到如此思想境界的人竟成了我们的朋友。但至少有一点可以确信，现在我将尽快离开你的领土。即使将来发生了战争，只要我们能够进攻其他地方，我们将不会攻掠你和你所拥有的一切。”

[39] 说完这番话，会晤结束了。法那巴佐斯随即拍马离去。但是，他和帕拉皮塔所生的儿子，翩翩少年，风华正茂，碰巧落在了后面。

他跑到阿格西劳斯面前说：“阿格西劳斯，咱俩交个朋友吧！”

“我愿意成为你的朋友。”阿格西劳斯说。

“好吧，一言为定！”少年说。

说完，他把一枝精致的标枪赠送给阿格西劳斯。阿格西劳斯接受了礼物，作为回赠，他把一件精美的项圈送给了这位少年——这个项圈原本是他的秘书伊达尤斯套在自己坐骑脖子上的。随后，少年跃身上马，追赶他的父亲去了。

[40] 后来，当这位少年（帕拉皮塔之子）的兄弟趁法那巴佐斯不在本地之机，褫夺了他的领地，并把他驱逐出境的时候，[1]阿格西

---

① 公元前395年。

劳斯不仅给予他无微不至的关照。而且，尤其是当他迷恋一位叫攸阿凯斯的雅典人的儿子时，阿格西劳斯还是千方百计地帮助他。由于攸阿凯斯的儿子比其他男孩都要高些，他就想方设法使他混入奥林匹亚竞技场，参加那里举行的短跑比赛。[①]

[41] 阿格西劳斯如他对法那巴佐斯所承诺的那样，立即从他的领土上撤离了。那时，春天即将来临。[②] 他一抵达特拜平原，[③]就驻扎在阿斯提拉的阿尔特密斯神庙附近。[④] 在那里，他在原有军队的基础上，又从四面八方纠合了大批人马。他正准备尽可能地深入帝国内地，发动军事远征。他认为无论其军队攻到哪里，都会将当地民族从波斯国王的统治下剥离开来。

---

① 短跑比赛的距离大约是1斯塔狄亚，相当于200码，这是一种成年男人的赛事。攸阿凯斯的儿子太年轻了，尚不具备参赛资格，但他超乎寻常的身高帮了他大忙。

② 公元前394年。

③ 特拜位于特洛阿德(Troad)，又称特洛阿斯(Troas)，意即“特洛伊的疆土”。古代系指小亚细亚向西北深入爱琴海的部分，南起埃德雷米特湾，北至普洛彭提斯(马尔马拉海)；东起伊达山，西至爱琴海。——译者注

④ 据斯特拉波(XIII. 606，613)记载，此地距特拜城70斯塔狄亚(约合13千米)。——译者注

第2章

[1] 于是,阿格西劳斯就忙于以上这些事务了。但是,那些在拉栖代梦国内的人们,当他们确认那些金钱已经送抵希腊诸邦,[①] 而最大的几个城邦已联合起来准备向他们开战时,他们相信自己的邦国已经处于危险的境地,一场战争势所难免。

[2] 这些拉栖代梦人一边抓紧备战,一边立即委派爱皮基狄达斯去召阿格西劳斯回国。爱皮基狄达斯抵达亚细亚后,向阿格西劳斯说明了所面临的总体形势,告诉他,邦国命令他火速回国救援,不得延误。

[3] 阿格西劳斯接到命令,虽然颇感烦恼,觉得自己的希望破灭了,荣誉也从手中溜走了,但他还是把各盟邦首领们召集起来,告诉他们邦国命令已到,必须回师拯救自己祖国。[②] 他说,"诸位盟友,请你们相信,如果事情得到圆满解决的话,我是不会忘记你们的,我会再次回到亚细亚,完成你们的未竟之业。"

[4] 许多人听了这番话,禁不住热泪盈眶。他们通过投票,一致决定,跟随阿格西劳斯回去,救援拉栖代梦;如果诸事顺利,他们就再随他一同重返亚细亚。

[5] 于是,他们开始收拾行装,准备随他回国。至于阿格西劳斯,他将攸克塞努斯留下,命他管辖亚细亚的事务,拨给他一支不少于4000人的军队,以维护各城市的安全。阿格西劳斯看到,他

① 参阅:III. 5. 1。

② 公元前394年。

手下的大多数士兵更愿意留下来，而不是回去参加与希腊人的战争，为了使自己能够带上精锐之师回到希腊，他首先慷慨奖赏那些派出精锐之师的城邦，其次奖赏那些能够带领装备精良的重装步兵、弓箭手和轻盾兵参战的雇佣军首领；他还向骑兵长官们宣布，将对他们当中能够提供骏马和优秀骑手者予以奖赏。

[6] 阿格西劳斯说，他将在他们从亚细亚返回途中，在到达欧罗巴的科尔松尼斯时再宣布奖赏决定。这样做的目的，是要明确无误地告诉他们，在选拔士兵时务必细心考察。

[7] 至于奖品，绝大多数都是锻造精美的武器，既有重装步兵用得上的，也有骑兵用得上的；精品中还有黄金制成的花冠。所有奖品的总价值据说不下 4 塔连特。这些耗资巨大的武器最终都发放给了军队。

[8] 阿格西劳斯在渡过赫勒斯滂海峡后，从拉栖代梦人当中指定门那斯库斯、赫里皮达斯和奥西浦斯为评判员，而同盟者当中，每个城邦各选派一名评判员。阿格西劳斯作出奖赏的决定后，循着波斯国王[①]当年出征希腊时所走过的那条路线，率军继续推进。

[9] 在此期间，监察官们发布了战争动员令。由于阿格西波里斯[②]当时年纪尚幼，邦国便任命他的监护人、王族出身的阿里斯托德姆斯为统帅。

[10] 在拉栖代梦人进军的同时，敌人的各支军队也会合到一起，商讨着这仗怎么打对他们自己最有利。

[11] 科林斯人提摩劳斯发言如下：

“诸位盟友，在我看来，拉栖代梦人就如同那些江河一样。江河起源时只是涓涓细流，易于淌过；但当它们流到更远的地方，其他河流就会汇入其中，水流就变得更大了。[12]拉栖代梦人就是

---

① 薛西斯。关于薛西斯远征希腊的路线参阅本书地图；希罗多德：VII. 26—58。——译者注

② 波桑尼阿斯之子。参阅：III. 5. 25。

如此，他们刚刚出发的时候，只有他们自己，而当他们继续前进，使其他城邦不断加入到他们之中，他们的人马越来越多，也就更加难以击败了。”

他接着说，“再举个例子，我知道，那些想消灭马蜂的人们，如果他们在马蜂飞出巢穴的时候去捕捉它们，许多马蜂必定群起而蛰之；但当他们趁马蜂还未离开蜂巢的时候，就放火去烧掉马蜂窝，那他们就可以除掉马蜂，而自己却毫发无损。因此，考虑到刚才所说的这些，我相信，如果可能的话，我们最好是在拉栖代梦本土作战；如若不成，也要尽可能就近作战。”

与会者都觉得他的主意很好，便一致决定照此行动。

[13] 于是，联和作战的诸邦开始协商由谁来出任联军总司令的问题，并力图就全军阵型在集结时纵深列数达成一致，以免本方方阵因排列过厚而使敌人借机加以包围——在这期间，拉栖代梦人在行军途中已有泰格亚人和曼丁尼亚人加入，他们沿着海岸线[①]向前推进。

[14] 双方军队都在继续推进，科林斯人及其同盟者抵达涅米亚地区，而几乎同时，拉栖代梦人及其同盟者也抵达西基昂。[②] 拉栖代梦人及其同盟者的军队取道爱皮耶凯亚进入科林斯。交战伊始，居于右侧的敌人轻装部队，居高临下，向他们投掷大量标枪，箭如雨下，给他们造成重大杀伤。

[15] 他们向海边[③]撤退，一路上烧杀抢掠，这条路线穿过平原；而敌军也撤退，隔着河床安营扎寨。[④] 当拉栖代梦人继续推进，两军相距不到10斯塔狄亚时，他们也就地扎营，原地待命。

[16] 现在我来说明一下两军的人数。在重装步兵方面，拉栖代梦人总共约有6000名，爱利斯人、特里斐里亚人、阿克罗里亚人

① 显然是阿哥利斯(Argolic)湾。

② 在伯罗奔尼撒北部，靠近科林斯。——译者注

③ 科林斯湾。

④ 在涅米亚。

以及拉西昂人共约 3000 名，西基昂人有 1500 名，而爱皮道鲁斯人、特洛伊曾人、赫米昂人和哈利埃人加在一起则不少于 3000 名。除此之外，拉栖代梦人还有约 700[①] 名骑兵，随军的克里特弓箭手约 300 名，玛尔迦那人、列特林尼人和安菲多里人的投石兵不少于 400 名。但是，弗琉斯人没有参加此次军事行动。他们说，他们要保持神圣休战状态。[②] 这是拉栖代梦人一方的兵力。[③]

[17] 而敌人方面的兵力，[④]重装步兵包括雅典人约有 6000 名，阿尔哥斯人据说有 7000 名，波奥提亚人（奥科门努斯人不包括在内）仅约 5000 名，科林斯人约 3000 名。此外，还有来自整个优波亚岛的不少于 3000 名。以上是重装步兵的人数。至于骑兵，波奥提亚人（不包括奥科门努斯人）约 800 名，雅典人约 600 名，优波亚的卡尔基斯人约 100 名，奥彭提亚的罗克里斯人约 50 名。[⑤] 轻装部队当中大都是属于科林斯方面的；因为奥佐里亚的罗克里斯人、马里斯人和阿卡纳尼亚人[⑥]都追随他们。

[18] 这就是交战双方的兵力。现在，那些波奥提亚人，只要他们居于左翼，[⑦]就不急于发起战斗；但当与雅典人对阵的是拉栖代梦人，而波奥提亚人则居于右翼，与他们对阵的是阿凯亚人时，他们立即就说，献给神祇的牺牲显示的是吉兆，下令军队整装待命，声称马上就要开战。一开始，他们不顾 16 排的阵形排列原则协议，[⑧]将方阵尽可能排得更厚实一些。在行军过程中，他们突然向右转，冲在前头，准备从侧翼包抄敌人。而雅典人为了不使自己的军队与整个战线脱节，也只能跟着他们向右转，虽然他们知道这样

① H. G. 达金斯英译本为“600”。——译者注
② 原因可能是他们在过某个宗教节日。
③ 共约 1.5 万人。——译者注
④ 反斯巴达的盟军共约 2.5 万人。——译者注
⑤ 参阅：III. 5. 3。
⑥ 参阅：IV. 6. 1；7. 1；VI. 5. 23。
⑦ 在这个位置，他们面对的是拉栖代梦人，因为拉栖代梦人一直都是占据右翼的位置。——译者注
⑧ 参阅：IV. 2. 13。

行动有被包围的危险。

[19] 开始一段时间,拉栖代梦人并没有察觉敌军已经进逼上来,因为那个地方的草木很茂盛,但当敌军高唱军歌的时候,他们终于发现了,马上依次下令全军准备开战。当同盟者按照拉栖代梦指挥官事先指定的区域,各就各位,集结队伍时,他们传令下去,跟随先锋往前冲。这时,拉栖代梦人也向右转,冲在前头,把侧翼的阵线拉得比敌人的要长很多,以至于只有 6 个部落[①]的雅典人面对拉栖代梦人,而其余 4 个部落则面对泰格亚人。

[20] 当两军相距不足 1 斯塔狄亚时,拉栖代梦人按照他们的习惯,用一只母山羊[②]向阿格罗特拉的阿尔特密斯[③]献祭,随后下令向敌人发起进攻。他们以侧翼迂回包抄,力图合围敌人。双方展开近身肉搏,拉栖代梦人所有的同盟者,除培林尼人外,都被敌人打败了——培林尼人在与塞斯皮埃人激战中全军覆没,而对方也有许多人阵亡。

[21] 但是,拉栖代梦人自己战胜了与其交战的那些雅典人,将他们包围起来,杀死了很多人;而拉栖代梦人并没有受到多少损失,依然队型齐整有序地继续推进。他们在那 4 个部落的雅典人追击败敌返回之前,就已经从其旁边推进过去;因此,这些雅典人,除了起初在跟泰格亚人交战中的阵亡者之外,无人被杀。

[22] 但是,拉栖代梦人却恰恰遭遇了追击败敌后归来的阿尔哥斯人。当第一位波列玛克正准备在前排发起攻击时,据说有人大声叫喊,说让敌人的前排先过去。阿尔哥斯人前排过去之后,拉

---

① 部落(φυλή, *phyle*)原本指原始社会以血缘纽带连结起来的血族集团。如按照传统说法,古代阿提卡有 4 个部落,梭伦改革时部落组织尚发挥一定的作用,四百人会议即按每部落一百人组成。克里斯提尼改革突破血缘关系,将雅典及阿提卡地区按照地域原则划分为 10 个行政区,这是雅典地方行政管理单位,十将军委员会、五百人议事会等都以此为基础设立或选举,但“部落”的名称却长期沿用。本节的“部落”即指阿提卡的行政区。——译者注

② 参阅色诺芬:《斯巴达政制》,XIII. 8 及附注。——译者注

③ 狩猎女神。

栖代梦人朝他们没有防护的那一侧[1]发动袭击,杀死了很多人。拉栖代梦人还在科林斯人追击逃敌归来时袭击了他们。此外,他们同样在一些底比斯人追击逃敌归来时袭击了他们,杀死甚多。

[23] 随着战事的进展,那些被击溃的军队先是逃至科林斯城墙下,由于科林斯人不许他们进城,他们只好回到原先的营地去了。另一方面,拉栖代梦人则返回他们首先与敌人交战的地方,在那里树立了一座胜利纪念碑。这次战役的结果就是这样。[2]

---

① 即右侧,因为通常是左手持盾牌的。——译者注

② 公元前394年。

第3章

[1] 现在，阿格西劳斯正统率着他的增援部队匆匆从亚细亚赶回。当大军行抵安菲波里斯时，德基里达斯捎话给他，说这期间拉栖代梦人已经取得了胜利，他们自己只损失了8人，而敌方的损失则不计其数。同时，他也提到，拉栖代梦人的同盟者中阵亡者的人数也不少。

[2] 阿格西劳斯问道："德基里达斯啊，那些派军队和我们并肩作战的城邦，如果让他们尽快获悉这胜利的消息，是不是对我们更有利呢？"德基里达斯回答说："如果他们听到这个消息，那肯定会倍受鼓舞的。"阿格西劳斯又说："我想没有别人比你更适合去通报战况，因为你亲历了这次战役。"德基里达斯乐于听到这句话，因为他向来爱好旅行，便回答道："既然你这么吩咐，我愿奉命行事。"阿格西劳斯说："还有一件事，我命令你去传达，如果目前的战事顺利的话，我们将按照以前所说的，重返亚细亚。"于是，德基里达斯立即启程前往赫勒斯滂地区。①

[3] 阿格西劳斯率军穿过马其顿，进入色萨利。这时，波奥提亚人的同盟者——拉里萨人、克兰浓人、斯科图萨人、法萨鲁斯人，以及除了那些被放逐到异地的所有色萨利人，都一直尾随在他后面，不断地滋扰他。

[4] 有一段时间，他行军的阵型呈空心四方形，有半数的骑兵在前，而另一半断后。但当色萨利人攻击他的后排骑兵，以拖延他

---

① 参阅：IV. 8. 3。

的军队行进时，他便把除自己私人卫队以外的所有前排骑兵都派去增援后方。[①]

［5］当两军摆好阵型，开始交战时，色萨利人考虑到骑兵在与重装步兵交战中并不占上风，于是策马掉头，缓缓撤退。

［6］而那些希腊人，也小心翼翼地跟着撤退了。阿格西劳斯觉察到敌方每一侧都有防守空虚之处，于是派遣他自己的那些精锐骑兵前往追击，吩咐他们传令给其他士兵，要全力追杀敌人，并要求他们也这么做，不能再给色萨利人转身反扑的机会。

［7］当色萨利人看到敌军出其不意地朝他们冲杀过来的时候，有些人逃跑了，有些人则掉过头来抵抗，而这其中又有些人拉着马还没来得及转过身来，就成了俘虏。

［8］但是，有一位名叫波里卡姆斯的法萨鲁斯的骑兵长官，手持宝剑，转身应战，与身边的骑兵一并阵亡。这时，色萨利人这边开始四散溃逃。因此，有些人被杀，有些人被俘。无论如何，他们一直逃到那萨吉昂山附近，才停下脚步。

［9］那天，阿格西劳斯在普拉斯和达那萨吉昂之间的地方，树立了一座胜利纪念碑，至今还保留在战场上。他为这场胜利而感到无比自豪，因为这是他亲自组织起来的骑兵，打败了那些以精于骑术而自豪的民族。翌日，他穿越弗提亚[②]的阿凯亚山地，继续行军；接下来途经的地区都是对他们比较友好的部族，甚至到了波奥提亚边境也是如此。

［10］当他即将进入波奥提亚境内时，太阳看起来好像是新月形的。[③] 这时，他获悉拉栖代梦人在海战中已经被击败，海军将领佩山德被杀。[④] 人们向他讲述了此次战役的具体经过。

［11］当时，[⑤]双方舰队在克尼多斯附近展开激战。波斯人法那

① 参阅修昔底德：V.72；希罗多德：VI.56，VIII.124。——译者注

② 色萨利南部一地区。——译者注

③ 据现代天文学家推算，公元前394年8月14日，当地发生日偏食。

④ 参阅：III.4.29。

⑤ 公元前394年。

巴佐斯统率腓尼基舰队,科浓所部希腊舰队位列其前方。[①]

[12] 佩山德手下的舰船明显少于科浓所率领的希腊舰队,但是他排列好阵型后仍向敌方发起攻击,居于左翼的同盟者的舰队随即不战而逃,而他自己,则在驶近对方后,被敌方驱逐到岸边,他乘坐的战舰也被敌舰给冲撞坏了。被驱逐到岸边的其他人皆弃船而逃,拼命奔向克尼多斯,而他则在自己舰船上孤军搏杀,直至战死。

[13] 阿格西劳斯听到这些,顿时觉得很悲伤,但当他想到他带领的大部分军队是那种闻喜可以同喜,但闻悲则无义务同悲[②]之人时,他就有意改变了说法。他告诉他们,信使带来消息说,虽然佩山德战死了,但他们在海战中取得了胜利。

[14] 说完之后,他为得到这个"好消息"而向神奉献了牺牲,并将祭品分发给了许多人。结果,在一次与敌人的小规模交锋中,阿格西劳斯的军队因受拉栖代梦海军"获胜"消息的鼓舞而取得了胜利。

[15] 现在,那些集结起来共同对抗阿格西劳斯的军队包括:波奥提亚人、雅典人、阿尔哥斯人、科林斯人、埃尼安尼人、优波亚人以及奥彭提亚和奥佐里亚两地的罗克里斯人。[③] 而在阿格西劳斯一方,则有穿过科林斯的那些拉栖代梦人一个团,[④]有奥科门努斯人的半个团,以及跟随他远征的那些来自拉栖代梦的获释的黑劳士。除了这些,赫里皮达斯那边还率领着一些外邦人军团。此外,还包括小亚细亚希腊诸邦的军队,以及他途经欧罗巴诸城市时,所征募的所有军队,再加上近邻奥科门努斯和佛基斯派给他的重装步兵。至于轻盾兵,阿格西劳斯一方的数量要远远超过对方,而双

① 参阅:II. 1. 29。在法那巴佐斯的影响下,科浓曾被委任为波斯的海军将领。他的舰队之所以被称为"希腊"舰队,就是因为人员是由希腊的雇佣兵和志愿者配备而成的。——译者注

② 特别是那些志愿者(参阅:IV. 2. 4)。——译者注

③ 参阅:IV. 2. 17。

④ 参阅色诺芬:《斯巴达政制》,XIII. 4。——译者注

方骑兵的数量大致相等。

[16] 这就是双方的兵力状况。现在，我要描述一下当时的战争场景，以证明此战在我们这个时代是无与伦比的。双方在科罗尼亚平原上展开激战，阿格西劳斯一方从凯斐索斯方向掩杀过来，而那些跟随底比斯人的一方则从赫里孔山那边冲杀过来。阿格西劳斯居于本方的右翼，奥科门努斯人则位于左翼。在敌军方面，底比斯人自己居于右翼，而阿尔哥斯人则居于左翼。

[17] 这时，敌对双方军队不断接近，其间两军阵线曾经一度死一般的寂静，但当他们相距约1斯塔狄亚时，底比斯人在一片喊杀声中，冲向敌阵。而当两军相距还有约3普列特隆①时，赫里皮达斯手下的军队，以及伊奥尼亚人、埃奥利斯人、赫勒斯滂人，从阿格西劳斯的方阵中冲出来，一起参加战斗。他们一直冲到长矛射杀范围之内，迫使他们对面的敌人仓惶溃逃。至于阿尔哥斯人，他们还没等到阿格西劳斯的军队发动攻击，就已经向赫里孔山方向逃去了。

[18] 于是，一些雇佣兵已给阿格西劳斯戴上了胜利的花环。这时，有人向他禀报，说底比斯人已经突破奥科门努斯人防线，并且截获了他们的辎重队。得知这一情况，阿格西劳斯立即转换阵型，引军前去与底比斯人作战。而那些底比斯人，当他们看到自己的同盟者已经逃往赫里孔山时，也希望自己能够突围，加入到他们的友军当中去。于是他们集中兵力，拼死向前冲杀。

[19] 这时候，没有人会质疑阿格西劳斯的勇气，至少他肯定没选择最安全的策略。因为他本可以让那些试图突围的敌人先过去，然后再从后面追杀他们。但他没有这样做，而是从正面迎击，打垮了一批又一批底比斯人。双方盾牌对着盾牌，互相厮杀，要么杀死对方，要么被对方所杀。最后，有一些底比斯人成功突围，逃到赫里孔山脚下，但很多人在途中被杀死。

[20] 现在，阿格西劳斯获胜已经不成问题，而他自己也挂了

---

① 1普列特隆=1/6斯塔狄亚，3普列特隆约为60米。——译者注

彩，被抬到方阵中。这时，有几名骑兵纵马过来向他禀报，大约有80名全副武装的敌军士兵，躲藏在雅典娜神庙里寻求庇护，询问他该如何处置。阿格西劳斯此时虽然浑身多处挂彩，但依然没有忘记对神祇的义务，他发布命令，要求他们允许那些人离开神庙，到自己愿意去的任何地方，并保证信守诺言。这时候，天色已晚，他们吃过晚餐，然后躺下歇息了。

[21] 翌日清晨，阿格西劳斯命令一位名叫吉利斯的波列玛克负责集合队伍，排好队形，树立一座胜利纪念碑；所有人都必须头戴花环，以表示对神祇[①]的敬意；而所有吹笛者也都必须吹奏笛子。他们都奉命行事。然而，底比斯人派使者前来，请求休战，以安葬死者。于是，双方达成休战协议。阿格西劳斯前往德尔斐，向神奉献了十分之一的战利品，数额不少于100塔连特。而吉利斯则率军撤退至佛基斯，又从那里侵入罗克里斯。

[22] 那一天，士兵们基本上一直在乡间抢掠便携的财产和必需品。直到夜幕开始降临的时候，他们才收兵。由于拉栖代梦人在队伍后头压阵，罗克里斯人在他们身后，朝他们投掷石块和标枪。拉栖代梦人转过身来，追击敌人，杀死了其中的一些人。于是，罗克里斯人不再尾随他们，而是从右侧的高地上朝他们投掷武器。

[23] 于是，拉栖代梦人又去追击他们，直追到山坡上。但这时天色渐渐黑下来，他们停止了追击，开始后撤，有些人因地势险峻，有些人则因不辨路径而失足摔死，还有些人被敌人投掷的武器射杀。在这种情况下，身为波列玛克的吉利斯和他的同僚佩列斯都被杀死。在总共约18名斯巴达人中，有些人被敌人掷出的石头打死，一些则被投出的标枪击伤。若不是那些正在军营中进晚餐的士兵前去搭救的话，他们恐怕无一幸免。[②]

---

① 多利斯人的阿波罗神。

② 公元前394年。

第 4 章

[1] 其后，阿格西劳斯将这些分遣队打发回各自城邦，而他自己也返航回国。从那时起，[①]雅典人、波奥提亚人、阿尔哥斯人以及他们的同盟者以科林斯为基地，而拉栖代梦人及其同盟者则以西基昂为基地，双方继续作战。科林斯人看到，由于他们一直处于交战之地，自己的国土遭到蹂躏，他们当中有许多人被杀，而其他同盟者却生活在和平之中，可以照常耕耘田地，因此，绝大多数科林斯人，包括那些贵族阶级都渴望和平。于是，他们聚集起来，力促实现这一目标。

[2] 但是，阿尔哥斯人、雅典人、波奥提亚人和那些收受了波斯国王贿赂的科林斯人，以及那些主战派人士，他们都明白，如果不剪除那些主和派人士，科林斯将有可能再次落入拉栖代梦人手中。在这种情况下，势必将酿成一场大屠杀。于是，他们首先筹划了一个严重亵渎神祇的阴谋——对于其他民族来说，即使有人犯有死罪，也不能在圣洁的节日期间将其处死——但这些人却选择在攸克列亚节[②]的最后一天动手，因为他们认为在那天可以在市政广场上抓捕到更多的人，以便将其处死。

[3] 接下来，他们是这样部署的：在发出刺杀信号后，那些准备行刺的人们，就拔出刀剑，刺向那些开列在黑名单上的人——其中有人在人群中交谈的时候被杀，有人坐在椅子上遇袭，另有人则是

① 公元前 393 年。

② 攸克列亚的阿尔特密斯节日。参阅狄奥多拉斯：XIV. 86。

在剧院看戏的时候遇刺，还有人甚至是坐在戏剧演出比赛的裁判席上遇害的。消息传开后，富有阶层的人们立刻逃避开来，有些人逃到市政广场的诸神雕像下，有些人则逃到祭坛下避难。而那些密谋者，不管是发号施令者还是执行命令者，他们都毫不在意对神祇的严重亵渎，也完全无视成文的法规，[①]个个都不停地实施杀戮，甚至在神圣之地也无所顾忌，以至于那些并非攻击对象的正直的人们，在看到这一亵渎神祇的情景时，也都感到惊愕不已。

[4] 许多年长者就这样死于他们的屠刀之下，因为他们当时恰巧都在市政广场上；而那些较为年轻者，由于帕希麦鲁斯已经对即将发生的事情有所猜疑，因而当时他们都静静地待在克拉尼昂的健身馆里。当他们听到阵阵惨叫，看到一些大屠杀幸免者拼死逃命的时候，他们急忙沿斜坡冲到阿克罗科林苏斯[②]上面，击退了阿尔哥斯人和其他人所发起的一次攻击。

[5] 然而，正当他们商讨下一步该如何行动时，一根石柱的柱头突然掉落下来，尽管当时既没有发生地震也没有刮风。同样，他们在向神献祭的时候，预言家告诉他们说，根据牺牲所显示的征兆，他们最好是赶紧离开此地。

起初，他们撤到科林斯边境一带，准备远走他乡；但是，他们的亲朋好友和他们的母亲、姐妹们都赶来劝阻他们，接着一些掌权的重要人物也发誓保证他们将不会受到任何伤害。在这种情况下，他们当中的一些人才同意回家。[③]

[6] 他们看到，那些掌权者如同僭主一般统治着科林斯，自己的邦国正处于灭亡的边缘，本国边境上的界石[④]已经被移除，他们的祖国被称为“阿尔哥斯”而不是“科林斯”；他们被迫分享阿尔哥

---

① 这里英译者将 νόμιμον 意译为 civilized usage，直译为“文明的习俗或法规”，但是希腊文中没有“文明的”这个词。这里 νόμιμον 有“风俗”、“习惯法”之意。——译者注

② 科林斯的卫城，地处小丘之巅。

③ 公元前392年。

④ 在城邦的国界上立有界石。——译者注

斯的公民权，虽然决非自愿如此，但他们在阿尔哥斯人的城邦中的影响力，还不如其国内的外侨。[①] 于是，他们之中的一些人逐步认识到，这样生活下去是他们所无法忍受的。如果他们同心协力，重建他们昔日的祖国科林斯，使它拥有自由，那么不仅可以祓除谋杀者的血污，而且可以拥有一个秩序井然的政府。他们觉得这件事意义重大，一旦成功，他们将成为祖国的拯救者；即便失败，他们也是为追求最公正、最伟大的福祉而做出的牺牲，那是最值得称颂的。

[7] 于是，有两位科林斯人——帕希麦鲁斯和阿尔基蒙尼，他们淌过急流，前去与拉栖代梦的波列玛克普拉西塔斯会面。当时，普拉西塔斯恰巧统率自己的军队镇守西基昂。他们告诉他，可以带他到城墙的入口，从那里可直达列凯昂。[②] 普拉西塔斯因为之前知道这两人值得信赖，便相信了他们的话。他将那些原本准备离开西基昂回国的军队留下来，开始筹划如何进入科林斯。

[8] 也许是出于巧合，也许是出于有意安排，就在这两人在树立有胜利纪念碑城门口放哨时，普拉西塔斯和他手下的军队即西基昂人，以及所有那些碰巧遭到放逐的科林斯人，也都走上前来。但是，普拉西塔斯到达门口以后，不敢贸然进去，于是就先派一名心腹进去察看里面的情况。然后，那两位科林斯人领着他进去，把里面的情况一一展示给他看；而他出来报告说，他所看到的一切与此前他们说的情况完全一样。于是，普拉西塔斯也进去了。

[9] 由于城墙之间相隔很远，因而他将军队排成战斗队形后，觉得人数太少，便下令士兵们在阵前安设栅栏，挖掘壕沟，以便坚守阵地，等待本方盟军前来救援。另外，在他们的后方，也就是在列凯昂港口，有一支底比斯军队就驻扎在那里。

他们进去一天了，没有和敌人发生交战。到了第二天，阿尔哥斯人匆匆赶到这里。这时候，他们发现敌人已经严阵以待：拉栖代

① 这意味着科林斯被阿尔哥斯完全兼并。——译者注

② 科林斯的港口。

梦人居于右翼，他们的左边是西基昂人，而那些流亡的科林斯人，大约有150人，则靠近东城墙；而在他们对面，战阵是这样部署的：伊菲克拉特统率下的雇佣军靠近东城墙，他们的左侧是阿尔哥斯人，而城里[①]的那些科林斯人则居于左翼。

［10］那些阿尔哥斯人，仗着人数上的优势，信心十足，冲锋在前；他们打败了西基昂人，冲进栅栏，将他们驱赶到海边，杀死甚众。当时，有一位名叫帕希玛库斯的拉栖代梦人骑兵长官，他率数骑冲在前面，看到西基昂人处境危急，他将自己的坐骑拴在树上，从西基昂人手中接过盾牌，率领一支志愿军向阿尔哥斯人猛攻。然而，阿尔哥斯人看到盾牌上有Sigma[②]字样，还以为对方是西基昂人，因而毫不畏惧。据说，当时帕希玛库斯还说[③]："阿尔哥斯人啊，狄奥斯库里兄弟二神[④]可以作证，是这些Sigma让你们上当了！"说完，冲上前去与他们展开近身肉搏，在众寡悬殊的情况下，他和他的同伴们皆英勇牺牲。

［11］这时候，那些流亡的科林斯人打败了与之对阵的敌军，[⑤]他们朝内地方向推进，逼近科林斯城下。

至于那些拉栖代梦人，他们觉察到与西基昂人交锋的敌军已获胜，便从栅栏的右侧冲出去，前去救援。而那些阿尔哥斯人听说拉栖代梦人抄了他们的后路，便转过身去，再次冲出栅栏逃窜。居于最右边的那些阿尔哥斯人，没有任何防护的一面，[⑥]遭到拉栖代梦人的攻击，尽遭杀戮，而那些靠近城墙的阿尔哥斯人，毫无秩序地一起向科林斯城方向退却。就在这时，他们又遭遇了那些流亡的

---

① 这时科林斯人分为两派，城里的一派，流亡者一派。——译者注

② Σ(σ,ς)。大概因为西基昂的第一个字母是Σ。

③ H. G. 达金斯英译本译本为"以浓重的多利斯方言说"。——译者注

④ 狄奥斯库里兄弟(Dioscuri)，宙斯的孪生子，即卡斯托尔(Castor)和波里丢凯斯(Polydeuces)，罗马人称后者为波鲁克斯(Pollux)。在希腊，对他们的崇拜相当流行。在神话传说中，卡斯托尔被尊为驯马者，而波里丢凯斯则是力大艺高的拳斗士。在斯巴达，他们被奉为国家的保卫者和军人的保护神。——译者注

⑤ 按色诺芬 IV.4.9 所说，应该是打败了那些雇佣军。——译者注

⑥ 通常是指士兵们没有盾牌防护的一面。——译者注

科林斯人，发现是自己的敌人，又只好再次转身回撤。其中有些人拾级而上，登上城墙，又从另一面跳下去，结果都摔死了；有些人则在台阶附近为敌军所杀；还有些人则因互相践踏，窒息致死。[①]

［12］现在，拉栖代梦人很清楚他们的屠刀该对准谁了。这起码也是上苍赐予他们的、此前从未企求过的一次勋绩。在他们面前的是这样一些敌人——他们人数众多，但是战战兢兢、手足无措；他们不能自卫，更不能团结一致奋勇突击；他们放弃了抵抗，坐以待毙。这难道不是上苍赐予拉栖代梦人的一份厚礼吗？无论如何，那天在很短的时间内，就有如此众多的人头落地，人们以往看惯了成堆的谷物、木头或石头，如今又看到了成堆的尸体。此外，那些驻扎在港口的波奥提亚人也被斩尽杀绝，有些是在城墙上被杀，有些则是在爬上造船厂的顶棚后被杀的。

［13］之后，科林斯人和阿尔哥斯人协议休战，各自收回阵亡者的尸体。此时，前来助战的拉栖代梦人的同盟者也已到达。两军会师后，普拉西塔斯首先决定撤出一段城墙，[②]以便留出一条足够宽的通道，让军队顺利通过；接着，他决定率军由陆路向麦加拉推进，攻下西都斯和克隆美昂。[③] 他在这些据点都部署了驻军，之后再次返回；下令加强爱皮耶凯亚的防御，以使其成为保护其盟邦[④]领土的前哨基地。随后，普拉西塔斯宣布解散军队，自己返回拉栖代梦。

［14］自此以后，[⑤]双方在交战中均未再动用如此大规模公民兵了，因为各邦不仅要派遣驻防军，一支派驻科林斯，一支派驻西基昂，而且还要加强这些城市的防卫力量。尽管如此，由于交战双方都配备有雇佣军，因而战事还是如火如荼的进行着。

［15］其间，伊菲克拉特也侵入弗琉斯境内。他预先设下埋伏，

---

① 公元前392年。

② 连接科林斯和列凯昂的城墙。参阅：IV. 4. 7。

③ 这两个城镇皆位于科林斯地峡。——译者注

④ 即西基昂。

⑤ 公元前391年。

同时率小股军队外出劫掠。弗琉斯城里那些毫无防备的人们出来对付他的时候，却遭到伏击，伤亡惨重。虽然此前弗琉斯人拒绝拉栖代梦人进入他们的城市，因为害怕拉栖代梦人会出于同情而把那些被放逐的弗琉斯人带回来；但是他们现在更害怕眼前这些来自科林斯的人们，于是他们派人去拉栖代梦求援，请求把他们的城邦和卫城都置于拉栖代梦人的保护之下。至于拉栖代梦人，他们虽然深深同情那些被放逐的弗琉斯人，但在掌控弗琉斯后一直没有提起召回流亡者的事情。当弗琉斯人逐步恢复自信的时候，拉栖代梦人便撤兵回国，将城市又交还给弗琉斯人。弗琉斯人的城邦和法律完全保持不变，就像拉栖代梦人到来之前一样。

[16] 随后，伊菲克拉特又率军侵入阿卡狄亚的许多地区，他们攻城拔寨，大肆抢掠。然而，阿卡狄亚人的重装步兵却不敢出城交战，因为他们害怕对方的轻盾兵。但伊菲克拉特的轻盾兵也惧怕拉栖代梦人，他们不敢进入重装步兵的标枪射程之内。原来，有一次，拉栖代梦的一些年轻士兵从距离很远的地方追上来，杀死了他们当中的一些人。

[17] 而拉栖代梦人却瞧不起这些轻盾兵，更瞧不起其同盟者的军队了。有一次，敌人的轻盾兵从列凯昂那边的城墙掩杀过来，曼丁尼亚人出城迎战，结果在轻盾兵标枪的投射之下，曼丁尼亚人败退而归，有些人在败逃过程中被杀死。于是，拉栖代梦人肆意嘲笑其同盟者的军队，说他们惧怕轻盾兵就如同小孩子害怕妖怪一样。而拉栖代梦人以列凯昂为基地，将一支驻军和科林斯人流亡者留在这里后，便开始围绕科林斯城巡视。

[18] 至于雅典人，由于惧怕拉栖代梦军人的威力，以为会向他们发动攻击，因为科林斯长城[①]已经被拆除，他们认为最好是重建被普拉西塔斯拆毁的城墙。于是，他们全力以赴，在石匠和木匠的协助下，不出几天，就筑起了一条向西通往西基昂的城墙。接着，他们又腾出手来，建造向东延伸的城墙。

---

① 指科林斯到列凯昂港口之间的长城。参阅：IV. 4. 7。

[19] 至于拉栖代梦人，他们想到阿尔哥斯人正在国内安享本土的物产，而他们则以战争为乐，便出兵阿尔哥斯。阿格西劳斯率军蹂躏了阿尔哥斯全国各地，随后又从那里翻越山地，取道腾涅亚，抵达科林斯，攻占了雅典人重建的城墙；而他的兄弟泰琉提亚斯则统率着大约12艘战舰，从海上来增援他。[①] 这样，最高兴的莫过于他们的母亲了，因为在同一天，她的一个儿子从陆地上攻占了敌人的城墙，而她的另一个儿子则从海上占领了敌人的码头。之后，阿格西劳斯遣散同盟者的军队，率领他的公民兵返回国内。

① 公元前391年。参阅：IV.8.11。

第5章

[1] 后来，[①]拉栖代梦人从流亡在外的科林斯人那里得知，留在城里的那些科林斯人将他们所有的家畜都安全转移到比莱昂半岛上，[②]如今许多人从那里获得生活来源。于是，拉栖代梦人决定再次出兵科林斯，远征军的统帅仍由阿格西劳斯出任。他首先率兵进抵科林斯地峡，[③]当时正是举行地峡竞技会的月份。[④] 这时候，阿尔哥斯人碰巧正在那里向波塞冬奉献牺牲，仿佛科林斯就是他们阿尔哥斯的一部分。[⑤] 但是，他们在获悉阿格西劳斯大军逼近的消息后，非常恐惧，便丢下刚刚奉献的祭品和已经准备好的早餐，沿着通往肯克里埃的道路，匆匆撤回科林斯城里。

[2] 阿格西劳斯虽然看到了他们，但是并未前去追击，而是在圣域内驻扎下来，并且亲自向波塞冬奉献牺牲。然后一直在那里，等到流亡的科林斯人前来献祭，并举行纪念波塞冬的竞技会。[⑥] 而在阿格西劳斯离开那里之后，那些阿尔哥斯人又回来举行地峡竞

---

① 公元前390年。

② 科林斯地峡西北部一多山半岛。最西端是赫拉伊昂，即赫拉神庙，附近有一个小湖泊。半岛的东北部则是奥诺伊要塞。

③ 希腊人使用"科林斯地峡"一词，并不是指连接伯罗奔尼撒和北部希腊那一整块狭长地带，而仅仅是指它的最窄处，位于科林斯城东北约三四英里处。地峡东临著名的波塞冬神殿，那里是两年一度的地峡竞技会的主办地。

④ 地峡竞技会举办的年份为奥林匹亚竞技会后的第一年和第三年，具体举行时间大约在4月份。

⑤ 科林斯此时已被阿尔哥斯兼并。——译者注

⑥ 公元前390年。

技会。于是，在这一年的某些竞技项目中，有些参赛者遭遇了两次失败，而有些参赛者则赢得了两次优胜。

[3] 第四天，阿格西劳斯率军进攻比莱昂。但是，他看到那里有重兵把守，便引军而退，早餐后转而突袭科林斯城，就好像城里即将反叛，要归附于他一样。那些科林斯守军害怕城里有人叛变投敌，因而召回伊菲克拉特及其手下大多数轻盾兵。阿格西劳斯探明敌军在夜间离开了比莱昂，便率军折回，破晓时开始向比莱昂挺进。他兵分两路，自己亲率一路军沿途径温泉的路线行军，[①]另派遣一路人马爬上高地，沿着山脊推进。因此，那天夜里，他就驻扎在温泉附近，而另一路军队则就地露营，保持对高地的占领。

[4] 随后，阿格西劳斯因时制宜，略施小计，便解决了军队遇到的难题。原来，军队中负责运输辎重的士兵无人携带火种，而那天天气又冷——不光是因为那里地势高，还因为从傍晚时分起，雨就下个不停，同时夹杂着冰雹；而他们上山时仅穿着夏天穿的轻便装——因此，他们在一片黑暗之中，个个冷得瑟瑟发抖，根本没有心思准备用餐。阿格西劳斯派出十多名士兵，将火种放在陶罐里，带着陶罐攀登上山。由于山上的烧柴俯拾即是，因此很快燃起了熊熊大火。所有的士兵都自行涂油礼，许多士兵这时才开始用餐。当晚，有人看到波塞冬神庙火光冲天，但没人知道是谁放的火。

[5] 而比莱昂城里的人们，在得知高地已被敌人占领后，根本就没想该如何加以抵抗，便纷纷逃往赫拉神庙去祈求庇护，出逃者有男人，也有女人，有奴隶，也有自由人，他们驱赶着自己的大多数家畜。阿格西劳斯率军沿海岸追击；同时，驻守高地的军队攻下山来，占领了比莱昂的要塞奥诺伊，掳获要塞里面的所有物品。实际上，那天所有士兵都已从农庄里劫获了丰足的必需品。这时，那些在赫拉神庙求庇的人们出来了，把一切都交给阿格西劳斯，任凭他发落。阿格西劳斯当机立断，将参与大屠杀的那些人都移交给流

① 这些温泉靠近海边，有一条从地峡通往比莱昂的道路经过这里。

亡的科林斯人,[1]其他人则统统被卖掉了。

[6] 随后,大批战俘从赫拉伊昂被押解出来,巨额财产从那里被运出。当时许多城邦的使者求见阿格西劳斯,尤其是波奥提亚人的使者,他们走上前来,询问阿格西劳斯,该如何做才能缔结和约。虽然当时底比斯人在拉栖代梦的外交代理人法拉克斯站在他们身边,就是想求见,但阿格西劳斯却非常高傲,对这些使者视而不见,他坐在湖边的环形建筑上,[2]全神贯注地看着那些战俘和财产连绵不断地从他面前通过。[3] 那些手持枪矛的拉栖代梦人,跟在后面监视着战俘,他们受到旁观者的极大尊敬,因为那些幸运者和获胜者从来都是受人爱戴的。

[7] 正当阿格西劳斯端坐在那里,沉浸在成功的喜悦之中的时候,一名士兵策马飞奔而来,马匹已是大汗淋漓。一路上,许多人询问他发生了什么事,他都未作回答。他来到阿格西劳斯附近,赶忙下马,跑步上前,非常沮丧地告诉他,驻守在列凯昂的军队,已经全军覆灭。[4] 阿格西劳斯听到这个消息,立即从座位上跳下来,抓起长矛,命令传令官召集诸位波列玛克、五十夫长和各盟邦军队首领前来集合。

[8] 他们奉命跑步前来。阿格西劳斯吩咐他们尽快吃些东西——原来他们都还没有吃早餐——然后随他出发。他自己则带领他的"幕僚们",[5]以及他的持枪者侍卫,全副武装,火速出发。他一马当先,行进在最前头,他的"幕僚们"则紧随其后。但是,当他经过温泉地带,到达列凯昂平原时,三名骑兵纵马过来向他报告说,阵亡士兵的尸体已经认领并收回。听到这个情况,他下令将士

---

① 参阅:IV. 4. 2。

② 此处所指不明。

③ 公元前 390 年。

④ 色诺芬在后面 IV. 5. 11—17 对此有详细描述。——译者注

⑤ tent companions——"帐篷里的同僚",即"幕僚"。斯巴达国王的"幕僚"由 6 名波列玛克(团长),以及另外 3 名斯巴达人共 9 人组成。参阅本书附录 2 色诺芬:《斯巴达政制》,XIII. 1。——译者注

们放下武器，稍事休息，然后全军折回赫拉伊昂。翌日，他将那些战俘及所掳获财产都卖掉了。[①]

[9] 这时候，波奥提亚人的使者应召而来，被问及他们此行的目的。他们不再提缔结和约之事，而是说如果没什么事，他们希望能够入城，加入他们自己的军队。阿格西劳斯笑道："我知道你们并不是想急于见到你们的士兵，相反，你们是想知道你们的战友到底交了怎样的好运。"他接着说："不过，你们再等等，我可以亲自带你们去看看。跟着我，你们就会更清楚地看到，此前所发生的事情的价值究竟有多么重大。"

[10] 阿格西劳斯说到做到。翌日，他在献祭之后，率军挺进列凯昂。他没有拔除胜利纪念碑，而是砍伐、焚毁地里的所有果树，以向人们表明，没有人敢出城与他对抗。之后，他在列凯昂附近安营扎寨。至于那些底比斯的使者，他不许他们入城，而是由海路把他们送到克琉西斯。[②] 现在，由于拉栖代梦人的这场灾难非同寻常，因此拉哥尼亚人全军上下都沉浸在巨大的悲痛之中。例外的只有那些阵亡者的亲属，虽然他们的儿子、父亲或兄弟阵亡了，但他们把自己视为胜利者，个个笑容满面，为自己的不幸深感自豪。

[11] 现在我来说说拉栖代梦军队遭遇惨败的经过。当时，那些阿美克莱人[③]按照长期不变的传统习惯，全都回到故乡，参加赞美阿波罗神的圣歌合唱，庆祝海亚金提亚节，[④]无论他们是因为恰好在执行军事任务，还是由于其他原因而离开故土。于是，阿格西劳斯只好将军中的所有阿美克莱人都留在了列凯昂。守军指挥官波列玛克吩咐同盟者的军队去守卫城墙，他自己带着重装步兵和骑兵队伍，率领这些阿美克莱人穿过科林斯城。

---

① 公元前 390 年。

② 一个波奥提亚人的港口，濒临科林斯湾。

③ 阿美克莱乃是拉哥尼亚一村镇，这些士兵大概主要来自这里。——译者注

④ 这个节日在雅典历赫卡托姆拜昂月（正月，相当于今之 7—8 月。参阅本书附录 4）举行，为期三天。——译者注

[12] 当他们距离西基昂约二三十斯塔狄亚时，[①]这位波列玛克带领约600名重装步兵，先行返回列凯昂。同时，他命令骑兵长官在护送阿美克莱人回去后，必须马上率领骑兵随他而来。他们无论如何也没有料到，在科林斯有如此众多的轻盾兵和重装步兵。他们由于此前取胜而轻敌，以为没有人敢来攻击他们。

[13] 但那些在城里的科林斯人，无论是希波尼库斯之子卡里阿斯(雅典的重装步兵长官)，还是轻盾兵指挥官伊菲克拉特，他们远远看到拉栖代梦军队时，都发现他们不仅人数稀少，而且队伍当中没有轻盾兵或骑兵。因此，他们觉得以本方的轻盾兵去进攻敌人，是有把握获胜的。因为如果敌军沿着道路进击，他们可以朝他们没有防护的一面投掷标枪，将其击溃；如果敌军实施追击，由于轻盾兵是各兵种中最为机动灵活的，他们应该很容易摆脱重装步兵的追击。

[14] 在作出上述判断后，他们就率军出发了。卡里阿斯在距城不远的地方率其重装步兵严阵以待，而伊菲克拉特则率领轻盾兵去攻击拉栖代梦军团。当拉栖代梦人遭到标枪的射击时，有些人负伤，有些人丧命，他们急命“携盾者”抢救伤员，[②]并将他们抬回列凯昂。在这些守军中，只有他们真正得以幸免于难。[③] 拉栖代梦的波列玛克命令军龄在10年以内的士兵们前去追杀敌人。[④]

[15] 但是，当他们前去追击时，敌人很快跑开，消失得无影无踪了。由于他们是重装步兵，想要赶上轻盾兵，除非在标枪的射程之内，否则根本不可能。就在敌人的重装步兵向他们逼近的时候，伊菲克拉特一声令下：“撤！”敌人便无法靠近他们了。而当拉栖代梦人停止追击回撤时，队形已经散乱，因为他们在追击时都不顾队形，各自追杀。这时候，伊菲克拉特率军回过头来，奋力反击；不仅

---

① 大约四五千米。——译者注

② 斯巴达人在出征时，有专门负责为其重装步兵携带盾牌的奴隶。

③ 意为这些人既保住了性命又保全了荣誉。

④ 参阅：II. 4. 32注释。

前排的轻盾兵又开始向拉栖代梦人投射标枪，而且侧翼的投击手也跑上前来，射击他们没有防护的一侧。一开始反击的时候，这些轻盾兵就射杀了八九名敌人；紧接着，他们的胆子越发大起来，趁势压上，一齐掩杀。

[16] 眼见拉栖代梦人伤亡不断增多，波列玛克又命令军龄在15年以内的士兵们出击。然而，这批士兵败退下来的时候，他们当中伤亡人数甚至比上一批士兵败退时还要多。现在，最精锐的重装步兵皆已阵亡。这时，骑兵回来参加战斗。在骑兵的协助下，他们再次发起突击。但是，敌人的轻盾兵迅速逃散，骑兵无法组织起任何有效的进攻。原来他们并没有紧紧咬住敌人，直到将他们杀死，而是追击了一会儿就又折返回来，与重装步兵保持在同一战线上。

就这样，拉栖代梦人与对方一次次的拉锯战，皆无功而返，他们的士兵人数却越来越少，士气越来越低落了。相反，敌人却愈战愈勇，掩杀过来的人数也越来越多。

[17] 最后，拉栖代梦人绝望地聚集在一个小山头上，此处距离海边约2斯塔狄亚，距列凯昂约十六七斯塔狄亚。[①] 那些驻守列凯昂的人们发现了他们，于是登上一些小船，沿着海岸航行，来到这座小山的对面。现在，这支军队已经陷于绝望，他们走投无路，在遭到杀戮的时候，自己却毫无反击力量。他们看到雅典的重装步兵向他们步步进逼时，便四散而逃。其中有些人跳进海里，有少数人随骑兵逃回列凯昂。在整个这场战役中，阵亡和逃跑时被杀的拉栖代梦人总数约为250人。

[18] 这就是此次惨败的经过。[②]

其后，阿格西劳斯派遣另一支军队驻守列凯昂，自己带上残兵败将离开了这里。他在率军回国途中，总是在天色尽可能晚的时

---

① 约合3千米。——译者注

② 此战暴露了称雄希腊大陆数百年的斯巴达重装步兵的致命弱点，也显示了新型轻盾兵的机动灵活的特点。——译者注

候才进入途径各城市，而次日一大早又启程了。他们途经曼丁尼亚附近，[①]他将奥科门努斯人留了下来，并且在趁着黎明前的夜色绕过这个城市。阿格西劳斯心想，如果士兵们看到曼丁尼亚人因为他们的遭遇而幸灾乐祸，他们不知道该有多难过。

［19］此战之后，伊菲克拉特在其他战事中也连连获胜。虽然普拉西塔斯在攻占西都斯和克隆美昂这些要塞之后都留有驻军，而阿格西劳斯在攻下比莱昂之后，也在奥诺伊留有驻军，[②]但这些地方随后都被伊菲克拉特给攻陷了。不过，拉栖代梦人及其同盟者仍然在列凯昂派有驻军。由于拉栖代梦人遭遇惨败，那些流亡在外的科林斯人不能从西基昂经陆路前往科林斯，只好乘船沿着海岸前往列凯昂；他们以列凯昂为基地，不断发起报复性袭击，[③]给科林斯城里的人们制造麻烦。

① 参阅：IV. 4. 17。

② 公元前390年。

③ 他们以前在国内也曾遭到迫害。

第6章

［1］其后，[1]占据埃陀利亚古城卡里顿的阿凯亚人，使卡里顿人归化成为阿凯亚公民，而他们也不得不在该城派驻一支军队。阿卡纳尼亚人出兵攻打卡里顿城，雅典人和波奥提亚人都派军参与此次行动，因为阿卡纳尼亚人是他们的盟友。阿凯亚人眼见形势危急，便派大使前往拉栖代梦求援。使者们到达之后，宣称他们没有受到拉栖代梦人的公平对待。

［2］他们说："诸位，我们一直都在为你们效力，你们走到哪里，我们就跟到哪里；你们指向哪里，我们就冲向哪里。但是，现在我们遭到了阿卡纳尼亚人及其同盟者雅典人和波奥提亚人的围攻，而你们却袖手旁观，不予理睬。如果任由事态发展，我们就快要顶不住了。果真如此，那我们必须作出抉择：要么退出在伯罗奔尼撒的战事，以全力以赴对付阿卡纳尼亚人及其同盟者，要么在力所能及的条件下与他们缔结和约。"

［3］使者们的这番话，隐含的意思，是警告拉栖代梦人，除非他们出兵相助，否则阿凯亚人就会退出与拉栖代梦人的同盟关系。

拉栖代梦的监察官和公民大会经过考虑，认为他们别无选择，必须出兵援助阿凯亚人以对付阿卡纳尼亚人。[2] 于是，他们指派阿格西劳斯担任统帅，率领两个拉栖代梦军团以及诸同盟国的分遣队出征；而阿凯亚人，则全军出动，参加战斗。[3]

---

① 公元前389年。

② 公元前389年。

③ 其他盟邦按照一定比例出兵，而阿凯亚人要全体出动。——译者注

[4] 当阿格西劳斯越过国境出征的时候，所有在乡下的阿卡纳尼亚人都跑到有城墙卫护的城镇去了，而他们的家畜则被驱赶到偏远的地方，以免被敌军掳获。阿格西劳斯抵达敌国边境的时候，派人前往在斯特拉图斯[①]举行的阿卡纳尼亚人的公民大会现场，告诉他们说，除非他们中止与波奥提亚人以及雅典人的同盟关系，转而与拉栖代梦人和阿凯亚人结盟，否则大军将蹂躏他们的全国每一寸土地，决不会漏掉任何一个地方。

[5] 阿卡纳尼亚人拒绝了他的要求，阿格西劳斯就照他说的开始行动了。大军所到之处，田园土地横遭蹂躏，因此他们每日向前推进的距离，不过10或12斯塔狄亚。阿卡纳尼亚人觉得，既然敌人的行军速度如此缓慢，他们不会有什么危险，于是又把家畜赶下山来，继续耕种其他大部分的土地。

[6] 而阿格西劳斯看到他们如此大胆，于是在进入阿卡纳尼亚境内的第15或第16天早晨，他在献祭之后，率军急行160斯塔狄亚，[②]在夜幕降临之前来到滨湖地带——阿卡纳尼亚人所有的家畜基本上都在这里——俘获了成群的家畜、大量的马匹，还有各种各样贮藏物以及大批奴隶。在大获全胜之后，他在那里待了一整天，将这些战利品公开出售。[③]

[7] 这时候，阿卡纳尼亚人大量轻盾兵正在向他们不断逼近。阿格西劳斯依山扎营，他们登上山顶，居高临下，向敌人投掷石块，以弹弓发射石弹，迫使敌军连晚餐都没顾上吃，就慌忙下撤至平原地带，而本方则没有任何伤亡。当晚，阿卡纳尼亚人就从那里撤走了。拉栖代梦的军队在布好岗哨之后，终于可以好好休息一下了。

[8] 翌日，阿格西劳斯率军开拔。由于滨湖地带四面环山，因而只有一条小路从滨湖的草地和平原通向外面。占据山头的阿卡

① 阿卡纳尼亚的首都。
② 约合30千米。——译者注
③ 公元前389年。

纳尼亚人,居高临下,向拉栖代梦人的右侧投掷石块和标枪,[①]随后他们下至半山腰,继续发动猛攻,给拉栖代梦人造成很大困扰,以至于全军无法继续推进。

[9] 当阿格西劳斯手下的重装步兵和骑兵离开方阵,前去追杀那些袭击者时,却无法给敌人造成任何伤害,因为阿卡纳尼亚人在撤退时,总能很快找到安全的藏身之所。阿格西劳斯意识到,在这样的情况下,其军队很难穿过隘口,成功突围。于是,他当机立断,追杀那些从左侧攻击他们的敌人,虽然他们人数众多;而山的这一面也是重装步兵和骑兵都比较容易攀登上去的。

[10] 正当他向神奉献牺牲时,阿卡纳尼亚人发动了更猛烈的攻势,石块和标枪密集如雨,离他们越来越近了,并且给他们造成很多杀伤。阿格西劳斯下令,军龄未满 15 年的重装步兵上前突击,骑兵也跟着一起冲上去,他自己率其余的军队压阵。

[11] 那些从山上冲下来的阿卡纳尼亚人,在投射完武器后,要赶紧撤回山上去。他们在向山上逃跑时,却接二连三地被杀死了;在山顶上,阿卡纳尼亚人的重装步兵在那里严阵以待,而大多数的轻盾兵则坚守在阵地上,他们不仅向敌人投掷各种其他武器,而且他们投出的长枪也击中了一些骑兵,杀死了一些马匹。但是,当他们即将与拉栖代梦的重装步兵短兵相接时,却夺路而逃,那天他们大概有 300 人阵亡。

[12] 阿格西劳斯树立了一座胜利纪念碑,这一仗至此结束。随后,他率军在阿卡纳尼亚境内到处烧杀抢掠,纵火砍树,蹂躏土地。有时候,由于遭到阿凯亚人的袭击,他也攻打过一些城市,但没有攻占其中任何一座。最后,在秋天到来的时候,他率军离开了阿卡纳尼亚。

[13] 然而,阿凯亚人却认为,阿格西劳斯此次出征徒劳无益,因为不管他们是否愿意献城,他都没有攻占任何一座城市。阿凯亚人请求他留下来,即使他什么也不做,至少也要等到阿卡纳尼亚

① 左手持盾,右手持枪,故而右侧没有防护。——译者注

人农作物播种期过了之后再回去。阿格西劳斯回答说，这个建议其实对他们不利，“因为明年夏天，我将再次率军出征，这些人播种的农作物越多，他们就越是渴望和平。”

[14] 说完，他率军取道埃陀利亚境内，班师回国。[①] 他所选择的行军路线，是要确保不会受到埃陀利亚人的任何阻挠；而埃陀利亚人同意让他的军队通过，因为他们希望得到他的帮助，以收复那乌巴克图。他率军抵达利昂角[②]的对面，直接穿过利昂角，由那里返回国内。至于把守着由卡里顿通往伯罗奔尼撒之间通道[③]的那些雅典人，他们的陆军和舰队皆以奥涅阿代为基地。

① 公元前389年。

② 海角，在埃陀利亚，位于科林斯湾入口处。——译者注

③ 这样，拉栖代梦军队就无法直接通过卡里顿，他们被迫向东绕行很长一段路程，历尽艰险，才能到达利昂海峡。

第7章

[1] 冬天过去了。春曦初露之时，[①]阿格西劳斯再次召集军队，准备出征阿卡纳尼亚，以兑现他向阿凯亚人许下的诺言。而阿卡纳尼亚人在获悉这则情报后，考虑到他们的城市地处内陆，如果围攻城市的敌军前去毁坏庄稼，那么这与敌人在城市四周安营扎寨，然后再围攻城市没有什么不同。于是，他们派出使者前往拉栖代梦，与拉栖代梦人结盟，并且同阿凯亚人缔结了和约。至此，他们与阿卡纳尼亚人的战事就告一段落。

[2] 之后，拉栖代梦人似乎意识到，由于拉栖代梦与阿尔哥斯接壤，如果他们出兵攻打雅典人或波奥提亚人，那么后方有这样一个敌对的大邦，对他们来说是不安全的。于是，他们决定首先出兵攻打阿尔哥斯。[②] 现在，阿格西波里斯已知道自己是此次出征的统帅，当他在边境上向神献祭显示吉兆时，便前往奥林匹亚祈求神谕，询问如果他不承认阿尔哥斯人所提出的神圣休战协议，会不会亵渎神祇？他强调说，阿尔哥斯人是在拉栖代梦人即将侵入他们国土的情况下，才请求圣月休战的，而那时还没到圣月的日期。[③] 神祇是这样回复他的：阿尔哥斯人提出的圣月休战的请求不合理，他可以拒绝他们的请求，不会因此而渎神。随后，阿格西波里斯又从那里直接前往德尔斐，

---

① 公元前388年。

② 公元前388年。

③ 希腊各城邦之间的历法差别很大。改变宗教节日时间以应付紧急情况，往往是一种缓兵之计，这样做并不困难，也并不少见。参阅：II. 16；V. 1. 29；3. 28；波桑尼阿斯：III. 5. 8；修昔底德：V. 54。本书附录4。——译者注

向阿波罗神询问，问他是否也像他的父亲宙斯那样，对圣月休战一事持相同看法。阿波罗神答复说，他与其父的看法是完全一致的。[①]

［3］在这样的情况下，阿格西波里斯率军从弗琉斯开拔——因为他事先将军队集结在此地，然后才去神谕所——取道涅米亚，侵入阿尔哥斯境内。阿尔哥斯人眼见无法阻止拉栖代梦人的入侵，便按惯例派出两名头戴花环的使者，请求缔结神圣休战协议。但阿格西波里斯回答说，诸神认为他们提出的请求不合理，因此拒绝了他们的请求，继续率军向其境内推进，给他们的乡村和城市都造成严重的破坏和巨大的恐慌。

［4］在阿格西波里斯抵达阿尔哥斯境内的头一天晚上，他们在晚餐后举行的奠酒仪式刚刚结束，神祇就发动了一次地震。于是，拉栖代梦国王大帐里面所有官员，都向波塞冬神高唱赞美歌。[②] 而士兵们则普遍希望从阿尔哥斯撤兵，因为此前阿基斯国王在出征时，也同样遇到过一次地震，他随即就从爱利斯撤军回国。[③] 但是，阿格西波里斯却说，如果神祇在他出兵之前就发动地震，那么他会理解为是神不许他实施这次行动；既然地震是发生在入侵之后，那么他相信这是神祇发出的鼓励他的信号。

［5］于是，在第二天早晨，阿格西波里斯在向波塞冬献祭结束后，继续率军向阿尔哥斯境内推进。由于阿格西劳斯最近也率领一支军队侵入阿尔哥斯，[④]于是阿格西波里斯询问手下士兵，以确认阿格西劳斯的军队推进到离城墙还有多远的地方，蹂躏了多少土地。——阿格西波里斯就像一名参加五项全能比赛[⑤]的选手一

① 按照希腊传说，阿波罗为宙斯和女神勒托所生。在奥林匹亚的是宙斯神谕所，在德尔斐的是阿波罗神谕所。——译者注

② 在希腊人看来，地震是由波塞冬发动的。

③ 参阅：III. 2. 24。

④ 参阅：IV. 4. 19。

⑤ 五项全能是赛跑、跳远、掷铁饼、投标枪和摔跤。这是希腊奥林匹亚竞技会的重要项目，大概可视为现代田径比赛中全能项目的起源。五项全能对个人身体素质要求极高，获胜者在希腊世界受到人们广泛崇敬。——译者注

样，力图在各个方面都要超过阿格西劳斯。

［6］有一次，就在敌人塔楼的标枪密密地投掷而下的时候，他居然第二次跨过护城壕；还有一次，当大多数阿尔哥斯人不在本土而在拉哥尼亚境内时，他率军逼近城门，那些守卫城门的阿尔哥斯人急忙关闭城门，把要进城的波奥提亚骑兵也关在了门外——他们担心拉栖代梦人趁机随他们一起，从城门蜂拥而入。于是，那些波奥提亚骑兵不得不像一群蝙蝠一样，紧贴着城墙，在城垛之下躲避着。若不是他们凑巧碰上刚从那乌普利亚[①]劫掠归来的克里特人，他们当中的许多人马都会中箭身亡。

［7］之后，正当阿格西波里斯在城墙四周扎营之时，[②]一声霹雳击中了他的军营，有人遭雷击身亡，还有些人则是遭到惊吓致死。稍晚些时候，他急于在阿尔哥斯的入境处加强驻军——从那里可以通往穿越凯鲁萨山[③]之路，但是在向神献祭的时候，他发现奉献的牺牲少了一片肝叶。[④] 既然出了这事，他就率军撤离阿尔哥斯，然后遣散了军队。不过，由于他出其不意地侵入阿尔哥斯境内，已经给敌人造成了非常严重的伤害。[⑤]

---

① 阿尔哥斯境内一城镇。——译者注

② 此处所指不详。

③ 又叫做凯罗萨山（Celossa），靠近弗琉斯。参阅斯特拉波：VIII. 382。

④ 意味着“没有希望了”。参阅：III. 4. 15。

⑤ 公元前 388 年。

第 8 章

[1] 以上所述乃是陆地上的战事。下面我来说说其间发生在海上和沿海诸邦的战事，将值得记载的事件叙述如下，那些不值一提的事件则不予记载。首先，法那巴佐斯和科浓在克尼多斯海战中击败拉栖代梦人之后，[①]便航行至海上诸岛以及沿海诸邦，每到一地，都将拉哥尼亚派驻当地的统治者[②]予以驱逐；并且宣布，他们无意在其城内建立设防要塞，而是允许他们保持独立。[③]

[2] 各邦人民都欣然接受和支持这项声明，他们都热情地向法那巴佐斯献上礼物，以示友好。科浓向法那巴佐斯建议说，如果他继续奉行这样的政策，那么所有城邦都会与他交好；但显而易见的是，如果他想奴役他们，那么这些城邦个个都会让他麻烦不断，并且他还会面临这样的风险——只要希腊人知道这一点，他们就会团结起来对付他。

[3] 于是，法那巴佐斯采纳了科浓的建议。接着，他在以弗所登陆后，立即调拨给科浓 40 艘三列桨战舰，[④]命他在塞斯图斯与其会师，[⑤]而他自己则沿着岸边由陆路返回他管辖的省区。至于他的宿敌德基里达斯，[⑥]海战发生的时候，[⑦]恰好在阿卑多斯，他并不像

---

① 指公元前 394 年克尼多斯海战。参阅：IV. 3. 10 以次。

② 直译为“拉哥尼亚的 harmost”。

③ 即不派驻军队到这些城邦，不干预他们的内政。——译者注

④ 参阅狄奥多拉斯：XIV. 83。——译者注

⑤ 参阅：II. 1. 27 以次。

⑥ 参阅：III. 1. 9。

⑦ 公元前 394 年。

拉栖代梦派驻其他各地的官员一样离开当地，而是牢牢控制着阿卑多斯，使其与拉栖代梦人保持友好关系。德基里达斯将城里的居民召集起来，对他们说：

[4]“诸位，迄今为止，你们一直都是本邦的朋友。现在，也许是你们展示自己有益于拉栖代梦人的时候了。因为如果一个人在顺境中表现出对朋友的忠诚，这并无值得特别敬佩之处，而如果一个人在朋友落难之时依然坚定不移地站在朋友这一边，那么人们对此将永世难忘。你们且不要以为我们在这场海战中失利，就从此一蹶不振了。事实绝非如此！你们可曾记得，即使在以前雅典人完全掌控着制海权的时候，我们的城邦依然能够在援助友邦的同时，还可以痛击敌人。事实上，连同幸运一起越是远离我们的城邦，你们对我们的忠诚就会越发凸显出来。如果有人担心，说我们会同时从陆地和海上遭到包围，那么就请他想想，目前海上还没有一艘希腊人的战舰，而如果异族人想要掌控制海权，那全希腊都不会坐视不管的。因此，一旦有希腊城邦展开自救，他们就会成为你们的同盟者。”

[5]听了这番话，阿卑多斯人不再抱怨了。他们不仅心甘情愿，而且热情友善地接纳来到阿卑多斯的被驱逐的拉栖代梦人，并派人去迎接其他地方的拉栖代梦人。[①]

在许多优秀人物都集中到阿卑多斯之后，[②]德基里达斯横渡海峡，来到阿卑多斯对面、相距不过8斯塔狄亚[③]的塞斯图斯。在那里，他将所有借助拉栖代梦人之手而在科尔松尼斯取得土地的人都集中起来，[④]并且接纳了所有从位于欧罗巴诸邦中以同样的方式被驱逐出境的拉栖代梦人。德基里达斯对他们说，不要灰心丧气，试想：即使在自古以来一直属于波斯国王的亚细亚，也有像腾努

---

① 这里所指都是原拉栖代梦派驻各地的 harmost。——译者注

② 公元前394年。

③ 约合1.5千米。——译者注

④ 参阅：III. 2.10。

斯[1]这样不大的城市，以及埃盖[2]和其他定居地，这些地方的人民都实行自治，并没有臣服于波斯国王。“无论如何，”他说，“你们还能找到比塞斯图斯更坚固、更难以围攻的地方吗？因为敌人想围困这个地方，必须同时出动海军和陆军才行。”这番话使这些人惊恐不安的情绪有所缓解。

[6] 法那巴佐斯了解到阿卑多斯和塞斯图斯的境况后，便向当地居民发布告示说，如果他们不把拉栖代梦人驱逐出境，将向他们开战。在遭到对方的拒绝之后，他首先命令科浓从海上对他们加以封锁，而他自己则率军在阿卑多斯人的领土上大肆蹂躏。不过，他仍然无法使他们屈服，于是就先撤回去了。同时，他命令科浓设法取得赫勒斯滂沿岸诸邦的支持，以便在来年开春的时候，能够组织起一支足够强大的舰队。由于法那巴佐斯在拉栖代梦人手中吃过不少苦头，致使他怀恨在心，因而最渴望的是攻入他们的国土，报仇雪恨。

[7] 这样，在整个冬季里，他们就这样忙于这些事务了。翌年刚刚开春之时，[3]他们就已经组织起一支庞大的舰队，还招募了一支雇佣军。法那巴佐斯在科浓的陪同下起航，途经米洛斯，并以该岛为基地，继续前往拉栖代梦。法那巴佐斯先是袭击斐莱[4]，蹂躏了那里的土地；随后，他接二连三地袭掠沿海据点，尽其所能大肆破坏。但他考虑到那一带缺乏海港，担心拉栖代梦人会派出援军，又害怕陆地上的给养缺乏，于是很快撤军返航，将舰队泊靠在库塞拉岛[5]的腓尼库斯港口。

[8] 那些被围困在城里的库塞拉人害怕城破被俘，于是弃城投降。法那巴佐斯在与他们签订休战协议后，允许他们前往拉哥尼亚。接着，他修复了库塞拉城墙，在那里留下一支守军，指定雅典

① 城镇，在埃奥利斯。——译者注
② 城镇，在埃奥利斯。——译者注
③ 公元前393年。
④ 美塞尼亚南部一城镇。——译者注
⑤ 岛屿，在拉哥尼亚之南。——译者注

人尼科斐姆斯负责当地事务。事后，他起航前往科林斯地峡，告诫那里的同盟者要继续奋力作战，以向国王效忠。他将所有金钱都留给了他们，然后返航。

[9] 科浓对法那巴佐斯说，如果将舰队交给他，他可以利用各岛屿的贡金维持舰队开支；同时，还可以趁机进驻雅典，协助雅典人重建他们的长城以及环绕比雷埃夫斯的城墙①——还有什么比这样做给拉栖代梦人造成的打击更大呢。"如果你这样做，"他说，"你既会给雅典人施以恩惠，而同时又报复了拉栖代梦人。因为这道城墙，那可是他们历尽千万险难才拆毁的。"听了这番话，法那巴佐斯急命他前往雅典，还另拨给他一笔钱用于重建城墙。

[10] 科浓一抵达雅典，便安排其麾下士兵修筑大部分城墙，并且支付木匠、石匠的薪酬以及所有其他必要的花费。城墙当中有一段，是雅典人自己以及来自波奥提亚和其他城邦的志愿者共同筑成的。另一方面，科林斯人用法那巴佐斯留给他们的金钱配备了一支舰队，他们任命阿伽提努斯为舰队指挥官，重新控制了阿凯亚和列凯昂濒临的海湾。而拉栖代梦人方面，也组织起舰队，任命波丹涅姆斯为舰队指挥官。

[11] 但是，波丹涅姆斯在一次交战中遇袭身亡后，其副将波力斯②也因伤回国，于是舰队由赫里皮达斯执掌指挥权。继阿伽提努斯之后任科林斯舰队指挥官的普罗埃努斯，却放弃了利昂，拉栖代梦人趁机攻占此城。之后，泰琉提亚斯接替赫里皮达斯成为拉栖代梦舰队司令，他现在已控制着整个科林斯湾。③

[12] 拉栖代梦人获悉，科浓不仅用波斯国王的金钱为雅典人重新筑起了城墙，还用这笔钱维持着舰队开支，并力争使岛屿诸邦

① 雅典长城是在伯罗奔尼撒战争结束时被拆毁的。参阅：II. 2. 20—23。——译者注

② 参阅：I. 1. 23。

③ 拉栖代梦人在科林斯湾的军事行动，从公元前 393 年深秋开始，到公元前 391 年春夏之交泰琉提亚斯上任为止。

和亚细亚沿岸诸邦也倒向雅典人一边。[①] 于是他们认为，如果他们将这些事情向波斯国王的将军提里巴佐斯禀报，那么他们即使不能完全争取到他的支持，至少也会终止对科浓舰队的资助。在作出上述判断之后，拉栖代梦人就派遣安塔基达斯至提里巴佐斯处，命他把事情真相禀报提里巴佐斯，并设法促成拉栖代梦与波斯国王缔结和约。

[13] 雅典人在得知这个情况后，他们同样向提里巴佐斯派出使团——以科浓为首，同行的还有赫摩根尼斯、狄昂、卡里斯提尼和卡里麦顿。他们还邀请他们的同盟者派使者一同前往。于是，波奥提亚人、科林斯人和阿尔哥斯人都派出使者一同出使。

[14] 他们抵达目的地后，安塔基达斯向提里巴佐斯说明他此行的目的，是很希望在自己邦国与国王之间缔结和约，而且，国王也一直想这么做。他还说，拉栖代梦人绝不煽动亚细亚的希腊城邦与国王对抗，他们赞同岛屿诸邦和希腊本土诸邦都应当保持独立。"不过，"他说："如果我们接受这些条件，国王凭什么向我们开战或者花费金钱呢？事实上，和约一旦订立，我们任何一方都不可能与国王兵戎相见了。这样，除非我们取得希腊的领导权，否则雅典人就有可能与国王开战；而如果希腊诸邦都保持独立，那我们也不可能向国王开战。"

[15] 提里巴佐斯听安塔基达斯这么一说，大为高兴；然而，在安塔基达斯的对手们看来，这些建议不过是耍耍嘴皮子而已。[②] 因为雅典人担心，如果同意(希腊)大陆各邦和岛屿诸邦都保持独立，他们就会失去列姆诺斯、音布罗斯和斯基洛斯三岛；[③]而底比斯人则害怕，他们将被迫允许波奥提亚同盟诸邦独立；至于阿尔哥斯人，他们认为一旦达成协议，缔结和约，他们便不能维持对科林斯

---

① 公元前392年。

② 字面上意思是"仅仅停留在口头上"，即他们觉得这番话无法视为缔结和约的合理条件。——译者注

③ 这些岛屿很早为雅典所有。伯罗奔尼撒战争结束时，雅典失去对它们的控制，不久后又收复了它们。

的兼并了,[①]那可是他们不愿意看到事情。于是,缔约之事无果而终,使者们各自回国。

[16] 至于提里巴佐斯,他考虑到未征得国王同意就公然支持拉栖代梦人恐有不当之处,便秘密地给了安塔基达斯一笔钱,让拉栖代梦人配备舰队,以迫使雅典人及其同盟者更加渴求和平。同时,提里巴佐斯还将科浓羁押起来,因为拉栖代梦人的指控没错,是他开罪了国王。[②] 这之后,他准备起程去觐见国王,向其禀报拉栖代梦人所提出的建议以及羁押罪犯科浓一事,请求国王就这些事务予以定夺。

[17] 当提里巴佐斯抵达地处内陆的首都时,[③]波斯国王已委派斯特鲁萨斯总领沿海诸省区的事务。而斯特鲁萨斯对阿格西劳斯给波斯国王所造成的种种伤害耿耿于怀,于是,他全力支持雅典人及其同盟者。当拉栖代梦人看到斯特鲁萨斯与雅典人交好,而与他们为敌时,他们派提布隆率军对其开战。提布隆渡海抵达亚细亚之后,在以弗所建立了大本营,还以麦安德平原的几个城市——普林涅、留科弗利斯和阿基列昂为基地,由那里出发去劫掠国王的领土。

[18] 可是,随着时间的推移,斯特鲁萨斯注意到,提布隆每次率军出击的时候,队列总是零乱不整,士兵们也是傲慢轻敌,他便派骑兵前去平原地带,命令他们袭击敌营,围攻敌人,劫走所有可取之物。当时,恰巧提布隆刚用完早餐,正与一个名叫德桑达[④]的吹笛者比赛掷石饼。[⑤] 德桑达不仅笛子演奏得好,而且体格强健,因为他事事都仿效拉栖代梦人。

---

① 参阅:IV. 4. 6。

② 参阅狄奥多拉斯:XIV. 85。

③ 公元前 391 年。波斯帝国自大流士改革以后,有 4 个首都,分别是巴比伦、苏撒、波斯波里斯和埃克巴坦那。——译者注

④ 一位伊奥尼亚人。——译者注

⑤ 一种扁平圆形的石饼。比赛的目的是看谁掷得远。这大概是后来田径比赛掷铁饼项目的前身。——译者注

[19] 斯特鲁萨斯看到,出战的敌军队伍零乱,而冲在前面的士兵人数很少,便率领一支队形整齐的大队骑兵突然冲杀出来。他们首先杀死了提布隆和德桑达。这些人被杀之后,其余的敌军便四散逃命了。他们乘胜追击,杀敌甚众。提布隆手下的一些士兵,则逃到他们友邦前去躲避,但大多数士兵还在军营里,因为他们获悉出战的消息太迟。就像这次一样,提布隆经常连出击的命令也没有发布就出战了。这些事件经过就是这样。

[20] 这时候,那些被民主派放逐的罗德岛人前往拉栖代梦。① 他们坚称,坐视雅典人征服罗德岛,对拉栖代梦人是不利的,因为这会使雅典实力大增。拉栖代梦人意识到,如果那里的平民百姓占了上风,那么整个罗德岛都将归属于雅典,但如果富人阶层占了优势,那么罗德岛将会落入他们的掌控之中。于是,他们以爱克狄库斯为舰队指挥官,统率8艘战舰前往罗德岛。

[21] 同时,拉栖代梦人派出另一位官员狄弗里达斯随舰队同行,命令他在抵达亚细亚之后,要确保那些曾接受提布隆领导的诸邦的安全;还要求他在接收提布隆军队的余部、再尽其所能招募一些军队之后,向斯特鲁萨斯开战。于是,狄弗里达斯奉命行事,不敢怠慢。之后,他不但出色地完成了任务,而且还在斯特鲁萨斯的女儿和女婿提格兰涅斯前往萨尔狄斯的途中将他们捉获,在向他们索取了一大笔赎金后才将其释放。他随即用这笔钱招募了一支雇佣军。

[22] 狄弗里达斯的个人魅力丝毫不逊于他的前任提布隆。作为一名将军,他具有更强的自制力和进取心。他从不耽于玩乐,而是一接到任务,就全心全意地投入其中。至于爱克狄库斯,在他航行至克尼多斯后,得知罗德岛的平民已经全面控制了局势,无论在陆上还是海上,都居于统治地位。他们的战舰相当于他的两倍。于是,爱克狄库斯只好待在克尼多斯,按兵不动。

[23] 拉栖代梦人看到爱克狄库斯的兵力过于弱小,难以给他

① 公元前391年。

们的盟友提供有效援助，于是命令泰琉提亚斯率领一直巡游在阿凯亚和列凯昂海湾的12艘战舰，[①]前去与爱克狄库斯会师，让后者回国。他们还命令泰琉提亚斯要关照那些有意与他们交好的城邦的利益，尽力打击敌人。泰琉提亚斯抵达萨摩斯的时候，在那里又有7艘战舰加入他的舰队。在他到达克尼多斯之后，爱克狄库斯返航回国。

[24] 随后，泰琉提亚斯统率手下现有的27艘战舰继续航行，向罗德岛进发；在航行途中，碰巧遇到雅典人爱菲阿尔特的儿子腓洛克拉特斯——正率领10艘三列桨战舰，从雅典赶赴塞浦路斯，前去援助攸阿哥拉斯，便将这10艘战舰全部俘获。不过，双方所作所为都与自身的利益背道而驰：对雅典人来说，虽然他们与波斯国王交好，但他们却派兵增援正与国王交战的攸阿哥拉斯；[②]而对拉栖代梦人而言，虽然他们正与国王交战，但泰琉提亚斯却消灭了被派去与国王作战的人。于是，泰琉提亚斯返航克尼多斯，在那里出售他所掳获的战利品，然后再次率舰队起航兵抵罗德岛，着力增援那些支持拉栖代梦人的城邦。

[25] 与此同时，[③]雅典人终于确信拉栖代梦人已重新取得了海上霸权，于是他们派斯提里亚[④]村社的特拉叙布鲁斯率领40艘战舰出战。特拉叙布鲁斯在起航时，放弃了原先出征罗德岛的作战计划，因为一方面，他考虑到无法轻易征服拉栖代梦人的友邦，他们据守要塞，并且有泰琉提亚斯的舰队支持；另一方面，他也不担心雅典的友邦会落入敌手，因为它们不仅在数量上远超过对方，而且在此前交战中一直都是获胜者。

[26] 因此，特拉叙布鲁斯转而驶向赫勒斯滂地区，因为那里基本上没有对手，而他想正好可以趁机做些对邦国有利的事情。首

---

① 参阅：IV. 8. 11。——译者注

② 参阅：狄奥多拉斯：XIV. 98；波桑尼阿斯：I. 3. 1。

③ 公元前390年。

④ 阿提卡一德莫。——译者注

先,他获悉奥德里赛人的国王阿麦多库斯和沿海地区的统治者修塞斯[①]关系不睦,便出面调解,使他们重修于好,并使他们双双与雅典结盟。他还考虑到,如果连他们都与雅典交好,那么色雷斯沿岸的希腊诸邦岂不是更要倒向雅典人一边了。

[27] 随着这件事情的成功解决,亚细亚的那些城邦也都对波斯国王与雅典交好表示支持。于是,特拉叙布鲁斯起航前往拜占庭,将当地对驶出本都海的舰船所征收的什一税转包出去。[②] 同时,他推翻了拜占庭的寡头政府,建立了民主制政府。[③] 于是,拜占庭的平民对他们城中随处可见的雅典人并不介意了。

[28] 特拉叙布鲁斯完成了以上事务,并将卡尔开顿人争取为雅典盟友之后,便率舰队返航,驶出赫勒斯滂海峡。[④] 他发现,在列斯堡,除了米提列涅以外,所有城邦都倒向拉栖代梦人一边,便决定攻打它们。于是,他在米提列涅集结军队——包括自己船上的400名重装步兵,列斯堡诸邦逃到米提列涅避难的所有流亡者,外加那些勇猛善战的米提列涅人。在行动之前,他还对他们分别加以激励。他首先对米提列涅人说,如果他攻占了这些城邦,他们将成为列斯堡全岛的领导者;接着,他又对那些流亡者说,如果他们齐心协力与每一个城邦作战,他们就都能够重返他们的祖国。最后,他对他的海军战士说,只要能够使像列斯堡这样的地方与雅典交好,他们很快就能得到丰厚的金钱。在慷慨陈辞、鼓舞士气之后,特拉叙布鲁斯整装出发,向麦提姆那进军。

[29] 当时拉栖代梦派驻在麦提姆那的统治者是塞米玛库斯,他听说特拉叙布鲁斯向他进攻时,便率领自己带来的海军、麦提姆纳人以及所有流亡在那里的米提列涅人,到边境上与敌人决战。结果,塞米玛库斯本人被杀,其手下很多士兵在逃跑时也被杀

---

① 参阅:III. 2. 2。

② 参阅:I. 1. 22 及其附注。——译者注

③ 关于公元前408、前405年拜占庭政体的变革,参阅:I. 3. 18;II. 2. 2。

④ 公元前390年。

死了。

[30] 战后,特拉叙布鲁斯使一些城邦转向自己一边,对于拒绝投降的那些城邦,则大肆劫掠,意在为他麾下的士兵筹措薪饷;同时,他也很想前往罗德岛,但为了尽量使他的军队足够强大,便向各个城邦征收金钱,然后抵达阿斯蓬都斯,将船停泊在攸里梅敦河上。虽然他已经从阿斯蓬都斯人那里收取了金钱,但手下的士兵们依然我行我素,劫掠了部分土地。阿斯蓬都斯人怒不可遏,夜间发动突袭,将特拉叙布鲁斯杀死在营帐里。

[31] 一位被尊为最卓越的人物——特拉叙布鲁斯,就这样结束了自己的一生。[①] 雅典人选派阿吉琉斯去接替他的职位,掌管那支舰队。另一方面,拉栖代梦人得知,雅典人在拜占庭已将其对驶出本都海的舰船所征收的什一税转包给别人;还得知他们占领了卡尔开顿,而赫勒斯滂地区的其他城邦也都因法那巴佐斯是他们的朋友而纷纷倒向他们。拉栖代梦人认为,必须关注局势的变化。

[32] 的确,拉栖代梦人虽然找不到德基里达斯的任何失误,但由于安那克西比乌斯与监察官们关系友好,于是他本人得以被派往阿卑多斯,接替德基里达斯,总揽那里的事务。他许诺说,一旦他得到军费和舰船,他将对雅典人开战,以动摇他们在赫勒斯滂地区的地位。

[33] 于是,安那克西比乌斯从监察官们那里得到 3 艘三列桨战舰,以及足够支付 1000 名雇佣兵的费用,然后起航了。他抵达阿卑多斯之后,在陆地上采取了若干行动:先招募了一支雇佣军,随即设法使埃奥利斯的某些城邦脱离法那巴佐斯;他还出动军队,报复曾攻打阿卑多斯的那些城邦,蹂躏他们的国土。在海军方面,除了他原有的战舰以外,在阿卑多斯又多配备了 3 艘战舰加入其舰队。这些战舰在海上游弋,只要发现雅典人或其同盟者的商船,一律将其强行带回港口。

① 公元前 389 年。

[34] 雅典人得知这些情况以后，担心特拉叙布鲁斯在赫勒斯滂地区所建立的基业毁在他们手上，于是，便派遣伊菲克拉特率领8艘战舰和大约1200名轻盾兵前去攻打安那克西比乌斯。[①] 这些轻盾兵当中的大多数，是他在科林斯作战时就在他手下服役的。[②] 阿尔哥斯人在将科林斯并入阿尔哥斯的版图时，声称不再需要他们了，因为伊菲克拉特曾经处死一些亲阿尔哥斯党人。[③] 于是，伊菲克拉特返回雅典。这段时间他恰好就在国内。

[35] 现在，伊菲克拉特率军抵达科尔松尼斯。起初，安那克西比乌斯和伊菲克拉特都派突击队相互袭扰对方；但是，随着时间的推移，伊菲克拉特发现，安那克西比乌斯已经率领雇佣军以及他带来的拉栖代梦人和200名阿卑多斯重装步兵，到安坦德鲁斯去了；他还听说，安那克西比乌斯已经同安坦德鲁斯建立了友好关系。他估计，安那克西比乌斯在那里安置驻军之后，还会返回这里，将阿卑多斯人带回去。于是，伊菲克拉特在夜色的掩护下，渡海来到阿卑多斯境内最荒僻的地方，从那里进入山地，设下埋伏。他还下令给运送他渡海的那些战舰，命其在黎明时分沿科尔松尼斯海岸向上航行，[④]这样做是为了给人造成一种错觉，仿佛他如同往常一样，要到赫勒斯滂沿岸去征收金钱。

[36] 所有这些部署并没有让他失望。果然不出他的所料，安那克西比乌斯确实率军返回了。——据说，尽管他开拔那天的献祭并未显示吉兆，但安那克西比乌斯却对此视而不见，盲目乐观，因为他是从一个友好邦国的境内通过，去一个友好的城市，况且左右都告诉他，说伊菲克拉特已率舰队驶往普洛康涅苏斯。因此，在行军途中，他更是漫不经心。

[37] 尽管如此，当安那克西比乌斯的军队在山下平地上行进

---

① 公元前389年。

② 参阅本卷第4、5章有关记载。——译者注

③ 参阅：IV. 4. 6。

④ “向上”，即由爱琴海至黑海方向。——译者注

时，伊菲克拉特并没有发动伏击。但是，当行进在全军最前面的阿卑多斯人进入他们的金矿所在地——克列玛斯特平原时，那些跟随其后的军队正行进在下坡路段，而安那克西比乌斯及其拉栖代梦人则刚刚要下坡。就在此时，伊菲克拉特率领他的军队一跃而起，向敌人冲杀过去。

[38] 安那克西比乌斯知道，由于他的军队分散在长而窄的通道上，首尾不能相顾，前锋显然无法回过头来上山救援，在看到敌人的伏兵时，全军上下都一片恐慌，他觉得要想脱险，肯定无望。于是，他对手下将士们说："诸位，战死在这里，是我的光荣。但是，你们在与敌人肉搏之前，赶紧得找个安全的地方。"

[39] 安那克西比乌斯说完，便从"携盾者"手中拿过盾牌，[①]毫不畏惧，展开搏杀，直至阵亡。他最喜爱的那些年轻人，也都留在他身边；同样，和他一同来自本邦的拉栖代梦人当中，约有 12 名派驻各地的统治者，与他并肩战斗，最后都献出了生命。而其他拉栖代梦人在逃跑过程中，接二连三地倒下去了，敌人一直追杀到城下。在这次战役中，安那克西比乌斯的其他军队阵亡者约 200 人，阿卑多斯人的重装步兵阵亡约 50 人。伊菲克拉特在取胜之后，返回科尔松尼斯。[②]

---

① 参阅：IV. 5. 14 及其注释。

② 参阅：V. 1. 31。

第 5 卷

第1章

[1] 以上是雅典人和拉栖代梦人在赫勒斯滂地区的行动情况。[1] 同时,爱特昂尼库斯再次来到埃吉那。虽然此前埃吉那人与雅典人一直保持着贸易往来,但如今海战已然爆发,他得到监察官的正式批准,去鼓动所有那些希图劫掠阿提卡的人诉诸行动。

[2] 既然雅典的供给线已被那些劫掠者切断,雅典人就派出一支由潘斐鲁斯领导的重装步兵前往埃吉那。他们在那里构筑了一座要塞,作为攻击埃吉那人的据点,并以10艘三列桨战舰从陆路和海路加以围攻。这时候,泰琉提亚斯[2]正在一座岛屿上寻求金钱资助,碰巧听说雅典人构筑要塞之事,便立即前去援助埃吉那人;他击退了雅典人的舰队,但潘斐鲁斯成功守住了要塞。

[3] 之后,希耶拉克斯从拉栖代梦前来接任海军司令。他接管了舰队,而泰琉提亚斯在幸福欢快的气氛中,起航回国。当泰琉提亚斯前往海边,准备起航回国时,士兵们个个争先恐后地和他紧紧握手,有人为他戴上花环,还有人为他扎上头带;在他起航之后,那些迟到者甚至把花环抛入海中,口中念念有词,为他祝福。

[4] 我知道,我在记载这些事件的时候,并未提及有关金钱支出、突发险情以及重要谋略之事。但是,宙斯作证,在我看来,值得人们好好思考的是,泰琉提亚斯究竟有何作为,才使得其部下对他怀有如此情感。的确,达到这种境界是一个真正男儿的成就,这比

① 公元前389年。

② 拉栖代梦一将领。——译者注

大笔金钱支出和许多惊险遭遇更值得关注。

[5] 至于希耶拉克斯，他统率舰队主力返回罗德岛，将12艘战舰留在埃吉那，由其副将哥尔哥巴斯负责指挥。其后，遭到围攻的是要塞中的雅典人，而不是城里的埃吉那人了。鉴于这种情况，雅典公民大会通过决议，装备大量舰船，在构筑要塞后的第5个月，把驻守在埃吉那要塞中的雅典军队营救回国。但是，从此以后，雅典人却再次遭到劫掠者和哥尔哥巴斯的袭扰。他们装备了13艘舰船御敌，推选攸诺姆斯为舰队指挥官。

[6] 希耶拉克斯在罗德岛期间，①拉栖代梦人委任安塔基达斯为海军司令，他们以为这样做还可以最大限度地取悦于提里巴佐斯。安塔基达斯到达埃吉那后，将哥尔哥巴斯的舰队带着一起航行至以弗所，然后派哥尔哥巴斯率12艘舰船返航埃吉那，留下副将尼科罗库斯统领其余的舰船。② 尼科罗库斯打算援助阿卑多斯人民，于是准备起航前往那里；但途中又转向前往腾涅多斯，在蹂躏其土地，攫取钱财之后，才航至阿卑多斯。

[7] 随后，雅典将军们从萨摩色雷斯、塔索斯及其他各地聚集到一起，前去援助腾涅多斯人民。但在得知尼科罗库斯抵达阿卑多斯附近时，他们以科尔松尼斯为基地，以他们手上的32艘战舰邀击尼科罗库斯的25艘战舰。至于哥尔哥巴斯，在从以弗所返航途中遭遇攸诺姆斯的舰队，他只得暂避于埃吉那，在傍晚时分到达那里，随即命令其部下登陆用餐。

[8] 同时，攸诺姆斯的舰队在稍后不久拔锚起航。夜幕降临时，依照惯例，由他领航，手擎火把，这样紧随其后的舰船就不致误入歧途。而哥尔哥巴斯则立刻命令部下登船起航，尾随火把的方向前行。他们紧随雅典舰队之后，以免被对方发现或引起敌人的猜疑；桡手长以击石代替呼喊进行报时，并且命令桡手们悄悄地

① 公元前389年。
② 公元前388年。

划桨。[①]

［9］当攸诺姆斯的舰船临近阿提卡的佐斯特[②]海角，准备靠岸时，哥尔哥巴斯用喇叭下令，向他们发起攻击。至于攸诺姆斯的舰队，有些舰船上的人员正在登陆，有些舰船正在抛锚碇泊，还有些准备靠岸。一场战斗在月光下展开。结果，哥尔哥巴斯俘获4艘三列桨战舰，用绳索牵引，将其拖曳至埃吉那；雅典舰队的其他舰船，逃至比雷埃夫斯港。[③]

［10］之后，卡布里亚斯[④]率领800名轻盾兵和10艘三列桨战舰由海路前往塞浦路斯援助攸阿哥拉斯，他还把从雅典得到的更多的舰船和一支重装步兵也加入其中。夜里，他率领那些轻盾兵在埃吉那登陆，并在赫拉克利昂附近的凹处设下埋伏。黎明时分，按照事先约定，雅典的一支重装步兵在德麦涅图斯的率领下到达，他们攀至距离赫拉克利昂16斯塔狄亚[⑤]的一个地方，此处即所谓的特里普尔吉亚[⑥]。

［11］哥尔哥巴斯获悉这个情报后，就和当地的8名斯巴达人、舰队的水兵以及埃吉那人一同出击，前去救援。他还宣布，舰队桡手中所有的自由人都要跟随他。于是，很多人都加入了这支救援军，每个人随手操起各种武器。

［12］当这支救援军的前锋进入埋伏区域时，卡布里亚斯及其部下一跃而起，用标枪和石头向敌人投击。此时那些由海上登陆的雅典重装步兵也正在向他们逼进。因为救援军的前锋并不是密集阵型，因此很快就被歼灭了。阵亡者当中包括哥尔哥巴斯和那些拉栖代梦人；看到这些人被杀死，其余的士兵皆仓惶逃散。此战阵亡者除了约150名埃吉那人之外，埃吉那的侨民和那些仓促登

---

① 划桨时尽力不出声，以免被敌人察觉。——译者注

② 即Girdle角，今之Karvura角，在阿提卡西海岸。——译者注

③ 公元前388年。

④ 雅典一将军。——译者注

⑤ 约合3千米。——译者注

⑥ Tripyrgia，该地点不能确定。

陆而加入救援军的桡手们,总数不下200名。

[13] 此战之后,雅典人像和平时期那样畅行于海上了。原来,爱特昂尼库斯试图强迫拉栖代梦桡手们为其效力,但因他不付薪饷而遭到拒绝。

其后,拉栖代梦人再次委派泰琉提亚斯出任舰队司令。船员们看到他到来时,个个欢欣鼓舞。泰琉提亚斯把士兵们召集起来,对他们说:

[14]"士兵们,我这次来,未带分文;但如果神祇眷顾,你们亦出色履职,我将竭尽所能为大家提供最丰富的食物。可以肯定的是,每当我担任你们的统帅,我都时时为你们真诚祈福一如为我自己。至于食物,如果我说我更希望你们的所得多于我自己,你们可能会感到吃惊;但事实上,诸神作证,我宁愿自己两天挨饿,也不想看见你们忍饥一日。你们知道,以往我的帐门是向有求于我的人敞开的,如今依然如此。

[15]"因此,当你们获得了充足的食物时,你们也会看到我也衣食无忧了;但如果你们看到我要忍受严寒酷暑而守夜的话,你们同样要忍受这一切。我没有令你们做任何会使你们感到不快的事情,但你们却可从其中获益。"

[16] 他又说:"士兵们! 斯巴达,我们的斯巴达,可以断言,她如此富足繁荣——之所以能够赢得繁荣和辉煌,绝不是因为她游手好闲,而是因为她随时随地愿意经受任何艰难险阻的考验。据我所知,从前你们都是好样的;但如今你们必须努力证明自己比从前更强! 这样,正如我们一起微笑着经受磨难一样,我们也可以快乐地共享财富。

[17]"在这个世界上,无论是希腊人还是异族人,最令人愉快的事情,不是为了报酬而受雇于他人,而是自己能够从最荣耀的资源中实现丰衣足食。毫无疑义,在交战时从敌人那里所获得的不仅仅是丰厚的财富,同时还有流传于世间的美名。"

[18] 听了泰琉提亚斯的演说,所有士兵都齐声欢呼,希望他必要时就下达命令,并保证遵从执行。这时,他正好结束了献祭。他

说:“来吧,士兵们,一起用晚餐,想怎么吃就怎么吃;之后,我请求你们自己再带上一天的食物。然后,赶紧登上舰船,我们立即驶向神祇要我们去的地方,并且必须及时到达。”

[19] 等士兵们在海边集结之后,他命他们登上舰船,在夜色之中驶向雅典的港口[①]。他让士兵们小憩片刻,便命令他们划桨起航。如果有人认为他率领12艘三列桨战舰与拥有众多舰船的舰队相对抗是疯狂之举的话,那么让我们看看泰琉提亚斯是如何盘算的吧。

[20] 他认为,由于哥尔哥巴斯刚刚阵亡,雅典人对于停泊在港口的舰队肯定更加疏于防范;即使有三列桨战舰在那里停泊,但他相信攻击在雅典港口中的20艘战舰,也要比进攻在其他地方的10艘战舰更安全。因为他了解到,凡停泊在外海的战舰,桡手们都在各自舰船上歇息;他探知,停泊在雅典港口的战舰,舰长们回家就寝,桡手们上岸后四处安歇。

[21] 以上就是他在起航之前所考虑的种种情况。当他的舰队到达距雅典港口五六斯塔狄亚时[②],他仍缄默不语,让士兵们继续休息。黎明时分,他一马当先,率舰队出击。他下令,本方舰船不得击沉或损害任何一艘商船;但是,只要在海上任何地方发现停泊着三列桨战舰,就命令士兵前去攻击,使其丧失海上战斗力。此外,把那些满载货物的商船拖出港湾,设法强行登上那些大型商船,带走其船员。事实上,他属下的一些士兵已经上岸,来到狄格玛[③],掳获了一批商人和商船的船主,把他们带上了舰船。

[22] 至此,泰琉提亚斯已经顺利完成这次突袭的各项任务。至于雅典人,他们当中有些人听到喧闹声,便从他们的家中跑到街上,看看究竟为何这般喧嚣;有些人则从街道飞奔回家去取武器,还有些人跑到雅典城里去报信。所有的雅典人都认为比雷埃夫斯

---

① 比雷埃夫斯。这是一次夜袭比雷埃夫斯港的行动。——译者注

② 约1千米。——译者注

③ 商人们陈列陶器的码头。

已落入敌手，因而无论是重装步兵还是骑兵，都冲出来前去救援。

[23] 这时，泰琉提亚斯命令由三四艘战舰护航，将那些掳获的商船押解至埃吉那，而他与其余的舰船一起沿阿提卡海岸航行。就在他在驶出比雷埃夫斯港的时候，又俘获了即将驶入港口的大批渔船和满载人口的客船，它们由诸海岛而来。在快要到达苏尼昂角[①]的时候，他又俘获一些商船，其中有些船上满载谷物，有些船上则载着其他货物。

[24] 于是，泰琉提亚斯返航埃吉那；在卖掉所有战利品之后，支付给全体士兵一个月的薪饷。从那时起，他也不断地在岛屿周围巡航，捕获海面上的任何船只。在开展这些行动的时候，他的舰船上的桡手始终处于满员状态，让手下士兵保持心情愉悦，随时待命出击。

[25] 这时候，[②]安塔基达斯和提里巴佐斯一同从波斯首都返回，双方已经达成协议：假如雅典人及其同盟者拒不接受波斯国王亲自下达给他们的和平敕令，[③]那么国王就会与拉栖代梦人结为同盟。但是，当安塔基达斯得知尼科罗库斯及其舰队，在阿卑多斯正遭到伊菲克拉特和狄奥提姆斯的舰队的围攻时，便取道陆路前往阿卑多斯。他四处散布，说卡尔开顿人已派兵前来接他，然后趁夜间率舰队起航，驶往伯科特，悄悄地停泊在那里。

[26] 得知他驶离了阿卑多斯，德麦涅图斯、狄奥尼修斯、列昂提库斯和法尼亚斯统率下的雅典舰队，朝普洛康涅苏斯岛屿方向尾随而来；当雅典舰队超过他时，安塔基达斯掉转方向，又返回阿卑多斯。因为他听说，波里塞努斯率领 20 艘战舰从叙拉古和意大利前来，[④]他很想将他们收归到自己的麾下。

---

① 位于阿提卡半岛南端海角。——译者注

② 公元前 387 年。

③ 英译者译为“peace”，直译为“和约”。然而，“和约”应是双方或多方自愿所为，怎么可能用强制手段来指定或下达呢？这里根据上下文意思以及“和约”内容（见 V. 1. 31）译为“和平敕令”。——译者注

④ 参阅：VI. 2. 4 以下。——译者注

不久，科里图斯[①]村社的特拉叙布鲁斯[②]率8艘战舰由色雷斯而来，目的是与雅典其他舰船会师。

[27] 这时候，安塔基达斯接到侦察员的报告，说有8艘三列桨战舰正在向他们逼近，便命令船员登上12艘速度最快的战舰，这些舰船上如果缺少桡手，就从后面的舰船上抽调人员加以补足。他先命令这些快船尽可能隐蔽起来，等敌舰驶过后，再实施追击；但是敌舰一见到他的舰队，便立即逃散。这时，安塔基达斯以最快的舰船很快就追上敌人最慢的舰船；但他命其舰队长不要攻击落在最后的舰船，而要继续追击逃在前面的舰船。当他俘获了逃在前面的敌舰时，那些落后在后面的敌舰看到舰队的指挥官已被生擒，便也失去了勇气，甚至被安塔基达斯的那些较慢的舰船所俘；结果，特拉叙布鲁斯的舰船悉数被俘。

[28] 当来自叙拉古的20艘舰船加入安塔基达斯舰队之后，由提里巴佐斯治下的伊奥尼亚各地派来的舰船也前来会合，更多的舰船是来自阿里奥巴赞尼辖区的舰船——因为安塔基达斯是阿里奥巴赞尼的老朋友，此时法那巴佐斯奉命前往波斯首都，与国王的女儿成婚——安塔基达斯麾下舰船总数超过80艘，掌控了制海权。于是，安塔基达斯禁止来自本都的舰船驶往雅典，[③]迫使它们航抵斯巴达同盟者的港口。

[29] 雅典人看到敌舰数量如此之多，害怕自己的舰队会像以前那样全军覆没，而今波斯国王又与拉栖代梦人结盟，他们还接连受到来自埃吉那的劫掠者[④]的袭扰。鉴于以上种种情况，雅典人非常渴望达成和平。[⑤] 另一方面，拉栖代梦人在列凯昂和奥科门努斯

---

① 阿提卡一德莫。——译者注

② 他的名字出现在成立于公元前378年第二雅典海上同盟的著名石碑上。——译者注

③ 本都即黑海。黑海地区是雅典主要粮食供应地之一，这样做肯定对雅典的粮食供应造成致命的威胁。——译者注

④ 大概是指在海上劫掠财物那些海盗船。——译者注

⑤ 公元前387年。

各派驻一支军队,严密监视他们的盟邦——对于他们信任的那些盟邦,防止双方的关系遭到破坏;对于那些不信任的盟邦,防止他们叛离——再加上在科林斯周边地区所引发的麻烦和动乱,已经使拉栖代梦人疲于应付、无心再战了。至于阿尔哥斯人,他们在得知拉栖代梦人已下令对其用兵、他们的圣月休战请求[①]完全无效的情况下,也非常渴望和平。

[30] 因此,当波斯国王派人将有关和平的敕令业已送达,提里巴佐斯向那些渴求亲耳聆听的诸邦发出命令,要求他们迅速派人前来。[②] 等他们集合起来之后,提里巴佐斯先向他们展示了波斯国王的封缄,然后拆封,诵读文书内容。文书是这样写的:

> [31]"国王阿塔薛西斯认为,亚细亚所有诸邦均应归属于我,克拉左门奈和塞浦路斯二岛亦应归属于我;而其他希腊诸邦,除列姆诺斯、音布罗斯和斯基洛斯外,不论大小均须保持独立;这三个地方与往昔一样,依然归属于雅典人。但是,倘若你们双方之中的任何一方有不遵从此敕令者,我,阿塔薛西斯,将与那些遵从此令的诸邦一道,用舰船,用金钱,从陆上,从海上,向其开战。"[③]

---

① 参阅:IV. 7. 2 及注释。

② 色诺芬虽未指明具体地点,但 H. G. 达金斯认为"无疑是在萨尔狄斯"。——译者注

③ 自伯罗奔尼撒战争最后数年直到 4 世纪初二三十年间,希腊诸邦的关系基本上处于波斯人的主导之下,"大王和平敕令"就是一个标志性文件。现代学者对"大王和平敕令"有不同的评价,按字面意思似可译为"大王和约"或"安塔基达斯和约"。但是,只要看看它的内容,就知道它与其说是"和约",还不如说是波斯国王对希腊诸邦发出一道敕令,因为其中所涉及"双方",并不是指波斯人与希腊人,而是希腊交战"双方"。因此,可以说此"和约"乃是拉栖代梦人借波斯之力对希腊诸邦威胁恫吓、狐假虎威的结果,对其时希腊诸邦的关系发生过重大影响。参阅:V. 2. 5—7;V. 3. 26;狄奥多拉斯:XV. 20. 1—23. 2。国内学者讨论参阅陈思伟、徐松岩:《和约还是敕令:对色诺芬〈希腊史〉中所谓"大王和约"实质与译名的几点思考》,《古代文明》,2012 年第 1 期。——译者注

[32] 听到上述宣告之后，希腊诸邦的使者们立即向各自城邦作了通报。① 所有的城邦都宣誓，②将坚定不移地恪守条款规定，只有底比斯人要求以波奥提亚人的名义宣誓。③ 然而，阿格西劳斯拒绝接受他们的誓言，除非他们按国王文书的指令进行宣誓——每一个城邦无论大小，均须保持独立。但底比斯的使者说，这些指令不是下达给他们的。阿格西劳斯则回应说："去问问你的人民吧！将此事也向他们通报，如果他们不答应这样做，他们将被排除在条约之外。"于是，底比斯的使者启程回国了。

[33] 出于对底比斯人的仇视，阿格西劳斯未作任何耽搁，在征得监察官的同意之后，马上进行献祭。由于在边境的献祭显示吉兆，便出兵泰格亚。在泰格亚，他派骑兵到各地去催促庇里阿西人，命他们尽速前来集结；同时，还派有关官员④前往同盟者各邦。但是，还未等他从泰格亚启程，底比斯人就派人送信来说，他们将允许各邦独立。于是，拉栖代梦人班师回国，底比斯人被迫接受条约，允许波奥提亚诸邦独立。

[34] 但另一方面，科林斯人并未遣散驻扎在其城内的阿尔哥斯人的军队。阿格西劳斯向双方发出警告，向科林斯人宣布，如果他们不遣散阿尔哥斯人的军队，向阿尔哥斯人宣布，如果他们不从科林斯撤离，那么他将对他们两国开战。结果，双方对此都十分惧怕，阿尔哥斯人从科林斯撤离了，而科林斯城邦重获自治，⑤大屠杀的发动者⑥和那些负有连带责任者都已主动从科林斯撤离，其他公民则愿意接受之前被放逐的人们回国。

[35] 在完成以上诸事，各城邦都宣誓，承诺他们将遵守国王所

---

① 即向各邦的最高权力机关汇报和请示。——译者注

② H. G. 达金斯认为"无疑是在斯巴达"。——译者注

③ 公元前387年。底比斯人为波奥提亚同盟之盟主，他们这样做也许另有所谋。因为如果是波奥提亚人宣誓，那底比斯人可以不受此敕令的约束。——译者注

④ 专门负责召集和指挥同盟者分遣队的拉栖代梦官员。

⑤ 公元前387年。

⑥ 参阅：IV. 4. 2。

提出条款之后，陆军和海军都予以解散。这样，在拉栖代梦人和雅典人及其同盟者之间建立了和平关系。这是自雅典长城被拆毁之后、双方爆发战争以来所达成的首次和平。

[36] 在交战期间，[①]拉栖代梦人本来只是与其对手势均力敌，但通过所谓的“安塔基达斯和约”，[②]却造就了他们的绝对优势地位。拉栖代梦人摇身一变，成为波斯国王和平敕令的维护者，通过确认各邦的独立地位，他们将科林斯添加到自己的同盟者之列，还使波奥提亚诸邦不再受制于底比斯人，这正是他们梦寐以求的；同时，他们还通过威吓阿尔哥斯人，声称若不撤出科林斯，则对其动武，由此结束了阿尔哥斯人兼并科林斯的历史。

① 这里大概指所谓“科林斯战争”（公元前 395—前 387 年）。——译者注

② 更确切地说，是在“安塔基达斯和约”之下。——译者注

第 2 章

[1] 由于近期诸事皆遂其所愿，于是拉栖代梦人作出决定，对于同盟者当中那些在这场战争期间与拉栖代梦人为敌者，以及那些支持敌人而不支持拉栖代梦的同盟者，都要严加惩罚，使他们重新忠顺于拉栖代梦人。[①] 因此，他们首先派使者前往曼丁尼亚，命令曼丁尼亚人拆毁自己的城墙，宣称拉栖代梦人不会在任何方面再信任他们，警告他们不要站在敌人一边。

[2] 使者们还宣称，他们早就注意到，在拉栖代梦人与阿尔哥斯人交战期间，曼丁尼亚人曾不断地给阿尔哥斯人运送谷物；有时候还以神圣休战为借口，根本不到拉栖代梦人的军队中服役；即使来到军中服役，他们也不好好打仗。此外，拉栖代梦人的使者还说，他们早就知道，如果好运降临于他们，曼丁尼亚人就会嫉妒，如果他们遭遇不幸，曼丁尼亚人则会幸灾乐祸。[②] 至于曼丁尼亚人方面，一般的说法是，曼丁尼亚战役后所签署的三十年休战和约在这一年到期。[③]

[3] 于是，曼丁尼亚人拒绝拆毁其城墙，拉栖代梦人则出兵击之。

这时候，阿格西劳斯要求邦国解除他此次远征的统帅之职，[④]因为他说在与美塞尼亚战争[⑤]期间，曼丁尼亚人曾为他的父亲[⑥]提

① 公元前 386 年。
② 参阅：IV. 5. 18。
③ 公元前 418 年。参阅修昔底德：V. 81。——译者注
④ 公元前 386 年。
⑤ 即第三次美塞尼亚战争（约公元前 464 年爆发）。——译者注
⑥ 阿奇达姆斯。——译者注

供过诸多帮助；虽然阿格西波里斯的父亲波桑尼阿斯[①]曾与曼丁尼亚民主派的领袖们过从甚密，但他仍可以挂帅出征。

[4] 阿格西波里斯率军进入曼丁尼亚境内后，随即蹂躏其土地；既然他们这样做并不能摧毁其城墙，他又下令挖掘一条绕城的壕沟，半数士兵全副武装坐在壕沟前面担负护卫任务，半数士兵在那里挖掘。壕沟挖好后，他没费多少气力就绕城筑起一道城墙。阿格西波里斯得知，前一年曼丁尼亚粮食丰收，城内谷物供应丰足，认为战事的延长，必然加重本邦及其同盟者的负担，是不利之举。于是，他下令筑起堤坝，拦截流经城中的那条水势汹涌的河流。[②]

[5] 随着水流被阻断，河流的水位不断升高，漫过了住宅的地基，也淹没了城墙的地基。城墙下部的砖石由于被水浸泡，而承受不住城墙上部的重量时，墙体开始出现裂缝，继而坍塌。城里的曼丁尼亚人曾试图用木料加以支撑，并且想尽一切办法以阻止城墙的坍塌；但是，由于无法阻止水流，他们担心，只要任何一段城墙垮塌，他们都将沦为战俘，于是同意自行拆毁城墙。但是，拉栖代梦人宣布，不与他们缔和，除非他们离开城市，分散到乡村去居住。对于曼丁尼亚人而言，这种结局是必然的，于是他们表示愿意接受。

[6] 现在，那些亲阿尔哥斯一派和民主派的领袖们料定自己会被处死，但阿格西波里斯的父亲已从他儿子那里得到允诺，如果他们有 60 人离开曼丁尼亚城，一切将平安无事。因此，在城门外的大路两侧，均有持枪而立的拉栖代梦士兵，他们眼睁睁地看着这些人出城。虽然他们非常憎恨这些人，但是这些人从他们手中被放走，要比曼丁尼亚的贵族派放走他们容易得多。有人说，拉栖代梦军人纪律严明，这就是一个铁证。

[7] 其后，曼丁尼亚的城墙被拆毁，曼丁尼亚被划分成 4 个彼

---

① 尽管遭到免职和放逐，但仍然健在。参阅：III. 5. 25。

② 公元前 385 年。

此隔离的村落，就如同古代居民一样。[①] 起初，曼丁尼亚人很不愿意，因为他们被迫拆除他们原有的房屋，在别处另建住所；但是，对于那些土地所有者而言，他们不仅可以居于靠近村落的地产附近，还因为实施了贵族政体从而不再受制于那些麻烦不断的“平民领袖”，[②]因而对他们所采取的这项措施相当满意。拉栖代梦人依照惯例向他们委派分遣队的召集官[③]，不是一名而是4名，每个村落一名。同时，他们在拉栖代梦军队中服役时，以各村落为单位出兵要比在民主政府治下时积极得多。因此，曼丁尼亚战事发生之后，人们更加清醒地认识到一点，那就是在建城的时候，不可让河流穿城而过。

[8] 这时候，[④]来自弗琉斯的被逐者们注意到，拉栖代梦人正在调查，看看战争期间其同盟者究竟属于哪一类朋友，他们觉得这倒是个好机会，于是就前往拉栖代梦，提出只要让他们回到弗琉斯国内，城门对于拉栖代梦人来说随时都是敞开着的，其人民亦会跟随拉栖代梦人四处征战；但自从弗琉斯人把他们放逐之后，弗琉斯人就拒绝前往任何地方，也禁止拉栖代梦人——全人类当中惟独禁止他们——进入其城内。[⑤]

[9] 监察官们听闻此事，遂决定对此加以关注。于是，他们派使者至弗琉斯，宣称那些被逐者是拉栖代梦人的朋友，是无辜被放逐的。使者们还说，他们相信弗琉斯人会自愿地而非被迫地召唤那些被逐者重返故土。听了这番话，弗琉斯人担心，如果拉栖代梦人对其发动征战，城里一些人将会放他们进城。因为城里面不仅有被逐者的许多同族亲戚，还有由于其他原因而与其友好的人士，而且，事实上正如大多数城市的情况一样，有些人希图改变政体，

---

① 这和修昔底德的记载一致。看来，古时候，希腊各地居民先是居于乡村，后来才逐步联合并迁居城市。参阅修昔底德：I.2—5。——译者注

② 参阅：II.3.27及附注。——译者注

③ 参阅：V.1.33。——译者注

④ 公元前385年。

⑤ 公元前384年。

因而要求召回被逐者。

［10］由于以上种种担心，弗琉斯人便通过投票表决，同意召回被逐者，恢复他们的那些无异议的财产，而那些已经购买被逐者财产的人们，可以从国库中得到相应的补偿；一旦购买者与被逐者之间发生争执，则都要通过法律程序加以解决。至此，弗琉斯的被逐者的事情终告结束。

［11］这时候，[①]毗邻奥林苏斯的两个最大的城邦阿堪苏斯和阿波罗尼亚，[②]分别派使者来到拉栖代梦。当监察官得知他们此行的目的时，就把他们引领至拉栖代梦的公民大会现场和同盟者的面前。

［12］阿堪苏斯的克雷根尼斯当众发言。他说：

"拉栖代梦及其同盟诸邦的人们：我们觉得，希腊已然大祸临头，可你们对此还茫然不知。毫无疑问，你们大多数人都知道，奥林苏斯是色雷斯沿海一带最大的一个城邦。就是这些奥林苏斯人，通过规定所有城邦应遵守相同法律并且成为同胞公民，先使一些城邦归附于他们，随后他们还制服了一些较大的城邦。然后，他们采取进一步行动，着手从马其顿国王阿明塔斯治下解放马其顿境内的一些城市。

［13］"当距离他们最近的城邦向其表示效忠时，他们就立即率他们去攻击距离较远且较大的城邦；这样，我们已经让他们占领了马其顿境内的许多城市，尤其是马其顿最大的城市——培拉。[③] 我们还得到情报，说阿明塔斯正在从他的城市撤离，他在马其顿全境都没有立足之地了。此外，奥林苏斯人也派人对我们和阿波罗尼亚人说，如果我们不加入他们的军事行动，他们就来对付我们。

［14］"拉栖代梦人啊，就我们自身而言，我们希望按照祖辈的

① 公元前383年。

② H.G.达金斯英译本的译文为："奥林苏斯同盟的两个最大也是最重要的两个城邦。"——译者注

③ 马其顿王国的首都。关于阿明塔斯的统治，参阅狄奥多拉斯：XIV.89，92；XV.19。——译者注

法律生活，做我们自己城邦的公民；除非有人向我们伸出援手，我们也觉得有必要与他们联合起来。不过，他们现在至少有 800 名重装步兵，还有远多于此数的轻盾兵；至于骑兵，如果我们与他们联合起来，其数量将超过 1000 人。

[15]“雅典人和波奥提亚人的使者还在那里。我们听说，站在他们一边的奥林苏斯人，已经投票表决，将派使者与他们一起前往这些城邦商讨有关结盟事宜。如果雅典人和底比斯人在现有实力基础上再增加如此强大的一股势力，那可要格外小心，以免局势难以掌控。

“另外，既然奥林苏斯人已占据地处帕列涅地峡的波提狄亚，所以可以肯定包括帕列涅在内的诸邦均已受其支配。该事实也进一步证明，这些城邦对奥林苏斯人已感到极度畏惧——虽然他们对奥林苏斯人恨入骨髓，但他们仍不敢派使者与我们一同前来说明此事。

[16]“你们也应该思量一下，在阻止了波奥提亚诸邦联合之后，你们可不能像从前那样又无视这种更强大势力的聚集，而这股日益强大的势力不仅会出现在陆地上，还会出现在海上。事实上，他们所在的这个地区盛产造船用材，可以从诸多港口和许多贸易据点获得收入；同时，这里粮食供应充足，人口众多，那还有什么能阻碍他们向外扩张呢？

[17]“此外，还要提请你们注意，他们已与那些群龙无首的色雷斯人比邻而居。现在，这些色雷斯人正在追随奥林苏斯人；如果他们归附于奥林苏斯人，那么奥林苏斯人将如虎添翼，势力大增。一旦色雷斯人归附于他们，那位于潘盖昂山的金矿随即就会成为他们的囊中之物。① 在奥林苏斯，我们所说到这些事情，都是家喻户晓的。

---

① 潘盖昂山的金矿自古闻名，希罗多德在其《历史》中即有记载（VII. 112）；据狄奥多拉斯（XVI. 8. 6）记载，马其顿人兴起后占领此地，腓力每年从这里获得的收入高达 1000 塔连特，成为马其顿对外扩张成功的重要财源。——译者注

[18]“至于他们的傲慢,那更是一言难尽了。也许神意如此安排,人的傲慢会随着其实力的增长而膨胀。

“拉栖代梦及其同盟诸邦的人们:我们以上所言就是那里目前的形势。他们是否值得你们关注,就在于你们自己如何考量了。但是,你们必须明白,我们描述其国力强大,但它也并未达到难以匹敌的程度。像那些并非甘心情愿地与奥林苏斯人分享其公民权的城邦,①只要他们看到有人举兵反抗,他们马上就会调转立场;[19]但是,一旦他们经过投票,获取了联姻和财产互换的权利,从而以这种方式使其日趋紧密地联合在一起,他们就会发现站在征服者一边是有利可图的——正如阿卡狄亚人与你们联合非但可以确保其领土安全,还可以劫掠他人——如果这样的话,那这种联盟就很难被攻破了。”

[20] 发言者的陈述结束之后,拉栖代梦人让他们的同盟者发言,要求他们提出对于伯罗奔尼撒人以及同盟者双方都是最有利的方针政策。于是,很多同盟者,特别是那些想取悦于拉栖代梦人的那些发言者,倡议组建一支军队,每个城邦均须派出一支分遣队,总数达 1 万人。

[21] 同时,还有人提议,任何一个盟邦都可以钱代役,按每位士兵每日 3 个埃吉那奥波尔来支付,②如果有盟邦提供骑兵者,则

① 即被强行兼并的那些城邦。

② 古典时期希腊诸邦通行银币,波斯帝国则通行金币。公元前 5 世纪末以后,随着与波斯交往日益频繁,金币在希腊各地的使用日益增多。希腊有多种币制,同样的一个德拉克玛,在埃吉那、科林斯和雅典的分量不一样。希腊较流行的两种币制单位(也是重量单位)对比如下:

	雅典·优波亚币制	埃吉那币制
奥波尔	0.72 克	1.05 克
德拉克玛=6 个奥波尔	4.31 克	6.30 克
明那=100 德拉克玛	431.00 克	630 克
塔连特=60 明那	25.86 千克	37.80 千克

因此,一个埃吉那奥波尔大致相当于 1.5 个雅典奥波尔。参阅:I. 5. 5。

支付给一名骑兵的薪饷4倍于重装步兵；[22]若有城邦不能提供分遣队，允许拉栖代梦人对这些盟邦按每人每日1个斯塔特尔[①]之数课以罚款。

[23] 他们作出这些决议之后，阿堪苏斯人再次起来发言，宣称这些措施虽然非常得当，但不可能立即落实。因此，他们认为，在远征军集结的同时，指挥官最好能以最快的速度，率领一支来自拉栖代梦和其他城邦的军队先行出发，赶赴战场，投入作战。这样的话，那些尚未投靠奥林苏斯的城邦就会驻足观望，而那些遭到胁迫的城邦也不会继续与他们结盟了。

[24] 拉栖代梦人对此方案也予以采纳，委派攸达米达斯负责执行这一任务，随他出征的有获释的黑劳士、庇里阿西人以及斯基里提斯人[②]，总数约2000人。攸达米达斯在开拔之时，请求监察官批准其兄弟腓比达斯集结那些分派给他的其他军队，随后赶来；至于他本人，他在抵达色雷斯沿海一带后，把手下军队派驻到那些企盼他们到来的城邦，并占领主动归降的、原为奥林苏斯盟邦之一的波提狄亚，并将该城作为军事基地，以劣势兵力与敌人交战。

[25] 腓比达斯在集结了那些分派给攸达米达斯的军队之后，也率军出征。[③] 他们抵达底比斯时，在其城外健身馆附近扎营。底比斯人分为不同的党派，恰巧担任波列玛克[④]的伊斯蒙尼亚斯和列昂提亚德斯之间有分歧，二人又均为各自政治派别的领袖。伊斯蒙尼亚斯出于对栖代梦人的憎恨，始终与腓比达斯保持距离。

[26] 而列昂提亚德斯则以各种方式支持腓比达斯，双方关系日益密切。于是，列昂提亚德斯说："腓比达斯啊，如今，以你的实力可以为你的祖国所做的贡献之大，无人可比；如果你带着你的重装步兵随我而来，我将引领你们进入底比斯卫城。一旦成功，相信

---

① 斯塔特尔(stater)，金币单位，价值相当于两个德拉克玛。——译者注

② 居住在拉哥尼亚北部边境的一个民族。

③ 公元前383年。

④ 波列玛克是底比斯的主要官员。——译者注

底比斯即将完全处于拉栖代梦人和我们——你的朋友——的控制之下。

[27]“但现在如你所见，他们已宣布禁止任何底比斯人协助你去讨伐奥林苏斯人。但如果咱们双方合作，共同建功立业，我们将马上派出大批重装步兵和骑兵随你同去；这样你可以统率大军去援助你的兄弟，当他为征服奥林苏斯做好准备之时，你也已为征服远强于奥林苏斯的底比斯做好了准备。”

[28]腓比达斯听到了这番话，踌躇满志；他满怀激情，把功业看得比生命还重要，很想建立辉煌勋绩；但另一方面，此人既不能权衡自己所为，也不具有丰富的实践智慧。他同意了上述计划，列昂提亚德斯让他先启程，佯称要离开底比斯。“时机成熟时，”列昂提亚德斯说，“我再与你在这里会合，并亲自担任你们的向导。”

[29]于是，当底比斯的议事会在市场的柱廊上开会、妇女们在卡德美亚[①]庆祝塞斯摩福里亚节、[②]又恰逢夏日中午街道上无人时，列昂提亚德斯骑马出城，追上腓比达斯，带他返回并直接进入卫城。他把腓比达斯安置在军中，把卫城城门钥匙交给他，并且告诉他，除非他本人下令，任何人不得进入卫城，然后他立即赶赴议事会会场。到达会场后，他说：

[30]“诸位，你们根本用不着沮丧，因为拉栖代梦人已经占据了卫城；他们说，他们是不会与那些不渴求战争的人们为敌的；至于我本人，既然法律授权给波列玛克，使他有权逮捕任何涉嫌犯了死罪的人，那么在这里我就要逮捕伊斯蒙尼亚斯，他是战争的煽动者。因此，诸位首领(captains)，你们知道这些人是谁，你们还不动手逮住他，把他带到该去的地方。”

[31]那些知道此计划的人当然都在场，他们听从命令，逮捕了

---

① 底比斯卫城，通常是议事会的会场所在地。——译者注

② *Themophoria*，立法女神节，纪念德墨特尔和珀耳塞福涅这两位立法女神，她们也是创立婚姻和民事法制的女神，保护农业和丰收的女神。参加者必须是自由民当中的已婚妇女，而且要求道德高尚，品行端方，严禁男子参加。——译者注

伊斯蒙尼亚斯；而那些对此毫不知情者，以及列昂提亚德斯及其党派的反对者，他们害怕遭到杀害，马上逃出城外，而其他人则随即回到自己家里。不过，当他们获悉伊斯蒙尼亚斯被关押在卡德美亚时，与安德罗克雷达斯和伊斯蒙尼亚斯持相同政见者约300人，引退至雅典。[①]

[32] 之后，他们另选出一位波列玛克取代伊斯蒙尼亚斯，而列昂提亚德斯则立即动身前往拉栖代梦。在那里，他发现诸位监察官和多数公民正迁怒于腓比达斯，因为他此次行动未经邦国授权。然而，阿格西劳斯却说，如果他的行动对拉栖代梦有害，他必将受到惩罚，但如果对城邦有利，则是符合由来已久的惯例——"统帅在外，有权自主行事"。他说，"所以，此次行动是对城邦究竟是有利抑或有害，这一点确实要弄个水落石出。"

[33] 随后，列昂提亚德斯来到公民大会会场，作了如下发言："拉栖代梦人啊，你们应该这样说，此前底比斯人曾经与你们为敌，如今那些事均已成为过去；因为你们所看到的情况，是他们常常与你们的敌人为友，与你们的友人为敌。他们不是拒绝协助你们与你们的死敌雅典平民在比雷埃夫斯作战吗？另一方面，他们看到你们与佛基斯人友好，不是也出兵征伐佛基斯人吗？

[34] "此外，得知你们对奥林苏斯人开战，他们马上就与该城邦结盟。在过去，你们听说底比斯人迫使波奥提亚屈服并处于其控制之下时，总是感到心神不安。而今形势已经大不相同。你们不必再畏惧底比斯人了；相反地，只要你们发出一封简短书信，就足以保证你们得到所期待的全力支持，只要你们和我们相互之间，都把对方视为利益攸关者。"

[35] 听了这番话，拉栖代梦人作出决定，要维持对底比斯卫城的占领，在那里派驻军队，审判伊斯蒙尼亚斯。于是，他们选派三名拉栖代梦人，加上每个盟邦无论大小均各派一名代表，组成审判团。直到法庭开庭时，才对伊斯蒙尼亚斯提出指控——罪名是他支

① 公元前383年。

持异族人，是一个对希腊造成伤害的波斯总督的座上客；说他接受波斯国王的金钱贿赂，说他和安德罗克雷达斯应对希腊所有的事端和动乱负有主要责任。

[36] 的确，伊斯蒙尼亚斯对于各项指控，都进行了辩护，但他未能说服审判官，他不认为自己是那种罪大恶极的人。结果，他被宣判有罪，并被处以死刑；至于列昂提亚德斯及其支持者，他们控制着底比斯，对拉栖代梦人有求必应，百般殷勤。

[37] 在这些事情之后，拉栖代梦人以更高的热情着手筹划派遣联合出兵奥林苏斯事宜。他们委任泰琉提亚斯为统帅，随同出征的不仅有各邦分遣队士兵共计 1 万人，他们还向各盟邦发送正式文件，指示他们依照同盟者的决议，随后再派些兵员助泰琉提亚斯出战。[①] 所有盟邦都对泰琉提亚斯表示衷心支持——人们认为，只要为他效力，都一定会得到回报的——底比斯城邦尤其如此。因为泰琉提亚斯是阿格西劳斯的兄弟，底比斯人希望能派重装步兵和骑兵随他一同出征。

[38] 现在，泰琉提亚斯命令他的军队不要全速推进，目的是希望在行军途中不对友邦造成伤害，并且尽可能募集更多的兵员。他还提前捎信给阿明塔斯，告诉他说，如果他想恢复对马其顿王国的统治，不但要雇用雇佣军，还要以金钱贿赂毗邻诸邦国王，这样才会使其成为他的同盟者。同时，他又派人到爱里米亚[②]统治者德达斯处，告诉他，说奥林苏斯人已征服了强国马其顿，除非有强国出面加以制止，否则那些弱国也都难逃厄运。

[39] 泰琉提亚斯如此安排的结果，使他在进入其盟国境内之时，拥有一支相当庞大的军队了。他抵达波提狄亚后，便着手谋划以那里为基地，把战火引向敌对的国家。他坚信烧杀抢掠和滥砍滥伐，只会在他们进军和撤退的路上制造很多障碍，因此在向奥林苏斯进军途中，他没有这样做；但他认为从某座城市撤退时，正确

---

① 公元前 382 年。

② 马其顿的一个地区。——译者注

的做法是砍倒一些树木，横在路上，以阻止敌军追击。

[40] 在距离奥林苏斯城不足10斯塔狄亚[①]的地方，泰琉提亚斯命令部下停下脚步。他本人居于左翼——因为这样布阵是使他在兵临城下时，一旦敌人从城门里冲杀出来，他可以正面迎战——方阵的其余部分由同盟者的军队组成，一直延展至右翼。在骑兵方面，部署在右翼的骑兵有拉哥尼亚人、底比斯人和所有参战的马其顿人；在左翼，将德达斯及其所部约400骑兵部署在这里，这不仅因为他钦佩这支军队，也要使德达斯引以为荣，这样使他对参加这次出征感到满意。

[41] 这时，敌军出现在他们面前，在城墙下布阵。敌人集结了大量骑兵，开始向拉哥尼亚人和波奥提亚人的骑兵发起攻击。交战不久，他们的骑兵就将拉栖代梦人的骑兵指挥官波里卡姆斯击倒在地，落马时遍体鳞伤，他们还杀死其他一些骑兵，最后使得拉栖代梦方面的骑兵逃向右翼。随着左翼骑兵的败逃，紧挨着他们的步兵也开始败退。事实上，如果不是德达斯率军直接杀向奥林苏斯城门的话，拉栖代梦方面有全线溃败的危险；而泰琉提亚斯也率军以战斗阵型向前推进，发起突击。

[42] 奥林苏斯的骑兵队察觉到这些情况之后，唯恐自己会被关在城外，他们便调转方向，全速撤兵回城。这些骑兵在从德达斯军队身边经过时，德达斯给他们以不小的杀伤；奥林苏斯的步兵也撤回城里。因为他们距城门较近，故没有遭到多大杀伤。

[43] 泰琉提亚斯树立了一座胜利纪念碑，宣布他在此战中获胜。他在撤退的时候，还砍伐了一些树木。[②] 在持续作战一个夏季之后，他下令遣散马其顿人的军队和德达斯的骑兵；然而，在奥林苏斯人方面，他们依然频频攻击与拉栖代梦人结盟的那些城邦，杀人劫物。

---

① 约1.85千米。——译者注

② H. G. 达金斯英译本译为“果树”。——译者注

第3章

[1] 翌年初春，[1]大约 600 名奥林苏斯骑兵在正午时分侵入阿波罗尼亚地区，四处劫掠；那天，正巧德达斯率手下的骑兵抵达该地区，他们在阿波罗尼亚用早餐。看到敌人到处劫掠，德达斯命令手下骑手全副武装、马匹系带佩鞍，伺机而动。直到奥林苏斯的骑兵大摇大摆地进入城郊，甚至逼近城门之时，他才以整齐的队形，率部出击。

[2] 敌人一看到他，便纷纷溃逃。眼见敌人溃败，德达斯乘胜追击，至少追出 90 斯塔狄亚，[2]直至把敌人驱逐到奥林苏斯城墙下，才停了下来。据说，德达斯在此次行动中杀死对方约 80 名骑兵。从这一天起，敌人便蜷缩于城墙之内，耕耘他们那很小的一片土地。

[3] 过了一些时日，泰琉提亚斯再次率军兵临奥林苏斯城下。[3]这次出兵旨在砍伐敌人境内的所有树木，毁灭其田地里的各种农作物。奥林苏斯人悄悄地出动骑兵，淌过城外的河流，前去迎击敌军。泰琉提亚斯看到敌人如此大胆，十分恼怒，他立刻命令轻盾兵队长特列摩尼达斯快速进攻。

[4] 奥林苏斯人看到敌人轻盾兵出击，他们不慌不忙，立即回撤，再次淌过那条河流。这时，紧追不舍的轻盾兵以为敌军已经溃败，于是也跟着淌过河流，尾随其后。同时，奥林苏斯的骑兵则认

---

① 公元前 381 年。

② 约合 16.7 千米。——译者注

③ 公元前 381 年。

为这些淌过河流的敌人不难对付，他们选择有利时机，猛冲过来，不仅杀死特列摩尼达斯，还杀死一百余名士兵。

[5] 而泰琉提亚斯看到这种情况，怒不可遏，便命令手下的轻盾兵和骑兵继续追击，自己则拿起武器，率重装步兵迅速推进。现在，许多在追击过程中迫近城墙的人，要想全身而退就没那么容易了。敌人从城上的塔楼居高临下，投掷枪矛，向他们袭来，他们阵型大乱，不得不且战且退。

[6] 这时，奥林苏斯人又派骑兵出城反攻，轻盾兵也协力出击；他们的重装步兵最后出击，攻击已经乱作一团的拉栖代梦人的方阵。泰琉提亚斯战败。这时候，泰琉提亚斯身边的军队随即溃散。事实上，没有一个人再坚守阵地了，所有人都在逃命。有些人逃至斯巴托鲁斯，有些人逃至阿堪苏斯，还有些人逃至阿波罗尼亚，大多数逃至波提狄亚。泰琉提亚斯的败兵逃到哪里，敌人就追到哪里，大批士兵被杀，包括军中最精锐的部分。

[7] 从这次惨败中，我相信人们已经汲取了教训。事实上，主要的教训就是他们不应该在盛怒之下惩罚任何人，即使是他们的奴隶——因为主人在发怒时，常常会招致更大的伤害；尤其是在对敌作战时，在怒火冲天、失去理智的情况下发起攻击，绝对是错误的。因为愤怒使人思绪混乱、只顾眼前，而理智的决断可以使自己免遭伤害，而把伤害加到敌人身上。

[8] 拉栖代梦人获悉此战的消息后，他们经过磋商，认为必须派遣大军前去，以挫获胜之敌的傲气，并使原已取得的战果不至于化为乌有。在作出这个决定之后，他们委派国王阿格西波里斯为统帅，配备三十个斯巴达人作为随身护卫，这与阿格西劳斯出征亚细亚时的情况相同。

[9] 随同他一起出征的有大批志愿者，包括庇里阿西人、富有阶层人士、属于所谓“斯巴达养子”[①]的异邦人，以及由斯巴达人与

① 即在斯巴达长大成人、经受过斯巴达的军事训练者。色诺芬之子即属于这一阶层。

黑劳士妇女生养的私生子，他们当中那些特别俊美者，并且熟谙斯巴达军纪者。此外，参加远征的还有来自盟邦的志愿者，包括色萨利的骑兵，他们希望以此行动而为阿格西波里斯所知，阿明塔斯和德达斯则以前所未有的热情参与此次出征。在这种形势下，阿格西波里斯率军攻击奥林苏斯。

[10] 同时，弗琉斯人曾因为给在很短的时间内为阿格西波里斯提供大笔军费而得到称许。他们认为阿格西波里斯出征在外，阿格西劳斯应该不会对他们开战，因为从未出现过两位国王同时不在斯巴达国内的先例。基于此，弗琉斯人胆大起来，拒绝给那些恢复身份的被逐者以任何权利。① 被逐者要求把有争议的问题交由公正的法庭来审理，但按政策规定他们应在本邦为自己辩护。当这些恢复身份的被逐者质疑审理方式时，在当地做坏事的这些人正是时任法官，他们对此置若罔闻。

[11] 因此，这些恢复身份的被逐者就来到拉栖代梦，提出他们对自己城邦的控诉，随他们从国内而来的其他人，则宣称公民当中也有很多人认为被逐者没有得到公正的待遇。弗琉斯当政者对此事颇感愤怒，对那些未经城邦授命而私自前往拉栖代梦的所有人，都课以罚款。

[12] 受罚者对回国心存疑惧，便滞留在拉栖代梦，就本邦之事向拉栖代梦人提出抗议，指出，“就是他们这些人，专横霸道，将我们逐出国门，也不许你们拉栖代梦人进入弗琉斯；同时，他们收购了我们的财产，并且还想通过高压政策使其不能归还原主。现在，还是他们这些人，因为我们来到贵邦就对我们课以罚款，这样的话，以后无论城邦发生什么事情，就无人敢来向你们报告了。”

[13] 既然弗琉斯人一意孤行，监察官们就下令出兵弗琉斯。

对于这项决定，阿格西劳斯并未感到不快。因为波丹涅姆斯的追随者是他的父王阿奇达姆斯的朋友，此时他们都在恢复身份的被逐者之列；而希波尼库斯之子普罗克利斯的支持者是他自己的

---

① 参阅：II. 10。

朋友。

[14] 阿格西劳斯在边境上献祭,结果显示吉兆,随后他下令立即进军。很多使者前来求见,向他贿以金钱,劝他不要入侵弗琉斯。然而,他回答说,此次出兵并不是去干坏事,而是去帮助受害者。

[15] 最后,弗琉斯人说他们什么都愿意做,只求他不要继续进兵。他再次回应说,他不会相信任何人的话,因为他们已有过言而无信的先例,但他必须做一些让人信服的事。当有人问他想做何事时,他答道:"就是你们以前所做的那事,[①]在我们的掌控下,你们不会遭受任何委屈的。"阿格西劳斯的用意,是让他们放弃卫城。

[16] 当弗琉斯人拒绝这样做时,阿格西劳斯便侵入其领土,迅速筑起绕城围墙,加以围攻。当许多拉栖代梦人说,仅仅为个别人的利益,而使他们自己招致一个超过5000人的城邦的憎恨时——因为弗琉斯人在城外显眼的地方举行公民大会,目的就是使他们的人数一目了然——阿格西劳斯便拟定措施,以应对这种情况。[②]

[17] 只要弗琉斯城内有那些被逐者的朋友或亲戚出城,他便命令这些被逐者把这些新出城者组织起来,接受军事训练,提供充足的生活费用;他还力求为所有这些人提供武器装备,为此不惜借款。于是,那些被逐者执行他的指令,结果募集了一千余名身体条件出众的男子,他们受到良好的军事训练,得到精良的武器装备;拉栖代梦人说,他们军中需要这样的士兵。

[18] 于是,阿格西劳斯就忙于处理这些事务了。[③] 至于阿格西波里斯,他从马其顿出发,率军直逼奥林苏斯城下。当时无人出城贸然攻击他,他来到奥林苏斯的乡村,看到完好的田园,便大肆蹂躏;还进入奥林苏斯人的盟邦境内,毁坏庄稼;托伦涅既遭到他的攻击,又遭暴风雨的侵袭。

---

① 参阅:IV. 4. 15。

② 公元前381年。

③ 公元前380年。

[19] 阿格西波里斯连续作战，不断采取行动。至仲夏时节，他突患严重高热病。由于此前他在阿斐提斯到狄奥尼苏斯神庙看过，所以这时候他很向往去那里纳凉歇息，饮用清澈甘爽的泉水。于是，人们将他移送到那里。他在患病的第七天，就在神庙的外面的歇息处一命呜呼。他的遗体被浸于蜂蜜中运送回国，[①]按国王的葬礼下葬。[②]

[20] 阿格西劳斯闻知此事，并未如人所料因自己政敌的病故而喜形于色。他痛哭流涕，对失去一位同僚国王表示哀悼。原来，在斯巴达国内，两位国王是居住在一起的。阿格西波里斯与阿格西劳斯交谈甚欢，他们谈论青春岁月、狩猎、骑马和情事；此外，在日常交往中阿格西波里斯如对长者般尊重阿格西劳斯。其后，拉栖代梦人委派波里比亚德斯前往奥林苏斯，代替阿格西波里斯总领当地的事务。

[21] 随着阿格西劳斯持续不断地攻城，弗琉斯人粮食供应就出现问题了。[③] 食欲的自制与随意的放纵，其结果迥然有异。于是，弗琉斯人通过投票，决定此后每天按此前所吃食物的一半供应，并立即执行这一决定。这样，在遭到围困的情况下，弗琉斯人坚守的时间比预料要长一倍。

[22] 同样，人在勇敢与懦弱时的表现也是全然不同的。德尔斐昂就是一位杰出人物，亲自率领 300 名弗琉斯人；他能控制那些渴望求和的人，监禁和监视他不信任的那些人，有能力迫使广大民众各尽其责，通过安置岗哨保证人民的忠诚。他还常常率领这 300 名精选之士出击，击退城墙各处的来犯之敌。

[23] 但是，当这些精选之士在城中完全无法找到食物时，他们派人到阿格西劳斯处，要求他给予他们出使拉栖代梦的安全通行权；他们说，他们决定把弗琉斯城交由拉栖代梦的权威人物，任由

① 古代埃及人和希腊人都知道蜂蜜有抗菌防腐的作用。在日常生活中，他们用蜂蜜来保存肉类，其风味不变，更不会腐败变质；马其顿国王亚历山大大帝死后，其尸体也是浸于蜂蜜中运回马其顿安葬的。据说尸体完好无损。——译者注

② 公元前 380 年。参阅附录 2，《斯巴达政制》，XV. 9 及附注。——译者注

③ 公元前 379 年。

他们处置。[①]

［24］可是，由于他们没有把阿格西劳斯视为权威人物，惹怒了阿格西劳斯。他委派自己的朋友回国，协商本应由他作出的关于弗琉斯的决议，不过他还是把安全通行权授予了使者。之后，他大大加强了戒备，使城中的人插翅难逃。尽管如此，德尔斐昂仍趁夜逃跑，与其同行的是一名身有烙印、曾多次从围攻者那里盗取武器的亡命之徒。

［25］由拉栖代梦而来的使者抵达军营，传达口信，说关于弗琉斯事务的处理，悉由阿格西劳斯全权决定。阿格西劳斯做出了这样决定：首先，由恢复身份的被逐者和留在国内的人们各出50人，由他们进行调查，以确定哪些人应当继续生活，哪些人应该处死；其次，草拟一部宪法，政府依法行事。这些问题解决之后，他留下一支驻军，发给他们6个月的薪饷。他在作出如此安排之后，遣散了同盟者的军队，率本邦军队回国。弗琉斯事件至此得以解决，历时1年零8个月。

［26］这时候，奥林苏斯人粮尽援绝、极度窘迫，因为他们在自己耕种的土地上颗粒无收，海外供应亦完全中断。于是，波里比亚德斯迫使奥林苏斯人派使者前去拉栖代梦求和。那些前往拉栖代梦的使者，获准拥有全权，[②]他们与拉栖代梦人达成协议，与拉栖代梦人拥有共同之敌、共同之友，随时跟随其出征，成为其盟友。[③]他们在宣誓遵守协议后，返回奥林苏斯。

［27］现在，拉栖代梦人通过不懈的努力，已将底比斯人和其他波奥提亚人完全置于他们的控制之下，科林斯人对他们更是忠心耿耿，阿尔哥斯人则因圣月停战祈求完全无效而变得温顺谦卑；雅典人的同盟者寥寥无几。同时，在拉栖代梦人的同盟者当中，那些与他们作对者也受到了惩罚。看来，他们终于极大地稳固了帝国的基础。

---

① 公元前379年。

② 参阅：II.2.17及附注。——译者注

③ 公元前379年。它实际上已成为拉栖代梦人的附属国。——译者注

第4章

[1] 人们也许会注意到，无论在希腊人还是异族人的历史上，都有许多例证足以证明诸神是不会放任那些作恶之人或罪孽深重之人的。现在我来说说当前这个例证。那些曾信誓旦旦要让其他城邦保持独立的拉栖代梦人，在占领底比斯卫城后，却又受到了那些无助的受害者的惩罚，而在此之前底比斯人还没有被世界各族中哪一个单独民族征服过。[①] 那些曾引领拉栖代梦人进入卫城，希望城邦臣属于拉栖代梦人，以便由他们自己进行专权统治的底比斯人，他们所建立的政府，却被区区7名被逐者给颠覆了。[②] 下面我来叙述这个事件的始末。

[2] 腓力达斯是一位最杰出人物，曾担任阿奇亚斯的幕僚和波列玛克，[③]也担任过其他方面的职务。此人因商业事务前往雅典，在那里遇到故友麦隆，后者居留在雅典，是一位底比斯的被逐者。麦隆得知现任波列玛克的阿奇亚斯的所作所为和腓力普暴虐统治的情况，发现腓力达斯对国内现状也颇感痛心疾首，甚至超过了他，于是两人互相盟誓，并就随后的行动安排达成一致。

[3] 麦隆从被逐者当中精选出6名最信任的人。之后，他们采取第一步行动，是身藏匕首，不携带其他任何武器，在夜色降临后

---

① 波斯战争期间，底比斯人曾经主动降服波斯人。当然，那时波斯人是联合了许多民族共同出征希腊的。——译者注

② 公元前379年。

③ 参阅V.2.25的注释，可能担任波列玛克一职有三人，阿奇亚斯和腓力普(见后)只是色诺芬点名提到过的供职者。

进入底比斯境内;白天就在一荒僻处潜伏着,适逢最后一批劳作者返城的时候,他们也佯装从乡下回城,朝城门走去。进城后,他们在卡隆家的住宅度过当晚和第二天。

[4] 底比斯的波列玛克在任期届满时,总要庆祝阿芙洛狄特节,腓力达斯为他们做好各方面的安排,尤其是他早就承诺为其引见一些美女,并答应在庆祝节日的时候把底比斯最高贵、最艳丽的女子带来为他们助兴。他们——因为他们是那种人——期待着度过一个销魂之夜。

[5] 宴会开始后,在腓力达斯的热情招待下,他们很快就醉醺醺的了,便要求把那些女子都带进来。他出去把麦隆及其同伴们引领进来,其中三人装扮成主妇,其他人则为侍女。

[6] 腓力达斯把诸位"女子"都引入波列玛克的金库隔壁的接待室,然后独自进来,对阿奇业斯及其同僚们说,那些女子说只要有侍从在屋内,她们就不会进来侍候你们。波列玛克们立即命令所有人退下,腓力达斯把酒端给他们,把他们安排到其中一个人的房间里。然后,他把这些假的侍女带进来,安排"她们"坐到每位波列玛克身边。按照事先约定,他们一坐好,就亮出利刃,将其刺杀。[①]

[7] 有些人说,波列玛克们就这样被杀死了,还有些人则说,麦隆及其手下假扮狂欢者进入房间杀死了他们。

随后,腓力达斯带领其中三人前往列昂提亚德斯的住所,他在敲门时说,他从波列玛克处带来消息要告诉他。这时候,列昂提亚德斯用餐后,一个人倚靠在睡椅上,其妻坐在他身旁,正在纺织羊毛。出于对腓力达斯的信赖,让他进来。随行人员进门后,杀死了列昂提亚德斯,其妻惊吓得说不出话来。他们出来时,下令他们把门关上;并威胁说,如果发现门开着,就将他们一家老小全杀光。

---

① 这与当年马其顿人刺杀波斯使者的故事颇有相似之处。参阅希罗多德:V. 18—21。——译者注

[8] 在这之后，[①]腓力达斯带领两人前往监狱，告诉狱吏说，他从波列玛克处带来一名囚犯。狱吏一开门，他们立刻将其杀死，释放所有囚犯。同时，从柱廊上取下武器，迅速分发给这些人，带领他们进入安菲昂庙，[②]命令他们保持高度警戒。

[9] 接着，他们立即向所有涌上街头的底比斯人，向骑兵和重装步兵们宣布，说僭主们已被杀死。当天夜里，公民们满腹狐疑，一夜保持安静；天亮之后，终于真相大白，重装步兵和骑兵迅速拿起武器，前来援助。回国的被逐者派骑兵至边境地带，迎接由两名将军统率的雅典军队。当两名将军获悉底比斯人派遣骑兵的用意时，他们欣然相助。

[10] 驻守底比斯卫城的拉栖代梦人的首领得知夜间发布的公告后，立刻派人前往普拉提亚[③]和塞斯皮埃去求援。底比斯骑兵得知普拉提亚人兵临城下时，随即出兵迎战，杀死二十余人；交战获胜后，他们又返回城内。这时候，由边境上开来的雅典军队也抵达底比斯城，遂向卫城发起攻击。

[11] 卫城上的拉栖代梦驻军知道自己在人数上处于劣势，他们也看到围攻他们的军队士气高涨——围攻者许诺，首先登上卫城者，将获得重赏——对事态的后果感到恐惧。于是，他们提出，如果底比斯人允许他们携武器安全撤离，他们愿意撤走。底比斯人爽快地答应了他们的请求，在达成停战协议并宣誓后，让他们遵约离去。

[12] 然而，在他们撤离的过程中，公民们只要认出是政敌，就将其抓住并且予以处死。事实上，有些人是被越境而入的雅典援军偷偷带走和解救了。但是，底比斯人并不满足于杀死那些人，他们又四处捕捉他们的子女，也统统予以杀戮。

[13] 拉栖代梦人在得知这些情况后，处死了那位放弃卫城、而

---

① 公元前 379 年。

② 底比斯英雄安菲昂(Amphion)的神殿。

③ 该城在公元前 386 年得以重建。

没有坚守待援的驻军司令,下令出兵底比斯。这时候,阿格西劳斯说,他的军龄已逾40年,其同龄人均不再去国外服役,同样的法律条款亦应适用于国王。他以此为由,不再参与军事行动。然而,他并非为此而留在国内,而是因为他深知如若他仍军权在握,公民们会说阿格西劳斯给邦国制造麻烦以帮助那些僭主。因此,他让公民们自行决定此事。

[14] 监察官听说那些在底比斯发生大屠杀后遭到放逐的人们的情况后,派克列奥姆布洛图斯[①]——这是他首次执掌兵权——在隆冬时节出兵。[②] 他的行军路线要穿过埃琉特莱,此地由卡布里亚斯和雅典的轻盾兵把守;克列奥姆布洛图斯率军攀爬上山,[③]此地靠近通往普拉提亚之路。在山顶上,前锋轻盾兵发现约150名被释放的囚犯在此地驻守。除一两人逃跑外,其余皆死于其轻盾兵手下;之后,克列奥姆布洛图斯长驱直入其时仍与其保持友好关系的普拉提亚。

[15] 他在抵达塞斯皮埃后,又由此前往底比斯人的属地库诺斯开法莱,在那里安营扎寨,驻扎16天之后,重返塞斯皮埃。他下令将同盟者每个分遣队的三分之一兵力留在那里,由斯福德里亚斯负责统领;克列奥姆布洛图斯把从国内带来的所有钱财全都交给斯福德里亚斯,并指令他再雇用一支外国雇佣兵。

[16] 斯福德里亚斯奉命行事。同时,克列奥姆布洛图斯则带领其麾下的士兵,经由穿过克琉西斯的大路回国,但士兵们却极为困惑,他们不知道自己与底比斯人之间究竟是处于战争还是和平状态;因为克列奥姆布洛图斯率军进入底比斯境内,在那里几乎秋毫无犯就班师回国。

[17] 在归国途中,他们遭遇到一场罕见的暴风。有人预言,说

---

① 阿格西波里斯的继任者。

② 公元前379年。

③ 基赛隆山。

这是要出祸事的征兆。[①] 确实，这场暴风不仅给他们造成多方面巨大冲击，而且当他率军离开克琉西斯、准备翻越山脊时，山脊垮塌，直冲入海，大量的驮畜、辎重等均坠入悬崖，许多士兵手中的盾牌被风卷起来，落入海中。[②]

［18］最终，许多人难以携带武器前行，就把盾牌留在山巅之上，背面朝下，再用石头压上。那天，他们尽其所能在麦加拉境内的埃哥斯特那进餐；翌日返回重新取回盾牌。之后，克列奥姆布洛图斯将队伍解散，他们随即各自返乡。

［19］现在，雅典人见识了拉栖代梦军力强大，看到科林斯境内不再有战事，而拉栖代梦人正绕过阿提卡侵入底比斯境内时，他们很害怕，于是审判了暗中支持麦隆起事以反对列昂提亚德斯及其党派的两位将军，处死其中一位，对另一位未加审判，而是将其驱逐出境。

［20］对于底比斯人而言，他们也感到恐慌，因为除他们之外再没有人会向拉栖代梦人开战。于是，他们策划出如下计谋。[③] 他们劝说拉栖代梦驻塞斯皮埃的指挥官斯福德里亚斯——据猜测，是对他贿以金钱——去袭击阿提卡，这样便有可能将雅典人拖入与拉栖代梦人的战争之中。斯福德里亚斯听从了他们的劝说，表示他将去攻打比雷埃夫斯，因为那里没有城门。[④] 午餐过后，他率领军队从塞斯皮埃出发，声言翌日拂晓前兵抵比雷埃夫斯。

［21］但直到天亮时，他还滞留在特里亚，[⑤]并未有意摆脱盯梢，相反，在被迫退兵的时候，他还掳掠牲畜，洗劫村舍。在夜间与其遭遇的一些人逃到城中，向雅典人报告，说有一支庞大的军队正向他们袭来。于是，雅典人迅速将其骑兵和重装步兵武装起来，并在城上布岗放哨。

---

① 参阅：VI. 4. 2—15。

② 公元前379年。

③ 公元前378年。

④ 参阅：IV. 8. 9，10。

⑤ 阿提卡一德莫，邻近埃琉西斯。——译者注

[22] 这时，拉栖代梦的大使爰提摩克利斯、阿里斯托罗库斯和奥库鲁斯恰好在雅典，他们都待在其外交代理人[①]卡里阿斯的住所；当拉栖代梦大军入侵阿提卡的消息传来时，雅典人认为他们也参与了这场阴谋，于是将他们羁押起来，严加监管。可是，他们完全错愕于此事，并辩解说，如果他们真的知道有夺取比雷埃夫斯的密谋，他们怎么会愚蠢到自投罗网，置身于雅典城中呢？更不必说，还待在最容易被发现的外交代理人的住所里。

[23] 另外，他们说，雅典人应该明白，拉栖代梦当政者也不知晓此事。至于斯福德里亚斯，他们宣称，可以肯定雅典人将会听到他被当政者处死的消息。因此，雅典人宣布，由于他们对此事毫不知情，予以释放。

[24] 然而，监察官们召回斯福德里亚斯，指控其犯下死罪。但是，他因恐惧而未应召回国；虽然他拒不从命出庭应讯，却仍被宣告无罪。在很多人看来，这个案件的审理结果，在拉栖代梦的历史上被认为是最不公正的。此事的原委如下。

[25] 斯福德里亚斯有一儿子名叫克列奥尼姆斯，正值青春时期，被公认为同龄中最高大英俊者。阿格西劳斯之子阿奇达姆斯正好中意于他。[②] 这时候，克列奥姆布洛图斯的朋友和斯福德里亚斯属于同一政治阵营，因而倾向于宣告他无罪，但是他们又惧怕阿格西劳斯及其朋友，以及摇摆于两派之间那些人；因为他涉嫌犯下一桩重罪。

[26] 于是，斯福德里亚斯对克列奥尼姆斯说："我的儿啊，你是有能力救你父亲的，你可以去央求阿奇达姆斯，让阿格西劳斯在审讯时帮我一把。"听了这话，克列奥尼姆斯就鼓起勇气前往阿奇达姆斯处，求他看在他的份上救救他父亲。

[27] 阿奇达姆斯看到克列奥尼姆斯泣不成声，他也情不自禁地泪流满面；既然克列奥尼姆斯提出这样请求，他回答说："克列奥

---

① 参阅：I. 1. 35 及附注。——译者注

② 大概是同性恋。——译者注

尼姆斯啊，我确实不敢与我的父亲直接谈及此事，但是如果我想在国内实现自己的目标，我会去恳求除了我的父亲以外的其他任何人的；既然你这样吩咐我，相信我会想尽一切办法，使你如愿以偿。”

[28] 于是，他从公共食堂[①]返回家中休息；拂晓就起床，关注着父亲的一举一动，这样他父亲就不会在他不注意的情况下离家出门了。他看到父亲出去时，如果有公民在场，他就会退避一旁，让他们与阿格西劳斯交谈，如果是陌生人，他也会这样做，他甚至为那些想和阿格西劳斯说话的侍从让路。最后，当阿格西劳斯从攸洛塔斯[②]返回，走进家门时，阿奇达姆斯都不上前迎接，而是走开了。第二天同样如此。

[29] 阿格西劳斯满腹狐疑：阿奇达姆斯为何如此待他？但他没有询问儿子，任由他这样。另一方面，阿奇达姆斯自然很渴望见到克列奥尼姆斯；但在尚未与父亲谈及克列奥尼姆斯的请求的情况下，他不知道如何面见克列奥尼姆斯。平时，阿奇达姆斯经常来看克列奥尼姆斯，斯福德里亚斯的支持者们最近未见他来，于是他们倍感焦虑，担心他遭到阿格西劳斯责难。

[30] 最终，阿奇达姆斯鼓足勇气接近阿格西劳斯并对他说：“父王啊，克列奥尼姆斯要我恳求你救救他的父亲；如果可能的话，我也同样恳求你救救他。”阿格西劳斯答道：“对你而言，我可以原谅；但是那些对邦国造成伤害的人，想通过交易让我宣布其无罪，我不知道如何去面对国民。”

[31] 听到这话，阿奇达姆斯一时无言以对，只能屈服于正义而走开了。之后，不知是他自己想到的还是有人给他出的主意，

① 公共食堂(*sussition*)，是斯巴达公民 60 岁之前的用餐之所。公餐制度据传为来库古斯所创，斯巴达成年男子组成“公餐团”，每组 15 人左右，每人每月提供一定数量的大麦、酒、干乳酪、无花果以及少量的钱。无论是谁，都必须去公共食堂就餐，除非是因为献祭或者狩猎耽误了。参阅色诺芬：《斯巴达政制》，V. 2—7；普鲁塔克：《传记集・来库古斯传》，XII. 1—7。——译者注

② 通常斯巴达人的集合地点就在攸洛塔斯河畔。

他又来到阿格西劳斯面前说:“父王啊,我知道如果斯福德里亚斯无过错,你可以宣布他无罪;但若他有过失,就让他在你的手上为我们的缘故以获得谅解吧。”阿格西劳斯说:“如果这样做能为我们赢得尊重,就应该这样办。”听到这话,阿奇达姆斯大失所望,转身离去。

[32] 斯福德里亚斯的一位朋友与爱提摩克利斯交谈时说:“我想,你们这些人,都是阿格西劳斯的老朋友,都支持处死斯福德里亚斯吧。”爱提摩克利斯答道:“宙斯作证,我们不会与阿格西劳斯走相同的路线,他曾就此事与所有谈话者说,斯福德里亚斯有过错而不判罪是不可能的;但是从儿童、少年至青年人,一个男人要不断履行作为斯巴达人的各项职责,把这样的人处死绝非易事;因为斯巴达需要这样的战士。”

[33] 听闻此言,此人迅速告知克列奥尼姆斯。他大喜过望,立刻前往阿奇达姆斯处说:“我们知道你很关心我们;阿奇达姆斯啊,你从不以我们的友谊为耻,现在我们也会极力维护的。”他没有失言,作为一位斯巴达公民,在他有生之年方方面面的表现,都是值得称誉的;而且在琉克特拉之战时,[①]在与波列玛克狄浓共同护卫斯巴达国王的战斗中,他曾三次被击倒,成为在对敌交战中第一位牺牲的公民。他的离世让阿奇达姆斯悲伤不已,如他所允诺的,他给阿奇达姆斯带来的不是耻辱,而是荣誉。斯福德里亚斯就这样被宣判无罪的。

[34] 至于雅典人当中曾帮助过波奥提亚人的那些人,他们指出,拉栖代梦人不仅没有惩罚斯福德里亚斯,反而支持他密谋反对雅典。[②] 于是,雅典人着手在比雷埃夫斯修筑城门,建造舰船,全力以赴支持波奥提亚人。

[35] 在拉栖代梦人方面,他们下令出征底比斯,相信阿格西劳斯比之克列奥姆布洛图斯更为多谋善断,因而要求由前者担任全

① 7年后。参阅:VI.4.14。

② 公元前378年。

军指挥官。阿格西劳斯宣称，既然国民认为他是最佳人选，他本人绝无任何异议，于是就着手备战事宜。

[36] 阿格西劳斯知道，除非首先占领基赛隆山，否则很难进入底比斯境内；因此，当他得知克列托尔人[①]正与奥科门努斯人交战，并拥有一支雇佣军时，他立刻与克列托尔人达成协议：如有必要，这支雇佣军将归他指挥。

[37] 阿格西劳斯在边境上的献祭，显示吉兆。他本人尚未到达泰格亚，就先派人到克列托尔的雇佣军指挥官处，发给他们一个月的薪饷，命其提前占领基赛隆山。同时，只要他的军事行动还在进行，奥科门努斯人就应停战；实际上，在他率军出征期间，如果盟邦之中有城邦对其他城邦发起武力挑衅，他声称根据同盟者的决议，会首先对付肇事者。

[38] 阿格西劳斯率军翻过基赛隆山，抵达塞斯皮埃后，以该城为基地向底比斯境内发起攻势。[②] 但是，当他发现底比斯境内的平原地带以及那些战略要地已经被围以防护壕沟和栅栏时，便不断变换安营地点。早餐之后，率军蹂躏周围有壕沟和栅栏的地方。阿格西劳斯出现在哪里，敌人就隔着壕沟出现在他的前面，为的是抵御他的进攻。

[39] 一旦他朝本方营地撤退，只要天没黑下来，底比斯人的骑兵就常常突然从栅栏的出口冲出来，这时候阿格西劳斯手下的轻盾兵往往正在前往吃饭的途中或者正准备吃饭，骑兵当中的一些人刚刚下马，另有些人还在马上，底比斯人便趁机猛攻；他们杀死了大批轻盾兵，至于骑兵，斯巴达人克利亚斯和爱皮基狄达斯、庇里阿西人攸狄库斯和一些底比斯的被逐者，他们还没有来得及上马就被杀死了。

[40] 而在阿格西劳斯调转方向救援重装步兵之时，他手下的

---

① 阿卡狄亚的城镇克列托尔(Cletor)的居民。——译者注

② 公元前 378 年。

骑兵向敌人的骑兵发起猛攻,重装步兵中的精壮之师[①]也随同他们一起冲杀。底比斯骑兵的应对行动,就好像他们有点酒意似的。他们本来要等到敌人靠近时再掷出枪矛,但是敌人还没有进入射程范围内,他们就开始投掷了。尽管他们在距离很远的地方即转身退却,但仍有12人被杀。

[41] 阿格西劳斯注意到,敌人总是在早餐后出现,于是他在拂晓前完成献祭,然后率军以最快的速度推进,进入一个无人防守的栅栏区域。他们毁坏、焚烧围栏以内至城墙脚下的区域。然后,撤兵返回塞斯皮埃,帮助塞斯皮埃人加固城墙。阿格西劳斯指定腓比达斯负责管理该地的事务,他本人则再次翻越基赛隆山至麦加拉,遣散同盟者的军队,率本邦公民兵回国。

[42] 阿格西劳斯撤走后,腓比达斯派出小股军队去劫掠底比斯人,不断蹂躏其田地。在底比斯人方面,他们渴望复仇,他们出动全部兵力,去攻打塞斯皮埃人。当他们攻入塞斯皮埃境内时,腓比达斯以其轻盾兵紧紧压制对方,不让敌人远离其方阵;底比斯人对此极为恼怒,他们迅速撤退,比进攻时的速度还要快,驭骡者丢弃其掠获所得,迫不及待地飞奔回家;全军笼罩在一片恐慌之中。

[43] 同时,腓比达斯率轻盾兵大胆地向其逼近,命令重装步兵以战斗队列紧随其后。事实上,他很希望击溃底比斯人;自己身先士卒,在勇敢地率军前进的同时,还激励其他人攻击敌人,命令塞斯皮埃人的重装步兵紧紧跟上。

[44] 当底比斯的骑兵撤退至一条无法通过的峡谷、走投无路的时候,他们首先集合在一起,转过身来,与腓比达斯对峙着。这时候,腓比达斯方面的轻盾兵很少;队伍前列的士兵惧怕骑兵,开始溃散;底比斯骑兵看到这种情况,他们汲取以往的经验,乘势发起攻击。

[45] 腓比达斯身边仅有两三人作战,见此情景,那支雇佣军迅

---

① 直译为"重装步兵当中军龄10年以内的士兵",即20—30岁的精壮战士。——译者注

即作鸟兽散。雇佣兵在逃散时，进入塞斯皮埃人重装步兵队列中，此前他们非常自信，认为自己不会在底比斯人面前退却，但如今在根本没有追兵的情况下已然逃散。这时，天色已晚，不宜追击。少量塞斯皮埃人被杀，他们退回城里，战斗停了下来。

[46] 此战将底比斯人的战斗激情再度点燃，他们派军队攻打塞斯皮埃及其周围的其他城邦。这些城邦中的民主派人士也纷纷撤至底比斯。因为在这些城邦同底比斯一样，[①]都建立起寡头政府；结果是在这些城邦中的拉栖代梦人的朋友都需要援助。腓比达斯死后，拉栖代梦人仅只从海路派来一位波列玛克和一个团，驻守塞斯皮埃。

[47] 翌年初春，[②]监察官们再次下令出兵底比斯，同此前一样，请求阿格西劳斯统率全军。既然他对入侵波奥提亚一事仍持与以往相同的观点，[③]在边境献祭之前，他派一位波列玛克先去塞斯皮埃，命令他提前占领可俯瞰那条穿越基赛隆山的大路的制高点，驻守在那里，直到他本人到达。

[48] 阿格西劳斯经此到达普拉提亚后，假装又要首先攻打塞斯皮埃，并派人到那里，下令准备一个市场，[④]并要求大使在那里恭候他。于是，底比斯人派重兵把守由塞斯皮埃通往其国内的道路。

[49] 然而，翌日黎明，阿格西劳斯在举行祭祀之后，却由陆路前往爱利特莱。阿格西劳斯率军在一天之内完成两天的行程，底比斯人在上次敌军入侵的通道上把守着，还没等他们返回国内，阿格西劳斯就已经突破了他们在斯科鲁斯的防线。之后，他率军在底比斯城以东地区大肆蹂躏，范围远至塔那格拉境内；那时候，拉栖代梦人的朋友海巴托多鲁斯及其追随者仍占领着塔那格拉。之

① 参阅：V. 4. 1。
② 公元前 377 年。
③ 参阅：V. 4. 36。
④ 古典时代希腊军队作战时，通常都不自行携带军粮和炊具，将军的一个重要职责是为手下将士“准备一个市场”。用餐的时候，士兵前来购买。交战期间，往往也有一些商贩随军而行。——译者注

后，他沿塔那格拉城右侧撤退。

[50] 同时，底比斯人悄悄地向他们逼近，并在被称为“老妇人之胸”①的山上摆下阵势，在战阵的后方有壕沟和围栏。这里地势狭窄，呈长条状，难以迂回，底比斯人坚信在此冒险一战，是绝佳之地。阿格西劳斯得知这一情况，并没有率军与敌交战，而是调转方向朝底比斯城方向推进。

[51] 另一方面，底比斯人害怕敌人攻下防务空虚的底比斯城，于是他们离开列阵之地，由通向波提奈的陆路迅速飞奔回城；因为这条路线比较安全。看来，阿格西劳斯的计谋真是绝妙，他率军远离敌人，又诱使敌军迅速撤退；当敌人匆匆撤离的时候，其麾下的一些波列玛克及其士兵却在途中邀击敌人时告捷。

[52] 底比斯人从山顶上居高临下，投掷枪矛，一位名叫阿利佩图斯的波列玛克中枪身亡；尽管如此，底比斯人受到打击，不断从山上溃逃。最后，斯基里提斯人和一些骑兵攀爬到山上，迅速切断他们逃向底比斯的路线，给这些落伍的敌人予以重创。

[53] 可是，当底比斯人靠近城墙时，他们就依靠城墙的掩护，调转方向发起反击；斯基里提斯人见此情景，快步撤退，无人阵亡；尽管如此，底比斯人还是树立了一座胜利纪念碑。因为他们在登上城墙后，斯基里提斯人便开始撤退。

[54] 对于阿格西劳斯而言，应该是撤军的时候了。他把军队驻扎在能观察到敌军调动的地方。翌日，他率军沿通往塞斯皮埃的陆路撤离。在底比斯效力的雇佣军组成的轻盾兵，却大胆地尾随在他们后面，他们还不断地呼唤卡布里亚斯与他们一起追击，而奥林苏斯人的骑兵——根据誓约，他们现在为拉栖代梦人服役——四处巡逻，一旦发现轻盾兵，会追击他们至坡地，杀死甚众；由于在山坡地带适于骑马，步兵很快就被骑兵赶上了。

[55] 当阿格西劳斯到达塞斯皮埃时，发现当地公民们都卷入了党派纷争，那些自称是拉栖代梦的支持者们希图处死他们的政

① Graos Stethos (Old Woman's Breast)。——译者注

敌，其中包括门浓在内，阿格西劳斯想制止他们继续争斗。他在两派之间进行调解，迫使他们互相宣誓，和平相处。他在如此安排之后，再次取道基赛隆山，抵达麦加拉。阿格西劳斯在那里遣散同盟者的分遣队，率领本邦公民兵回国。[①]

[56] 这时候，底比斯出现谷物严重短缺的状况，因为他们的土地已经两年颗粒无收了。于是，农作物收获期过后，他们派出两艘三列桨战舰携带 10 塔兰特前往帕迦塞[②]去采购谷物。但是，他们在采购谷物的时候，一直在奥琉斯负责警戒的拉栖代梦人阿尔凯塔斯，也装备了 3 艘三列桨战舰，并且小心翼翼，不作声张。在底比斯运送谷物的舰船自帕迦塞返航途中，阿尔凯塔斯将其战舰和谷物一并截获，俘虏舰船上的人员不下 300 名。他把这些人关押在奥琉斯的卫城中，在那里他有自己的住处。

[57] 据说，当时奥琉斯带着一男孩，非常俊美，总是随侍于阿尔凯塔斯左右。阿尔凯塔斯从卫城回来后，醉心于这个男孩。于是，那些被关押者注意到他经常疏忽职守，便趁机占领了卫城，奥琉斯全城起而叛离。其后，底比斯人便毫不费力地获得了谷物供应。

[58] 春回大地之时，[③]阿格西劳斯卧病在床。据说，他率军从底比斯班师回国，途经麦加拉时，他从阿芙洛狄西昂[④]攀爬至政府建筑物上的时候，造成某根血管或身体其他组织破裂，血流如注，从身体淌到大腿。[⑤] 随后小腿慢慢肿胀起来，疼痛难忍，来自叙拉古的一位外科医生切开他的踝部血管。自开始出血后，日夜不止，医生尽其所能，直到他失去知觉后，才把他的流血止住。止住流血之后，人们把他送回拉栖代梦，当年夏季直至整个冬季，他一直都在养病。

---

① 公元前 377 年。

② 城镇，在色萨利。——译者注

③ 公元前 376 年。

④ 即阿芙洛狄特(Aphrodite)的神庙。——译者注

⑤ 参阅：III. 3. 3 及附注。——译者注

[59] 春曦初露,[①]拉栖代梦人再度下令出征,任命克列奥姆布洛图斯为全军统帅。他率军行至基赛隆山,手下的轻盾兵为了抢先占领制高点,担任前锋。但是,一些底比斯人和雅典人,已经提前抢占了制高点,并在那里设下埋伏。他们先让拉栖代梦的轻盾兵向上攀爬,当他们靠近时,他们便突然跃起,追击他们,杀死约40人。由于发生了上述情况,克列奥姆布洛图斯认为,再也不可能翻越基赛隆山进入底比斯境内了。于是,他率军撤退,遣散军队。

[60] 当同盟者齐聚于拉栖代梦的时候,有人发表演说,大意是说,他们在战争中表现得懈怠,这样下去他们的士气不久将消磨殆尽。但他们又说,同盟者有实力配备数量远多过雅典人的战舰,并且能通过围困雅典而攻陷之;同时,他们也完全能够用这些舰船运送一支军队,绕过底比斯,然后,想去佛基斯就去佛基斯,想去克琉西斯就去克琉西斯。[②]

[61] 在这些说法的影响下,他们装配了60艘三列桨战舰,由波力斯任舰队司令。那些持此观点的人们并未失望,因为事实上雅典人易于遭到围攻;当雅典的谷物运输船队航行至格拉斯图时,他们不敢冒险由那里沿海岸航行,此时拉栖代梦人的舰队已在埃吉那、凯奥斯和安德罗斯附近游弋。雅典人意识到他们面临的这种严峻形势时,便毅然走上甲板,在卡布里亚斯的指挥下与波力斯在海上开战,最终取得胜利。[③] 从此,雅典人可以自由地获得谷物供应了。

[62] 就在拉栖代梦人准备运送军队穿过海湾[④]与波奥提亚人作战的时候,底比斯人派人来到雅典,请求雅典人出动舰队绕航伯罗奔尼撒加以攻击,他们相信,如果这样的话,拉栖代梦人在守卫

---

① 公元前376年。

② 这大概是说,他们从海上进军,底比斯人毫无办法。参阅:IV. 5. 10及附注。——译者注

③ 公元前376年,雅典海军在那克索斯海战中大败拉栖代梦海军,重掌爱琴海制海权。——译者注

④ 科林斯湾。——译者注

其本土和毗邻的同盟者领土的同时,就不可能出动一支足以与他们底比斯人匹敌的大军了。[①]

[63] 而雅典人则因为斯福德里亚斯的行为迁怒于拉栖代梦人,他们很想发动绕行伯罗奔尼撒的远征,配备了 60 艘战舰人员,推选提摩修斯为统帅。

既然在克列奥姆布洛图斯担任军队统帅的那一年,他们没有侵入底比斯境内,而提摩修斯率舰队出航时也没有对伯罗奔尼撒发动攻击,于是,底比斯人大胆地采取行动,出征邻近的波奥提亚诸邦,再次将他们逐一征服。[②]

[64] 至于提摩修斯,他在绕航伯罗奔尼撒期间,很快将科基拉置于雅典人的控制之下;但是,他并没有奴役当地居民,没有驱逐他们,也没有改变其政体。结果,该地区所有城邦都愿意归附于他。[③]

[65] 而拉栖代梦人则针锋相对,也装备了一支舰队,任命勇敢无畏的尼科罗库斯担任舰队司令;一旦他看到提摩修斯的舰队,即使他手下安布拉基亚的那 6 艘不在军中,他也毫不犹豫,以 55 艘舰船对提摩修斯的 60 艘舰船开战。结果,那次交战尼科罗库斯战败,提摩修斯在阿利齐亚树立了一座胜利纪念碑。

[66] 但是,当提摩修斯将其舰船拖曳上岸加以维修时,安布拉基亚人的 6 艘舰船与尼科罗库斯的舰队会师,然后整个舰队直扑提摩修斯所在的阿利齐亚。因为后者没有出航应战,所以他就在最近的岛屿上树立了一座胜利纪念碑。[④] 当提摩修斯将其舰船整

① 公元前 375 年。

② 公元前 375 年。关于本年度发生的泰吉拉(Tegyra)战役,色诺芬未予记载。在这次交战中,底比斯将军佩罗皮达斯(Pelopidas)及其圣队重创人数占优势的斯巴达军队。泰吉拉在波奥提亚,位于奥科门努斯以北。参阅:狄奥多拉斯:XV. 37;普鲁塔克:《传记集·佩罗皮达斯传》,XVI. 2—XVII. 6。——译者注

③ 公元前 375 年,在提摩修斯造访科基拉不久,科基拉人、阿卡纳尼亚人和凯法伦尼亚人加入第二雅典海上同盟。——译者注

④ 他也以胜利者自居。——译者注

修完毕，加上科基拉人的舰船，总数已超过70艘，舰队规模远超过对手。但是，提摩修斯不断派人回雅典催要钱款；他既然拥有这么多舰船，肯定需要大量军费。

第 6 卷

第1章

[1] 于是,雅典人和拉栖代梦人就忙于这些事务了。[①] 至于底比斯人,他们在征服波奥提亚诸邦之后,又侵入佛基斯境内。在佛基斯方面,他们派遣使者前往拉栖代梦,[②]指出:除非拉栖代梦人来援助他们,否则他们只能屈服于底比斯人了。因此,拉栖代梦人派遣国王克列奥姆布洛图斯挂帅出征,统领本邦4个团以及诸盟邦的分遣队,取海路奔赴佛基斯。[③]

[2] 大约同时,一位名叫波里达玛斯的法萨鲁斯人也从色萨利来到拉栖代梦,并且出席拉栖代梦人的公民大会。此人不但在整个色萨利享有盛誉,而且在他自己的城邦也颇受尊敬。正因为如此,每当法萨鲁斯陷入内部纷争的时候,他们会一致同意将卫城交由他个人掌管,委托他负责城邦的财政收入和支出,无论宗教事务还是一般行政管理方面的收支,他都能依法行事,把各方面安排得井井有条。

[3] 事实也的确如此。他利用这些经费保护了卫城,使其免遭破坏;他还同样有效地管理城邦的其他事务。每年年终,他还会提交一份明细账目。如果出现亏空,他就会自掏腰包来补足;如果有结余,他再取回垫支部分。此外,在色萨利人看来,他热情好客,举止高雅。现在这个人来到拉栖代梦,他的发言如下:

---

① 公元前375年。

② 公元前374年。

③ 这4个团的兵力约为斯巴达总兵力的2/3;同样,每个盟邦也要按同样比例出兵。

[4]“拉栖代梦人啊，稍稍有点常识的人都知道，我和我的诸位前辈一样，是你们的外交代理人，也曾是你们的施惠者①；因此，如果我遇到什么困难，我有权来向你们寻求援助；如果在色萨利有什么事对你们不利，我有义务向你们通报。我相信，最近你们会经常听人谈及伊阿宋②的大名，因为此人大权在握，名声赫赫。就是这个人，不久前在与我邦签署停战协议后，曾与我有过一次会晤。他说了这样一番话：

[5]“‘波里达玛斯啊，无论你的城邦是否愿意，我都可让你的城邦法萨鲁斯听命于我。这是基于以下事实。你知道，我有众多同盟者，色萨利的大多数城邦和最强大的城邦都是我的同盟者；当你联合这些城邦与我在战场上交锋时，我仍可将他们一一制服；而且，你知道我手下的雇佣兵多达6000人之众，还可从属邦中招募更多的兵士。只要拥有他们，我想，没有哪个城邦敢轻易与我争雄。单就人数而言，当然有那么几个城邦也可能派出这么多的人来；但他们的军队是由公民组成，其中有些人老迈年高，有些人尚未成人。此外，在每个城邦，都很少有人进行身体训练，而在我军中服役的那些雇佣兵，个个都像我一样，经得住严酷的考验。’

[6]“我必须如实相告，此人体格强壮过人，且喜爱严酷的考验。事实上，他每天都会训练他的士兵，让他们全副武装，带领他们到阅兵场集合，并可能在任何时候对任何地方进行征战。他本人总是全副武装，冲锋在前。对于怯懦者，他将其开除；对于能经受考验、在战场上舍生忘死者，则予以重奖；于是，有人获得双倍薪饷，有人获得三倍薪饷，更有人甚至获得四倍薪饷。此外，这些人还可获得额外的赠礼，如果负了伤，会得到良好的照顾和医治；如果战死疆场，会为其安排盛大隆重的葬礼；所以他手下的将士们都知道，勇猛的战斗是他们生活过得荣耀而富足的保障。

---

① 在希腊，当外邦人为本邦提供帮助后，本邦往往会授予外邦人这样的荣誉称号。

② 色萨利东南部一城邦斐莱的僭主。——译者注

[7]“他还曾多次向我说明,玛拉基人[①]、多罗普斯人[②]和伊庇鲁斯的统治者阿尔凯塔斯皆已向他称臣,尽管我对此早已熟知。所以,他说,‘征服你们对我而言岂不是易如反掌吗?当然不了解我的人或许会反驳,说那你为何迟滞不前,为何不动用你的大军将法萨鲁斯人一举歼灭呢?因为,以宙斯的名义起誓,对我而言,让你们心悦诚服与我并肩战斗远胜于将你们征服。因为如动用武力使你们臣服,你们会时刻准备密谋反叛,而我也得时刻尽可能使你们既贫且弱;但假如通过说服的方式让你们心悦诚服地加入我的队伍,那我们就可以尽我们所能,保住我们的共同利益。

[8]“‘我知道,波里达玛斯,你们城邦对你寄予厚望,如果你们能对我友好相待,我向你保证,我会让你在全希腊居于一人之下、万人之上;无论何时何地,你所得到的好处仅次于我,你只需听从于我,除了你认为是真实的外,其他的话语你大可充耳不闻。这对我们是再明白不过的事了,如果法萨鲁斯和其他听命于你的诸邦能与我结成同盟,我就可以轻而易举地成为全体色萨利人的塔古斯[③];只要色萨利处于一位塔古斯的统治之下,那么她随时可出骑兵6000人,重装步兵达10000人以上。’

[9]“当我看到他们个个身强力壮、斗志昂扬时,我就在想,如果有人能很好地掌控他们,那么色萨利就不会沦为任何其他民族的属地了。而且,由于色萨利地势平坦广阔,[④]一旦有人成为塔古斯,那么居住在周边地区的那些部族很快就会前来归附;周边地区的居民大多擅于投掷标枪,我们轻盾兵的实力也会远胜于其他城邦。

[10]“况且,波奥提亚人以及其他与拉栖代梦交战各邦皆是我

---

① 色萨利地区一部族。——译者注

② 伊庇鲁斯地区一部族。——译者注

③ 塔古斯(*Tagus*, *Over-lord*),色萨利人对全色萨利霸主的称呼。

④ 色萨利的骑兵享有盛名,同时这里的重装步兵也颇有名声(见下);但却不易获得轻盾兵,因为此兵种主要适合在地势崎岖的地区战斗。伊阿宋迫切需要色萨利周边山区能臣服于他(见下)。

们的同盟者。如果我能把他们从拉栖代梦人的控制下解放出来，他们也会对我言听计从。至于雅典人，我很清楚，他们也将想方设法成为我们的盟友，但我认为最好不要与其建立友好关系——因为我相信，建立一个海上帝国比建立一个陆上帝国要容易得多。

[11]"认真思量我所提及的以下几点，你们就会明白我的筹划是否合理。他说，'如果控制了马其顿，我们就完全能够建造出远多于他们的舰船，因为雅典人就是由此地获取造船木材的。而且，谁能提供更多人员来配备这些舰船？谁拥有如此众多而强健的臣民，是雅典人还是我们呢？谁能够为这些桡手提供充足的给养？我们的谷物产量自给有余，甚至出口到其他地方，而雅典生产的粮食难以自给，除非从海外购买。

[12]"'就金钱而言，我们当然比他们更充足，因为我们不必费尽心思到海外的弹丸小岛上去四处搜刮，只需利用大陆诸民族的资源就已经绰绰有余。一旦在色萨利建立了以塔古斯为首的统治，周边各地居民就会前来缴纳贡赋。你们肯定知道，波斯国王之所以成为世上最富足者，是因为他的收入来自于广袤的大陆，而不是几个小岛；虽则如此，我仍认为，征服波斯国王比征服希腊更为容易。我知道，那里除了一人之外，其他所有人都受训为奴，没什么威力。我知道用何种方式可将波斯国王逼入绝境——就是像居鲁士或阿格西劳斯的军队所采取的方式。'

[13]"针对这番话，我是这样回答的，我说，尽管他前面所提及的种种问题值得考虑，不过让这些本为拉栖代梦朋友之人在没有什么借口的情况下从同盟中脱离，转而投向他们的敌人，在我看来是不切实际的。他对我的话大加赞赏，并说今后应当多听从我的建议，因为我是值得信赖的。于是，他允许我来到你们这里，并告诉你们，如果我们不对他做出让步，他将发动一场战争，攻打法萨鲁斯。他说我可以向你们寻求帮助，指出：'如果诸神准许你们说服拉栖代梦派出一支军队，强大到足以与我一战，那么我也只能静观其变，接受这场战争的任何后果；但如果他们不能给你们提供足够的援助，你们如按我所筹划的策略去执行，对贵邦和你自己都是

最有利的，难道还有什么可指责的吗？'

[14]“我正是为此而来到你们这里的，我已经把我所看到和从他那里所听到的全部情况都告知了你们。拉栖代梦人啊，我相信，如果你们强大的军队足以与伊阿宋一决雌雄，那么你们出兵相援不但对我本人，而且对色萨利其他城邦而言，都是明智之举；而所有诸邦都会叛离伊阿宋，因为人们都害怕强者的武力殃及自身。但如果你们认为只派出一支由普通军官[①]担任统帅、由获释黑劳士组成的军队就足够了，那我建议你们最好别轻举妄动。

[15]“因为可以确信的是，这次战争中我们所面对的敌人是强大的，我们的对手是一个精明干练而富有远见的将军，无论他履行什么职责，是通过秘密方式，或是先发制人，还是武力强攻，他几乎从未失手。他善于部署夜行军，如果任务紧急，他会把早饭与晚餐合为一顿。只有在达到既定目标，将所有必需的事务安排妥当后，他才会去歇息；而且，他使自己的部下也养成了同样的习惯。当他麾下的士兵圆满完成额外任务时，他知道如何去满足他们的愿望；他手下的人也都知道，艰辛之后必定是享乐。

[16]“他比我所认识的任何人都具有更强的自制力，不易受感观享受的诱惑，因此这些事情并不会阻碍他实现既定目标。请告诉我，你们将意欲何为，会作出何种抉择。”

[17]这就是波里达玛斯的演说。拉栖代梦人决定，对他所提要求，不马上作出答复；但经过随后两天对派驻海外军队人数认真地统计，他们给出了明确的答复：说因为其主力部队要么正与雅典海军进行交战，要么在与邻近诸邦交锋，所以目前他们不能为法萨鲁斯提供足够的援军。鉴于此，他们告诉他，最好立即回国，妥善安排自己和城邦的事务。

[18]得到这个答复，波里达玛斯对拉栖代梦人的坦率表示了赞许，然后启程回国。

回到法萨鲁斯后，他请求伊阿宋不要强迫他交出法萨鲁斯卫

---

① 即不是国王亲自挂帅。——译者注

城，希望卫城仍能安全如故，正如人们当初交给他的时候一样；不过他将自己的孩子送到伊阿宋那里作人质。他许诺不但会让法萨鲁斯人成为伊阿宋真诚的盟友，而且帮助他建立塔古斯的统治。因此，他们在相互盟誓后，法萨鲁斯人立刻遵守和平协议。经民众同意，伊阿宋很快就被推举为色萨利人的塔古斯。

[19] 伊阿宋在成为塔古斯后，他根据各邦实力，分摊各邦所应提供的骑兵和重装步兵的数额。结果，他征得八千多名骑兵（包括同盟者的骑兵），据估算其重装步兵人数不少于 20000 人，其轻盾兵的人数举世无双，甚至要列举为他提供士兵的那些城邦名字，就不是一件简单的事情。接着，他向周边诸族发出指令，要他们按斯科帕斯[①]当时所确定的数额缴纳贡赋。这里所讲述的关于伊阿宋的故事有些离题了，现在书归正传。

① 克兰浓地方的统治者，波斯战争时为色萨利人的塔古斯。

第2章

［1］当拉栖代梦人及其同盟诸邦会师于佛基斯的时候，底比斯人已经撤军回国，派兵把守各个关隘。至于雅典人，他们看到底比斯人在自己帮助下羽翼渐丰，势力不断增强，却依然拒不缴纳贡金来维持其舰队的开支；雅典人自己的财政却因额外的负担、埃吉那人的海上袭掠、守卫国土的军费开支而捉襟见肘。鉴于此，他们希望停止战争，便派遣使者前往拉栖代梦，缔结和约。[①]

［2］依照邦国的法令，雅典派两位使者，立即由海路赶赴前线，向提摩修斯传达命令说，现在已缔结和约，命他率舰队返回雅典。在返航途中，他在扎金苏斯登陆，允许该城邦被逐者重返故土。

［3］城里的扎金苏斯人派人前往拉栖代梦，告诉他们，说自己受到提摩修斯不公正的对待，拉栖代梦人认为这是雅典人的过错，因此打算重新组建一支舰队，确定出兵的比例，总共装备了60艘舰船，分别来自于拉栖代梦、科林斯、琉卡斯、安布拉基亚、爱利斯、扎金苏斯、阿凯亚、爱皮道鲁斯、特洛伊曾、赫米昂和哈利埃等邦。

［4］他们任命姆那西浦斯担任这支舰队的指挥官，要求他保护在这一海域内所有盟邦的权益，特别指示他要对科基拉发动一次远征。他们还派人到狄奥尼修斯[②]那里去，指出假如科基拉不受雅典人的控制，对他也是有利的。

［5］舰队刚刚集结完毕，姆那西浦斯就下令向科基拉进发。一

---

① 公元前374年。

② 叙拉古的僭主。——译者注

同前往的军队，除了来自拉栖代梦本土的，还有不少于 1500 名雇佣兵。

［6］他在科基拉登陆后，随即控制了该岛。岛上的土地得以精耕细作，物产丰富。登陆的士兵蹂躏田地，洗劫了当地的豪华住所以及农场里所配设的酒窖。据说，从此以后，他的士兵在饮酒时都养成了奢侈的癖好，除了芳香浓郁的佳酿外，他们拒绝饮用所有其他的美酒。此外，他们还缴获了农场里的大量奴隶和牛群。

［7］之后，姆那西浦斯命令其陆军在一座土丘上扎营，此地距城[①]大约 5 斯塔狄亚[②]，位于城市与乡村之间，这样便于拦截任何企图外出搜寻食物的科基拉人。他将海军士兵驻扎在城市的另外一端，此地可及时观察到任何企图靠近的战舰，阻止它们驶入。此外，只要天气允许，他会派人在海上巡逻，维持对海港入口的封锁。

［8］他用这种办法，将科基拉城围困起来。科基拉人眼看着既不能通过陆路到自己的农场去搜取食物，也无法从海上得到接济，从而陷于极其困难的境况之中。

［9］因此，他们派使者前往雅典，恳求雅典人伸出援手。使者指出，如果他们放弃了科基拉，将会对他们的利益造成重大损失，而他们敌人的实力会因此而大为增强。他们说，除雅典以外，其他任何城邦都不可能提供数量众多的舰船和金钱。而科基拉的地理位置得天独厚，可控制科林斯湾以及科基拉岛以南沿岸诸邦，是发动对拉哥尼亚侵扰的最佳据点，也是从西西里经伊庇鲁斯至伯罗奔尼撒的必经之地。[③]

［10］雅典人听到这番话，一致认为必须密切关注科基拉事态的发展。他们指派克特西克利斯[④]率领大约 600 名轻盾兵，在阿尔

---

① 科基拉城。

② 将近 1 千米。——译者注

③ 早在伯罗奔尼撒战争之前，人们对于科基拉岛的重要性已有清楚的认识。参阅：修昔底德：I. 36。——译者注

④ 克特西克利斯(Ctesicles)，有的译本为 Stesicles(斯特西克利斯)。——译者注

凯塔斯[1]帮助下，将这些人员运抵科基拉。

[11] 夜里，这支军队抵达科基拉岛，在天亮之前进入科基拉城内。雅典人还投票决定装备 60 艘战舰，选举提摩修斯为舰队司令。

[12] 但是，提摩修斯无法在雅典完成战舰上的人员配备，[2]因此出航前往海上诸岛，希望在那里配齐所需要的桡手；他认为以轻松的心态绕行伯罗奔尼撒，与拥有训练有素的桡手的舰队交战，不可掉以轻心。

[13] 然而，雅典人却认为他只是迁延时日，目的是想耗尽一年中最适合航行的那段时间。因而对他失去了耐心，便罢免了他的职务，另推选伊菲克拉特取代了他的职位。

[14] 伊菲克拉特一接受任命，就立即着手配备各战舰的人员，强令各舰长各就各位，恪尽职责。雅典人还批准，伊菲克拉特还拥有调遣在阿提卡周边海域巡航战舰，包括调派“帕拉鲁斯”号[3]和“萨拉明尼亚”号的权力。他说，如果在科基拉战事取得成功，他将带回许多舰船。此时，他的舰船总数约为 70 艘。

[15] 其时，科基拉人正饱受饥饿之苦，大批民众逃出城外。因此，姆那西浦斯颁布命令，外逃者一旦被逮住，将被卖为奴隶。但是，城里人的出逃依然未见减少，最后他甚至试图用皮鞭将他们赶回城内。可是，城内的人也拒绝让这些奴隶返回，许多人死于城外。

[16] 目睹科基拉人的这种惨状，姆那西浦斯确信他已经完全控制了该城市。他对雇佣军作出新规定，遣散一批雇佣军，拒付薪酬；至于那些仍在服役的士兵，已经两个月没领到薪饷了。据说，他之所以这样做，并不是因为缺钱；由于这是一次海外远征，大多

---

① 伊庇鲁斯的统治者。参阅 VI. 1. 7。

② 按一艘三列桨战舰配备 170 名桡手计算，60 艘战舰总共需要约 1 万人。这说明，其时雅典城里游民无产者的数量有限，似乎并未出现如某些研究者说描述的大批无所事事的游民无产者云集街头的局面。——译者注

③ 参阅：II. 1. 28。

数盟邦都给他提供金钱而非兵士。[①]

[17] 这时，城内的科基拉人在城楼上注意到，敌人已不再像往常那样坚守岗位，士兵们四散在乡间。于是，他们向敌人发动了一次突击，活捉了一些，杀死了一些。

[18] 姆那西浦斯察觉到事态严重，立即披挂上阵，带领所有的重装步兵前去救援。同时，他命令各支队长（captains）和分队指挥官率领雇佣军前来增援。

[19] 一些支队长回应他说，除非立即发放薪饷，否则他们无法调动手下士兵了。听闻此话，姆那西浦斯勃然大怒，用手中的权杖击打其中一名支队长，用矛头去击打另一名支队长。因此，当他率军出战时，全军上下士气低落，对他更是怀恨在心——这种情形对战事肯定不利。

[20] 军队布好作战阵形之后，姆那西浦斯亲率大军射杀城门前方的那些敌人，科基拉人仓惶逃散。但是，当他们跑到靠近城墙的地方时，便转过身来，从墓碑后向拉栖代梦人投射长矛和标枪；与此同时，另一些科基拉人从其他城门杀出来，结成密集阵形攻击拉栖代梦军队的另一翼。

[21] 方阵的另一翼纵深只有 8 排，他们认为方阵外沿过于单薄，开始迂回行进。[②] 但是，他们刚刚开始向后运动，科基拉人就又向他们发起攻击了，结果拉栖代梦人停止迂回，队形大乱；临近他们的方阵中也有人开始逃散。

[22] 至于姆那西浦斯，因科基拉人从他的正面向他发起猛烈的进攻，他自顾不暇，无法援助旁边受到压迫的军队，留守在他身边的士兵越来越少。最后，所有的敌人集结到一起，以密集阵形向姆那西浦斯及其手下士兵发起总攻，此时姆那西浦斯身边的兵士

① 根据协议规定。参阅：V. 2. 21。

② 即所谓“变阵”（*anastrophê*）。大概有两种方式：1. 转身向后，加入后队；2. 向侧翼运动，站在邻近队伍的后面，从而使方阵纵深增加一倍。由于受到科基拉人的攻击，他们未能完成第二种变阵。参阅：VI. 5. 18。——译者注

已经所剩无几。看到这种情况，科基拉的公民们也出来，加入了进攻的队伍。

［23］他们在杀死姆那西浦斯之后，立即开始追剿残敌。如果不是看到大营外聚集着一大群人（包括随军商贩、仆从、奴隶），而认为拉栖代梦人还有一定战斗力的话，他们也许还会一举攻入栅栏，夺取营寨。

［24］这时候，科基拉人树立了一座胜利纪念碑，并且根据停战协议，归还死者的尸体。此后，对于科基拉城里的人们而言，他们觉得更踏实了，而城外拉栖代梦人，则彻底绝望了。因为不但有情报说，伊菲克拉特正在赶往科基拉的途中，而且实际上科基拉人自己也开始配备他们的战舰了。

［25］姆那西浦斯的副将、海珀门尼斯下令配备所有的舰船，把奴隶和劫掠来的财产装满战舰后起航，驶离科基拉；而他本人、船员以及幸存下来的陆军士兵，则坚守在港口的栅栏边。

［26］但是最后，他们也因非常害怕落入雅典人之手，乱哄哄地挤上几艘三列桨战舰，匆匆地驶离科基拉，留下大批粮食、大量的酒、许多奴隶和伤兵。这样，他们安全抵达琉卡斯。

［27］至于伊菲克拉特，当他开始绕行伯罗奔尼撒半岛的同时，一直在为海战做好所有必要的准备。他从雅典起航时，因为他期望打上一仗，就没有带大帆；现在，尽管风向适合航行，他也很少用小帆，而是用船桨驱动，这样既可让士兵保持良好的身体状态，也可让舰船行驶得更快。①

［28］而且，在出征过程中，不管在哪个地方用午餐或晚餐，他总是将舰队前锋从敌人可能出现的海岸回撤，以加强警戒；他将舰队阵形从一字阵形转为密集阵形，并使三列桨战舰船头朝向陆地，如战事发生，信号发出，所有舰船皆可迅速冲向岸边。对于最先到达者给予嘉奖，奖品就是让他们是先得到饮水和其他必需品，让他们首先用餐。另一方面，最后到达者将受到严惩，因为他们未能圆

① 显然，此时希腊的战舰是帆桨并用的。——译者注

满完成任务。信号发出后，最后到达的士兵将与那些尚未开始登陆的士兵一起重复来一次。结果，先到者可随其所愿，享受闲暇，而后到者则不得不一直忙个不停。

［29］同样，在岗哨设置上，他也有周详的考虑，如果他们碰巧在敌对邦国的海域吃午餐，他就在陆地上布置一些岗哨，这是必要的。此外，他会将船上的桅杆升起，让士兵爬上其顶端瞭望。这些士兵比陆上士兵站得更高，看得更远。而且，不论是吃晚餐还是睡觉时，他都不会在营帐里点上灯火，而是在军队最前沿让灯火整夜通明，这样如果有人靠近，就会被发现。如果天气晴好，他常常会在晚餐后立即再次下海。如海风对航行有利，他们就会使用风帆，让桡手稍作休整；如果必须划桨，他也会让桡手轮流休息。

［30］如果在白天行船，他会亲自让自己的战舰领航，通过发出信号，指挥他的舰队一会儿以纵队前行，一会儿排成战斗阵型；这样，他们在赶赴战场的航行过程中，同时也进行了操练。在到达目的地之前，他们对海战中各种策略已经胸有成竹。尽管在航行途中，用午餐和晚餐的时候大都在敌方的海域上进行，但由于采取了必要的措施，他总能在敌军赶来之前撤离，继续他的征程。

［31］姆那西浦斯战死之时，伊菲克拉特碰巧正在斯法基埃群岛附近。[①] 他们在到达爱利斯，绕过阿尔弗尤斯河口后，舰队在到达一个名为伊克赛斯的海岬时，伊菲克拉特下令抛锚停泊。翌日，舰队由此地出发，在凯法伦尼亚登陆。在整个航程中，他始终命令舰队处于高度戒备状态，要求士兵们一旦发生海战，所有一切都能准备妥当。因为他只是风闻姆那西浦斯战死的消息，但还没有见到任何一个目击者；他怀疑人们散布此消息的目的，是想混淆视听，因此加强了戒备。到达凯法伦尼亚后，他得到确切的情报，于是命军队进行休整。

［32］现在，我知道无论在什么时候，只要有可能发生海战，所有这些操练应当成为常规行动。但我在这里赞赏伊菲克拉特，是

---

① 该岛屿位于拉哥尼亚的派罗斯附近。——译者注

因为当他担当职责后，能迅速抵达他认为可能与敌军交战的海域。他创立的这种方法，既不会因航程劳顿使士兵疏于海战战术的演练，又不致因忙于战术训练而迁延时日，耽误抵达目的地时间。

[33] 伊菲克拉特在征服凯法伦尼亚诸邦之后，又驶往科基拉。在那里，他得知狄奥尼修斯派出10艘三列桨战舰前来支援拉栖代梦人，他首先亲自前往勘察地形，选定一个地点。在这里，任何要靠近该岛的人都无法逃避哨兵的视线，而且城里的人也看得见哨兵所发出的信号。于是，他在这里部署了哨兵。

[34] 他还就敌军靠近时以及抛锚停靠时的信号与哨兵进行了复核。接着，他向20名舰长发布命令，要求他们一旦听到传令官的指令，就务必紧跟在他后面，任何人如未能做到，必将受到责罚。当敌舰即将到达的信号传来，传令官发出指令时，壮观的场面出现了：全体将士的士气高昂，人人争先恐后，奔向舰船，各就各位。

[35] 当伊菲克拉特到达敌舰停泊处时，他发现除了一艘战舰以外，其他所有舰船上的桡手都已登陆上岸。罗德岛人麦兰尼浦斯，奉劝其他人不要在舰船上滞留，却把自己战舰的人员配备齐整，随即逃离战场。尽管曾与伊菲克拉特的舰队相遇，但他仍成功脱逃，而所有来自叙拉古的战舰以及舰上人员都被雅典人俘获。

[36] 伊菲克拉特锯下船喙①，命令手下把俘获的战舰拖入科基拉的港口；而对于那些俘虏，除司令官克里尼浦斯之外，他与他们签订协议，要求他们每人支付一定数额的赎金；他将克里尼浦斯严加看管，目的是想捞取一大笔赎金或者将其卖为奴隶。然而，克里尼浦斯羞辱难当，自杀身亡。在科基拉人赎金的担保下，伊菲克拉特将其余人等全部释放。

[37] 伊菲克拉特将海军中的大多数船员留在科基拉岛，靠帮助科基拉人耕田种地来维持生活；而自己带领轻盾兵以及随他的舰队装运来的重装步兵，前往阿卡纳尼亚；在那些友好盟邦需要支

① 吕山德在伯罗奔尼撒战争结束时，曾经将所有船喙作为战利品带回拉栖代梦。参阅：II. 3. 8。——译者注

援时，给予大力援助。他还发动了一次针对塞里昂人的战役。这些塞里昂人勇猛善战，据守着非常坚固的堡垒。

[38] 翌年，[①]伊菲克拉特接管了停泊在科基拉的舰队，率领90艘战舰[②]首先前往凯法伦尼亚收取贡金，有些是当地人自愿缴纳的，有些则是强制他们缴纳的。之后，他准备深入拉栖代梦境内，对其国土进行蹂躏；他还将该地区那些与雅典敌对的邦国拉到雅典一边来，有的是自愿投靠的，有的是以武力威逼其就范的。

[39] 在我看来，我不但要称颂伊菲克拉特指挥的这次战役所取得的赫赫战果，而且，我还要特别称赞他在选贤举能方面的卓越眼光。他要求雅典人举荐平民演说家卡里斯特拉图和卡布里亚斯为其同僚，尽管前者的政见与他素有不同，后者也是一位不可多得的良将。他认为，既然此二人才能出众，便希望同心协力，共同出征。我认为，他这样做是明智的抉择；然而，如果他视此二人为自己的政敌，希望只是证明自己一直尽忠职守，毫无疏忽，处处擅自行事。那在我看来，他不过是个刚愎自用之人。伊菲克拉特就忙于这些事务了。

① 公元前372年。

② 这包括伊菲克拉特带来的70艘战舰（VI. 2. 14）及科基拉人的战舰（VI. 2. 24）。然而，作者这里的叙述似乎有误。

第 3 章

[1] 这时候,[①]雅典人眼见,他们的盟友普拉提亚人已被逐出波奥提亚,逃到他们这里寻求庇护;塞斯皮埃人也来央求雅典人,提出不能再让他们流落异乡,无家可归,恳请雅典人不要再支持底比斯人了。当底比斯人与雅典的传统盟邦佛基斯交战时,当底比斯人灭掉了与异族人战争时忠贞不渝、与雅典关系友好的一些城邦的时候,[②]雅典都拒绝与其共同行动。雅典人作出这样的决策,一方面是认为耻于与底比斯人完全断绝关系,另一方面认为加入或退出都对他们不利。

[2] 基于这些原因,雅典人民通过投票,决定缔结和约。雅典人首先遣派大使前往底比斯,如对方愿意,便邀请底比斯人派使者与他们一同前往拉栖代梦;随后雅典人又直接派使团前往拉栖代梦。使团人员包括希波尼库斯之子卡里阿斯、斯特罗姆比齐德斯之子奥托克利斯、阿里斯托丰之子德摩斯特拉图,以及阿里斯托克利斯、凯斐索多图斯、麦兰诺浦斯和吕凯苏斯。

[3] 著名演说家卡里斯特拉图也随团前往,因为他曾向伊菲克拉特承诺,如果让他返回雅典,他要么会给舰队带来一笔经费,要么会带来和平。因此,他在雅典多方努力,以确保达成和平。当使团来到拉栖代梦人及其同盟者代表大会的会场后,第一个发言的是持炬者[③]卡里阿斯。他是一个喜欢自我吹捧也喜欢受到别人奉

① 公元前 371 年。
② 事实上,普拉提亚人以及塞斯皮埃人都曾在波斯战争中赢得显赫的名声。
③ 埃琉西斯秘仪的持炬者。参阅 II. 4. 20。

承的人。他这一次的发言如下：

[4]“拉栖代梦人啊，担任贵邦在雅典的外交代理人之职者，我并非本家族中惟一的一位，当年我的祖父就是从我曾祖父那里接受了这个职位，之后代代相传，延续至今；同时，我也希望你们弄清楚，我们家族在我的祖国，一直享有崇高的荣誉。只要发生战争，人们会选举我们担当将军之职；每当人民要求平息战火的时候，他们就会派遣我们作为和约的缔结者。以我为例，迄今已曾两次前来贵邦缔结和约，而那两次我都能不辱使命，在你们和我们之间达成和平。现在，我是第三次来到你们这里了。我相信，在比以往更为公正的条件下，我是能让我们双方达成和解的。

[5]“因为我看到，你们和我们的目标并无二致。当你们和我们看到普拉提亚和塞斯皮埃遭到灭顶之灾的时候，你们和我们一样，都痛心不已。既然双方的看法如此一致，那么，让咱们彼此成为朋友，而不是相互敌对，难道不是理所当然的吗？

“况且，毋庸置疑，对于明智之人来说，即便在某些问题上的看法稍有差异，他们也会求同存异，而不会诉诸武力来解决问题。事实上，我们双方的意见是完全一致的，难道我们会愚蠢到如此惊人的程度而不去化敌为友吗？再说，人们通常认为，狄奥斯库里兄弟（卡斯托尔和波里丢凯斯）是斯巴达人丁达琉斯的儿子。[①]

[6]“确实，对于咱们双方而言，从一开始就不应当兵戎相见。因为从传统上看，第一个向我们的先祖特里普托列姆斯[②]传授德墨特尔和科列密仪的异邦人，正是你们邦国的创建者赫拉克利斯，以及你们的公民狄奥斯库里兄弟；而且，正是他们在伯罗奔尼撒播下

---

① 狄奥斯库里是一对孪生兄弟波利丢凯斯(*Polydeuces*)和卡斯托尔(*Castor*)两人的合称。流传最广的神话讲到他们的事迹有：救出被提秀斯劫走的他们的妹妹海伦；参加阿尔戈船(*Argonautae*)英雄们的远航寻取金羊毛，等等。参阅希罗多德：II. 43，50；VI. 127。——译者注

② 据传说，是埃琉西斯的特里普托列姆斯，将德墨特尔崇拜以及农业技术，从阿提卡传遍全希腊的。传统认为赫拉克利斯是斯巴达诸王的先祖(III. 3)，而狄奥斯库里兄弟据说是斯巴达人丁达琉斯的儿子。

第一粒德墨特尔的果实的种子。因此，不管你们是毁灭那些曾经赠予你们种子的人的后裔，还是我们消灭那些因得到种子而获得充足食物的人，都是违背常理的。但是，如果诸神的确将战争强加于我们之间，我们也应力求避免交战；纵然战事确已开启，我们也应尽快使其结束。”

[7] 卡里阿斯发言结束后，以言辞尖刻而著称的奥托克利斯接着发言。他说：

“拉栖代梦人啊，我即将要说的话或许不能讨好你们，对此我并不是不清楚。在我看来，希冀建立长久友谊的人们，应当向对方指明造成他们冲突的根源之所在。现在你们总是在说‘城邦必须独立自主’，然而，你们自己才是城邦独立自主之路上的最大障碍。因为你们与盟邦订立契约的首要条件是无论你们走到哪里，他们都要跟向那里。这难道符合独立自主的原则吗？

[8]“你们未经盟邦同意，就擅自率领他们与你们自己的敌人作战。于是，那些被说成是独立的城邦，却常常被迫奔赴战场，与他们自己最友好的城邦兵戎相见。而且，你们在这里建立一个十人政府，在那里建立一个三十寡头政府——世界上再也没有比这个更悖逆于独立自主精神的事情了；而你们所支持的这些统治者，并非依照法律，而是凭借赤裸裸的武力掌控他们城邦的内外事务。因此，这显然表明你们是乐于建立僭主暴政而非自由民主政府。

[9]“当波斯国王下令各城邦皆须独立之时，你们却极力申明自己的想法，说如果底比斯人不允许其属下每一个盟邦都自治，也不许他们依照自己所选择的法律生活，那么他们就是悖逆于国王的敕令[①]；但是，你们在攻占底比斯卫城卡德美亚以后，甚至不许底比斯人自身保持独立。然而，正确的做法是，要想彼此成为朋友，不应当强调从对方那里获取丰厚的利益，而应当向对方表明立场，让对方尽可能获得收益。”

[10] 奥托克利斯的发言致使全场一片寂静，同时也为那些仇

① 指“大王和平敕令”。——译者注

视拉栖代梦人的人们出了一口气。他发言结束后，卡里斯特拉图接着说：

“拉栖代梦人啊，我认为我无法断言你们或我们都不曾犯过前面诸位发言所提到的那些错误；但我并不就此认为不应再与犯过错误的人打交道了。因为在我看来，世上没有一辈子不犯错误的人。我认为，有时候犯过错误的人是更容易相处的，尤其是因为他们犯下过错而遭到严厉惩罚，正如我们雅典人一样。

[11]“你们的情况也大致相同，有时你们也因在行动之前缺乏明智判断，结果造成与预期相反的后果；实际上，占领底比斯的卡德美亚就是例证之一。现在的情况是，由于你们对底比斯人所采取的错误行动，反而使那些你们原本想让他们保持独立的城邦，却都投靠了底比斯人。因此，我希望咱们从寻求自身私利而得不偿失的事实中接受教训，那样的话，咱们就理应会更加珍视相互之间的友谊。

[12]“有人说，我们这次来这里的目的并非出于对友谊的渴求，而是害怕安塔基达斯会从波斯国王那里携金钱而至。至于那些企图破坏和平之人的无耻滥言，你们想想，他们的言行该是多么愚蠢啊！众所周知，国王命令希腊所有城邦皆须保持独立。既然我们的一言一行都严格遵守国王的规定，那还惧怕国王什么呢？或者说，难道有人会认为国王宁愿花费金钱让其他邦国更加强大，而不愿分文不出就让一切都能遂其所愿，对其有利吗？

[13]“关于这个话题我就说这么多了。那么，我们到贵邦究竟为何而来？毫无疑问，并不是因为我们进退维谷，穷途末路。如果你们愿意去考察，就会发现，无论在陆地上，还是在海上，我们目前的形势都还是不错的。那么，造成这种局面的原因是什么呢？很显然，就是因为我们的一些盟邦的所作所为并不能令我们双方满意。[①] 或许由于你们在关键时刻保护了我们，[②]我们应当表示对你

① 英译者认为这段话有讹误。——译者注

② 伯罗奔尼撒战争结束时，同盟中有些城邦主张彻底摧毁雅典城邦，拉栖代梦人拒绝了他们的提议。参阅：II. 2. 19，20。——译者注

们表示谢意。

[14]“当然,这里也顺便提一下,在希腊的所有城邦中,有的站在你们一边,有的站在我们一边,在每一个城邦中都有些人支持拉栖代梦人,也有些人支持雅典人。因此,如果我们双方建立起友好关系,那么,不管从哪个方面讲,我们都可以避免纷扰。因为如果你们和我们友好相处,谁能强大到从陆地上给我们带来麻烦?如果我们给予你们支持,谁能从海上来侵扰你们呢?

[15]“而且,我们都知道,战争有爆发,就有结束。——在我们之间,即便不是现在,在将来某个时候也总是会重新缔结和约的。那么,我们为什么非要等到将来,等到双方都被无尽的伤痛折磨得疲惫不堪之时,而不是尽快地、在局势尚未变得难以挽回之前来缔结和约呢?

[16]“在我看来,我并不赞赏那样的运动员,他们历经各种比赛,获得无数桂冠,享有崇高荣誉,却仍因酷爱竞技,不知激流勇退,最终他们会被人击败,从而终结其竞技生涯。另一方面,我也瞧不起那样的赌徒,如果在一次博弈中获胜,便会在下次投注时掷下双倍的赌资,这样的人大都是会血本无归,沦为穷光蛋的。

[17]“大量事实告诉我们,千万不要参加让我们要么赢得一切,要么丧失一切的决斗,而应当在实力尚存、成就尚可之时握手言和。这样,我们通过你们,你们通过我们,将在希腊发挥比过去更为重大的作用。”

[18]既然诸位演讲者所说皆言之有理,拉栖代梦人就通过投票,同意接受和平条约。条约规定,所有城邦必须撤走他们派驻他邦的长官,解散他们派驻在那里的海军和陆军,让所有城邦独立自主;和约规定,凡有城邦违背此条约,任何城邦只要愿意即可援助受到损害的城邦,但如有城邦不愿意施援,那也不必宣誓成为其同盟者。

[19]基于这些条件,拉栖代梦人为本邦及其盟邦宣誓,雅典人及其盟邦则一个接一个各自宣誓。底比斯人也在立誓城邦名单上签了名,但是到了第二天,他们的使者再次到来,要求将其名字“底

比斯人”改为“波奥提亚人”。[1] 可是，阿格西劳斯答复说，他不允许对签名作任何更改。如果有人不希望在誓约上签字，他会将其签名予以勾销。

［20］因此，在这种形势下，其他城邦皆已缔结和约，焦点集中在底比斯人身上。按照雅典人的意见，对于底比斯人，应该按照通常所说的“十一抽杀律”予以惩罚。[2] 底比斯人感到十分沮丧，悻悻地离开拉栖代梦回国。

---

① 即坚持宣示他们对波奥提亚的领导权。

② Decimate 一词来源于拉丁词 decimare，意为“以抽签的方式惩罚罗马军队的背叛者的十分之一”。在这里，可以有两种理解：一是将底比斯人当中的十分之一杀死，二是将其财产的十分之一献给神祇。这个说法可能起源于波斯战争时期。据希罗多德记载（VII. 132），底比斯等邦主动归降波斯人，而那些决心抵抗异族大军的希腊人，则立誓说，“如果我们在战争中取胜，我们要将所有那些主动向波斯人投降的希腊人的十分之一的财产，献给德尔斐的神”。参阅：VI. 5. 35。——译者注

第4章

[1] 和约缔结之后，在雅典人方面，首先着手从其他城邦撤出其驻军，其次是派人去告知伊菲克拉特及其舰队，强令他归还和约订立后从拉栖代梦所掠获的一切战利品。

[2] 而在拉栖代梦人方面，也着手从所有其他城邦撤出派驻当地的统治者和驻军。惟一例外的只有佛基斯驻军指挥官克列奥姆布洛图斯，他派人回国询问当权者，该如何行事。[①] 实际上，普罗索乌斯发言指出，在他看来，他们应该首先履行誓言，撤出他们的驻军，但要派人到各属邦传达命令，要求他们向阿波罗神庙缴纳贡赋，[②]数额不限；一旦有城邦妨碍其他城邦独立，那么就当即把支持独立的那些城邦召集起来，率领他们与力图反对独立的城邦决战；他又指出，他认为照此行事，诸神将会全力佑助他们，使这些城邦受到的袭扰降至最低程度。

[3] 然而，拉栖代梦的公民大会听取了这番言论之后，认为他的说法纯属无稽之谈，未予采纳。这时候，似乎是命运之神在引领着他们前行。他们派人传达命令给克列奥姆布洛图斯，命他不要解散他手下的军队，倘若底比斯人不许波奥提亚各邦独立的话，命他立即率军对底比斯人开战。克列奥姆布洛图斯知道，底比斯人绝不会允许波奥提亚诸邦独立，更不会解散军队，因为他们要随时整军待命，向他发动攻击。鉴于这种形势，他决定率兵进入波奥

① 公元前371年。

② 即作为战争基金。

提亚。

这一次,克列奥姆布洛图斯并未从佛基斯直接进入波奥提亚。因为底比斯人料定他将途径那条狭窄的关隘,并且已派重兵驻防于此;但是,拉栖代梦的军队却出其不意,经提斯巴伊①一条山路到达克琉西斯,攻下该城,缴获了12艘底比斯的战舰。

[4]这次突击成功之后,他们从海岸地带向内地推进,在塞斯皮埃境内的琉克特拉安营扎寨。底比斯人的营地安设在对面不远处的山上,除了波奥提亚人,并无其他同盟者。② 这时,克列奥姆布洛图斯的朋友前来进言说:

[5]"克列奥姆布洛图斯啊,如果你让底比斯人未经交战便全身而退,你定将受到你的邦国最严厉的惩罚。因为这会勾起他们对你在征伐库诺斯开法莱时,竟然在底比斯境内秋毫无犯的回忆;同时也会使他们想起你在最近出征时,未能进入波奥提亚而被击退——而当年阿格西劳斯每一次出征都是穿越基赛隆山进入波奥提亚的。所以,考虑到你的名声,或者你觉得对自己祖国还有一点价值的话,这次你务必指挥军队对底比斯人开战。"他的朋友是这样说的。但他的政敌却说:"现在是澄清流言,看你是否真的偏袒底比斯人的时候了。"

[6]听到这些言论,克列奥姆布洛图斯恨不能马上投入与底比斯人的战斗。另一方面,底比斯的当权者们也考虑到,如果他们回避这次战斗,所有的属邦会起而叛离,那将使他们陷于困境;而且,如果底比斯的人民因此而断绝了粮食供应,人民就很可能会转而起来对抗他们的领袖。在此之前,他们当中的许多人遭到放逐,在他们看来与其再次遭到放逐,不如殊死一搏。

[7]此外,他们也一定程度上受到神谕的激励。神谕说,拉栖代梦人命中注定会在处女墓碑前遭受失败,这两位处女是因遭到

① 波奥提亚一城镇。——译者注

② 伊帕密浓达担任军队总指挥。——译者注

某些拉栖代梦人的强暴而自杀的。[1] 因此，在此次开战之前，底比斯人精心修葺了这座纪念碑。从底比斯城里传来的消息说，他们从各神庙所求得的都是吉兆，而女祭司们则宣称，诸神会赐予他们

---

① 据普鲁塔克《爱情故事》记载，从前，有一个名叫斯凯达苏斯(Scedasus)的穷人住在塞斯皮埃的琉克特拉。他有两个美若天仙的女儿——希波(Hippo)和米莉蒂亚(Militia)。斯凯达苏斯心地善良，尽管家资微薄，却慷慨待客。一天，他在家里盛情款待了来自斯巴达的两个青年。这两个青年为主人家女儿的美貌所迷住，但出于对主人盛情的敬畏，未敢贸然行动。翌日，他们前去德尔斐，在那里求得神谕，在返回斯巴达途中，二人再次来到斯凯达苏斯家。碰巧斯凯达苏斯不在，他的女儿仍款待了客人。这两个斯巴达人见姑娘既无防备，也无抵抗之力，遂将她们强暴了。为了掩饰他们的暴行，二人将两位姑娘杀害并抛尸枯井，然后扬长而去。斯凯达苏斯回家后发现所有东西都安然如初，惟独找不到女儿。在他焦虑万分之时，家里的小狗发出声声哀嚎，多次跑到他面前，然后又跑到枯井旁。他料想事情不妙，最终从井中捞出了女儿的尸体。邻人告诉他，日前寄宿在他家的拉栖代梦青年前天又到了他家。他断定这两个人就是凶手，因为初次到来时，他们就曾不吝言辞赞美她们，断言成为她们的丈夫定然幸福无比。他决定动身前往斯巴达，要求监察官还他一个公道。当他到达阿尔哥斯境内时，夜幕降临，他来到一家客栈投宿。客栈里住着来自奥琉斯的一位长者。斯凯达苏斯听到他一直在呻吟并诅咒拉栖代梦人，就问他拉栖代梦人究竟给他造成怎样的伤害。长者告诉他，说他的儿子当着监察官的面，被一名拉栖代梦将领给杀死了，而监察官对其抱怨置若罔闻。听了这个故事，斯凯达苏斯的心就凉了半截。他想斯巴达官员根本不愿听他诉说。他将痛苦的经历讲给长者听，长者建议他不要向监察官求助，而应回到波奥提亚，为他的女儿建墓立碑。斯凯达苏斯不听他的建议，而是来到斯巴达将其不幸告诉了监察官。但监察官对他的抱怨充耳不闻，叫他去找国王；国王又叫他去找其他显贵。每找一个人他就将其遭受的不幸叙述了一遍，却没人主持公道。他穿行于城市中间，时而指向苍天，时而怒指黄土，祈求复仇女神报复斯巴达人，斯凯达苏斯伤心欲绝。但之后拉栖代梦人为此付出了惨痛的代价。当拉栖代梦成为全希腊的霸主之时，是底比斯人伊帕密浓达杀死当地驻军首领，奋起反抗，拉开了反斯巴达的序幕。底比斯人在琉克特拉迎敌。此地正是他们的福地。在同一地点，在处女圣墓前，拉栖代梦人遭到惨败。据说，战前曾有人告诉底比斯将军佩罗皮达斯，说斯凯达苏斯会出现在他梦中。斯凯达苏斯在梦中告诉他，拉栖代梦人现已被困于琉克特拉，他的女儿将要向他们复仇。这个梦给了他巨大的勇气和自信。开战的前一天，他向处女圣墓献上了一只白色小马驹。当拉栖代梦人在泰格亚扎营时，他派人找到了这个坟墓，在从当地人那里得知确切位置后，行军至此，信心倍增。他率军迎战，大获全胜。——译者注

胜利。报信人还告诉他们说,在赫拉克利昂,[①]赫拉克利斯的双臂不见了踪影,暗示赫拉克利斯已出发,去参加战斗了。不过,有人说,所有这一切不过是那些领袖们特意的安排罢了。

[8] 但无论如何,在战争过程中所出现的各种情况都对拉栖代梦人不利,同时,底比斯人方面却一切进展顺利,处处占得先机。早饭后,克列奥姆布洛图斯召开战前最后一次作战会议,中午时分他们如往常一样喝了点酒,据说这可以在一定程度上激发他们的战斗热情。

[9] 双方军队整装待命,战斗一触即发。此时,那些随军叫卖的商贩、辎重搬运工及其他非战斗人员开始从波奥提亚人的军中撤走;随后,希耶隆手下的拉栖代梦的雇佣军、佛基斯人的轻盾兵以及骑兵当中的赫拉克利亚人和弗琉斯人,正准备迂回发起进攻,却遇到那些正在撤退的非战斗人员。他们不但将其赶回,而且追至波奥提亚人的营前。结果造成波奥提亚军队人员剧增,阵型也顿时厚实和密集了许多。

[10] 另一方面,由于两军之间有一块平地,拉栖代梦人将其骑兵部署在方阵前方,底比斯方面也采用相同的布阵与之相对。但是,底比斯的骑兵在与奥科门努斯人以及塞斯皮埃人的战斗中历经磨砺,训练有素;而此时拉栖代梦人的骑兵队战斗力极差。

[11] 原来,在拉栖代梦,只有最富有的公民才饲养马匹;一旦战事发生,城邦指定某些人担任骑兵,马匹和装备由城邦配给,他们在装备齐整后便赶赴战场,战事一结束骑兵队即刻解散。至于充任骑兵的人员,则尽是些身体羸弱、毫无雄心之辈。

[12] 这就是双方骑兵的情况。现在再来看看步兵的情况。据说,拉栖代梦人每个支队分成3列纵队并排而行,这样方阵纵深不会超过12人。[②] 然而,底比斯方阵纵深不少于50排盾,[③]照此推

① 赫拉克利斯的神殿。

② 这就是说,每个支队不超过36人,一个分队不超过72人。——译者注

③ 即执盾牌的士兵不少于50人。

算,一旦他们战胜了敌方国王身边的军队,再击败其他的敌军,则是易如反掌的了。[①]

[13] 现在,克列奥姆布洛图斯率军准备迎敌了。可是,还没等到他属下的将士领会到他的作战意图,骑兵就已经与对方接战了,但拉栖代梦人的骑兵很快就溃败下来;骑兵在溃逃时,又冲乱了本方重装步兵的布阵。另一方面,底比斯人这时依然穷追不舍。尽管如此,克列奥姆布洛图斯及其部下在开始交战的时候还真的占了上风,从这一点可以明显看出来:如果他前面的军队在交战中未占据优势,那么拉栖代梦人就无法保护其指挥官安全撤离。

[14] 然而,在时任波列玛克狄浓、国王幕僚之一斯福德里达斯和他的儿子克列奥尼姆斯相继战死之后,在底比斯方面重兵压力之下,王家卫队即所谓波列玛克辅助队以及其他部队也纷纷退却;左翼的拉栖代梦人看到右翼被迫后退的时候,也夺路而逃。虽然拉栖代梦一方死伤惨重,溃不成军,但是他们在越过营前那条卫护大本营的堑壕后,就马上把武器放在地上,这正是他们发起攻击的地方。拉栖代梦人的营地并非建在一片平整土地上,而是在一个小山坡上。在败退之后,一些拉栖代梦人觉得无法忍受兵败之辱,他们宣称,他们绝不允许敌人树立胜利纪念碑,不会通过签订停战协议,而是要通过战斗去夺回阵亡战友的尸体。[②]

[15] 然而,那些波列玛克看到拉栖代梦人当中有将近1000人战死;他们看到,在700名斯巴达人(*Spartiatae*)当中,大约有400人阵亡。拉栖代梦的同盟者在得知这些情况后,皆无心恋战,甚至他们当中还有些人对所遭受的失败幸灾乐祸。鉴于此,他们把最重要的人物召集起来,商讨下一步的对策。他们都认为最好是订立休战和约,收回阵亡者的尸体。最后,他们派出使者,与底比斯人签订了和约。之后,底比斯人树立了一座胜利纪念碑,归还死者

---

① 国王身边的士兵往往是全军战斗力最强的。——译者注

② 按照希腊人的惯例,交战双方通过签订一个停战协议,各自收回本方阵亡者的遗体。——译者注

尸体。

［16］此战过后，奉命前往拉栖代梦的信使，将战败的消息作了报告。他在吉姆诺派狄亚庆节[①]的最后一天到达，此时合唱队正在剧场里演出。我知道，监察官们在获悉这场灾难的消息后，必然陷入深深的悲痛之中，但他们并未终止合唱队的演出，直等到演出结束。监察官将死者名字通知他们的亲属，命令妇女们不得嚎啕大哭，而应默默地承受这场不幸。翌日，当阵亡者的家属出现在公共场合时，人们看到他们欢快的表情和灿烂的笑脸；而幸存者的家属则很少露面，所看到的那少数人，个个面色阴沉，神色沮丧。[②]

［17］之后，监察官们要求马上出动余下的两个团[③]，即便他们当中有 40 年军龄的超龄老战士，也不例外；这一要求也适用于其他在国外征战的部队，[④]因为当初出征佛基斯时，出征人员仅限于军龄 35 年以下者；同时，他们命令所有担任公职的适龄人员必须入伍。

［18］这时候，阿格西劳斯旧疾未愈。于是，邦国指定他的儿子阿奇达姆斯担任全军统帅。泰格亚人给予他热情支持，因为斯塔西浦斯的手下都还健在，他们依然忠于拉栖代梦人，而且在他们的城邦拥有很大的势力；同样，来自各村社的曼丁尼亚人[⑤]都坚定地支持他，因为此时在曼丁尼亚恰好是处于贵族政体统治下；此外，科林斯人、西基昂人、弗琉斯人以及阿凯亚人都全力支持他，其他城邦也派兵到其麾下听命。同时，舰队人员由拉栖代梦人和科林斯人配备，他们还请求西基昂人予以协助，目的就在于使运兵船顺利通过海湾。

---

① Γυμνοπαιδίαι (*Gymnopaidiai*) 直译为“裸体男子节”，即裸体青年竞技会，斯巴达人的节日，每年仲夏时节(7 月)举行，由裸体青年表演歌舞和体育比赛，历时 4 天，以纪念阵亡将士。——译者注

② 作者在这里对斯巴达人尚武精神作了极为生动的说明。——译者注

③ 参阅：VI. 1. 1。

④ 现在都在琉克特拉。

⑤ 参阅：V. 2. 5—7。

[19] 到了边境线上，阿奇达姆斯按惯例奉献牺牲。至于底比斯人，战斗刚刚结束，他们就派出一名头带花环的使者，赶赴雅典。在告诉雅典人他们获得重大胜利的同时，他们还要求雅典给予其援助。使者还说，现在可是报复拉栖代梦人给他们造成种种伤害的大好时机。

[20] 这时候，雅典的五百人议事会正巧在卫城上举行会议。他们听说所发生的事情，人人都感到忧心忡忡。[①] 他们既未设宴款待使者，也未就援助一事给予任何答复。使者就这样离开雅典，返回底比斯。但是，伊阿宋是底比斯人的同盟者，于是他们急忙派人前去，力促他予以增援。

[21] 伊阿宋立即着手配备战舰上的人员，仿佛是要从海上增援底比斯人。然而，实际上他却带着雇佣军和他的骑兵卫队，从陆路穿过佛基斯人的国土进入波奥提亚（尽管佛基斯人曾与他有过一场激战）。佛基斯人得知他进军的消息，还未来得及从四面八方集结军队，伊阿宋已经穿过其国土，将佛基斯人远远抛在后面了。许多事例可以证明兵贵神速的道理。

[22] 但是，伊阿宋率军抵达波奥提亚后，底比斯人认为，现在是发动对拉栖代梦人攻击的大好时机，要求他及其雇佣军从高地上居高临下，而他们从前方迎头发起攻击。伊阿宋极力劝阻底比斯人，指出，他们既然已经有了一个好的开始，对于他们来说，现在不值得进行一次要么孤注一掷，要么前功尽弃的冒险。

[23] 他说："你们难道没发现，你们自己身处困境时，往往会取得战斗的胜利。因此，可以想见，现在的拉栖代梦人也是一样的。一旦置之死地，他们会拼命搏杀的。而神祇似乎也乐于使弱者变强，强者变弱。"

[24] 他的这番话，成功劝阻了底比斯人，不再进行决战的冒险；另一方面，对于拉栖代梦人，他告诉他们，什么样的军队是失败

---

① 也许是雅典人希望斯巴达人获胜，或者两败俱伤。底比斯人大获全胜，意味着他们将很可能成为希腊新的霸主。——译者注

之师,什么样的军队是胜利之师。他说:“如果你们想忘却降临在你们头上的灾难,我劝你们首先平心静气,好好休整,然后当你们变得更强大时,再与那些不愿屈服的底比斯人战斗。但是,现在你们得明白,甚至你们的同盟者中有一些城邦也在与敌人缔结友好条约。无论如何,要力争订立停战协议。我将竭尽全力促成你们早日订立停战协议,这样做就是为了拯救你们,一方面是因为家父与你们的友谊,另一方面我也是贵邦的外交代理人。”

[25] 以上就是他对交战双方所分别提出的忠告。他这样做的目的,大概是利用他们之间的尖锐矛盾,最终使双方都为其所用。听了他的说辞,拉栖代梦人请他与底比斯人商谈停战事宜。在得知休战协议订立后,波列玛克们发出命令,要求所有士兵用餐后收拾行囊,准备连夜动身,这样他们就可以在次日天亮的时候翻越基赛隆山。但是士兵们刚刚吃过饭,还没来得及休息,波列玛克们再次发出命令,要求他们在傍晚时分立即出发,取道克琉西斯回国。他们宁可抓住这次脱身的机会,而不相信那空头和约。

[26] 这次行军可谓困难重重,因为是夜行军,士兵们心怀恐惧,加上道路崎岖不平,最后终于到达麦加拉境内的埃哥斯特那。他们在这里与阿奇达姆斯的军队会师。等到所有同盟者的军队到齐之后,阿奇达姆斯统率全军抵达科林斯。在那里他遣散了同盟者的军队,自己率本邦公民兵回国。

[27] 至于伊阿宋,在回国途经佛基斯时,他占领了海亚波里斯的外城,蹂躏其国土,大肆杀戮其居民。但是,他在佛基斯的其他地方,却并未采取任何敌对行动。可是,他抵达赫拉克利亚后,就立即摧毁其城墙。该行动是要向世人宣示,如有人胆敢通过这条狭长通道[①]入侵其领土,他并不畏惧;如他想入侵希腊的任何地方,无论是谁占据位于这条通道上的赫拉克利亚,都不会对他造成任何妨碍。

[28] 伊阿宋重返色萨利后,赢得了极高的声望,这不仅是因为

---

① 德摩比利(温泉关)。

他合法地成为色萨利人的塔古斯,[1]还因为他拥有为数众多的雇佣军,既有步兵也有骑兵,这些军队训练有素,战斗力强。诸多同盟者的加盟,使他声望日隆。加盟者包括他原有的同盟者,还有很多城邦渴望成为其同盟者。他是那个时代一位最伟大的人物,任何人都不敢对他有丝毫轻慢。

[29] 现在,[2]皮提亚庆节[3]即将来临,伊阿宋向各个城邦发出指令,要求他们备好牛、绵羊、山羊、猪,以为牺牲之用。据说,他给各邦分派的份额适中,但他们献出的牛总数仍不下1000头,其他牲畜总数超过1万。他还宣布,贡献出最强健公牛的那个城邦,将获得一顶胜利者的金冠,而这头公牛也将被安置于整个祭神牺牲队伍之首。

[30] 此外,他还命令色萨利人做好准备,在庆节期间参加竞技比赛,一显身手。据说,他有意亲自主持祭神庆典和竞技会。然而,至于他是否觊觎阿波罗圣库的钱财[4],时至今日仍无人知晓。但是,有人说,当德尔斐人求神谕时,曾经问及如果伊阿宋企图攫取圣库钱财,他们该如何是好。阿波罗答复他们说,他将亲自关注这件事。

[31] 然而,这样一个胸怀大志、雄心勃勃的人物,却死于非命。他检阅军队、视察斐莱人的骑兵之后,坐在宝座上处理各种诉求时,有7个年青人相互争吵,要求到他面前陈述事实。他们冲到他的座位前,将伊阿宋击倒在地,致使他当场毙命。

---

① 参阅:VI.1.18。

② 公元前370年。

③ 全希腊纪念阿波罗战胜巨蟒皮同(Python)的庆节,举办地在佛基斯境内的德尔斐。根据希腊神话,阿波罗在德尔斐杀死皮同后,亲自选定此处修建自己的神庙,设立神谕所,是古典时代希腊宗教文化和工商业中心。著名的女祭司皮提亚(Pythia)端坐在这里的金鼎之上,饮卡索提斯圣泉之水,啖圣月桂树叶,吸收鼎下石缝冒出的仙气,高声谵语。皮提亚庆节每四年举行一次,起初只是诗歌音乐比赛,自公元前586年起,增加了各种竞技项目。——译者注

④ 爱琴海周边的希腊人甚至一些非希腊人长期向这里的圣所贡献,以至于德尔斐神庙已经积累了相当数量的金银财宝。——译者注

[32] 伊阿宋的侍卫马上冲上来保护他。其中一名青年的刺客在正在击打伊阿宋时，被侍卫用枪击中身亡；另一名刺客身上多处负伤，在上马时被当场擒获处死。其余 5 人跃上早准备好的快马，逃离了现场。[①] 在绝大多数希腊城邦，这些刺客们都是会受到尊敬的。这一事实证明，希腊人对伊阿宋心存戒惧，非常担心他成为僭主[②]。

[33] 伊阿宋遇刺身亡之后，他的兄弟波里多鲁斯和波里弗隆继位担任塔古斯。在兄弟俩一同前往拉里萨途中，波里弗隆乘波里多鲁斯在夜里熟睡时，将其杀害。这是人们的猜测，因为他死得突然，事前没有任何征兆。

[34] 波里弗隆勉强当了一年的塔古斯，以僭主的方式行使统治权。在法萨鲁斯，他处决了波里达玛斯以及其他 8 位最优秀的公民；[③]在拉里萨，他将许多人放逐。于是，亚历山大打着为波里多鲁斯复仇和推翻僭主的旗号将其杀死。[④]

[35] 但是，当亚历山大本人继承统治权之后，局势并未改善。对于色萨利人而言，他是一位残暴的塔古斯，对底比斯人和雅典人而言，他是一位凶恶的敌人。他多次无事生非，从陆上和海上劫掠其他城邦。这样的一个人，他的下场同样是身首异处。他的妻舅们将其杀害，而行动的策划者就是他的妻子。[⑤]

[36] 事情的经过是这样的。她向其兄弟们透露，说亚历山大正在谋划除掉他们。她将几位兄弟隐匿在家一整天。当晚，她把醉醺醺的亚历山大接回家，将他扶上床。借着光亮，她拔出亚历山大的宝剑，看到兄弟们迟疑不决，不敢进屋下手。她就威胁说，如果他们不马上行动，她就叫醒亚历山大。当他们进屋后，她迅即关上房门，栓紧门闩，直到亚历山大被杀死。

---

① 看来，这很可能是一场经过精心策划的刺杀行动。——译者注

② 意即僭主是不负责任的绝对统治者，而塔古斯是合法的、民选的职位。

③ 公元前 370 年。

④ 公元前 369 年。

⑤ 公元前 358 年。

［37］至于她痛恨其夫亚历山大的原因，人们的说法很多。有人说，亚历山大将自己俊美的侍童囚禁起来，她请求将他释放，他却将那少年推出去斩首；有人说，因这个妇人一直未与其生养子女，亚历山大决定派人前往底比斯，订立婚约，迎娶伊阿宋的寡妻。谋杀行动的当事人之一，亚历山大的大妻舅提西丰努斯居于塔古斯之位，直至写作这部历史之时。①

① 色诺芬大约死于公元前354年，因此这段文字应撰写于公元前358—前354年之间。这是色诺芬明确提及的最晚的历史事件。

第5章

[1] 以上所叙述的是发生在色萨利、与伊阿宋有关的事情，还包括从伊阿宋之死直到提西丰努斯当政时期的事情。现在我回到前面所叙述的事件上来。

阿奇达姆斯在完成救援琉克特拉的行动后，率军返回。[①] 雅典人认为，伯罗奔尼撒人仍将追随拉栖代梦人，与其共赴难关，因为现在拉栖代梦人的情况与当年雅典人的情况还是有所不同。因此，他们邀请所有愿意遵守国王下达的和平敕令条款[②]的那些城邦来到雅典。

[2] 各城邦代表来到雅典之后，通过一项决议，表达了共享和平的愿望。誓言如下："我邦将遵守'大王和平敕令'的有关条款，遵守雅典人及其同盟者的法令。如有任何城邦对某一立誓城邦开战，我邦将竭尽所能援助被侵略者。"除爱利斯人以外，与会其他各邦都对此表示赞同。爱利斯人指出，让玛尔迦那、斯基鲁斯和特里斐里亚独立是不对的，因为这3个城镇原本是属于他们的，是爱利斯的一部分。

[3] 但是，雅典人和其他城邦，通过投票，一致议决遵守国王的规定——所有城邦，无论大小皆应独立。其后，他们派出官员监督决议执行情况，要求各邦的最高权力机构负责执行决议。除爱利斯人外，其他城邦都宣誓遵守该决议。

---

① 公元前371年。

② 这里英译者的"大王和平敕令"表述为 the peace which the King sent down。——译者注

曼丁尼亚人认为，根据这项决议，他们现在理应享有完全的独立。因此，所有公民集合起来，投票决定使曼丁尼亚成为统一的城邦，[①]并且修筑一道城墙。

［4］而在拉栖代梦人看来，如果未经他们同意就恢复曼丁尼亚的独立，那简直是奇耻大辱。于是，他们派遣阿格西劳斯作为大使到曼丁尼亚去，因为他被认为是曼丁尼亚人世交好友。[②] 可是，阿格西劳斯到达之后，曼丁尼亚的官员拒绝为他召集公民大会，只要求他说明此行目的何在。阿格西劳斯承诺，如果曼丁尼亚人停下正在进行的修筑城墙工作，他保证会征得拉栖代梦人的同意，让曼丁尼亚人以最小的代价完成城墙的修筑。

［5］曼丁尼亚人告诉他，他们是不可能中止修筑城墙的，因为修筑这道城墙乃是全体公民的决议。于是，阿格西劳斯愤然离开。然而，拉栖代梦人似乎不能发动战争来攻击曼丁尼亚人，因为和平条约已经缔结，各邦独立是条约的基础。同时，阿卡狄亚的一些城邦也派人帮助曼丁尼亚修筑城墙，爱利斯人也为他们筑城送来3塔连特的现金。曼丁尼亚人忙着筑城工作。下面再来看看泰格亚的情况。

［6］在泰格亚，有两个党派。[③] 那些卡里比乌斯和普罗克塞努斯的支持者们，力图促成所有阿卡狄亚各邦都联合在一起，共同代表大会所通过的任何决议，都应在各个城邦得到执行；[④]但是，斯塔西浦斯的支持者们则主张，所有城邦都应遵守其祖先的宪法，应谨守城邦独立，各邦互不干扰。

［7］由于普罗克塞努斯和卡里比乌斯支持者的提议在主席团会议中未获通过，他们希望能召集公民大会，以便使其提议能获绝大多数人的支持。为防不测，他们的支持者拿起武器，公开集结。

---

① 参阅：V. 2. 7。
② 参阅：V. 2. 3。
③ 公元前370年。
④ 虽然历史学家并没有提及在麦加洛波里斯建立这个同盟，可是色诺芬在这段文字里提到的同盟的共同代表大会，暗示了这一点。

看到这种情况，斯塔西浦斯的支持者们也不示弱，且人数更多。而在双方发生冲突的过程中，普罗克塞努斯及其几个随从被杀死，其他人逃散；但是斯塔西浦斯并未继续追杀逃散者，因为他不想滥杀无辜的同胞公民。

[8] 于是，卡里比乌斯的支持者退至朝向曼丁尼亚的城门附近，由于对手未再发起攻击，他们就静静地聚在那里，等待援军到来。因为此前他们已派人至曼丁尼亚，向他们求援；同时，他们与斯塔西浦斯支持者谈判，以拖延时间。可是，当他们看到曼丁尼亚援军到来时，一些人爬上城墙，高声呐喊，催促援军全速前进，另一些人则打开城门迎接援军。

[9] 斯塔西浦斯的支持者见势不妙，迅速从城门冲出去，直奔帕兰提昂，在对手追上他们之前，先到阿尔特密斯神庙寻求庇护。他们进入神庙，关闭庙门，在里面静候着。但是对手却穷追不舍，爬上了神庙，拆开屋顶，用瓦片投击他们。求庇的那些人眼见走投无路，恳求他们停止攻击，答应自己出来。他们刚刚走出神庙，卡里比乌斯的支持者就将他们牢牢地捆绑起来，投进一辆囚车，拉回泰格亚。在曼丁尼亚人面前，对他们进行审讯，并将他们处死。

[10] 与此同时，大约 800 名泰格亚人（属于斯塔西浦斯一派的）逃到了拉栖代梦。拉栖代梦人作出决定，说根据他们的誓约，他们理应为泰格亚的那些死难者报仇，并且援助那些被逐者。因此，他们决定出征曼丁尼亚，理由是曼丁尼亚人违背誓约，武力攻击泰格亚人。于是，监察官下令征召军队，邦国任命阿格西劳斯为此次行动的统帅。

[11] 现在，大多数阿卡狄亚人聚集在阿色亚，但是奥科门努斯出于对曼丁尼亚人的敌意，拒绝加入阿卡狄亚同盟。奥科门努斯人甚至已经让雇佣军进入其城内。其指挥官为波里特罗普斯，这支雇佣军是在科林斯招募的。曼丁尼亚人在国内按兵不动，静观其变。另一方面，赫莱亚人和列普列昂人加入拉栖代梦人一方，来攻击曼丁尼亚人。

[12] 阿格西劳斯在边境上献祭，得到吉兆，便立即出兵侵入阿

卡狄亚。他们首先占领了边境城市攸泰亚，发现城中只有老弱妇孺，成年男子都已加入阿卡狄亚联军。因此，阿格西劳斯命令只在城内采购军队所需，不得对居民有任何的伤害和侵扰，如有人在进城后所掠获了物品，他命人查出并将物品归还原主。同时，他下令全力整修城墙，静待波里特罗普斯所统率的雇佣军到来。

[13] 同时，曼丁尼亚人对奥科门努斯人发起了进攻。但是他们在攻城时遭遇顽强的抵抗，不少人被杀。他们不得不撤退至爱雷米亚。现在，尽管奥科门努斯人的重装步兵停止了追击，但波里特罗普斯率领他的军队，却大胆地向他们步步进逼。曼丁尼亚人意识到，如果不能将波里特罗普斯的军队击退，他们当中的许多人将死于对方投枪之下，因此他们被迫转身迎战。

[14] 在交战中，波里特罗普斯被击倒，其余的人皆四散而逃，若不是弗琉斯人的骑兵及时赶到，他们当中还会有许多人死于非命。弗琉斯人的骑兵迂回到曼丁尼亚军队背后，迫使他们停下了追击的脚步。曼丁尼亚人完成了这些事情之后，班师回国。

[15] 阿格西劳斯听说此战的情况，知道来自奥科门努斯的雇佣军是无法加入他的队伍了；但在目前的形势下，他仍要继续向前推进。第一天，他在泰格亚边境用餐，第二天，他越过边境，进入曼丁尼亚领土，在曼丁尼亚城西山脚下安营扎寨。阿格西劳斯大军进入曼丁尼亚之后，就蹂躏其国土，劫掠其农场。与此同时，驻扎在阿色亚的阿卡狄亚的军队，则是星夜兼程，奔赴泰格亚。

[16] 翌日，阿格西劳斯的营寨距曼丁尼亚城约20斯塔狄亚①。但是，那些从泰格亚赶来的阿卡狄亚人的军队来到这里，他们拥有非常强大的重装步兵；但由于他们要与曼丁尼亚人会师，因而正绕行于曼丁尼亚与泰格亚之间的山地。阿尔哥斯人也与他们一同前往，但并未派出全部的兵力。有人试图劝说阿格西劳斯，要他对敌人采取各个击破的策略。然而，阿格西劳斯担心的是，如果对阿卡狄亚人发动进攻，曼丁尼亚人有可能出城从其侧翼和后路袭击他

---

① 约合3.7千米。——译者注

们，这样将使其首尾不能相顾。所以，阿格西劳斯认为，最好还是采取常规的作战方式，等两路敌军合二为一后，再选择开阔地，一决雌雄。这样，从泰格亚来的阿卡狄亚人的军队就与曼丁尼亚人的军队会师了。

［17］与此同时，来自奥科门努斯的轻盾兵以及弗琉斯的骑兵，他们在夜间穿越曼丁尼亚，于次日拂晓抵达阿格西劳斯驻军营地。此时阿格西劳斯正在营前献祭，见到这些人奔向他们的营寨，拉栖代梦人大吃一惊，急忙排列战阵，阿格西劳斯也匆匆返回军营。但是，当他得知是友军到来，而在祭祀中也获得吉兆的时候，阿格西劳斯下令，早餐之后马上进军。夜幕降临的时候，阿格西劳斯无意间将营寨安在曼丁尼亚城后的山谷之中，四周群山环绕，中间空地狭小。

［18］翌日拂晓，阿格西劳斯又在大军前献祭时，他看到，从曼丁尼亚城中出来的军队正在其军队后面山上集结。于是，他当机立断，必须率军尽快撤出山谷。现在，他又担心如果他率军撤退，敌人将从后面发动袭击。因此，他要求军队保持镇静，命令前队面向敌人，后队向右，行军至他前面的方阵之后。这样，他率军退出狭窄的山谷，使方阵阵型更完整，实力也不断增强。①

［19］就这样，在方阵纵深比原来增加了一倍之后，阿格西劳斯率领其重装步兵进入平地，然后把军队重新部署，扩展纵深达到9—10排盾牌。这时，一同作战的爱利斯人力劝曼丁尼亚人，说在底比斯人到来之前，先不要出战。因此，曼丁尼亚人并未出城。爱利斯人则说，他们深信底比斯人会到来，因为他们曾借款10塔连特的军费援助他们。

---

① 这是一条狭长的山谷。拉栖代梦大军的后队在山谷的最里面，阿格西劳斯所在的前队位于山谷至平川的入口处。他们的敌人集结在山谷的一侧。阿格西劳斯首先让自己的军队面向敌人。然后，一边行军，一边转变成为“方阵”，或战斗阵型。通过变阵（*anastrophê*，参阅：V. 2. 21），原先的后队折回，逐渐延伸至方阵之后，即山谷出口处。整个队伍步出山谷，来到平原之上。这里描述的整个过程颠倒过来，军队回复到原来的阵型。

［20］阿卡狄亚人听说这个情况，就在曼丁尼亚城内静候战机。此时已进入隆冬时节，[①]阿格西劳斯虽然恨不能马上班师回国，但他们还是在距离曼丁尼亚城不远处再驻扎3天，以表明他们的撤军行动，并非由于胆怯。到了第四天，早早地用过早餐后，阿格西劳斯踏上班师回国之路，打算当晚在此前曾经安过营的攸泰亚去宿营。

［21］但是，由于沿途并未遇到任何阿卡狄亚的军队，尽管此时天色已晚，他仍决定全速赶往攸泰亚[②]，希望在敌人到达之前将其重装步兵安全撤走，这样就没有人说他是狼狈逃回的。阿格西劳斯似乎希望通过这样的行动，从一定程度上缓解人们对于这次失败的失望情绪。因为他率军侵入阿卡狄亚，并且蹂躏其国土，却无人敢出来交战。阿格西劳斯回到拉哥尼亚后，让斯巴达人回家，让庇里阿西人回到他们各自的城镇。

［22］至于阿卡狄亚人，由于阿格西劳斯已经撤兵，他们也知道其军队已经遣散，而他们的军队仍集结于此，所以他们决定去进攻赫莱亚人。这不仅是因为赫莱亚人非但拒绝加入阿卡狄亚同盟，还投靠拉栖代梦人一同入侵阿卡狄亚。他们在进入赫莱亚境内后，烧毁房屋、砍伐果树，直至有消息说底比斯援军已到达曼丁尼亚，他们才撤离赫莱亚，去与底比斯人会师。

［23］两支军队会师之后，底比斯人认为形势对他们很有利，因为他们携援军而来，而且在陆地上也看不到任何敌人，所以，底比斯人打算班师回国。但是，阿卡狄亚人、阿尔哥斯人和爱利斯人，都鼓动底比斯人应带领大军，以最快速度攻入拉哥尼亚，他们指出，本方军队不仅人数占优，[③]还对底比斯军队的战斗力大加赞赏。因为现在所有波奥提亚人的军队都坚持军事训练，已经在琉克特

---

① 公元前370年。

② 参阅：VI.5.12。——译者注

③ 普鲁塔克在其《传记集·阿格西劳斯传》(XXXI.1)中指出，底比斯的重装步兵人数为4万；据狄奥多拉斯(XV.62)记载，联军总数超过7万。

拉赢得辉煌胜利;而且,已臣属于他们的佛基斯人、优波亚岛诸邦、两支罗克里斯人、[①]阿卡纳尼亚人、[②]赫拉克利亚人以及马里斯人的军队到来,使他们如虎添翼;此外,来自色萨利的骑兵和轻盾兵也前来增援。阿卡狄亚人看到这一切,他们又绘声绘色地指出拉栖代梦正值兵源匮乏之时,请求底比斯人无论如何都要毫不犹豫地攻入拉栖代梦。

[24] 面对这样的请求,底比斯人经过深思熟虑,认为攻入拉哥尼亚绝非易事;他们相信,容易进入的通道肯定都有重兵把守,例如伊斯科劳斯就驻守在斯基里提斯[③]的奥昂,驻军由获释黑劳士以及 400 名年轻的泰格亚被逐者组成;在马利亚提斯上方的琉克特伦,[④]也有一支驻军。底比斯人反复思量权衡之后,认为拉栖代梦人的军队能够很快集结起来,在其本土的任何地方作战,对他们更为有利。因此,考虑到这些因素,他们打定主意,决不急于进军拉栖代梦。

[25] 不久,来自卡利埃[⑤]的人们提供了可靠的情报,说拉栖代梦人防务空虚。他们承诺说自己可以担当向导,如发现他们在耍花招,底比斯人随时可将其处决。另外,一些庇里阿西人也前来请求底比斯人前去援助他们,他们说,只要援军在拉栖代梦领土上出现,他们就会起义;庇里阿西人还说,即便现在斯巴达人下令召他们前去,他们也会拒不服从的。听到这些情况,所有各方都取得一致意见,底比斯人也终于被说服了。他们决定进军拉栖代梦。底比斯人的军队取道卡利埃,而阿卡狄亚人取道斯基里提斯的奥昂。

[26] 现在,如果伊斯科劳斯率军进入关隘最险要地段,并且驻守在那里,至少无人能通过那里攀上关口。但事实上,既然他希望把奥昂人作为盟友,于是他依然驻守在乡村,因此许多阿卡狄亚人攀登上去,进入关隘。在短兵相接的交锋中,伊斯科劳斯的军队获

---

① 参阅:IV. 2. 17。

② 参阅:IV. 7. 1;普鲁塔克:《传记集·阿格西劳斯传》,II. 20。——译者注

③ 拉哥尼亚北部一地区。——译者注

④ 要塞,位于阿卡狄亚和拉哥尼亚交界处。——译者注

⑤ 卡利埃,城镇,在拉哥尼亚北部。——译者注

得胜利；但是阿卡狄亚人从敌人的后面、侧面和房顶上大量抛掷器物、投射标枪。结果，伊斯科劳斯战死，其手下士兵除个别脱逃之外，悉数丧命。

[27] 阿卡狄亚人在打败奥昂的驻军之后，向卡利埃推进，在那里与底比斯人会师。底比斯人得知阿卡狄亚人取胜的消息，大受鼓舞，勇猛无畏地冲下山去。他们来到塞拉西亚，立即大肆劫掠，并烧毁该镇。但他们在到达平地之后，在阿波罗的圣域内安营。翌日，继续进军。

现在，他们看到河对面雅典娜·阿列亚神殿[①]里面有重装步兵，准备迎击他们。于是，他们并未跨越河桥，去攻击斯巴达，而是沿攸洛塔斯河[②]左岸推进，一路上，他们劫掠了那些财物丰富的家舍，然后将其付之一炬。[③]

[28] 至于斯巴达城里的居民，由于斯巴达的妇女从未见过任何敌人，她们看到浓烟滚滚，就觉得受不了了；尽管斯巴达未筑城墙，公民人数非常稀少，却四处布设有岗哨，卫兵随处可见。当政者还颁布一项决定，如果黑劳士愿意拿起武器与斯巴达人共同战斗，他们承诺，凡参战者都将获得自由。

[29] 据说，起初有超过6000名黑劳士报名参军，使得斯巴达人反而感到恐慌，那么多的黑劳士聚集在一起，人数也未免太多了。但是，他们看到来自奥科门努斯的雇佣军依然忠于他们，而随着弗琉斯、科林斯、爱皮道鲁斯、培林尼以及其他盟邦援军的到来，斯巴达人对登记参军的黑劳士的恐惧感稍有缓解。

[30] 现在，敌人的军队不断向前推进，到达阿美克莱[④]的对

---

① 参阅波桑尼阿斯：III. 19.7。——译者注

② 拉哥尼亚境内一河流。——译者注

③ 这是拉栖代梦国家的核心区域。从色诺芬的记载来看，很多斯巴达公民家庭似乎相当富裕殷实。——译者注

④ 阿美克莱为阿凯亚古城，距离斯巴达城不足4000米。参阅波桑尼阿斯：III. 2.6；波里比阿：《通史》(Polybius, *The Historiae*), V. 19。以下简作“波里比阿”。——译者注

岸。他们由此渡过攸洛塔斯河。无论底比斯人在哪里扎营，拉栖代梦人都会立即尽力砍伐树木，堆放到敌人的营寨之前，以阻挡其前行的道路，这就是他们的防卫方式。而阿卡狄亚人却不顾这些，他们离开营寨，只顾去劫掠斯巴达人的房舍。就这样，在侵入拉栖代梦境内的第三天或第四天，入侵者的骑兵队已经抵达波塞冬·盖娅奥库斯圣域的赛马场了。[①] 随后，底比斯全军将士以及爱利斯人、佛基斯人、色萨利人和罗克里斯人的所有骑兵队也相继抵达。

［31］拉栖代梦人骑兵队列阵迎战，但是他们人数很少，所以他们在丁达琉斯[②]之屋埋伏下 300 名青年重装步兵以为接应。战斗打响后，骑兵冲锋的时候，伏兵也同时冲杀出来。然而，双方还未接战，敌军便夺路而逃。看到这种局面，大批敌人的步兵也四散逃去。但是，等到追兵的脚步一停下来，底比斯人随即就地安营扎寨。

［32］现在，敌人似乎渐渐打消了攻击斯巴达城的念头。事实上，敌军绕开了那里，向希洛斯[③]和吉特昂进军。[④] 他们一路上烧毁这些没有城墙的城镇，用 3 天的时间攻下拉栖代梦的造船重镇吉特昂。有些庇里阿西人不但参与了攻克吉特昂的行动，而且与底比斯人及其盟军并肩作战。[⑤]

［33］当雅典人得知上述战况之后，他们深为关切的，是应该对拉栖代梦人采取怎样的行动。五百人议事会作出决定，马上召开

---

① 参阅波桑尼阿斯：III. 2. 6。——译者注

② 参阅：VI. 3. 6 注释。波桑尼阿斯：III. 16. 2。——译者注

③ 拉哥尼亚南部一城镇。据说，斯巴达的黑劳士（Helots）之名，很可能与该城（Helos）有关。——译者注

④ 色诺芬在这里只字未提这次进军行动的总指挥、底比斯名将伊巴密浓达。——译者注

⑤ 色诺芬强烈的亲斯巴达倾向在此展现无疑。他对斯巴达此时所受到的羞辱只字不提。首先，美塞尼亚人在臣服于斯巴达人数世纪之后，底比斯将军伊巴密浓达使其恢复独立；其次，“大城”麦加洛波里斯建立，成为独立的阿卡狄亚的首府。然而，在本卷稍后有几个地方，他间接提到美塞尼亚的独立以及筑麦加洛波里斯的既成事实。

公民大会。公民大会举行的时候，拉栖代梦人及其同盟者的使者们碰巧还在雅典。拉栖代梦人阿拉库斯、奥库鲁斯、法拉克斯、爱提摩克利斯和奥隆修斯先后发言，但他们所说的内容却大同小异，都强调每当处于最严峻危难时刻，两个城邦的人民总是相互支持，化险为夷。一方面，他们曾经帮助雅典人驱逐了僭主，[①]而另一方面，雅典人也曾在他们受到美塞尼亚人的巨大压力时，给予他们热诚的援助。[②]

[34] 他们还讲述了双方同心协力，结盟共同抗击异族入侵时的美好时光，那时雅典人被希腊诸邦推举为海军领袖，并负责掌管同盟的基金，[③]拉栖代梦人对此全力支持；而拉栖代梦人也被一致推举为全希腊的陆军统帅，雅典人对此也表示赞同。

[35] 使者当中有人甚至这样说："如果我们两个城邦达成一致，正如古语所言，底比斯人将遭到'十一抽杀'。"[④]然而，雅典人却不能完全接受这种提法，有人在下面窃窃私语说："他们只是现在才这样说而已，他们国势强大时处处与我们为敌。"在作为听众的雅典人看来，拉栖代梦人最有说服力的证据就是雅典沦陷时，底比斯人提议彻底摧毁雅典，而正是他们阻止了这一举动。

[36] 然而，拉栖代梦人还特别强调，说雅典人曾立下誓言，说一旦需要，他们将提供援助。因为阿卡狄亚人及其同盟者的入侵，并不是由于拉栖代梦人的过错，而是由于曼丁尼亚人违背誓言出兵泰格亚，拉栖代梦人遵循誓言去援助泰格亚人而引发的。

听了他们的发言，公民大会会场上出现一阵骚动。有人说，曼

---

① 公元前511年。斯巴达人出兵驱逐在雅典当政的庇西特拉图家族。

② 这里系指公元前464—前455年所谓的第三次美塞尼亚战争。美塞尼亚人趁当地发生大地震之机，发动起义，形势一度非常危急。雅典应斯巴达人的请求，派遣大将客蒙率军前去，协助平叛。——译者注

③ 指公元前478/前477年建立雅典同盟。关于这个同盟的组织结构及其发展演变，可参阅徐松岩：《关于雅典同盟的几个问题》、《论雅典帝国》，分别载《西南师范大学学报》(社会科学版)，1993年第3期、1999年第1期。——译者注

④ 参阅：VI.3.20；希罗多德：VII.132。

丁尼亚人的行为是正当的，因斯塔西浦斯的支持者杀害普罗克塞努斯及其支持者，曼丁尼亚人为他们报仇是天经地义的；也有人说，拉栖代梦人对泰格亚动武本身就是错误之举。

[37] 当雅典公民大会正在讨论就这些问题该作出何种决策之时，一位名叫克雷特利斯的科林斯人站起来，作了如下发言。他说："雅典人啊，要弄清错误行为的始作俑者或许并非易事。但是，对于我们而言，自从和约缔结以来，谁能指控我们对其他任何城邦发动过战争，或抢夺过他人的财产，或蹂躏过别国的领土？然而，底比斯人却侵入我们的领土，砍伐我们的树木，烧毁我们的房屋，劫走我们的财产和牲畜。我们遭此劫难，如果你们还不援助我们，这明显违背你们自己立下的誓言。要记住，你们全体人民与我们全体人民所立的誓言是相同的。"听完他的发言，雅典人认为克雷特利斯发言公正，说到了点子上，因此高声呼叫，表示赞同。

[38] 在克雷特利斯之后发言的，是弗琉斯人普罗克利斯。他说："雅典人啊，我认为，你们每个人都很清楚，如果拉栖代梦人对此置若罔闻，你们将是率先起来反对底比斯人对外侵略的。他们也知道，你们是他们称霸全希腊的惟一障碍。

[39] "如果情况确乎如此，我坚信，假如你们与底比斯人开战，你们是不会像援助自己那样去支援拉栖代梦人的。因为底比斯人与你们素来不睦，并且与你们毗邻而居，如果底比斯人称霸全希腊的话，那在我看来，他们给你们带来的苦难，就远远超过那个遥远的对手了。[①] 而且，现在对你们有利的是，如果你们来对付他们，还有其他城邦会站在你们一边；如果等到这些同盟者一个个都被毁灭，那你们就只好被迫与底比斯人单独进行生死决战了。

[40] "有人担心如果援助他们，使拉栖代梦人逃脱这次劫难，将来可能会为害你们；担心这样做非但不利于自己，反而会使自己受害；担心他们有朝一日势力会更加强大。你们同样应当牢记的是，不管对于个人还是城邦，在得势时多做善事，这样，一旦将来失

① 这个远方的对手暗指斯巴达人。——译者注

势，才会得到他们的救助。

[41]"现在，上苍赐予你们一个良机，如果你们应拉栖代梦人所求，尽力去援助他们，你们将和他们世代友好下去，将来你们如果有求于他们，他们也会万死不辞的。在我看来，他们从你们这里受益，为此作证的不只是这几个证人，从现在直至永远，诸神都可以为证；而且，你们的盟邦和你们的敌人、全世界的希腊人和异族人都可以作证。对所有的人和神而言，这都不是一件小事。

[42]"因此，倘若拉栖代梦人将来忘记你们的恩情，那谁还会忠于他们呢？可以预料，他们一定会知恩图报，因为他们为人真诚，不管做任何事，总是力争褒奖，避免蒙羞。此外，同样请你们就下面的问题认真思量。

[43]"如果异族人再次威胁到希腊的安全，有谁能比拉栖代梦人更值得信赖呢？谁更乐于成为你们的盟友，像据守温泉关的勇士们一样，人人都舍生忘死，与你们并肩战斗呢？因此，既然已经证明他们和你们一样都是勇敢的战士，他们必将再次证明自己。你们和我们一样，对他们表示友善，难道这有什么不对吗？

[44]"即使从我们这些在场的同盟者的角度来说，你们也理应对拉栖代梦人表示友善。可以肯定的是，那些在不幸时仍忠诚于拉栖代梦人的人们，如果他们不对你们的善意感恩戴德，尽力报答，那是可耻的。我们这些愿与拉栖代梦人患难与共的城邦看起来都是些小邦，但是如果我们加在一起，谁也不能对我们小觑。

[45]"雅典人啊，据说从前人们常常称颂贵邦，因为我听说，那些蒙受不白之冤的人和所有心存恐惧的人都会逃到贵邦寻求庇护，并且在那里得到救助；而今我不只是听说，并且是亲眼看到最为著名的拉栖代梦人，以及他们最忠实的朋友来到贵邦，向你们求救。

[46]"我也看到，底比斯人，那些当年未能说服拉栖代梦人奴役你们的人们，现在也来要求你们坐视拉栖代梦的毁灭。[①]

---

① 参阅：VI. 5. 35；VI. 3. 13 注释。——译者注

“众所周知,你们的先祖不忍心让那些在卡德美亚[①]城下的阿尔哥斯人暴尸荒野,使死者入土为安,那可是真正的义举;[②]如果你们能拯救这些依然活着的拉栖代梦人,让他们不受凌辱或免遭毁灭,那你们所作所为必将更是前无古人的义举。

[47]“既然你们曾经制止攸里斯修斯的傲慢行为,保全了赫拉克利斯的子孙,[③]那么现在你们使拉栖代梦人免遭灭顶之灾,你们就不只是保留了其城邦的创立者,并且是拯救了整个城邦。如果说你们以前就是一种义举,那现在岂不更是义举吗?而当年拉栖代梦人力排众议,[④]使你们化险为夷,现在如果你们拿起武器,甘冒生命危险来帮助他们,你们的行为将是最重大的义举。

[48]“即便我们现在能说服你们援助那些勇士们,也是让我们倍感自豪的。你们的慷慨大度尽人皆知,对这样的对手你们也能伸出援手。你们在与拉栖代梦人的交往中曾历经多次友好与敌对,你们所记得的竟然不是他们给你们造成的伤害,而是你们所得到的好处!你们对他们的报答,你们接受我们的建议,不单是为你们自己的利益,而且是为全希腊的利益,因为他们向世人证明自己是勇士。”

[49]发言结束后,雅典人进行了讨论,在未听取那些不同意见的情况下,他们就投票通过,全力援助拉栖代梦人,并且推举伊菲克拉特为将军。当牺牲显示吉兆之后,他命令全体将士在阿卡德美[⑤]就餐。据说,不少士兵在伊菲克拉特本人到达之前已在那里等候。之后,将士们在伊菲克拉特的带领下中一路开进,相信在他的

---

① 底比斯的卫城。

② 根据希腊传说,在“七雄攻打底比斯”失败后,正是由于雅典人出面干预,才迫使底比斯人答应安葬敌人的尸体。——译者注

③ 赫拉克利斯的子孙被攸里斯修斯逐出伯罗奔尼撒后,雅典人援助并保护了他们。——译者注

④ 反复强调伯罗奔尼撒战争结束时,拉栖代梦人没有对雅典人采取毁灭性政策。参阅:II. 2. 20—22。——译者注

⑤ 参阅:II. 2. 8。——译者注

统率下他们定会马到成功的。全军抵达科林斯之后，在那里停留了数日。将士们马上向他提出责难，质问为何裹足不前；当他决定继续推进时，将士们求战之心日炽，恨不能马上就攻下所要攻打的各个要塞。

[50] 至于那些滞留在拉栖代梦境内的敌军，阿卡狄亚人、阿尔哥斯人和爱利斯人当中，已经有大批人员离去，因为他们的邦国与拉栖代梦接壤，他们携带着劫掠到手的战利品回国了。而底比斯人以及其他仍滞留在那里的士兵们，也都归乡心切，期盼着早日离开，一方面是因为他们看到面前敌人越来越少，另一方面是因为他们的补给日渐匮乏。他们的补给品有些被耗费，有些被偷走，有的被浪费，还有的被烧毁。此外，时值冬日，士兵们归心似箭。

[51] 他们正准备从拉栖代梦撤军的时候，伊菲克拉特统率着雅典军队从阿卡狄亚推进到科林斯。这期间，伊菲克拉特所展现出的卓越的将才，简直无可挑剔；但是，我发现其具体的军事部署，则往往是琐碎无效而不合时宜。例如，他命人驻守奥涅昂，以切断底比斯人的归路，但并未派兵严守途径肯克里埃的关隘，致使底比斯人得以逃脱。

[52] 他想弄清楚底比斯人是否已通过奥涅昂，就派出雅典和科林斯的全体骑兵前去侦察。本来只需派出小股骑兵，他却兴师动众；因为侦察兵必须回来报告，小股士兵比大部队就更加灵活机动。但是，他动用这么多的骑兵，又不足与敌抗衡，这难道不是愚蠢之举？因为这样一支骑兵如果展开需要一片开阔地，如果撤退则地形复杂，众人挤作一团，在敌人攻击时会束手无策。结果，至少有20名骑兵因此丧命。[1] 这时，底比斯人已经安然回国。

---

① 参阅狄奥多拉斯，XV.63。——译者注

第 7 卷

第1章

［1］翌年，[①]拉栖代梦及其同盟者的全权大使来到雅典，协商拉栖代梦人与雅典人结盟的具体事宜。许多异邦人和许多雅典人都认为，同盟各方应享有完全平等的地位。[②] 弗琉斯人普罗克利斯就此作了发言。他说：

［2］“雅典人啊，既然你们已决定与拉栖代梦人修好，那么在我看来，你们应考虑这样一个问题，就是如何让这种友谊永久保持下去。当前有必要订立这样一款有利于各方的盟约，才能最大限度地确保友谊的持久性。我相信，除了领导权的问题仍需继续协商外，其他问题均已达成一致。贵邦议事会建议，海上领导权理应归属于你们，而陆上领导权归属于拉栖代梦人。我也认为，这种权力的划分在很大程度上不是人为的判定，而是诸神冥冥之中早已做好了的安排。

［3］“首先，贵邦所处的地理位置得天独厚，与海上霸主正相匹配。因为大多数依海立国的城邦都地处贵邦周围，而且他们的实力均比你们弱小。此外，贵邦沿海多良港，无此难以成为海上强国。况且，贵邦已经拥有为数众多的三列桨战舰，而你们的一贯国策就是不断扩充战舰的数量。

［4］“同样，你们还拥有修船造舰的专门技术和手艺。在海事

---

① 公元前369年。关于雅典的历法，参阅本书附录4。——译者注

② 希腊历史上的同盟有多种模式。比较常见的是盟主与各加盟城邦处于不平等的地位，入盟城邦的利益往往难以得到保证。关于“完全平等”这个短语。参阅修昔底德：I.145等。——译者注

经验方面，你们也远远超过其他城邦，因为你们大多数人的生计都来自于海上；与此同时，在关照私人事务时，你们也在与海洋打交道中积累了经验。[①] 还有一点很清楚，任何一个港口都不可能如贵邦那样，可以同时驶出那么多艘三列桨战舰。在涉及由谁执掌领导权时，上述因素决非无足轻重，因为所有人都乐于加入最早展示其强大实力的军队作战。

[5]“况且，诸神已经准许你们雅典人在领导权的竞争中成功胜出。在过去无数次大规模的海战中，你们大都取胜，极少失利。因此，同盟者在你们的领导下，都是很乐于与你们共赴艰险的。

[6]“的确，你们对海洋事业的全力投入是必要而恰当的，从如下事实必定会得出这样的结论。曾几何时，拉栖代梦人与你们交战多年，尽管他们占领了你们大部分领土，但仍无法彻底击败你们。直到最后他们得到诸神的佑助，赢得了海上霸权时，才将你们完全制服。[②] 由此可见，你们的安危取决于对海洋的控制。

[7]“所以，这一切是你们与生俱来的权利，你们怎能让拉栖代梦成为海上霸主呢？首先，他们自己都承认在这方面不如你们有经验；其次，他们也不像你们那样，甘愿为控制海权而到海外去冒险；他们所付出的最大代价不过是战舰上全体船员的性命，而你们却是拿妻子儿女乃至整个城邦去冒险。

[8]“这就是你们雅典人所面临的形势。现在让我们再来看看拉栖代梦人的情况吧。首先，他们居住在内陆地区，因而只要他们能控制陆地，即便海上交通被完全切断，他们也可以平静生活，安枕无忧。他们自己对此了然于心，于是从孩提时代起就着眼于训

① 雅典帝国时期，不仅帝国舰队常年游弋于海上，许多公民个人在海外拥有财产。——译者注

② 伯罗奔尼撒战争期间，拉栖代梦人及其同盟者多次出兵阿提卡，甚至长期驻扎在那里，依然不能制服雅典人。公元前 405 年，雅典舰队在羊河之战中被拉栖代梦人全歼，随后迫使雅典投降。公元前 394 年，雅典人重整旗鼓，克尼多斯一战，重夺制海权。参阅：II. 1. 20—32。——译者注

练如何在陆地上作战。而且,他们将服从长官的命令作为最高准则。[①] 因此,他们是最优秀的陆军战士,而你们是最优秀的海军战士。

[9]"正如你们随时可以派出一支强大的舰队,他们也能派出一支数量庞大、行动迅捷的陆军奔赴战场。所以,同盟者就会信心百倍地聚拢在他们周围。在神衹的眷顾下,就像你们在海战中一样,他们在陆战中也能胜多负少,所向披靡。

[10]"他们对于陆军的关注和投入,与你们对海军的关注和投入相差无几,人们可以从结果中作出自己的判断。你们与他们交战多年,[②]尽管你们曾在海战中一次又一次地击败他们,但仍不能使他们完全屈服。然而,一旦在陆战中被击败,[③]他们的妻子儿女和整个城邦的形势,随即就危如累卵了。

[11]"所以对于拉栖代梦人而言,如果在他们在陆上事务的处理方面无可挑剔的情况下,而让其他城邦成为陆上霸主,那肯定是非常可怕的事情了。就我自己而言,贵邦议事会所提出的正是我要力促达成的建议,我坚信这对于双方都是最有利的;愿你们有幸达成最终的一致,这对我们大家都是最好的结果。"

[12]听了他的发言,在场的雅典人和拉栖代梦人,都为他的演说热烈鼓掌,喝彩不断。但是,凯斐索多图斯[④]走向前来,发言如下:

"雅典人啊,你们没注意到你们受骗上当了吗?如果你们愿意听,我很快就可以向你们证明。现在事实是明摆着的,你们是海上领袖。如果拉栖代梦人成为你们的盟友,那么很显然,舰队中各位舰长以及派遣出去的水兵都将是拉栖代梦人,而且很显然,舰船上的桡手,不是黑劳士,便是雇佣军。于是,你们雅典人就只好率领

---

① 或译"自制精神",即"遵守纪律训练而养成的克制行为"。参阅:《追忆苏格拉底》III. 5. 16;IV. 4. 15;《斯巴达政制》,VIII. 1—5;修昔底德:II. 39。——译者注

② 演讲者这里指的是伯罗奔尼撒战争。

③ 琉克特拉之战。参阅:VI. 4. 1—15。

④ 参阅:VI. 3. 2。

这样一群人去作战了。

[13]“然而,当拉栖代梦带领你们进行陆战时,你们定然会派出重装步兵和骑士参加。因此,按照这个方案,他们领导的是你们,而你们领导的只是他们的奴隶和最无足轻重的那些人。拉栖代梦的提摩克拉特啊,你可要回答我,刚才你不是说过你们来此是想按照完全平等原则建立同盟的吗?”

提摩克拉特说:“我确实这样说的。”

[14]“那么,”凯斐索多图斯说,“如果由双方轮流出任舰队司令,轮流出任陆军统帅,难道还有比这更公平的事情吗?这样,如果担任舰队司令有任何战果,那么我们可以共同分享,而我们担任陆军统帅的时候,情况也一样。”听了这番话,雅典人改变了主意。他们投票通过决议,双方轮流出任军队最高统帅,每次轮值5天。[①]

[15]现在,拉栖代梦人和雅典人及其同盟者的军队向科林斯推进,他们决定一同去守卫奥涅昂城。因此,当底比斯人及其同盟者向这里进军时,他们严阵以待,在奥涅昂城里处处设防,拉栖代梦人和培林尼人驻守在最容易遭受攻击的地段。[②]底比斯人及其同盟者的军队,在距离防线30斯塔狄亚[③]的平原上扎营。他们先精确计算了从发动进攻到抵达敌营所需的时间,准备在黎明时分,向拉栖代梦的守军发起进攻。

[16]事实上,他们在时间上一点都没弄错,当夜间巡逻哨正要下岗,准备换防的时候,他们就向拉栖代梦人和培林尼人发起进攻。这时候,士兵们刚刚起床,正在忙于打理自己的事情。[④]底比斯人趁机发起猛攻——以有备之师攻击无备之师,以有序之师攻击无序之师——结果大获全胜。

[17]那些幸免于难的士兵逃到附近的山坡上,虽然拉栖代梦

---

① 色诺芬在其《雅典的收入》(V.7)提到“拉栖代梦人让雅典人自行决定有关最高军事指挥权的问题”。

② 参阅:VII.2.11。

③ 约5.5千米。——译者注

④ 类似情况可参阅:II.4.6;色诺芬:《论骑兵长官的职责》,VII.12。

的波列玛克从他们的同盟者那里调集了尽可能多的重装步兵和轻盾兵，而且他自己也恪尽职守，但是终究因为兵力不足，未能守住要塞。他原本可以从肯克里埃安全地得到补给，但他并未这样做。此时，底比斯的军队也遇到了大麻烦，他们不知怎样才能从面朝西基昂一侧下山。如果不能下山，他们将被迫循原路折返。拉栖代梦的波列玛克没有审时度势，反而与底比斯人订立了一个停战协议。人们大都认为，该协议对底比斯人有利而对自己不利。就这样，他率领手下士兵离开了那里。

[18] 底比斯人在安全下山之后，与其同盟者阿卡狄亚人、阿尔哥斯人、爱利斯人会师，随即向西基昂和培林尼发起进攻；他们还出征爱皮道鲁斯，在爱皮道鲁斯全境大肆蹂躏之后，回师途中举止傲慢，根本不把任何对手放在眼里；在逼近科林斯城时，他们跑步前进，目的是想快速抵达通往弗琉斯的那座城门，如果城门碰巧没有关闭，他们就趁机冲进去。

[19] 科林斯人的一支轻装兵从城里冲出来，他们在距离城墙不足 4 普列特隆[①]的地方，与底比斯人的“精选之师”[②]遭遇。这些科林斯人爬上墓碑，抢占制高点，投掷标枪及其他武器，底比斯方阵前排大批士兵阵亡，余部四散逃窜。他们又继续追杀了三四斯塔狄亚。[③] 之后，科林斯人将敌方阵亡者的尸体拖至城下，在达成停战协议后，归还对方尸体，并且树立了一座胜利纪念碑。这样，拉栖代梦人的同盟者们得以重振士气，准备再战。

[20] 就在这场遭遇战发生的同时，狄奥尼修斯派遣来援助拉栖代梦人的二十余艘三列桨战舰驶抵科林斯。随船抵达的包括凯尔特人和伊比利亚人，还有大约 50 名骑兵。翌日，底比斯人及其同盟者的军队，兵分数路，毁掉了平原上的所有东西，部署在从海岸到城市之间的整个平原上。看到敌军人多势强，雅典和科林斯

① 约 120 米。1 普列特隆为 1 斯塔狄亚的 1/6。——译者注

② 即著名的“圣队”(Sacred Band)。

③ 约 600—800 米。——译者注

的骑兵都不敢靠近。

[21] 与之相比，狄奥尼修斯派来的骑兵尽管为数不多，却能一字排开，冲击敌军防线，朝敌人投掷标枪。当敌军发起反击时，他们就后撤，并适时地又转过身来，再次向敌人投掷标枪。如果距离敌人比较远，他们就会下马稍作歇息；如果敌人趁其休整之机发动攻势，他们会跃身上马，继续撤退；但是，等到追击者远离了底比斯主力部队，他们又会压上来，将趁其撤退时投掷标枪，杀伤敌人。这样，他们可以随心所欲地牵制底比斯全军，迫使他们随着那 50 名骑兵进退。

[22] 经过这样的交锋，底比斯人在停留几日后，便班师回国，其他盟邦的军队也各自回国了。而狄奥尼修斯派来的那些军队，则侵入西基昂境内。他们不但在平原地带的交战中击败西基昂人，杀死约 70 人，且以迅雷不及掩耳之势夺取德拉斯要塞。[①] 战后，狄奥尼修斯派来的第一支援军，乘船返航叙拉古。

迄今为止，底比斯人以及所有那些叛离拉栖代梦人的人们，都是在底比斯人的领导下，同心协力进行战斗。

[23] 这时候，有一位曼丁尼亚人名叫吕康麦德斯，他出身高贵，家产丰厚，雄心勃勃，他的一番话让阿卡狄亚人充满了自信。他指出，伯罗奔尼撒是阿卡狄亚人的故土，因为他们是居住在这片土地上惟一的土著民族。在所有希腊诸族中，阿卡狄亚人数最多，体格最强健。他还宣称，阿卡狄亚人也是最勇敢的。他举证说，哪里需要雇佣兵，人们最先想到的肯定是阿卡狄亚人。他说，如果没有他们相助，拉栖代梦人根本不可能侵入雅典的国土；没有他们相助，底比斯人也不可能出兵拉栖代梦。

[24] 他还说："如果你们还算明智的话，你们就无需再听命于他人；以前你们跟随着拉栖代梦人，使他们国势强盛，到处发号施令。现在，如果你们仍稀里糊涂地跟随着底比斯人，而不要求与其

---

① 西基昂以东是涅米亚河畔爱皮耶凯亚（位于西基昂和科林斯之间，IV. 2. 14；4. 13）。德拉斯要塞位于同一方位。有学者认为该要塞位于沿海平原地带。

轮流执掌领导权，你们很快就会发现，他们将变成新一批的拉栖代梦人。”

听了这番话，阿卡狄亚人热血沸腾，信心倍增，对吕康麦德斯崇爱之极，认为任何人都无法与其相提并论。于是，吕康麦德斯指定了谁，他们就选举他为同盟的领导者。[①] 阿卡狄亚人确因在一系列战斗中的赫赫战功而得到人们赞许。

[25] 阿尔哥斯人在侵入爱皮道鲁斯境内时，遭到卡布里亚斯所部雇佣军、雅典人以及科林斯人的围攻。尽管敌军势力强大，且当地自然条件恶劣，阿卡狄亚人仍决定前去救援，将阿尔哥斯人从敌人的包围中救出来。而且，阿卡狄亚人还出征拉哥尼亚境内的阿辛。在那里，他们击败拉栖代梦人的驻军，杀死其波列玛克格拉诺尔，洗劫了阿辛城附近的乡村。的确，不管在什么时候，什么地点，只要他们想出征，无论是风暴黑夜、征途漫漫还是崇山峻岭，任何艰难险阻都无法阻挡他们进军的步伐。这时候，阿卡狄亚人自认为是希腊人中的最强者。

[26] 由于这些原因，底比斯人有些嫉恨，他们对阿卡狄亚人不再像以前那样友善了。至于爱利斯人，当他们要求阿卡狄亚人归还以前被拉栖代梦人所侵占的几个城镇时，[②]发现阿卡狄亚人非但对他们的诉求置若罔闻，而且还高度关注特里斐里亚及其他叛离了他们的城镇。这些城镇的居民声称，他们本来就是阿卡狄亚人。因此，爱利斯人对阿卡狄亚人愈加痛恨。

[27] 阿卑多斯人腓力斯库斯，[③]以阿里奥巴赞尼[④]特派代表的身份带着大笔金钱到来时，双方的盟邦皆得意洋洋，自信满满。[⑤]腓力斯库斯到达后，首先在德尔斐召集了由底比斯人及其同盟者和拉栖代梦人参加的会议，商谈缔结和约事宜。然而，他们并没有

---

① 参阅：VII. 4. 33。

② 参阅：III. 2. 25 以次。

③ 参阅狄奥多拉斯：XV. 90。

④ 波斯总督。参阅：V. 1. 28；色诺芬：《阿格西劳斯传》，II. 26。

⑤ 公元前 368 年。

就如何缔结和约向神祇请示,就直接开始了谈判。由于底比斯拒绝承认美塞尼隶属于拉栖代梦人,[①]谈判陷入僵局。腓力斯库斯纠集了一支庞大的雇佣军,支持拉栖代梦人重启战端。

[28] 在这些问题悬而未决之时,狄奥尼修斯派遣的第二支援军到达。[②] 至于如何部署军队,各盟邦意见不一。雅典人认为,应该前往色萨利,在那里与底比斯人一决雌雄,而拉栖代梦人则主张将决战地点放在拉哥尼亚。最后,拉栖代梦人的意见得到大多数盟邦的支持。于是,狄奥尼修斯派来的战舰沿海岸绕行后,来到拉栖代梦,阿奇达姆斯带领他们以及本方的公民兵,开拔出征。他们突袭卡利埃,进城后杀死所有俘虏。随后,联军从那里侵入阿卡狄亚地区的帕拉西亚,他们和叙拉古的援军在当地大肆劫掠。

当阿卡狄亚人和阿尔哥斯人的援军到达时,阿奇达姆斯已率军撤至麦列亚[③]附近的一座小山上。全军在那里稍作休整,来自狄奥尼修斯的援军指挥官基西达斯告诉他,说他奉命增援,滞留期满;随即就带领他的军队,沿通往斯巴达的道路离开了。

[29] 但他们在行军途中,与美塞尼亚人在一狭窄谷地相遇,遭到包围,基西达斯不得不派人向阿奇达姆斯求援。阿奇达姆斯随即率军前来驰援。可是,援军刚刚抵达通往爱利特莱的三岔路口,却遭遇了准备攻打拉哥尼亚的阿卡狄亚人和阿尔哥斯人的联军,这支军队的另一项任务就是切断阿奇达姆斯军队的归路。鉴于此,阿奇达姆斯别无选择,只得在岔路口通往爱利特莱和麦列亚道路的一块平坦处,摆开阵势,准备迎战。

[30] 据说,阿奇达姆斯走向阵前,为了激励战士们的斗志,发言如下:"同胞们,公民们,现在是证明我们勇敢无畏,是我们直面

---

① 参阅:VI. 5. 32 及附注。美塞尼是美塞尼亚的首府,即不承认美塞尼亚是拉栖代梦领土的一部分。实际上,在美塞尼亚已在底比斯上一次入侵伯罗奔尼撒时获得独立。色诺芬在记载这段历史时(VI. 5. 51—52)完全忽略这一主要史实。——译者注

② 有些研究者认为援军到达时间在公元前 367 年。

③ 或称玛列亚(Malea)。参阅:VI. 5. 24。——译者注

人民的时候了。我们务必要将祖辈传给我们的国土,完整无缺地传给我们的子孙后代。从前,在妻子儿女眼里,在长者和外人心目中,我们一直都是全希腊最受尊敬的勇士,希望今后在他们面前我们也能了无遗憾地昂首面对!”

[31] 据说,阿奇达姆斯话音刚落,突然间,晴空霹雳,闪电雷鸣,对于他来说这是个吉兆。[①] 巧合的是,在他右手边是一座圣殿,那里供奉着赫拉克利斯的圣像。[②] 因此,耳闻目睹此情此景,他手下的战士们备受鼓舞,他们勇气大增,战斗激情瞬间迸发,势不可挡。当阿奇达姆斯率领士兵冲入敌阵时,绝大多数敌人还没来得及做好准备,就被砍倒在地,其余的在逃散时大批地被杀死,有些死于骑兵之手,有些死于凯尔特人之手。

[32] 战斗一结束,阿奇达姆斯就树立一座胜利纪念碑,并且立即派其传令官德摩特里斯去报告战争取得重大胜利的喜讯。他报告说,这场战役敌人死伤枕籍,而本方无一阵亡。[③] 据说,在斯巴达,人们闻讯,从阿格西劳斯、诸位长老、监察官,直到普通百姓,无不放声大哭。的确,这既是痛苦流涕,也是喜极而泣。另一方面,底比斯人和爱利斯人,他们听说阿卡狄亚人惨败的消息,也都兴高采烈——原来,他们对阿卡狄亚人一段时期以来的傲慢态度早已心怀不满了。

[33] 底比斯人一直在谋求称雄全希腊。现在,他们忽然想到,如果他们派使者去觐见波斯国王,将从国王那里获得好处。[④] 基于这样的考虑,底比斯人立即召集他们的同盟者诸邦,宣称已委派拉栖代梦人攸泰克利斯前去波斯宫廷,商谈结盟事宜;他们决定派遣

---

① 参阅色诺芬:《申辩篇》,XII;荷马:《伊利亚特》,II. 353;《奥德赛》,XX. 113 及以次。

② 这种情况对于斯巴达人来说是一个好兆头。因为赫拉克利斯是传说中斯巴达诸王的祖先。

③ 据狄奥多拉斯(XV. 72)记载,在这次战役中,阿卡狄亚和阿尔哥斯联军方面有1万人阵亡。——译者注

④ 公元前367年。

使团前去波斯，佩罗皮达斯代表底比斯人、[①]搏击手[②]安条库斯代表阿卡狄亚人、阿奇达姆斯代表爱利斯人，一同前往的还有一位阿尔哥斯人。雅典人听说后，也派出提玛哥拉斯和列昂组成使团赶赴波斯。

[34] 在抵达波斯的这个使团的各位成员中，佩罗皮达斯最受波斯人赏识。他说，在普拉提亚战役中，底比斯人是希腊诸邦当中惟一站在波斯人一边的城邦，[③]随后他们也从未参加攻击波斯大王的军事行动；拉栖代梦人之所以对底比斯人开战，最明显的原因就是因为他们不但拒绝加入阿格西劳斯攻击波斯国王的军队，而且不许阿格西劳斯在阿乌利斯向那里的阿尔特密斯女神献祭。[④] 当年，阿伽门浓在出征亚细亚后来攻陷特洛伊之前，就曾在此地献祭。

[35] 此外，还有两件事使得底比斯人和佩罗皮达斯赢得了声望：其一，底比斯人在琉克特拉所取得的辉煌胜利；其二，有一个无可争辩的事实，是底比斯人侵入并洗劫了拉栖代梦人的国土。佩罗皮达斯接着指出，假如底比斯人不出兵援助，阿尔哥斯人和阿卡狄亚人早就被拉栖代梦人击败了。雅典人提玛哥拉斯则作证，说佩罗皮达斯所言句句属实，所以他赢得的荣誉仅次于佩罗皮达斯。

[36] 于是，波斯大王询问佩罗皮达斯，在大王即将颁布的敕令中，他有什么特别的要求。他回答说："美塞尼亚必须脱离拉栖代梦而独立；雅典必须将他们的战舰拖到陆地上。假如他们对此拒不从命，签约各方均可对他们开战；倘若有哪个城邦拒绝参战，我们就准备先拿其开刀。"

---

① 参阅普鲁塔克：《传记集·佩罗皮达斯传》，XXX. 1—2。——译者注

② 在古希腊的竞技会上，"搏击"（*pankration*）是一个常规项目，将拳击和摔跤揉合在一起。——译者注

③ 事实上，底比斯人不仅早早地将"土和水"献给波斯国王，在战斗中还坚定不移地站在波斯一边。参阅希罗多德：IX. 32—88；修昔底德：III. 58、59、60。——译者注

④ 底比斯人的极力阻挠使得阿格西劳斯献祭未果。参阅：III. 5. 5。——译者注

[37] 波斯大王下令草拟敕令，将这些内容写入其中，然后当着希腊诸邦的使者宣读。听了大王的敕令，列昂惊呼道："宙斯在上！雅典人啊，看来该是你们去寻求别的朋友而非大王的时候了！"当国王的秘书将雅典人所说的话转译给大王听后，他决定在敕令上再写上一条："如果雅典人认为有比这些条文更公平的建议，准许他们来觐见大王，当面陈述。"[①]

[38] 当希腊诸邦的使者各自回国之后，列昂对提玛哥拉斯提出指控，说他不能恪守职责，处处附和佩罗皮达斯，而置本邦利益于不顾。结果，雅典人判处提玛哥拉斯死刑。至于其他城邦的使者，他们的情况各不相同。爱利斯人阿奇达姆斯盛赞波斯大王的所作所为，因为他将爱利斯置于阿卡狄亚同盟之上；阿卡狄亚的使者安条库斯并未接受波斯大王所赠送的礼物，因为阿卡狄亚同盟并未得到尊重。他回国后向"万人大会"[②]报告说，波斯大王确实拥有一支大军，但在他的军队当中有大批面包师、厨师、斟酒者、看门人，至于那些真正可以与希腊人在战场上进行较量的男人，他说他认认真真地去寻找过，却一个也没找到；此外，他说在他看来，人们盛传的波斯大王的金钱财富似乎也言过其实，希腊人喋喋不休地说起那棵金悬铃树，[③]其实很小，其树荫还遮不住一只蚂蚱呢！

[39] 底比斯人将希腊诸邦代表召集在一起，让他们接听波斯大王的敕令文书。携带文书的波斯人首先向大家展示了大王的御印，随即当众宣读敕令。虽然底比斯人要求所有那些想与波斯大王交好的城邦，都要宣誓遵从敕令所规定的这些条款，但是各邦使者回答说，他们只是奉命来听听，并非来这里宣誓的。如果底比斯人希望各邦宣誓，他们建议底比斯人重新委派使者前往各邦。事实上，阿卡狄亚人吕康麦德斯还置疑说，这样的会议就不适于在底比斯举行，而应该在可能发生战争的地方举行。底比斯人对其言

---

① 色诺芬：《阿格西劳斯传》，VIII. 3。

② "万人大会"(Ten Thousand)，即阿卡狄亚同盟的公民大会。

③ 悬铃树，即通常所说的法国梧桐。——译者注

辞大为不满，指责他破坏了同盟条约。吕康麦德斯起身离座，拂袖而去，所有来自阿卡狄亚的使者也都一起离开了。

[40] 鉴于所有与会城邦都拒绝在底比斯宣誓，底比斯人不得不派大使前往各邦，指令他们要立誓按大王的敕令有关规定行事，相信每一个单独的城邦都不会冒险同时与他们底比斯人和波斯大王反目。然而，事与愿违。当底比斯的使者到达第一站科林斯时，科林斯人一口拒绝了他们的要求，并且说科林斯人不愿与波斯大王共同盟誓。其他城邦与科林斯也如法炮制，都拒绝了盟誓的要求。这样，佩罗皮达斯和底比斯人谋求称雄希腊的企图以失败而告终。

[41] 另一方面，伊巴密浓达却仍未放弃努力，希望将阿凯亚人拉到自己一边。为了迫使阿卡狄亚人及其他盟邦对底比斯人言听计从，伊巴密浓达决定进兵阿凯亚。他先说服在阿尔哥斯位居将军之职的佩西亚斯，让他提前占领奥涅昂山。[①] 佩西亚斯得知，驻守奥涅昂关隘的是那乌克利斯[②]和雅典人提摩玛库斯所率领的雇佣军，此处防守较薄弱。因此，在夜色的掩护下，他带领2000重装步兵，随身携带7日的给养，占领了肯克里埃附近的山头。

[42] 在这7天之内，底比斯人到达并顺利穿越奥涅昂山地。在伊巴密浓达统帅下，所有盟邦一起进兵阿凯亚。眼见形势危急，阿凯亚的贵族们致函伊巴密浓达，恳请他运用个人影响力，要他们的政敌不要驱逐贵族，也不要变更其政体。他们保证，阿凯亚人将成为底比斯人的忠实盟友，底比斯人走到哪里，他们就跟随到哪里。[③] 伊巴密浓达接受了阿凯亚人的请求，然后统率大军凯旋。

[43] 然而，阿卡狄亚人和阿凯亚人的反对派指责伊巴密浓达，说他在阿凯亚所做的安排，是按照拉栖代梦人的利益行事。鉴于

---

① 位于科林斯东南方一山脉。由北希腊穿过这条山脉就进入伯罗奔尼撒。

② 一位拉栖代梦人。——译者注

③ 事实上，伊巴密浓达的确在阿凯亚的几个城邦中建立过贵族寡头政体。

此，底比斯人决定向阿凯亚诸邦派驻地方统治者。[1] 这些地方统治者到达后，在民主派的支持下，他们放逐了贵族派人士，建立民主政体。但是，这些被放逐的贵族们很快就联合起来，人数也相当可观。他们逐一推翻了各城邦的民主政权，恢复了贵族政体，重新掌控了局面。重新执政之后，他们不再遵循中立政策，而是积极支持拉栖代梦人。阿卡狄亚人一方面面临拉栖代梦人强大压力，另一方面也受到阿凯亚人的压力。

[44] 迄今为止，西基昂政府依然沿用古代的法律制度。西基昂的富人中有一人名叫攸弗隆，此人得到拉栖代梦人的支持，成为公民中最有势力者。他雄心勃勃，不甘居于人下。他对阿尔哥斯人和阿卡狄亚人说："如果西基昂的富人执掌政权，那么毫无疑问，只要一有机会，他们就会再次投到拉栖代梦人一边；但如果建立了民主政体，那可以确保城邦将一如既往地与你们以诚相待。因此，如果你们向我伸出援助之手，我将号召人民团结起来，不仅给你们以信心的保证，而且使该城邦与你们联盟牢不可破。你们想必知道，我之所以这样做，是因为我和你们一样，早就不能容忍拉栖代梦人的高傲自大，都渴望早日摆脱其桎梏，不再受其奴役。"

[45] 听了攸弗隆的一番话，阿卡狄亚人和阿尔哥斯人都表示乐于支持他。他立即召集城邦全体公民在市政广场开会，当众宣布，按照完全平等的原则，[2]改制为民主政体，并要求公民按其意愿推举出城邦的将军。结果，公民大会选举攸弗隆、希波达姆斯、克林德、阿克里修斯和吕山德为将军。当一切安排妥当后，攸弗隆指派他的儿子阿狄亚斯取代吕西门尼斯，出任雇佣军的指挥官。

[46] 紧接着，攸弗隆为确保这些雇佣军对他效忠，对他们慷慨有加。不论是城邦的公共金库还是圣库的资金，都拿来用于支付他们的薪饷。同样，他还将那些亲拉栖代梦分子驱逐出境，没收他

---

① 通常是征服者向被征服者派驻的地方统治者(*harmost*)。斯巴达、雅典都这样做过。——译者注

② 直译为："在公正而平等的条件下"。参阅修昔底德：V. 79。——译者注

们的财产以为己用。而且,他还背信弃义,将自己的同僚官员或者处死,或者放逐,将城邦一切置于自己掌控之下,俨然成了一个僭主。他的同盟者之所以默认他的所作所为,一方面是因为他到处以金钱开路,另一方面是因为他可以应各盟邦的要求,随时准备率领他的雇佣军出征。

第2章

［1］在此期间，[①]阿尔哥斯人在赫拉神庙附近的特里卡兰昂山上构筑要塞，力图以此为基地，袭掠弗琉斯；而西基昂人也在边境小镇塞阿米亚[②]设防屯兵。于是，弗琉斯人腹背受敌，食物短缺，形势严峻。尽管面临重重困难，他们依然坚守同盟。我将多用些笔墨来记述弗琉斯人的事迹。虽然所有历史学家从来都很关注那些强国大邦所取得的各种丰功伟业，但是在我看来，如果那些弱国小邦也成就过不少光辉业绩，那么将它们记载下来，则是一项更有意义的任务。

［2］当拉栖代梦人处于国力鼎盛之时，弗琉斯是其坚定的同盟者；拉栖代梦人在琉克特拉战败之后，许多庇里阿西人都叛离了他们，全体黑劳士也都起义了；同样，他们的盟邦除了极少数的几个之外，也都相继叛离；[③]可以说，就在全体希腊人都联合起来对拉栖代梦人开战的时候，弗琉斯人仍坚定不移地站在他们一边，义无反顾地支持他们，尽管面对的敌人是全伯罗奔尼撒地区最强悍的民族——阿卡狄亚人和阿尔哥斯人。[④] 伯罗奔尼撒同盟诸邦，包括科林斯人、爱皮道鲁斯人、特洛伊曾人、赫莱亚人、哈利埃人、西基昂人和培林尼人（那时他们尚未叛离拉栖代梦人）组成联军出征期

---

① 公元前366年。

② 塞阿米亚位于斯皮里亚（Spiria）高山附近，特里卡兰昂山向北延伸的部分。位于斯提曼伽村（Stimanga）与斯克拉帕尼村（Skrapani）之间。

③ 参阅：VI. 5. 29。——译者注

④ 公元前370年。

间，在穿越普拉西埃[①]时，根据抽签，全军由弗琉斯人断后。[②]

[3] 即使拉栖代梦人率同盟军队离去，只将弗琉斯人留在那里，他们也没有退缩，而是雇用了一个来自普拉西埃的向导，甚至在敌军云集阿美克莱附近之时，他们才迅速脱身，回到斯巴达。为此，拉栖代梦人除授予他们许多荣誉之外，还赠送给他们一头公牛，盛情款待弗琉斯人。

[4] 其后，当敌军从拉哥尼亚撤走之后，[③]阿尔哥斯人因为弗琉斯人对拉栖代梦的忠诚而大为光火，因而集结全国的军队侵入弗琉斯，蹂躏其国土，但弗琉斯人并未屈服。入侵者在大肆破坏之后而退兵之时，弗琉斯派骑兵尾随其后，择机出击。阿尔哥斯的殿后军队不单有他们的全部骑兵，还部署了一支步兵加以保护，而弗琉斯人的骑兵却只有区区 60 人，他们竟然也发动攻击，击溃了整个殿后的军队。诚然，他们杀死的敌军为数不多，但仍树立了一座胜利纪念碑，仿佛他们全歼了阿尔哥斯的军队。

[5] 拉栖代梦人及其同盟者再次驻防于奥涅昂期间，[④]底比斯人不断逼进，企图翻越山隘，占领该镇。与此同时，阿卡狄亚人和爱利斯人[⑤]则取道涅米亚，希望与底比斯大军会师。在进军途中，他们遇到了弗琉斯的被逐者。这些被逐者说，只要他们肯出面给予援助，就可以夺取弗琉斯。于是，双方就此达成协议。夜里，那些被逐者与其他人一起共约 600 人，携带可伸缩的云梯，在城墙跟下埋伏着。来自特里卡兰昂的哨兵发出信号，告知城内公民，说敌军正在向他们逼进。城里的公民严密监视着敌人的动向。这时候，城里叛变者向埋伏在外面的偷袭者发出暗号，要他们爬上城墙。

[6] 等偷袭者爬上城墙后，才发现岗楼里面卫兵稀少，便去追

---

① 拉哥尼亚一城镇。——译者注

② 即由弗琉斯人担负掩护全军的重要职责。参阅：VII. 1. 18。——译者注

③ 公元前 369 年。

④ 具体时间约在公元前 369 或前 368 年。参阅：VII. 1. 15。——译者注

⑤ 参阅：VII. 1. 18，2. 8。

击白天放哨的士兵。哨兵总共 10 名,每小队 5 名,其中 1 人白天值勤。[①] 其中一人被杀的时候还在睡觉,另一人在逃往赫拉神庙途中也被杀死,其他 8 人从朝下城方向的城墙跳下去逃走了。这样,那些爬上城墙的人完全控制了卫城。

[7] 但是,当喧嚷声传到下城,公民们闻讯赶来救援。起初,偷袭者从卫城里冲出来,在通向下城的城门前空地上与公民们展开搏斗。但是,随着弗琉斯的公民从四面八方不断涌来,他们有些招架不住了,于是又被迫撤进卫城。而弗琉斯公民紧跟着他们一同冲入卫城内。偷袭者很快撤离了卫城内的空地,爬上城墙,登上城楼,居高临下,向涌进来的弗琉斯公民投掷标枪和其他武器。同时,弗琉斯公民从地面上做好自我防护,然后沿着台阶一步一步登上城墙,攻击敌人。

[8] 公民们在占领了一些城楼之后,步步紧逼,与偷袭者展开殊死搏杀。偷袭者迫于弗琉斯公民勇敢无畏的战斗精神,步步退缩,最后拥挤在一片更为狭小的地方。就在这千钧一发之际,阿卡狄亚人和阿尔哥斯人包围了弗琉斯城,开始从卫城的外侧[②]挖掘城墙,力图穿墙而入。至于城内的弗琉斯公民,真是疲于应付了:他们有的正在城墙上与敌人搏斗,有的与那些正从外面攀爬城墙和在云梯上的那些敌人作战,还有的与那些登上塔楼的敌人交锋。他们发现塔楼里面有明火,便点燃一捆捆秸杆从塔楼底部塞进去(当年人们收割了庄稼之后,碰巧将秸杆贮藏于卫城内)。塔楼内的士兵受到火攻,接二连三地都跳下塔楼;城墙上的那些偷袭者也在公民的打击下,也纷纷跳下城墙。

[9] 卫城内的敌人很快被消灭殆尽了。弗琉斯公民重新控制了卫城。他们的骑兵也冲出城去,准备与敌人战斗。看到这种情

---

① 或译"每组 5 人中有一人休息",即 10 人中有 2 人白天值勤,晚上休息。这 2 人都被杀死,其中一人当时还在睡觉。——译者注

② 卫城的城墙的一侧为下城的城墙的一部分(即上下城共用一段城墙),另一侧将卫城与下城隔开。阿卡狄亚人和阿尔哥斯人进攻的显然是卫城的外墙(也是下城的外墙),但 κατά κεφαλήν (*kata kephalên*) 的确切含义不明。

况，偷袭者丢下云梯，放弃阵亡者尸体以及那些重伤员，仓惶撤退。在这次战斗中，被杀死的敌人包括在卫城内肉搏中的丧命者加上跳墙摔死的，总数不下 80 人。人们可以看到这样的场面，英勇的弗琉斯男人们紧紧握手，互相庆贺；妇女们为他们端上美酒，喜极而泣。的确，此时此刻，所有在场的人都禁不住“含泪惨笑”。[①]

[10] 翌年，[②]阿尔哥斯人和全体阿卡狄亚人再次入侵弗琉斯。他们之所以不断袭掠弗琉斯，一方面是出于对弗琉斯人的憎恨，另一方面是因为弗琉斯地处这两个城邦之间，为了解决食物短缺的问题，他们总是想制服弗琉斯人。而在此次抗击侵略的过程中，弗琉斯人的骑兵和“精选之队”，在雅典骑兵的协助下，跨过那条河，[③]奋起反击，赢得了胜利。他们迫使敌军在当天就败退至山里，敌人未敢践踏平原上的庄稼，仿佛他们路过朋友的田地，小心翼翼地离开了那里。

[11] 还有一次，[④]底比斯人派驻西基昂驻军首领率军入侵弗琉斯，随同出征的除了底比斯的驻军，还有西基昂人和培林尼人（此时这两个城邦已经加入底比斯同盟）。此外，攸弗隆率 2000 名雇佣军参战。其主力军从特里卡兰昂山冲下来，直奔赫拉伊昂，企图蹂躏弗琉斯平原；同时，指挥官留下西基昂人和培林尼人，守卫通往科林斯的城门，以防止弗琉斯人迂回行军，操其后路，夹击其攻打赫拉伊昂的军队。

[12] 弗琉斯城里的人们看到敌军朝他们的庄稼地扑来，立即就派他们的骑兵和“精选之队”出城邀击敌人，不让他们进入平原地带。双方在那一地带展开拉锯战，持续了将近一天，攸弗隆的军队冲到一片适合骑兵作战的区域，他们抓住时机，一直将对手追杀至赫拉伊昂方才罢休。

---

① 这是荷马史诗中的一个著名典故。参阅荷马：《伊利亚特》，VI. 484。另可参阅：VII. 1. 32；《居鲁士的教育》，VII. 5. 32；《希耶罗》，III. 5；《会饮篇》，II. 24。

② 公元前 368/前 367 年。

③ 阿索普斯河（Asopus）。

④ 公元前 367/前 366 年。

［13］到了该鸣金收兵的时候，底比斯人迂回撤退至特里卡兰昂，因为城外的峡谷使其不能直达培林尼。弗琉斯人尾随敌人至山上，也调转方向，沿绕城的道路推进，准备攻击培林尼人及其同盟者。

［14］看到弗琉斯人匆匆撤退，底比斯的将军感到形势不妙，催促手下急行军，力图率先抵达培林尼予以增援。然而，弗琉斯骑兵抢先赶到，向培林尼人发起攻击。起初，由于培林尼人顽强抵抗，弗琉斯骑兵进攻受阻。但是，当他们的步兵抵达之后，他们并肩作战，再次实施攻击。培林尼人全线溃败，一些西基昂人以及大批培林尼的勇士都战死在那里。

［15］战斗结束后，弗琉斯人树立了一座胜利纪念碑，高唱凯歌。至于底比斯人和攸弗隆的士兵们，他们站在一旁，仿佛是在争先恐后地观看一场演出。"演出"结束后，他们兵分两路，一路前往西基昂，一路回到城里。

［16］弗琉斯人的另一高尚之举，是将培林尼人普罗克塞努斯予以释放。[①] 普罗克塞努斯在沦为弗琉斯人的阶下囚之后，尽管当时他们什么都缺，但还是没有索要分文赎金就将其释放。人们不禁会说，他们如此行事难道还不算高尚和无畏吗？

［17］如上所述，弗琉斯人的坚定和果敢，使得他们能一直保持对友邦的忠诚，这是不言自明的。弗琉斯人在其国土遭到蹂躏，无法获得任何收成之时，他们一方面靠劫掠敌人的家园为生，另一方面还从科林斯人那里购买一些必需品。这一过程之艰辛，也是一言难尽啊！前往市场的路途中要历经千难万险，到达市场后，新的困难又出现了：商贩们漫天要价。没人愿意冒死穿梭于战场，为他们运粮载物，更找不到人愿为运送货物的役畜提供担保。

［18］最后，他们身陷绝境，茫然无措。雅典人卡列斯[②]答应愿为其运输物资保驾护航。当他抵达弗琉斯时，他们还请求他将城

---

① 公元前366年。

② 雅典一将军。

内的非战斗人员护送到培林尼。[1] 于是，雅典人将这些人安置在培林尼。随后，他们采购了各种物资，并且打包装载，准备由役畜驮运。他们在夜里动身，虽然他们知道敌人可能设下埋伏，但一想到公民们饥饿难当的情景，他们也就顾不得那么多了。

[19] 弗琉斯人和卡列斯一起行动。弗琉斯人走在最前面，途中遭遇敌人突袭，他们相互鼓励，打退了敌人的进攻。同时，他们向卡列斯大声呼叫，请求他前来增援。他们很快赶跑了敌人，廓清了前进的道路。这样，不仅人员安全返回弗琉斯，物资也安全运到。由于弗琉斯人在前一天晚上一夜没睡，所以次日他们一觉睡到傍晚。

[20] 卡列斯起床后，弗琉斯的骑兵和几个最勇敢善战的步兵来到他这里，对他说："卡列斯啊，今天你就能够成就一桩辉煌的业绩。西基昂人正在我们的边境上修筑工事，[2]那里工匠很多，士兵很少。现在，我们这些骑兵和步兵给你带路，如果你带上你的雇佣军跟随着我们，当你到达时，你也许会发现我们已将敌人消灭了，就像上次在培林尼一样，你的到来会扭转战局，聚歼残敌。如果你不接受我们的建议，你可以向神献祭，求取神谕。我们觉得神祇更希望你去成就这一桩伟业。卡列斯啊，这一点你很明白，如果取得成功，你就在敌人的边境上控制了一个要塞，随时可以由此发动进攻，同时也保持了一个城邦的友谊；你可以在你的祖国赢得无上美誉，在盟友和敌人中间声名远扬。"

[21] 卡列斯被他们说服了，开始向神献祭。与此同时，弗琉斯的骑兵穿上胸甲，套上马勒，步兵们也做好准备，整装待发。接着，他们拿起武器，排列成队，开到卡列斯献祭之地。卡列斯与预言家前来迎接，说占卜显示吉兆。弗琉斯人齐声说："就等你们啦，让我们出发吧！"传令官一声令下："出发！"话音刚落，卡列斯的雇佣军

---

① 此事发生的时间，可参阅：VII. 2. 3；VII. 4. 17。

② 参阅：VII. 2. 1。一个名叫塞阿米亚的地方。

士兵不知哪里来的一股热情，飞也似的冲了出去。[①]

［22］在进军途中，卡列斯的雇佣军殿后，弗琉斯的骑兵和步兵打前锋。起初弗琉斯人还是快步行军，不久他们开始一路小跑，最后，骑兵飞奔前进，步兵们也全速跟上，但仍保持着队形。卡列斯在后面也全力跟上。当他们看见敌军要塞时，天色已晚。此时，西基昂人有的在洗澡，有的在煮饭，有的在揉面，还有的在整理床铺。

［23］敌人看到他们士气高昂，来势汹汹，吓得撒腿就跑，将所有物资都留给这些勇士们。勇士们利用敌人留下的和随身带来的东西，享用了一顿丰盛的晚餐。他们先向诸神奠酒，感谢神祇给他们带来好运，同时高唱凯歌。随后，他们安岗布哨，美美地睡了一夜。弗琉斯人在塞阿米亚获胜的消息，当晚就传到了科林斯。科林斯人为表达他们的敬意，宣布马上将城内所有公牛以及役畜驮上粮食，运往弗琉斯。在这些要塞[②]修筑期间，大大都有护送队派出。

---

① 公元前366年。

② 现在这个要塞控制在弗琉斯人手中。

第3章

[1] 弗琉斯人对盟友忠心耿耿、战斗中勇猛善战以及在粮尽援绝的境况下仍坚守同盟的故事，已如上述。大约同时，阿卡狄亚人的将军，斯丁法鲁斯[①]的埃涅亚斯，[②]意识到西基昂情况紧急，城内公民已经无法再坚守下去了。因此，他决定带兵进入卫城，将城内所有西基昂贵族召集起来，下令召回那些未经公民大会批准而被放逐的公民。[③]

[2] 攸弗隆见形势急转直下，惊恐万状，立刻逃到西基昂的港口，将帕希麦鲁斯从科林斯召来，经其手将该港口拱手送给拉栖代梦人。他故伎重演，声称他是拉栖代梦人坚定的盟友，对其忠心从未动摇过。他说，当西基昂人就是否背叛拉栖代梦进行投票时，他与其他为数不多的几个人投了反对票。

[3] 其后，他按照自己的意愿建立民主制，目的在于报复那些叛卖他的人。他说："此时此刻，所有背叛你们的人均已被我放逐。如果我有能力，我会将整个城邦拱手相让的。但既然目前我只是控制了港口，所以也只能将港口赠予贵邦了。"听他辩解的人很多，但有多少人相信他，那就不得而知了。

[4] 既然说起攸弗隆，就干脆把他的故事讲完。当西基昂城内的贵族派与平民派发生冲突时，攸弗隆从雅典招募了一支雇佣军，卷土重来。在平民派的帮助下，他重新控制了西基昂城。但底比

---

① 阿卡狄亚一城镇。——译者注

② 此人不知是否为同名作家，他的作品《围城术》留存下部分残篇。——译者注

③ 参阅：VII. 1. 46。——译者注

斯驻军首领仍占据卫城。攸弗隆知道，只要底比斯人控制着卫城，他就不可能掌控整个城邦。因此，他准备携款前往底比斯，希望用这笔钱去说服底比斯人放逐贵族派，将西基昂重新置于他的控制之下。

[5] 然而，此前被攸弗隆放逐的人们得知他的行程和计划后，也采取了相应的行动。他们看到攸弗隆与底比斯的官员关系日益紧密，感到很恐慌，担心他的计划能够得以实施。因此，一些被逐者决定铤而走险。当攸弗隆来到底比斯卫城（官员和议事会成员开会地点）的时候，他们将攸弗隆刺杀。在场官员将刺客当场擒获，带到议事会前，对他们提出如下的指控：

[6]"公民们，我们有义务审讯这些杀害攸弗隆的凶手，向他们提出死罪的指控。我认为，人不外乎两类：一类是明智之士，他们富于理性，不会有错误或不洁之举；另一类是卑劣之徒，他们心如蛇蝎，坏事做绝，却又极力掩人耳目。现在站在你们面前这些人却是例外。他们比你们见过的任何人都更加厚颜无耻，胆大包天。他们居然当着众官员和在座诸位的面，无视你们掌握着生死大权，将自己当作法律的化身，既当法官又当陪审员，还兼任刽子手，当众杀死了攸弗隆。如果不将他们处以极刑，那以后谁还敢造访我们城邦呢？现在我代表我们的城邦正式起诉这些十恶不赦的恶棍和不法之徒，他们蔑视法律和正义，这与极端藐视我们城邦的罪过无异。我已经将他们的罪行如实向你们陈述，现在应由你们对他们依法量刑了。"

[7] 这就是官员们所提出的指控。刺杀攸弗隆的凶手除一人外，其他人都否认他们犯有杀人罪。那个人不但对杀害攸弗隆供认不讳，还对自己的行为进行了辩护。他说：

"底比斯人啊，无疑地，如果一个人知道你们有权任意处置他，他是不可能蔑视你们的。人们不禁要问，我在此刺杀攸弗隆，是抱着什么样的信念呢？首先，我坚信，我的所作所为是正义之举；其次，我坚信你们能公正地裁决此事，因为我知道你们是如何处理阿奇亚斯和海巴特斯事件的，[1]他们的行为与攸弗隆大同小异。那时，你们也并未等到正式投票，而是抓住时机，以快刀斩乱麻的方式解决了问题。因为你们相信，对于这种罪大恶极、亵渎神祇之人，对于十恶不赦的叛徒和暴君，世人皆可以诛之。

［8］“请问攸弗隆不正是这样的罪大恶极之徒吗？以下事实可以为证：第一，他发现神庙里存放着许多人们奉献的金银财宝，便将它们洗劫一空；第二，他是一个十足的叛徒，他曾经是拉栖代梦人最忠实的朋友，但他很快就背叛拉栖代梦人来投靠你们，对你们信誓旦旦；而一旦获得你们的保证后，他又会叛离你们，将港口献给你们的死敌；最后，他还是一个不折不扣的暴君。他奴役自由人甚至同胞公民，不论它们是否犯有过错，要么将其处死，要么将其放逐，剥夺他们的财产，就算是对他曲意奉承者他也不会放过。这就是贵族人士的遭遇。

［9］“他在你们的死敌雅典人的帮助下重掌政权之后，便企图以武力驱逐贵邦派驻西基昂的驻军。当他发现难以将其逐出卫城之时，就携带巨款来到底比斯。如果现在证明他集结大军来攻击你们的话，你们甚至还会对我今日将其杀死而表示感谢呢；不过，他携带金钱，想通过行贿，收买你们，希望说服你们扶持他重新成为城邦的主人。本该由你们处决的人物，却由我代为执行了，这难道不是公正之举吗？那些在交战中被武器击伤的人，仅仅是躯体受损，并不表明他们思想上有任何邪念；但是，那些被金钱腐蚀的人，就不仅使公正受到严重扭曲，还招致了耻辱。

［10］“可以肯定，如果他是我的敌人而且是你们的朋友，那我承认在贵邦将其杀死是不对的；但请问，叛卖你们的人怎么可能会是你们的朋友呢？也许有人会说：‘宙斯作证，他是自愿来的。’诸位，如果有人在远离贵邦之地将其杀死，刺杀者定会受到赞扬；但当他再次来到贵邦，想对你们干一件前所未有的坏事时，难道只有让他活下来才是正当的吗？请问，哪个地方的希腊人会与一名叛

[1] 参阅：V. 4. 2—12。

徒、反复无常的逃亡者或者暴君和平相处呢?

［11］“除此以外,我还得提醒你们,如果我没有记错,你们曾通过一项决议,要求所有同盟城邦均须引渡流亡者。处决他这样一个未经盟邦一致同意就返回的流亡者,难道有什么不当之处吗?诸位,我认为,如果你们将我处决,那就等于在帮你们最凶恶的敌人复仇。如果你们确认我的行为是正义之举,那你们就会发现我不但维护了你们的利益,也维护了所有同盟者的利益。”

［12］听了他的陈述,底比斯人判定,攸弗隆之死是罪有应得。但攸弗隆的同胞公民却将其视为一个勇敢正直的人,将其遗体运回西基昂,葬于市政广场,尊其为“城邦创建者”。看来,大多数民众心目中的优秀之人,就是那些对本邦做出过贡献的人。

第4章

[1] 攸弗隆的故事就讲到这里了。闲言不表，书归正传。① 卡列斯和弗琉斯人在一起，仍驻守在塞阿米亚，奥罗浦斯②则处于那些被逐者的掌控之下。雅典人全力以赴攻打奥罗浦斯，同时命令卡列斯由塞阿米亚出兵增援，西基昂的公民和阿卡狄亚人便趁机重新夺回了西基昂的港口；而雅典人的行动没有得到任何一个盟邦的支援，孤军奋战的他们不得不从奥罗浦斯撤走，听凭底比斯人占据该城，等待未来由法律裁决了。

[2] 现在，当吕康麦德斯得知雅典人因为遭遇诸多麻烦而未得到同盟者的任何支援，因而指责同盟者的时候，规劝阿卡狄亚人的"万人大会"③，要求他们与雅典人进行协商，以期相互结为盟友。最初，一些雅典人对此提议极为反感，因为作为拉栖代梦人的朋友，他们不应与其敌人结盟。但经过再三思量，他们认为与阿卡狄亚人结盟，无论对于拉栖代梦人还是雅典人自己都是有利无害的。因为这样一来，阿卡狄亚人就不可能再去向底比斯人求援了。鉴于此，雅典人接受了阿卡狄亚人结盟的请求。

[3] 吕康麦德斯还在忙于结盟事宜，在他乘船离开雅典回国的时候，却遭遇了杀身之祸，这明明就是神祇干预所致。当时，有许许多多的舰船可以乘坐，他选择了其中一艘，与船员们说好了，要

---

① 参阅：VII. 2. 23；3. 3；狄奥多拉斯：XV. 76。

② 参阅修昔底德：VIII. 60.

③ 这证明"万人大会"代表整个阿卡狄亚人，决定战与和。参阅：VII. 1. 38，4. 22，23，33；狄奥多拉斯：XV. 59。

求船只送他到指定的地点靠岸。碰巧的是,他的船只停靠之处正好是阿卡狄亚被逐者的聚居地,便命丧于此。不过,与雅典结盟的任务倒是完成了。

[4] 同时,德摩提昂[①]在雅典公民大会上发言,要求与阿卡狄亚人建立友好关系,认为那是有百利而无一害的事情。他还指出,应当告诫雅典的诸位将军,也须关注科林斯的局势,那也是为雅典人民的安全着想。科林斯人得知此消息后,迅即派出本邦军队到每一个驻防据点,接替雅典人,要求后者撤离驻防之地,告诉雅典人说这些地方不再需要外邦人驻守了。于是,雅典驻军按照他们的要求,从所有驻防点撤出。当各个据点的雅典驻军集中到科林斯城之后,科林斯人随即宣布,任何一位雅典人,如果觉得自己受到不公对待,即可将名字登记入册,以确保他们得到公正的待遇。

[5] 在此期间,卡列斯率领一支舰队抵达肯克里埃。他得知所发生的事情之后,便告诉科林斯人说,他听说有人正密谋危害其城邦,他是前来援助他们的。科林斯人感谢他的好意,却不许他的舰队进入港口,而是命令他驶离科林斯。同时,科林斯人在支付了雅典重装步兵应得的薪酬之后,便打发他们回国了。这样,雅典人全都从科林斯境内撤离回国。

[6] 另一方面,雅典人按照同盟条约的规定,派出一支骑兵增援阿卡狄亚人,以防有人侵入其境。但他们并未因战争目的而踏上拉哥尼亚的土地。此前,科林斯人一直在陆军方面占有优势,但如今雅典人军队数量大增,又与科林斯处于敌对状态,鉴于形势严峻,为维护自身安全,科林斯人决定征募雇佣军,包括步兵和骑兵。一旦拥有了这样的军队,科林斯人不但可以保卫自己的城邦,还可以对毗邻的敌对诸邦予以沉重打击。他们派使者前去底比斯,看看是否有可能与其缔结和约。

[7] 底比斯人吩咐他们回国,说缔结和约之事将会得到批准。于是,科林斯人请求底比斯人允许他们前往诸盟邦去商讨一下此

① 关于德摩提昂的情况,除此之外我们所知甚少。——译者注

事。这样就可以弄清楚,那些愿意缔和的城邦可以维持和平,那些愿意作战的城邦可以继续战斗。底比斯人同意他们这样做。科林斯人的使者来到拉栖代梦,对他们说:

[8]“拉栖代梦人啊,作为你们的朋友,我们前来贵邦提出我们的请求。如果你们认为继续作战有利于确保我邦的安全,就请告诉我们;如果你们断定当前的形势对我们而言已经无望,那就让我们去缔结和约吧。如果缔结和约对你们同样有利,那就请与我们一道去与底比斯人缔结和约,因为世界上没有谁比我们更乐于与贵邦同保安全;但是,如果贵邦认为继续战斗更为有利,那就请允许我们独自去缔结和约吧!如果我邦得以保全,或许日后对贵邦还会有些许益处;如果我邦遭到毁灭,那显然就永远没有机会为贵邦效力了。”

[9]听了科林斯人的陈述,拉栖代梦人同意科林斯人自行决定缔结和约事宜;至于其他盟邦,他们也允许其就是否继续与他们一同作战自主决定。但是,至于他们自己,他们说仍将继续战斗,绝不允许别人剥夺其祖先留传给他们的财产——美塞尼。[①] 未来的命运如何,他们服从神祇的旨意。

[10]得知拉栖代梦人的想法之后,科林斯人便前往底比斯,准备与其缔结和约。然而,底比斯人希望不单单是达成和平,还要求与其结盟。而科林斯人回答说,缔结同盟并非和平而是战争的另一种形式;如果底比斯人愿意,他们现在来此只想缔结一项名副其实的和平条约。[②] 底比斯人对他们这种不卑不亢的态度颇为敬佩,因为他们尽管处境艰难,但仍不肯与曾经有恩于他们的城邦开战。于是,在保证各邦领土完整的前提下,底比斯人与科林斯人、弗琉斯人及其一同前来的诸邦使者缔结了和约,并盟誓遵守相关条款。

---

① 拉栖代梦人的领土包括两大地区,拉哥尼亚和美塞尼亚。参阅:I. 1. 27 及附注。——译者注

② H. G. 达金斯译为:“缔结一项公正而平等的和平条约”(to establish a just and equitable peace)。——译者注

[11] 根据和平条约，弗琉斯人应立即从塞阿米亚撤军。阿尔哥斯人尽管也宣誓遵守和平条约，但他们发现如按约行事，他们将不能继续掌控在特里卡兰昂[①]的弗琉斯被逐者了，[②]所以派兵占领该地，并驻防于此。阿尔哥斯人虽在不久前还将此镇视为敌方领土横加劫掠，但现在他们声称它是属于阿尔哥斯的。当弗琉斯人要求就这一问题提交仲裁时，他们一口拒绝。

[12] 大约在这时候，狄奥尼修斯之子狄奥尼修斯(其父是狄奥尼修斯一世[③]，已经去世)派出12艘三列桨战舰，在提摩克拉特的统率下前来援助拉栖代梦人。舰队抵达后，他协助拉栖代梦人收复了塞拉西亚；完成这项任务后，舰队返航西西里。此后不久，爱利斯人攻取了拉西昂。[④] 该城镇在古时候属于爱利斯，而今属于阿卡狄亚同盟。

[13] 阿卡狄亚人对此不会坐视不管，他们马上征召军队前去，力图收复此城。爱利斯人的精选之师"三白人队"和"四百人队"，[⑤]也立即前去迎敌。那天，爱利斯人在阿卡狄亚人正对面平坦的地方扎营。当晚，阿卡狄亚人在夜幕里登上爱利斯军营附近的山顶。拂晓时分，他们从山顶上冲杀下来。爱利斯人看到敌人不但居高临下，占有地利，而且人数是他们的好多倍，如果敌人尚未靠近就落荒而逃，那也是可耻之事。于是，当阿卡狄亚人进逼上来时，他们迎上前去，与其展开肉搏战。但爱利斯人刚一接战，便败逃而去。由于道路崎岖难行，爱利斯人在败退过程中，损失了不少的人员和武器。

[14] 阿卡狄亚人再接再厉，向阿克罗里亚人诸邦[⑥]进军。除了

---

① 弗琉斯附近一要塞。——译者注

② 这段文字可能有缺损。

③ 关于狄奥尼修斯一世，参阅：VII. 1. 20、28。父子同名。

④ 公元前365年。参阅：VII. 1. 26。

⑤ 从下文来看，似乎前者是特选步兵部队而后者是骑兵部队。参阅修昔底德：II. 25。

⑥ 阿克罗里亚为爱利斯与阿卡狄亚边界的一块多山地区，彭纽斯河(Peneius)与拉顿河(Ladon)蜿蜒流经这一地区。参阅：III. 2. 30；IV. 2. 16。特劳斯图斯是这一地区4个主要城镇中的一个，关于玛尔迦那的情况可参阅：III. 2. 25，30；IV. 2. 16；VI. 5. 2。

特劳斯图斯以外，他们攻占了该地区所有诸城；随后，他们兵抵奥林匹亚。阿卡狄亚人沿克罗努斯山周边修起一道栅栏，严加防守，并且占据着奥林匹亚山。接着，他们诱使玛尔迦那的一些公民叛离，进而占领了该城。事已至此，爱利斯人彻底丧失了勇气，而阿卡狄亚人却向其首府[1]步步进逼。当阿卡狄亚军队推进至爱利斯市政广场时，爱利斯的骑兵和一部分重装步兵奋起抵抗，将阿卡狄亚人驱逐出城，杀死了一些敌军士兵，并且树立了一座胜利纪念碑。

［15］事实上，在此之前，爱利斯城邦一直深陷内部纷争。卡罗浦斯、特拉索尼达斯和阿格尤斯三人为首的党派，试图将城邦政制变更为民主制，而攸阿卡斯、希皮亚斯和斯特拉托拉斯三人为首的党派则力主实行寡头制。[2] 阿卡狄亚大军似乎是那些民主派的同盟者。于是，卡罗浦斯一派觉得有阿卡狄亚人为他们撑腰，顿时勇气倍增，占领了爱利斯卫城。

［16］然而，骑士们和"三百人队"毫不犹豫地发起进攻，将他们驱逐，夺回了卫城，结果，包括阿格尤斯和卡罗浦斯在内的约400名公民，遭到放逐。不久，在阿卡狄亚人的帮助下，这些被逐者占据了派罗斯。[3] 许多倾向于民主派的公民出爱利斯城，前往派罗斯加入了他们的队伍，因为这里不但拥有强固的要塞，而且得到了阿卡狄亚人强大的武力支持。之后，阿卡狄亚人在那些被逐者的劝说之下，再次侵入爱利斯境内，以使爱利斯归附于他们。

［17］但是，此时阿凯亚人已经与爱利斯人结盟，他们严防死守爱利斯城，阿卡狄亚人除了蹂躏其国土外，攻城行动一筹莫展，只好撤离。可是，他们刚刚撤至爱利斯境外，就传来消息，说培林尼人抵达爱利斯境内。于是，他们连夜长途奔袭，占领了培林尼的城

---

① 即爱利斯城。

② 参阅：VII. 4. 31。

③ 派罗斯位于爱利斯山谷，从爱利斯城至奥林匹亚的道路经由此镇，拉顿河在此注入彭纽斯河（波桑尼阿斯：VI. 22. 5），在今日阿格拉皮多科里村(Agrapidokhori)附近。

镇奥洛鲁斯[①]。这时候，培林尼又恢复了与拉栖代梦人之间的旧有的同盟关系。[②]

［18］培林尼人在得知奥洛鲁斯被占领的消息后，他们迂回行军，尽其所能，进入培林尼城。此后，他们不但对占据奥洛鲁斯的阿卡狄亚人开战，还与本邦的民主派较量。尽管他们人数不多，但他们包围了奥洛鲁斯，连续作战，最终夺回了对该城镇的控制权。

［19］不久，[③]阿卡狄亚人再一次侵入爱利斯境内。当阿卡狄亚人在库伦涅[④]与爱利斯城之间扎营时，爱利斯人发动突袭，但阿卡狄亚人稳住阵脚，击败了爱利斯人。人们认为，这次突袭行动由爱利斯的骑兵司令安德罗玛库斯负责指挥，此人自杀身亡；其他人撤回爱利斯城内。突袭行动中阵亡的还有斯巴达人索克雷德斯，战斗发生时他刚好到达那里，这时拉栖代梦人与爱利斯人有同盟关系。

［20］现在，爱利斯人国内形势非常严峻，迫于压力，他们派遣大使前往拉栖代梦，请求拉栖代梦人出兵攻击阿卡狄亚人。他们相信，如果阿卡狄亚人腹背受敌的话，他们很有可能放弃在爱利斯的战事。结果，拉栖代梦人接受了请求，阿奇达姆斯统率其公民兵，发动了对阿卡狄亚人的进攻，并夺取了克隆努斯。[⑤] 他将12个营队[⑥]中的3个营队留下驻防此地，其余的军队撤回国内。

［21］阿卡狄亚人的军队从爱利斯撤走后，便奔赴克隆努斯，在城外筑起了两道栅栏，将克隆努斯团团围住。看到本邦公民被围

---

① 该城镇位于从阿伊吉阿劳斯至培林尼的骞斯峡谷入口处，此峡谷全长约60斯塔狄亚。

② 参阅：VII. 2. 11。

③ 公元前365/前364年。

④ 爱利斯的港口城镇。

⑤ 克隆努斯，是麦加洛波里斯附近的一个城镇。

⑥ “营队”（λόχος）是斯巴达最大的军事单位“团”（μόρα）的一半。斯巴达公民兵总共有6个团，12个营队。参阅：VII. 5. 10；《斯巴达政制》，XI. 4。罗念生、水建馥主编的《古希腊语汉语词典》（北京：商务印书馆，2005年版，第514页）指出，斯巴达的一个λόχος相当于1/4或1/5个μόρα。——译者注

困在其中,拉栖代梦人再次派阿奇达姆斯统率一支军队出征。阿齐达姆斯到达这里后,他胸有成竹,一方面派兵在阿卡狄亚和斯基里提斯境内尽情劫掠,另一方面,如有可能,则驱走围攻者。阿卡狄亚人却不为所动,静观其变。

[22] 随后,阿奇达姆斯发现,阿卡狄亚人所构筑的外面一道栅栏要翻过一座小山,他料定如能占领此山头,山下的围城者便无法坚守阵地。当他带领大军迂回前往山顶时,跑在队伍前列的轻盾兵,在栅栏外遭遇阿卡狄亚联军(*Epariti*),①便向他们发起攻击,骑兵也随即参加了战斗。阿卡狄亚人的方阵并未调转方向,而是保持密集阵形,默默地坚守在那里。当拉栖代梦人再次发起进攻的时候,阿卡狄亚人仍岿然不动,甚至迎面而上,这一次他们却杀声震天。阿奇达姆斯本人率领重装步兵参加了战斗,他的队伍沿着朝向克隆努斯的战车道排开,呈两列纵队,碰巧排列成这样。

[23] 双方军队相距越来越近了。阿奇达姆斯的队伍列成纵队,因为他们正在沿一条道路推进,而阿卡狄亚人则结成密集阵形。在交战中,拉栖代梦人再也无法抵挡阿卡狄亚人优势兵力的攻势。很快,阿奇达姆斯大腿中枪,身负重伤。在他前面的战士相继倒下,其中包括波里埃尼达斯和阿奇达姆斯的妹夫奇隆。此战拉栖代梦人阵亡者不下30人。

[24] 随后,拉栖代梦人沿那条道路撤回至开阔地带,迅速布好战斗阵形,准备迎敌。阿卡狄亚人尽管人数处于劣势,但由于刚刚击退劲敌,杀死不少,所以士气高昂。另一方面,拉栖代梦人亲眼看到阿奇达姆斯受伤,听到人们呼唤阵亡者的名字,便陷于极度的沮丧之中。因为这些阵亡者不但个个勇猛异常,而且正值他们人生的鼎盛之年。

[25] 当阿卡狄亚人渐渐逼近时,一位长者高声喊道:“诸位,我们为什么非要拼个你死我活呢? 我们为什么不能订立和约、达成

---

① 爱巴里提(Epariti),指阿卡狄亚联军。狄奥多拉斯(XV. 62)称其为“精选之师”(*tous kaloumenous epilektous*)。

和解呢?”听他这么一说,双方皆大欢喜,同意缔和。拉栖代梦人收回本方阵亡者尸体,然后撤离了战场;而阿卡狄亚人回到他们的大本营,树立了一座胜利纪念碑。

[26] 就在阿卡狄亚人围攻克隆努斯期间,爱利斯人从城里出发,发动了对派罗斯的第一次进攻。[①] 他们在途中遭遇被逐出萨拉麦[②]的那些派罗斯人。爱利斯的骑兵抓住时机,便毫不迟疑地发起攻击,杀死了其中一些人,余下的逃到一座小山上躲藏起来。当他们的步兵赶到后,他们就把躲藏在山上的那些人赶了下来,当场杀死一些,活捉近200人。他们将俘虏当中的外邦人全都卖为奴隶,将其中爱利斯的被逐者悉数处死。这样,爱利斯人在没有得到外援的情况下,不但攻占了派罗斯,而且还收复了玛尔迦那。

[27] 至于拉栖代梦人,他们其后再次夜袭克隆努斯,占领了阿尔哥斯人对面的栅栏,呼喊被围困在里面的拉栖代梦人出逃。结果,离得近的那些人趁机逃了出来,随着阿卡狄亚人大批增援部队赶到,其他人依然被阻隔在里面。那些被封锁在里面的人后来成了俘虏,联军将其瓜分,一部分交给了阿尔哥斯人,一部分给了底比斯人[③],一部分给了阿卡狄亚人,还有一部分给了美塞尼亚人。这些俘虏,包括斯巴达人和庇里阿西人在内,总计在100人以上。

[28] 克隆努斯的战事结束后,阿卡狄亚人又着手进攻爱利斯。爱利斯人不但增强了防守奥林匹亚的兵力,而且因新一届奥林匹亚竞技会之年[④]临近,他们与比萨人(比萨人声称自己是奥林匹亚圣域的最初主管者[⑤])一道开始筹办新一届竞技会。但是,就在奥林匹亚竞技会举行的当月,节日庆典集会举行之时,爱利斯人大张

① 参阅:VII. 4.16。——译者注

② 一个坚固的要塞,大概位于阿凯亚边界地带的斯科利斯山(今 Santameri 山)的一凹岩处。参阅波里比阿:IV. 75。

③ 据研究,底比斯人很可能在泰格拉、麦加洛波里斯或美塞尼亚派有驻军。——译者注

④ 第104届奥林匹亚竞技会举办之年(公元前364年7月)。

⑤ 参阅:III. 2.31;波桑尼阿斯:VI. 12.2;狄奥多拉斯:XV. 78。

旗鼓地进行备战，最后在阿凯亚人的支持下，沿着大路向奥林匹亚进发。

[29] 这时候，阿卡狄亚人正与比萨人一同主持节日庆典，根本没有料到爱利斯人会来攻击他们。他们结束了赛车比赛，五项全能[①]刚刚结束了田径场上的项目。选手们刚刚通过了摔跤比赛的资格审察，[②]进入位于田径场与祭坛[③]间的区域。就在此时，全副武装的爱利斯人抵达圣域。阿卡狄亚人并未出击迎敌，而是列阵于克拉道斯河畔，该河流经阿尔提斯[④]，注入阿尔弗尤斯河。阿卡狄亚的同盟者，阿尔哥斯的 2000[⑤] 名重装步兵和雅典的约 400 名骑兵都前来增援他们。

[30] 爱利斯人在克拉道斯河对面列阵；献祭之后，立即进军。虽然在此前的交战中，爱利斯人一直倍受阿卡狄亚人和阿尔哥斯人的蔑视，而阿凯亚人和雅典人也瞧不起他们，但在那天的战斗中，他们率领同盟者的军队，冲锋在前，英勇无畏。最先与爱利斯人交锋的阿卡狄亚人，一触即溃；前来救援的阿尔哥斯人，也一筹莫展，被爱利斯人击败。

[31] 爱利斯人乘胜追击，进入议事厅、赫斯提亚神庙和剧场之间的地带。他们奋勇作战，已将敌人赶至祭坛附近，但由于敌人从柱廊、议事厅和宙斯大殿的屋顶上向他们投掷器物，而爱利斯人自己在平地上迎战，一些人当场毙命，其中包括“三百人队”的首领斯特拉托拉斯。面对这种形势，爱利斯人只好撤回营地。

---

① 参阅：IV. 7. 5 及其附注。Horse-race（*ippodromia*）究竟是赛马还是赛车，抑或二者皆有，尚不能完全确定。一般说来，五项全能比赛是在赛马之后举行的。这五个项目，即赛跑、跳远、铁饼、标枪和摔跤，比赛的先后顺序不很明确，但可确定的是摔跤为最后一项，赛跑很有可能是第一项。前四项是在田径场（本意为“跑道”δρόμος，race-course）上举行，而通常摔跤是在圣库前的空地上举行的。

② 即审察在前四项比赛之后，是否保有继续比赛的资格。

③ 即宙斯大祭坛。其神圣性有望使他们免遭爱利斯人的攻击。

④ Altis，系指宙斯圣域核心地带。

⑤ H. G. 达金斯译本为“200”。《劳易卜古典丛书》希腊文原文 δισχιλίους 一词，意为“2000”。——译者注

［32］当晚，阿卡狄亚人及其同盟者对未来的事态发展备感惊惧，他们没怎么睡觉，而是忙着拆除那些精心搭建起来的货摊，[①]以构筑防御工事。翌日，当爱利斯人再次来到这里时，看到阿卡狄亚人已经修筑了牢固的工事，许多人已经爬到庙宇屋顶上。于是，他们不得不撤走，回到爱利斯城。爱利斯人向世人证明，他们是神祇在一日之内就能通过激发其勇气而创造出来的那种人，而凡人花再长时间也无法将懦夫打造成这种人。

［33］阿卡狄亚同盟的领导者[②]在动用圣库[③]的资财，以作为爱巴里提[④]的薪饷时，招致了人们的反对。曼丁尼亚人最先通过决议，严禁挪用圣库资财。他们在自己城邦按分摊数额征收爱巴里提所需军费，然后移交给同盟领导人。但是，同盟领导人却说，他们这样做会伤害阿卡狄亚同盟，于是将曼丁尼亚的领导人传唤至"万人大会"前受审。曼丁尼亚人拒绝了这一要求。但"万人大会"对他们进行了缺席审判，命令爱巴里提前去捉拿那些获罪者。曼丁尼亚人紧闭城门，不许爱巴里提进入城内。

［34］在"万人大会"上，也有人对挪用圣库资财的做法提出了批评，认为这一渎神行为给子孙后代树立了反面的榜样。因此，阿卡狄亚同盟大会通过决议，从此以后严禁挪用圣库资财。听到这个消息，同盟者中因交不起费用而无法提供爱巴里提的城邦马上退出同盟；那些交得起费用的城邦则相互鼓励，争相加入，从而成为爱巴里提的参加者。他们觉得，之前他们不过是这支"精选之师"的工具，而今"精选之师"成了他们手中的工具了。阿卡狄亚同盟的领导者意识到，既然他们掌控着圣库的资财，如果不得不将资财账目交出来，他们将很有可能会被处死。因此，他们派人至底比斯，告诉底比斯人说如果不发动战争，他们准备重新投到拉栖代梦

---

① 由商贩们搭建的用于出售货物或者作为宾客的临时住所。每一次全希腊的竞技会，同时也给来自四面八方的商家提供了展销货物的机会。——译者注

② 参阅：VII. 1. 24。

③ 奥林匹亚圣库。

④ 所谓"精选之师"。

人一边了。

[35] 于是,底比斯人准备发动战争了。那些为伯罗奔尼撒人的利益着想的人物,则劝说阿卡狄亚的将军委员会,派遣使者去告知底比斯人,除非阿卡狄亚人发出请求,否则他们不得出兵阿卡狄亚。他们将这样的想法告诉了底比斯人,其实阿卡狄亚人也无意再战,无意控制奥林匹亚宙斯神殿。如果他们将神殿管辖权归还给爱利斯人,就证明他们行事正直公正,这样做就能更好地取悦于诸神。既然爱利斯人也有这样的想法和愿望,所以双方同意停战,缔结和约。①

[36] 签约立誓者不但包括直接相关诸邦,还包括泰格亚人和底比斯的将军,他碰巧正带领 300 名波奥提亚重装步兵驻扎于此。在这种情况下,那些驻留在泰格亚的阿卡狄亚人欢聚一堂,举行祭神仪式,高唱胜利凯歌,庆祝缔结和约。但是,底比斯人和阿卡狄亚同盟的领导者对他们的账目还是很担心。在波奥提亚人和"精选之师"的协助下,他们决定关闭泰格亚城门,将狂欢者中的贵族派悉数逮捕。因为阿卡狄亚同盟各邦都参加了狂欢,大多数人都心怀急切的和平愿望。因此,被捕者人数众多,监狱里人满为患,连市政厅里也都关押着犯人。

[37] 然而,虽然有许多人被捕,但也有不少人越墙逃走,还有些人直接从城门出去了(因为除非自己罪大恶极,一般不会触犯众怒)。最令底比斯的将军及其追随者难堪的,是他们最想逮住的是曼丁尼亚人,但抓住的却寥寥无几。原来曼丁尼亚城就在附近,几乎所有曼丁尼亚人早已回家去了。

[38] 天亮之后,曼丁尼亚人得知所发生的事情,便立刻派人前往阿卡狄亚其他城邦,要求他们武装起来,严密把守各个关隘。与此同时,曼丁尼亚人派使者至泰格亚,要求释放所有被扣押的曼丁尼亚人;他们说,他们还代表其他阿卡狄亚人提出要求,不得将被扣押者囚禁起来,更不得未经审判就予以处决。如果有人要指控

① 公元前 362 年。

那些被扣押者，曼丁尼亚人保证将召开阿卡狄亚同盟大会，受理这类指控。

［39］那位底比斯人听了这些，一时不知该如何处置这事，便释放了所有在押者。翌日，他将愿意与会的所有阿卡狄亚人召集起来进行解释，辩解说他是被人蒙骗了。因为他听说拉栖代梦人大兵压境，一些阿卡狄亚人准备将泰格亚出卖给敌人。听了他的解释，人们知道他言不由衷，所以还是放了他。不过，他们派遣使者前往底比斯控告他，要求将其处死。

［40］据说，碰巧此时担任将军的是伊巴密浓达。他坚持认为，底比斯人将这些人予以拘押乃是正当之举，不应将他们释放。他对使者们说："我们是因你们的事才参战的，但你们却未经我们同意而与他人缔结和约。难道我们就此指控你们犯有背叛之罪有什么不妥吗？"他又指出："我实话告诉你们吧，我们将与我们的同盟者一起进军阿卡狄亚了。"

第 5 章

[1] 诸位使者将伊巴密浓达的这番表态，向阿卡狄亚同盟大会以及同盟各邦作了通报。[①] 曼丁尼亚人以及其他那些对伯罗奔尼撒事务颇为关切的城邦，如爱利斯人和阿凯亚人等都一致认为，底比斯人的意图昭然若揭，他们是想极力削弱伯罗奔尼撒人的势力，这样他们可能更容易控制以至奴役伯罗奔尼撒人。

[2] 他们说，"世界上为什么只有他们想让我们彼此交战，相互消耗，以至于最后两败俱伤，不得不有求于他们呢？为什么我们明确告诉他们现在我们不需要他们出兵，他们仍在厉兵秣马、准备出战呢？他们准备出兵，其目的是清清楚楚，就是想对我们下毒手。"

[3] 于是，他们派使者前往雅典，[②]请求雅典人给予军事援助。同时，爱巴里提也派人前往拉栖代梦，说他们愿意援助拉栖代梦人，一旦需要，他们愿意和他们一道粉碎任何想奴役伯罗奔尼撒的企图。至于领导权的问题，他们很快就会作出安排，原则上是每一个加盟城邦在本邦境内皆应享有最高领导权。

[4] 这期间，伊巴密浓达紧锣密鼓地准备对外用兵。军队是以全体波奥提亚人、优波亚人以及许多色萨利人打头阵的。色萨利

---

① 公元前 362 年。

② 在公元前 362 年曼丁尼亚加入之前，雅典、阿卡狄亚、阿凯亚、爱利斯、弗琉斯已订立攻守同盟条约。条约文本镌刻于一块石碑上（下部有破损），现保存于雅典卫城上。——译者注

人当中既有支持亚历山大的,[①]也有反对他的。然而,佛基斯人并未参加此次征战,他们说按盟约规定,只有当底比斯人遭到他人攻击时,才有出兵相助的义务,盟约并未规定底比斯人主动进攻其他城邦时,他们也有此项义务。

[5] 然而,伊巴密浓达对此并不在意,认为在伯罗奔尼撒还有大批的支持者——阿尔哥斯人、美塞尼亚人和阿卡狄亚人都站在他这一边。而那些如泰格亚人、麦加波里斯人、阿色亚人、帕兰提昂人等,国小民寡,且处于其他城邦的包夹之中,只能随其他城邦一起行动了。

[6] 于是,伊巴密浓达加速行军。但是,当他推进到涅米亚[②]时,大军停了下来,希望活捉途经那里的雅典人。[③] 他预料,在他们的盟邦看来,这将是一项了不起的成就,因为不但可使他们大受鼓舞,而且能让敌人闻风丧胆。一言以蔽之,雅典人的每一点损失,对于底比斯人来说都是一点收获。

[7] 伊巴密浓达驻留涅米亚期间,那些敌视底比斯的城邦也都在曼丁尼亚集结。不久,伊巴密浓达接到情报,说雅典人已改变行军计划,不走陆路,而取海路,经拉栖代梦前去增援阿卡狄亚人。在这种情况下,伊巴密浓达率军从涅米亚开拔,直抵泰格亚。

[8] 在我看来,伊巴密浓达的作战部署虽算不上周详,但此次远征中应预先审慎思考的事务和激励战士的举措,他大致都做到了。首先,我由衷佩服他将营寨安扎于泰格亚城内,因为这比在城外安营要安全得多,无论采取什么行动都不会受到敌军的干扰;其次,安营于城内可更易于获取一切所需,而对手却安营于城外。这

---

① 关于斐莱的亚历山大,参阅 VI. 4. 34 以次。公元前 363 年,底比斯人曾派佩罗皮达斯率军进军色萨利,支持其同盟者和弗提亚的阿凯亚人以及玛格内特人一起反对亚历山大。他们在交战中击败亚历山大,但佩罗皮达斯阵亡。据普鲁塔克记载,底比斯人得知他战死的消息,立即派玛尔基塔斯(Malcitas)和狄奥吉顿(Diogiton)统率 7000 步兵和 700 骑兵为其复仇。他们发现此时亚历山大势力弱小,就强迫他退出此前占领的城市,撤出在玛格内特和阿凯亚的驻军,并保证以后无论底比斯人征伐谁,他们都须出兵相助。参阅普鲁塔克:《传记集·佩罗皮达斯传》,XXXV. 1—6。

② 在阿哥利斯境内。——译者注

③ 他预计雅典军队途经那里。——译者注

样，他可以更准确地判断敌军行动正确与否；其三，尽管他相信自己的实力比对手强，[①]但在敌军占据地利之时，他从不贸然进攻。

[9] 然而，随着时间的推移，他看到不再有城邦投靠到底比斯一方时，便下定决心采取行动，否则他一世英名将付诸东流，必定自取其辱。他得知敌军已占据曼丁尼亚周边的有利位置，正派人寻求阿格西劳斯和拉栖代梦人的全力援助；又得到情报，说阿格西劳斯已经率军启程，抵达培林尼。[②] 鉴于这种状况，伊巴密浓达命令军队立即就餐，[③]然后直接向斯巴达进军。

[10] 事有凑巧，有一位克里特人前来向阿格西劳斯报告了底比斯军队正在开进的情况。此时斯巴达完全是一座空城，毫无抵抗力量，若不是此人报信，斯巴达必定落入伊巴密浓达之手。由于及时得到情报，阿格西劳斯率军折回，在底比斯人抵达之前回到了斯巴达。斯巴达人将为数甚少的公民加以部署，各就各位，严加防守。原来，这时候斯巴达的骑兵和他们的雇佣军都在阿卡狄亚，重装步兵的 12 个营队中，有 3 个也不在国内。[④]

[11] 伊巴密浓达进入斯巴达城后，[⑤]放弃了从地面推进的打算，因为这样敌人可从屋顶上投掷器物，会给他们以重大杀伤；他也不打算在狭窄的区域作战，这样无法发挥其人数上的优势。他想占据有利地势，然后命令士兵居高临下，向城内冲锋。[⑥]

---

① 据狄奥多拉斯(XV. 84. 4)记载，伊巴密浓达麾下有步兵 3 万，骑兵 3000，而他的对手有步兵 2 万，骑兵 2000。——译者注

② 指拉哥尼亚境内的城镇培林尼，位于攸洛塔斯河畔。参阅波桑尼阿斯：III. 20；斯特拉波：VIII. 386；波里比阿：IV. 81，XVI. 37。

③ 类似情况可参阅：《论骑兵长官的职责》，IV. 9。

④ 参阅：VII. 4. 20；《斯巴达政制》，XI. 4。——译者注

⑤ 到达斯巴达城外围区域。因为所谓斯巴达城并没有城墙。

⑥ 斯巴达城坐落于攸洛塔斯河谷平原上，但是该平原并不平坦。河谷左岸，自西向东，地势由高而低，坡度和缓；河谷右岸，自西向东，地势渐次隆起，坡度陡峭。斯巴达城区总的地势是东高西低。从色诺芬的记载可以看到，伊巴密浓达选择由斯巴达城东侧发起攻击，居高临下，而阿奇达姆斯率军由西向东发起绝地反击，并且以少胜多，这样愈加突显其获胜之不可思议。——译者注

[12] 接下来所发生的事情，只能有两种解释：一种解释是神意所为，一种解释是哀兵必胜。阿奇达姆斯一马当先，率领不足百名士兵突破前进惟一障碍[①]，沿着山坡向上追杀敌人。此刻，这些在琉克拉特[②]战无不胜的英雄们，这些无畏的勇士们，尽管在任何一点上都不落下风，且地利上占尽优势的情况下，却无法抵挡阿奇达姆斯军队的冲锋。他们调转方向，仓惶溃逃。

[13] 伊巴密浓达的先头部队被斯巴达人冲得七零八落，大都丧命。斯巴达城里的士兵受到获胜消息的激励，追击敌人的时候有些忘乎所以，结果反而尽被底比斯人杀死。看来，双方取胜的界限似乎是冥冥之中由上苍划定了的。阿奇达姆斯在获胜之地树立起一座胜利纪念碑，并且按照停战和约，归还了敌方阵亡者的尸体。

[14] 伊巴密浓达考虑到，阿卡狄亚人肯定要前来拉栖代梦予以增援；如果这两路人马合二为一，伊巴密浓达就要面对他不想看到的那种情况：既要对阿卡狄亚人作战，又要与拉栖代梦全军对决；[③]尤其是因为眼下敌军刚刚获胜，而本方新近遭到挫败。因此，他迅速引军回撤至泰格亚，让重装步兵在那里休整，派骑兵队前往曼丁尼亚，恳请他们要不惜一切代价，尽力拖住敌人；他还向他们面授机宜，说曼丁尼亚所有牲畜很可能都在郊外，尤其是此时正值麦收季节。[④] [15]于是，骑兵队奉命开拔。雅典的骑兵队从埃琉西斯出发，在科林斯地峡就餐，穿过克列奥奈，[⑤]恰好逼近曼丁尼亚，或者已经驻扎城内的营房里。曼丁尼亚人看到底比斯的骑兵朝他们的城市开进，便恳请雅典人尽其所能援助他们。因为他们所有的牲畜、劳力以及许多自由公民的孩子和老人都在城外。听了他

---

① 即对阿奇达姆斯军队的防御。底比斯人未能阻止阿奇达姆斯的冲击，真是有些不可思议。

② 参阅：VI. 4. 24；狄奥多拉斯：XV. 39，56。

③ 参阅：VII. 5. 10。

④ 大约在5月底。——译者注

⑤ 城镇，在阿哥利斯。——译者注

们的恳求，雅典的骑兵战士虽然未吃早饭，马匹也未上料，但他们仍决定出城迎敌。

[16] 难道我们不应该为这些士兵的英勇行为击节叫好吗？尽管他们看到敌众我寡，尽管他们的骑兵不久前才在科林斯遭受重创，[①]他们也未尝不知道他们的对手是最骁勇善战的骑兵——底比斯人和色萨利人的骑兵，不过他们现在根本没有把这些放在心上。他们惟一在乎的是荣誉，如果身在曼丁尼亚而不对其盟友伸出援手，这才是他们最大的耻辱。考虑到这些，敌人一出现，他们就杀入敌阵，渴望赢回祖辈们所建立的英名。

[17] 战斗开始了。雅典人确实保住了曼丁尼亚人城外的所有一切，但是双方都有不少勇士中枪身亡。[②] 因为双方的武器都够长，能刺中对方要害。雅典人并未抛下本方阵亡者的尸体，同时也按休战协议将敌人的尸体归还。

[18] 伊巴密浓达考虑到，过不了几天他必须离开那里，因为确定的作战时间即将期满。[③] 但是，如果他把同盟者的人民就此撇下，失去保护的他们定会遭到敌人的围攻，这会极大损害他的威名。尽管其麾下有一支强大的重装步兵，但他们先是在拉栖代梦被对手以少胜多，继而其骑兵又在曼丁尼亚遭遇败绩。他亲自出征伯罗奔尼撒的目的，是要将拉栖代梦人、阿卡狄亚人、阿凯亚人、爱利斯人和雅典人统一起来。鉴于此，对他而言，与敌人之间的一场大战是无论如何都无法避免的。他的想法是，如果获胜，则可尽雪前耻；假如兵败身亡，这样的结局对一位一心为其祖国征服伯罗奔尼撒的人物来说，也可说是虽死犹荣。

[19] 此时此刻，伊巴密浓达就是用这些想法来安慰自己。在我看来，这是很不明智的。尽管对于这样一位雄才大略的人物来

---

① 参阅：VI. 5. 51，52。

② 阵亡者当中很可能有色诺芬的儿子格里鲁斯。据波桑尼阿斯（Ⅷ. 11. 6）记载，格里鲁斯作战特别勇敢，雅典人为这些英雄在当地举行国葬。色诺芬的另一个儿子狄奥多拉斯也参加了此次战役。——译者注

③ 显然，他和底比斯当局或者与其同盟者有过一个协议。

说,有这样的想法是很自然的。但是,他已经将麾下将士带到这样一种程度,无论白天与黑夜,他们都不畏辛劳,不惧艰险,无论食粮短缺与否,他们总能服从如一。在我看来,这乃是其更卓越之处。[①]

[20] 这时候,他最后一次给士兵们下达命令,要求他们做好决战的准备,骑兵们擦亮了铠甲,阿卡狄亚步兵在盾牌上画上条纹,[②]就如同底比斯人一样,所有人都磨亮长矛和短剑,擦拭盾牌。

[21] 当他准备完毕,即将率军出发时,他的部署也颇值得注意。首先同往常一样,将军队列成战斗队形,表明他已经为交战做好了准备。但当军队按其指令整队待命时,他并未下令就近冲向敌阵,而是朝泰格亚城西的山上进发,给敌人以一种当天免战的错觉。

[22] 伊巴密浓达到达山上后,阵形已经完全展开。他将武器放在山脚下,似乎准备就地宿营。结果,他的这一举动,不但使敌人也使自己的军队大战前紧张的情绪有所缓解。这时,他命令陆续到达的军队转身进入他所在的那一翼,使战阵呈楔形。[③] 随后,他下达命令:“拿起武器,跟我冲啊!”他自己身先士卒,部下紧随其后。

敌人看到他们突然压上来,顿时乱作一团,没人能保持原来的位置:有些人慌忙跑到自己的位置上去,有些人赶紧列成战斗队

---

① 色诺芬也许认为伊巴密浓达保存有生力量,日后再战,是更明智的选择。——译者注

② 这是底比斯军队的标志。有学者认为,其具体形状大概类似于扑克牌中的“梅花”。——译者注

③ 伊巴密浓达所率军队,行军时是一个长长的纵队。到达指定地点后,士兵们“向右转”,便组成一个扁平状的战阵,伊巴密浓达位于左翼,他想增加这一翼战阵的纵深。于是,他下令中军和右翼的士兵“向左转”,顺着战阵向他靠拢,这样左翼的厚度不断增加。整个战阵一边厚,一边薄,如同“楔子”。伊氏创立这种“楔形方阵”,是对古希腊重装步兵方阵的重大发展,不但增强了军队的机动性,并且能够集中优势兵力,消灭敌人的有生力量。“楔形方阵”也成为日后称雄希腊的“马其顿方阵”的前身。——译者注

形，有些人匆匆勒紧马缰，有些人仓惶穿上胸甲，似乎部队已经遭到重创一样。

[23] 伊巴密浓达率军杀入敌阵，就如同一艘三列桨战舰乘风破浪，勇往直前，势如破竹，他要横扫对手，全歼敌军。因为他将最精锐之师投入战斗，而将较弱的士兵安置于后部，他知道如果自己战败，就会长敌人的士气，灭自己的威风。再者，敌军骑兵列阵如步兵方阵一样，纵深为六排，中间没有布置步兵。

[24] 伊巴密浓达也组织了一支强悍的骑兵纵队，还在其中布署了步兵作为策应。这样，一旦突破骑兵防线，他就可将敌人全军击败，因为很难看到有人在本方全线溃败时，还能坚守自己阵地的。为防止左翼的雅典人增援邻近军队，伊巴密浓达将骑兵和重装步兵部署于在面对雅典人的几座小丘上，使雅典人明白，如果他们增援毗邻的盟军，这支军队就会从其背后发起攻击。

于是，他发起总攻了。战局的发展并未令他失望。由于他们攻下并且控制了既定的阵地，致使敌军全线溃败。

[25] 然而，在伊巴密浓达本人阵亡[①]之后，位于左翼的其他底比斯人皆不能充分利用这些有利条件，即使他们获胜也是如此。尽管敌军方阵在底比斯方阵面前溃退，但底比斯人并未杀死其一兵一卒，也未推进到战场之外一步；尽管敌军骑兵也在他们面前逃跑，但底比斯人并未追击，也未杀死一名骑兵或步兵，反而如战败者一般，惊慌失措地从溃散的敌阵中向后退缩。只有骑兵纵队中那些策应的步兵和轻盾兵如同胜利者一般，杀入敌阵的左翼，却大都死于雅典人的手下。

[26] 战争所带来的后果与人们事先预料的恰恰相反。全希腊所有军民齐聚于此，站在两条敌对的阵线上彼此决战；没有一个人

① 据普鲁塔克提供的史料(《传记集·阿格西劳斯传》，XXXV.1)，伊巴密浓达被一位名叫安提克拉特(Anticrates)勇士用长枪刺中要害身亡。伊氏颇有军事才能，统率大军南征北战，令斯巴达人闻风丧胆。色诺芬对于他的事迹则尽可能轻描淡写。——译者注

不这样想，一旦战斗打响，胜者将成为统治者，败者将沦为其臣民。但是，神祇却做出如下安排：交战双方各自树立起一座胜利纪念碑，仿佛他们都是获胜者，并且互不干扰对方树碑；[①]双方都如同战胜者一样，依据休战协议将阵亡者尸体归还给对方，同时，双方都依据休战协议接收本方阵亡者的尸体，仿佛他们又都是战败的一方。

［27］尽管双方都宣称本方获胜，但是任何一方的局势都没有丝毫好转，与战前相比，双方的版图、城市和影响力也没有一点增加；[②]而战后的希腊却比战前愈加混乱和无序了。

我也就此搁笔了。其后的事件，或许会有其他作家关注。

① 这意味着双方都公开承认对方是胜利者，对敌方获胜没有异议。但是，关于曼丁尼亚战役双方伤亡人数，史料中没有任何记载。——译者注

② 战后希腊诸邦签署一项和约。美塞尼亚人得以独立国家的身份加入此约，斯巴达对美塞尼亚的独立仍不予承认。正因为如此，惟有斯巴达一邦拒绝加入该条约。参阅波里比阿：IV. 33；狄奥多拉斯：XV. 89。——译者注

索　引

（罗马数字表示卷次，阿拉伯数字表示章节，卷/章后面皆以低圆点相隔）

A

B

C

① 又称特洛阿斯(Troas),意即“特洛伊的疆土”。参阅:IV. 1. 41 附注。

D

F

G

H

I

J

L

P

R

S

T

X

Z

附录1　雅典政制

伪色诺芬[①]

I

[1] 我不赞赏雅典人的现行政制[②]，不赞赏他们所选择的政制类型和风格；因为他们作出这样的选择，就使得劣等公民过得比优

---

① 这篇论文虽然被归于色诺芬名下，但是其真实性早在古代就受到质疑。近代以来，学者们进一步提出质疑，不仅是因为本文整体的语气和文笔，与色诺芬的任何其他著作都迥然不同，还因为它可能成文于公元前424年前后，那时色诺芬作为作者显然太稚嫩。因此，本文作者常常被称为"伪色诺芬"（Pseudo-Xenophon）。有人推测，许多知名的寡头派人士可能是本文的作者，但证据不够确凿充分。因此，传统上也有许多研究者称本文作者为"老寡头"（Old Oligarch）。无论如何，它是反映雅典宪政制度的一篇重要文献；同时，它也证明公元前5世纪的希腊人可以就一个颇有争议的政治话题，以讽刺的口吻发表自己的看法。尽管作者的基本观点是反对雅典民主制的，但它表明雅典的宪法是完全按照民主制原则来施行的。中译者在译注此文时除参考古希腊文原文以外，主要参考了以下三种译注本：(1)《色诺芬全集》，第7卷（*Scripta Minora*），希腊文英文对照本（英译者玛强特 E. C. Marchant），《劳易卜古典丛书》，哈佛大学1984年版。(2)F. R. B. 哥多尔芬主编：《希腊历史学家著作全集》（Francis R. B. Godolphin, *The Greek Historians*），第2卷（英译者 H. G. 达金斯），纽约1942年版，第633—643页。(3)J. M. 摩尔：《亚里士多德和色诺芬论民主制与寡头制》，伦敦1975年版，第19—64页。摩尔就伪色诺芬的这篇文章本身及其所涉及的内容进行了较为详细的讨论。凡未另注明的注释，均译自以上 E. C. 玛强特、J. M. 摩尔的著作。——译者注

② 希腊文 πολιτεία（*Politeia*），英文多译为 Constitution，本意是讨论雅典的政治制度，中文译为"政制"、"宪政"、"宪法"都基本符合其原意。——译者注

等公民还要好，[①]我认为这种做法并不公平。惟其如此，我认为雅典人的政制并不是一种优良的政制。但是，既然他们决定实行这样的政制，那么，我将试图指出他们是如何完好地保持这种政制的，以及如何完成其他事务的，是哪些事招致了其他希腊人的批评。[②]

［2］首先，我要申明的是：在雅典，穷人和平民普遍比富人和贵族享有更多的权利是公正的，因为正是这些配备在战舰上的平民，才使得城邦获取了力量；舵手、桡手长、下层桡手长[③]、瞭望者[④]和造船匠——这些人，比之重装步兵和显贵阶层，给城邦贡献出更大的力量。既然如此，他们每个人都有权通过抽签和举手表决这两种方式出任城邦的官职，似乎也是理所当然的；同样，所有公民都有权在公共场合畅所欲言。［3］然而，一些事关全体人民安危的官职，其实效如何则取决于任职者才能的高低；平民并未要求出任这些官职，他们认为不应以抽签的方式选出将军或骑兵司令的职位。因为平民们意识到，如果这些职位不是由他们自己来充任，而是掌握在那些最有影响力的公民手中，那会使他们受益良多。然而，对于行政部门当中那些有薪金以及可以增加个人财产的职务，他们是当仁不让的。

［4］其次，我要说说，有人感到不解的是雅典人处处给予穷人和平民比贵族以更多的关照，这一点也不足为怪，它恰恰是他们保持民主制的要旨所在。随着穷人、平民和下层民众生活的不断改善，加上他们人数众多，民主派力量便日益增强；而如果让富人和贵族阶层得势，那就意味着平民在自己面前树立了一个强大的对

① 值得注意的是，文章通篇使用的这两个基本概念。所谓“优等公民”（the better citizen）大体是指“老寡头”及其朋友们，即占城邦公民少数的贵族、富人，而那些“劣等公民”（the worse citizen）大体是指民主派，即占城邦公民多数的平民、穷人。——译者注

② 作者在此说明本文的两个主题，在讨论了第一个主题之后，在 III.1 中间接提及这段内容。

③ 三列桨战舰的桡手分为上中下三层，每一层都有一名桡手长。

④ 战舰行使的时候，在每艘舰船的船头有一名专职的瞭望者。

手。[5]事实上,在世界各地,社会精英和民主大众都是势不两立的。因为社会精英分子很少恣意妄为、不讲正义,他们谨小慎微,恪守至善原则。然而,平民大众中则是尽是些无知之人,他们不守规矩、不讲道德;贫困致使他们做一些可耻之事,缺钱致使一些人未能接受教育,处于无知状态。

[6] 也许有人会说,他们不应当让每个公民都拥有平等发言权,并且都有资格成为议事会成员,这些职位应当属于全城邦最睿智、最卓越的公民。然而,他们甚至让最底层的平民也得到发言权,其施政的极为高明之处,也恰恰就在于这一点。因为假如只允许贵族精英在公民大会上发言,制定大政方针,那么显贵阶层当然受惠多多,却对平民极为不利。而目前的情况是,下层民众中任何一位想要发言者,都可以起来畅所欲言,为他自己以及他们的同类谋取利益。

[7] 也许有人会提出质问,"这样的一个人,他能为自己以及平民大众想出什么好主意吗?"但是,雅典人知道,这种人的无知、粗鄙和对他们的亲善,要远比精英们的美德、智慧和对他们的憎恶更为实惠。[8]因此,一个以这样的制度为基础的城邦,虽然不是治理得最好的,但是民主制却在这种制度下轻而易举地保存下来。因为平心而论,雅典平民肯定不希望有一个良好的政府,自己像奴隶一样接受统治。他们想要获得自由,渴望发号施令。至于不良的政府,那根本不是他们所关心的。事实上,你要相信,不良的政府恰恰是平民力量和自由的源泉。[9]倘若你想求得一个良好的政府,首先要找到全城邦最有智慧的人,由他们从全体公民的利益出发制定法律;然后,显贵阶层就会排斥和惩罚下层公民;显贵阶层会制定这样的国策,严禁头脑错乱的平民进入议事会,不许他们在公民大会上发表意见或者投票表决。毫无疑问,一旦采取这些高明的措施,平民马上就会变得服服帖帖的了。

[10] 如今在雅典,奴隶和麦特克[①]都获得了太多的特许。在那

---

① 通常指那些居住在雅典一定期限的异邦人。他们要向城邦政府缴纳一定数额的税金,战时要服兵役。——译者注

里，殴打他们是犯法的。在街上，奴隶们不会给你让路。我来解释一下这种特殊惯例的成因吧。假如自由公民殴打奴隶、麦特克或获释奴隶是不犯法的话，那么雅典公民就会常常被误认为是奴隶而遭到殴打。因为雅典平民的衣着并不比奴隶和麦特克更好，相貌上也不比他们长得更标致。[11]他们让奴隶生活安逸，甚至让有些奴隶生活奢华，如果有人对这种情况感到诧异，那么雅典人这样做，显然事出有因。既然雅典拥有一支海军，那么出于财政方面的考虑，为了取得奴隶的租金，我们必然成为我们奴隶们的奴隶，却让真正的奴隶得到自由。[①] 凡是有富裕奴隶的地方，那里的奴隶惧怕你，你就不再有利可图了；[②]在拉栖代梦，我的奴隶会惧怕你；而假如你的奴隶惧怕我，只要他肯拿钱出来，就会安然无忧了。[12]正因为如此，我们在奴隶和自由人之间、在麦特克和全权公民之间建立了平等关系。由于城邦需要麦特克经营各种贸易，同时也为了满足舰队的需要，因而我们对麦特克平等相待也是合乎情理之事。

[13] 在雅典，平民禁止公民把时间投入到体育竞赛和音乐培训中去，原因就在于他们认为他们不宜于参加这些活动(他们也知道自己做不成这些事)。[③] 同样，在训练戏剧合唱队，[④]管理竞技比赛和配备三列桨战舰的过程中，他们知道富人是指挥合唱队的，而平民是在合唱队中被指挥的；富人担任舰船指挥官，或者主持竞技比赛，而平民通过在舰上服役或参与竞技而受益。至少在平民看来，自己理应从唱歌、竞赛、跳舞以及海上服役中获得薪酬。于是，

① 有的英译者认为这句话似有讹误，无法确定其含义。事实上，当时雅典海军支出浩大，雅典富人常常给某些奴隶管家一定的自由，由他们管理主人的家产(包括奴隶)；或者主人给奴隶一定的自由，通过收取租金而获利，而公民则不得不常年在外征战。这种情况大概引起了某些贵族的不满。——译者注

② 大概是指奴隶可以赎得自由，或者主人不得不给予奴隶一定的自由，以激发其劳动积极性。——译者注

③ 这句话有讹误。

④ Choregia 的职责包括筹集日常开销和指导戏剧合唱队。

平民渐渐变成了富人，而富人却日渐贫穷了。同样，在法庭上，他们所关心的是一己之利，而不是伸张正义。

[14] 再来说说同盟者。据说，由雅典派往海外各地的告密者，对当地贵族进行诽谤，发泄仇恨。因为他们懂得，统治者必然为其臣民所仇视。如果富人和贵族在这些属邦中势力强大，那么平民在雅典的统治就维持不了多久。他们褫夺当地贵族的公民权，劫夺其金钱，将其逐出家园，杀戮他们，支持当地的平民百姓，原因就在于此。另一方面，雅典的贵族则保护同盟国中的贵族。为什么这样做呢？因为他们知道保护这些地方的精英人物永远都符合他们的利益。[15]也许有人会说，雅典真正的实力是有赖于同盟国所缴纳的贡赋；[①]但平民大众却认为这更有利于每一位雅典人掌控同盟者的资源，由于同盟者所拥有的财富仅够维持生计，他们终日劳作，因而无力谋反。[②]

[16] 有人认为，雅典平民迫使其同盟者渡海来雅典打官司，是一项错误的决策。[③] 但雅典人却不这样看。因为他们算过这样做会给雅典平民带来许多利益。首先，他们可以从法庭收费中稳获整整一年的薪金；[④]其次，他们待在家乡，无需出海远征，便可在同盟国中发号施令；第三，他们因此可在法庭上保护那些支持民主制的人，剪除平民的敌人。反之，假如同盟者在其本地审案，那他们就会出于对雅典的敌视，而除掉其民众中那些同情雅典平民的主要人物。[17]除此以外，雅典平民还可以从同盟者把案件移送雅

---

① 修昔底德(I. 143；II. 13)也多次申明类似的看法，两者的观点不谋而合。事实上，这个时期的原提洛同盟的盟邦，基本上都已沦为雅典的臣属之邦。——译者注

② 关于雅典与其同盟者的关系及其演变。参阅徐松岩：《关于雅典同盟的几个问题》，《西南师范大学学报》(哲学社会科学版)，1993 年第 3 期；《论雅典帝国》，《西南师范大学学报》(社会科学版)，1999 年第 1 期。——译者注

③ 关于雅典与其附属国之间的司法关系，一直存有争议。修昔底德(I. 77. 1—2)提及雅典人对他们“好讼”行为的解释，显然是为雅典人作辩解。——译者注

④ 据估计，6000 名审判官一年的薪酬总计约 150—200 塔连特。——译者注

典审理一事中,得到以下好处:其一,比雷埃夫斯港的1%[①]的税收使城邦财政获利;其二,任何有房舍出租的公民将获得更多收益。同样,那些有牲畜或奴隶出租的人亦可得到更多的实惠;其三,公民大会的那些传令官,也因这些同盟者在雅典的逗留而家境渐好。[18]相反地,如果同盟者不来雅典打官司,他们就会只会对航行到当地去的那些雅典人——将军、舰长和大使们表示尊敬。如今的情况是,同盟者个个都是被迫来到雅典的,他在这里法庭上胜诉或败诉,完全掌控在雅典平民手中——这是雅典的法律。[②] 因此,无论哪位陪审员进入法庭时,他们都会拉住他们的手作祈求状,在法庭上也不得不低声下气地做答辩。这种情形使得同盟者觉得自己逐步沦为雅典平民的奴隶。[③]

[19]同时,由于雅典人在海外[④]拥有财产,并且到海外各地担任行政官职,这就使得他们及其同伴在不经意间学会了划船。任何经常出海的人,都不得不像他的奴隶一样拿起船桨,操练航海技术。[20]航海经验和实际操练,使他们成为优秀的舵手。他们经过历练,有的人成为驾驭普通船只的舵手,有的人成为驾驭货船的舵手,有的经过磨练而成为驾驭三列桨战舰的舵手。由于他们平生都接受这种历练,因而许多人一登上舰船,就能划桨作战。[⑤]

---

① 文献或可读为5%。但是,阿里斯托芬在其喜剧《蛙》(第658行)提及税率为1%。根据修昔底德的记载(VII. 28),到公元前413年以后,通过比雷埃夫斯的过境税才征收5%。——译者注

② 无论哪一方胜诉,总有一方须缴纳罚金或被没收财产,而作为审判者的雅典人永远都可以从中获利。——译者注

③ 这段史料相当重要,它从一个侧面有力地证明在雅典帝国时期,雅典人逐渐剥夺了原同盟诸邦的司法权,使其处于臣属地位。参阅徐松岩:《论雅典帝国》,《西南师范大学学报》(社会科学版),1999年第1期。——译者注

④ 即大致指在阿提卡范围以外。——译者注

⑤ 航海技术需要长期专门训练才可以娴熟地掌握,雅典人这样做,的确有其高明之处。——译者注

II

[1] 说起雅典的重装步兵，其名声则要逊色多了，但是他们一直是有意这样定位的。雅典人知道，他们的重装步兵无论就战斗力还是数量而言，都不如他们的敌人，[①]但他们陆军的实力却强过那些纳贡的同盟者，他们认为如果他们的重装步兵比盟邦的强大，那就足以应付一切了。

[2] 此外，还有某些偶然情况必定会给他们造成影响。如帝国境内陆上的臣民与那些小邦结成联盟，携起手来与他们交战；[②]但是，帝国境内的海上诸邦的情况就迥然不同了。他们散居于诸岛之上，无法联合起来，统一行动。因为他们之间有海洋的阻隔，而统治他们的又是海洋的霸主。即使岛民可能聚集于某一座未被注意的岛屿上，他们也终将被困死在那里。[3]在大陆上的雅典人的附属诸邦中，大邦是出于恐惧而屈从，小邦则是由于实际需要而臣服。[③] 要知道，世界上没有哪个城邦，是无需输入或输出任何东西的，如果哪个城邦不听命于海洋的霸主，那它必将缺这缺那。

[4] 而且，海洋霸主恰恰能够做到陆上霸主有时要做的事情——蹂躏强国的领土。[④] 他们在敌人没有设防的地方（或者敌人防务空虚的地方），沿海岸侵入，万一遭遇反击，即可由海路撤离。在这种情况下，他们就比那些仅靠重装步兵来救援的城邦要有利。

[5] 再者，海洋霸主从其本土出发，可以从海路到达任何地方，

---

① 这里似乎是指拉栖代梦人及其同盟者。

② 参阅修昔底德：I. 58. 2。公元前 432 年，卡尔基狄克同盟（Chalcidic League）成立。——译者注

③ H. G. 达金斯的译本为："大邦是出于需要而屈从，小邦则是由于恐惧而臣服。"——译者注

④ 参阅修昔底德：I. 143. 3。伯里克利和雅典人袭掠伯罗奔尼撒沿岸（如公元前 431 年。修昔底德：II. 23. 1）。但作者在此不必涉及伯罗奔尼撒战争。公元前 455 年，托尔米德斯（Tolmides）也证实了这一点（修昔底德：I. 108. 5）。

而一个陆上强国从本土出发仅能行军数日。[①] 徒步行军，推进速度缓慢；由于步行，士兵们不可能随身携带长期的给养。军队在行军过程中，要么须穿越友邦的境域，要么须打败敌人，杀开一条通道。然而，航海者却可以在其势力占优的任何地方随心所欲地登陆……这片土地，是沿海岸航行到友邦或者势力弱于自己的地方。[②] [6]况且，当农作物出现灾情时，最强大的陆上国家会遭到严重损害，而对海上强国则影响甚微。因为世界各地不会同时出现天灾，所以海洋霸主可以从那些丰产之地得到粮食供应。

[7] 如果来说说那些次要的事情，[③]那么首先，雅典人依靠海军的威力，将许许多多民族统合在一起，得到了形形色色的奢侈品。无论在西西里、意大利、塞浦路斯、埃及、吕底亚、本都和伯罗奔尼撒，还是其他任何地方，只要发现精美的特产——统统都集中到雅典来了，因为雅典人掌握了制海权。[8]其次，雅典人每每接触一个不同民族，就会从对方身上学到某种东西。于是，当其他希腊人依然沿用自己的方言、生活习惯和服装样式的时候，雅典人则是把希腊人和异族人的精华融合起来。[9]雅典的平民知道，对于每一位穷人而言，都不具备杀牲献祭、举办盛宴、建造神殿，以及管理一座美丽而伟大城市的能力，然而他们还是设法实现了他们的目的——城邦以公费来举办诸多献祭活动，而平民则享用盛宴，然后瓜分祭品。[10]一些富人拥有自己的健身馆、沐浴室和更衣室，而平民则建立许多他们专用的摔跤馆、更衣室和公共浴堂，这些下层民众反倒比贵族富人更多地享受了这一切。

[11] 惟有雅典人可以同时拥有希腊人和异族人的财富。如果某个城邦盛产造船木材，但是若未经海洋霸主的同意，又能将它运

---

① 公元前424年，斯巴达名将伯拉西达(Brasidas)向希腊北部进军，证明这则教条是错误的。因此，此文可能写成于公元前424年之前。

② 此句原文中有一处遗漏。H. G. 达金斯的译本此处补充译为："而最坏的情况，则是沿海岸航行到友邦或者势力弱于自己的地方。"——译者注

③ 伯里克利在阵亡将士葬礼上的演说(修昔底德：II. 38)中，就雅典的奢侈品、享乐以及海外各地汇集于雅典的各种好东西发表过评论。——译者注

销到哪里去呢？如果某个城邦盛产铁、铜或者亚麻，若不征得海洋霸主的同意，他们会把它们销往何处呢？要知道，我的那些舰船就是用这些材料建造的。木材产自一个地方，铁产自另一个地方，铜、亚麻和蜡均产自不同的地方。[12]此外，他们严禁其他人向我们的敌人输出这类物品，违者将遭到海上封锁。因此，我无需费力，就因为控制了海洋，而得到陆地上的各种物产，其他城邦甚至不能同时拥有其中的两样东西：一个城邦不能同时拥有木材和亚麻，凡是盛产亚麻的地方，土地光秃秃的，林木极其稀少；一个城邦甚至不能既盛产铜又盛产铁，每个城邦只能拥有一种东西，而不能同时盛产两种或者三种。

[13] 此外，每一块大陆沿岸，或有突出的海角，或者附近有岛屿，或者有海峡。这样，海军可以从那里突入，袭掠当地的居民。[①]

[14] 但是，雅典人也有一个弱点。[②] 倘若海洋霸主是海岛居民，只要他们还掌握着制海权，就能游刃有余地抵御灾祸，不会遭受任何劫难——他们的国土不会遭到蹂躏，敌人甚至无法与其接战。现在，雅典人当中的那些农场主和富裕的土地所有者向敌人献媚，而平民知道他们的财产不会受到丝毫损失，不会减少一草一木，所以无所畏惧，决不讨好敌人。[15]另外，如果他们居于海岛之上，他们会免除另一种恐惧：城市不会被寡头派叛卖，国门不会大开，敌人也就无法长驱直入。这类事情怎么会发生在岛民身上呢？况且，如果他们居住在海岛之上，没有人会造反，以反对民主制；事实上，他们居住在大陆上，假如出现内乱，反叛者将成功的希望，寄托于由陆路引敌入境。如果他们居住在海岛之上，就不必为此担心了。[16]然而，既然他们从来就没有机会成为岛民，那么他们现在应该这样做：相信他们对制海权的控制，把财产置于海岛之

① 修昔底德(I.142)有类似的说法。有人指出这段文字暗示派罗斯事件，但是似乎没那必要。

② 伪色诺芬的这段论述与修昔底德(I.143.5)所记载的伯里克利的演说颇为相似。——译者注

上,阿提卡的土地遭到蹂躏也在所不惜。他们知道,如果舍不得这些东西,就会丧失更多财物。[1]

[17] 再者,实行寡头制的城邦必然要维持同盟,遵守誓言。倘若他们不遵守约定或有失公正,那么其同盟就很难维持下去了。由民众通过的决议,因对提议者或投赞成票者的指责而遭到否决时,其他人则声称不在场或反对参加公民大会的公民作出的决定。[2] 他们的决定即便是明智的,却未必是有效的,他们可以为自己不愿做的事情找到无数借口。如果公民大会作出的决定带来不幸的后果,他们就会推卸责任,指责一小撮仇视民主派的寡头分子破坏了他们的谋划;但是如果谋划取得成功,他们就会把所有的功劳都归于自己。

[18] 他们禁止在喜剧演出中丑化平民,因为平民不会有坏名声;[3]如果有人想施行个人攻击,他们对此却加以鼓励。其实,他们非常清楚,在喜剧中遭到攻击的大都是富人、贵族,或是有势力的人物,而恰恰不是平民百姓。少数穷人和平民只是在太爱管闲事并且贪婪成性、损人利己的情况下,才会在喜剧中遭到辱骂,雅典平民看到这类人物在喜剧中遭到痛骂时,并不会感到特别难堪。

[19] 我认为,在雅典,平民不难辨别出公民当中的良民与莠民。尽管如此,他们还是支持那些顺从他们并为其所用的莠民,而憎恨上层良民。他们知道贵族的天性不是为平民谋利益,而是与他们相对立。另一方面,一些原本不是出身平民的人,却完全站到了平民一边。[20]我不想因他们实行民主制而指责平民,人们必

---

① 伯罗奔尼撒战争爆发之初,雅典人肯定把财产转移到优波亚岛(修昔底德:II.14.1)。雅典人眼睁睁地看着斯巴达人及其同盟者大肆蹂躏阿提卡的土地(修昔底德:II.23.1)。但是,战争开始后,不可能说那些人都是平民(参阅修昔底德:II.65.2)。因此,这段文字并不能有力证明是写于公元前 431 年或稍后。

② 这句话有讹误,但是意思清楚。

③ 这段与公元前 440/前 439—前 437/前 436 年以及公元前 415 年的喜剧禁令无关。值得注意的是,“平民”(*demos*)是阿里斯托芬《骑士》(公元前 424 年上演)中的一个角色。

须谅解每一位谋求自身利益的人。但是，对于那些非平民的人士来说，他们宁愿生活在民主制城邦而非寡头制国度，那是他存心想在那里干坏事。因为他知道，一个坏人在民主制城邦比在寡头制城邦更容易逃脱公正的审判。

III

［1］我再三申明，我并不赞赏雅典人的现行政制，也不赞赏这类政体；但是，既然他们已选定实行民主制，如上所述，我认为他们采取种种措施很好地维护了民主制。[1]

我还注意到，有些人对雅典人的做法提出异议，因为他们常常要苦苦等上差不多一年，也无法与议事会（*Boule*）或公民大会（*Ecclesia*）接洽有关事宜。这种情况之所以出现在雅典，其原因无非是事务冗杂，他们手头总是有大量的处理不完的事务，无法让那些申诉者都满意而归。

［2］面对如此繁杂的事务，他们是怎样应付的呢？首先，他们要举办比希腊其他城邦更多的庆节（当然，在节日期间不大可能处理城邦的任何公共事务[2]）；其次，他们要主持私人和公共讼案的审判，要对地方官员进行严格审查，[3]这些事务比世界上所有其他城邦的总和还要多；再次，议事会必须讨论包括战争与和平、财政收入、立法、城邦的日常事务、事关盟国利益的许多问题，以及征收贡赋、管理造船厂和照看神庙在内的诸多事务。他们面对如此冗杂的事务，而无法与所有申诉者一一接洽，难道还有什么理由值得大惊小怪的吗？［3］但是，有人告诉我们说，“如果你行贿于议事会或公民大会，你的事就能办成。”我承认，在雅典，有许多事情，是因为

---

① 参阅伪色诺芬：《雅典政制》，I. 1。——译者注

② 这句话可能是一注释。

③ 每一位官员在任期届满后，都要由专门人员严格审查。参阅亚里士多德：《雅典政制》，IV；VII；VIII；XXII；XXVII；LV；LIX。——译者注

出了钱才办成的;如果你愿意拿出更多的金钱,将会办成更多的事情。但是,我很清楚,雅典人缺乏必要的能力来处理每个人所提出的问题,即使你给他们金山银山,也不可能处理好所有的事务。[4]他们还要审理这样的案件,如公民不修理舰船,或在公共场所修建房屋;此外,他们每年都要平息那些在狄奥尼修斯节①(*Dionysia*)、收获节②(*Thargelia*)、泛雅典娜节③(*Panathenaea*)、普罗米修斯节④(*Promethia*)和赫淮斯托斯节⑤(*Hephaestia*)上,因争当合唱歌队队长而发生的争执。⑥

他们每年要任命 400 名舰长,⑦还得调解那些争当舰长的公民之间的矛盾。此外,他们要审查各类地方官员,考察他们的政绩,对孤儿的情况加以核实,并且任命狱卒。以上这些事情年年如此安排。[5]他们还不时地依法处理擅离职守的案件和其他突发性犯罪,不管是违法的放荡行为,还是不虔诚的举动。

还有许多项目,我这里就忽略不提了。最重要的是已经提到对

---

① 纪念植物神、酒神狄奥尼索斯的庆节。酒神别名巴库斯(*Bacchus*),故酒神节亦称巴卡纳里亚(*Bakkhanalia*)。——译者注

② 纪念阿波罗和阿尔特密斯而举行的收获庆节,跨公历 5—6 月,所谓献祭"初熟果实"之月。——译者注

③ 纪念雅典的保护神雅典娜的庆节每年都有,每 4 年举行一次规模较大的"泛雅典娜节",在庆节的最后一天,要举行盛大的游行。——译者注

④ 纪念普罗米修斯的庆节。相传普罗米修斯从奥林匹斯山上盗取火种,藏于芦苇管,带到人间,并教会人类用火。庆节的重要活动之一是火炬赛跑。——译者注

⑤ 纪念赫淮斯托斯(火神和锻冶之神)的庆节,庆节的重要活动之一是举行少年火炬接力赛跑。——译者注

⑥ 歌队的队长要负担歌队成员的服装、聘请教练等费用,虽开销不菲,却是一件很光荣的事情。雅典国势昌盛之时,争当歌队队长对于许多富裕公民来说颇具吸引力。——译者注

⑦ 根据修昔底德(II. 13. 8)所记载雅典舰船的数目和阿里斯托芬《阿卡奈人》(第 545 行)所提及的资料来推测,舰长数目约为 300 名。流传至今的安德多吉德斯手稿(III. 9)中提到有 400 艘舰船,但是埃斯奇涅斯抄录安德多吉德斯(II. 175)的资料清楚地表明,最初读数是 300。大概在伪色诺芬文章中也是如此(也许每年所指派的 400 名舰长未必全都赴任,有一定数量的候任者。——译者)。

贡金数额的评估。通常每 4 年重新评估一次。[①] [6]如果有人认为,并非所有这些事情都应该处理,那么你就来说说,究竟哪些事该处理,哪些不该处理。如果是这样,你肯定会同意说,所有那些事都是必要的,审判工作不得不长年累月地进行。即使现在他们常年不断地审判案件,也无法杜绝犯罪行为,因为违法犯罪分子实在太多了。

[7] 然而,有人会提出建议说,对于那些必须审理的讼案,可以减少审判人员的数量。除非他们只开设几个法庭,否则每个法庭就只能安排少量审判人员,那样就更容易使申诉人趁机向审判人员行贿,从而使他们不能秉公断案了。

[8] 人们还必须考虑到,雅典人在庆祝节日期间,法庭是要关闭的。事实上,即使我只估算城邦举办节日的最小数目,雅典人举行的节日数量相当于其他城邦的两倍。在这种情况下,我认为除了某些细微变化之外,雅典的事务与现在相比不会有什么不同。如果不对民主制宪法大刀阔斧地加以修改,就不会发生重大变化。[9]宪法的修订可以采取多种方法;但却很难有一种两全之策,既能使民主制完整保存,又能保持良好政体,除非——如上所述——通过小修小补的方式。

[10] 在我看来,雅典人还有一点做得不妥。他们在那些发生内讧的城邦,支持下层民众。他们这样做是经过深思熟虑的。如果他们支持贵族阶层,那就等于是支持与其为敌的人。任何城邦的贵族对平民都不友善,但由于同类相亲的缘故,每个城邦的下层民众都善待百姓。因此,雅典人亲近那些同情他们的人。[11]每当他们试图亲近贵族时,结果并不令他们满意;波奥提亚人在短时间内即遭到奴役;[②]同样,当他们支持米利都城邦的贵族阶层时,那

① 直译为"第 5 年",4 年一届的奥林匹亚竞技会也是这样。第一次非正规的评估发生在公元前 443 年。

② 大概发生在公元前 456—前 446 年间的某个时期。

些贵族很快就背叛了他们,屠杀民众;[①]他们支持斯巴达人镇压美塞尼亚人的暴动,斯巴达人很快镇压了起义,随即与雅典人开战。[②]

[12] 或许有人会插嘴说,在雅典,没有人会被不公正地褫夺公民权。我的回答是,有些人的确是被不公正地褫夺了公民权,但那肯定是极少数。在雅典,攻击民主制的人肯定不在少数。[13]既然如此,就无须考虑一些人是公正地还是不公正地被褫夺了公民权。现在,人们如何看待许多担任官职的雅典人在雅典被不公正地褫夺了公民权一事呢?那是因为他们为政不清廉,说话办事不公正所致。考虑到这些情况,人们必定认为在雅典根本没有被褫夺公民权的危险。

徐松岩译注

---

① 可能发生在公元前446年之后不久。参阅:《希腊研究杂志》(*JHS*),第82卷(1962年),第1页。以前定年是在公元前5世纪50年代末。

② 据修昔底德记载(I. 102—103)公元前5世纪60年代中期,美塞尼亚人趁斯巴达发生大地震之机,发动起义,声势浩大。拉栖代梦军队连战皆败,迫于形势,不得不向老对手雅典人求援。雅典派大将客蒙率军前去,但是因遭到对方的猜忌而不得不撤兵回国。——译者注

附录 2 斯巴达政制[①]

色诺芬

I

[1] 犹记昔日，斯巴达虽是人口最为稀少的城邦之一，却也是全希腊最为强大、最有声望的城邦。[②] 斯巴达何至于此？我曾百思

---

① 这是色诺芬关于斯巴达历史和政治制度的一篇重要专论。此文第 14 章所提供的内证表明，其写作时间为公元前 378—前 375 年间。中译者在译注此文时主要参考了以下 4 种译注本：(1)《色诺芬全集》，第 7 卷(*Scripta Minora*)，希腊文英文对照本(英译者 E. C. Marchant)，《劳易卜古典丛书》，哈佛大学 1984 年版。(2) M. 利普卡：《色诺芬之〈斯巴达政制〉》(M. Lipka, *Xenophon's Spartan Constitution: Introduction. Text. Commentary*)，希腊文英文对照，并附有详细注释，柏林/纽约，2002 年版。(3) F. R. B. 哥多尔芬主编：《希腊历史学家著作全集》(Francis R. B. Godolphin, *The Greek Historians*)，第 2 卷(英译者 H. G. 达金斯)，纽约 1942 年版，第 658—675 页。(4) J. M. 摩尔：《亚里士多德和色诺芬论民主制与寡头制》(J. M. Moore, *Aristotle and Xenophon On Democracy and Oligarchy*)，伦敦 1975 年版，译文(第 75—92 页)，注释(第 93—123 页)。本文的注释凡另注明者，皆依据 J. M. 摩尔的注释编译而成。——译者注

② 斯巴达无疑是色诺芬时代希腊最著名、最强大的城邦。但是，色诺芬却说她是人口最稀少的城邦之一，颇令人费解。不过，从公民人口和国土面积的比例而言，似乎也有一定道理。当然，斯巴达公民的人口数量本身也一直是困扰历史学家的难题。希罗多德在其著作中给出的数字，是他们在公元前 480 年有 8000 人(《历史》，VII. 234)，这与他们随后在普拉提亚战役中出兵 5000 相符；据修昔底德记载(《伯罗奔尼撒战争史》，V. 68. 3)，公元前 418 年曼丁尼亚战役，减至约 2500 人；公元前 371 年，据说斯巴达陆军人数仅有 700 人，暗示其役龄男子总数约 1200 人。古典时代斯巴达公民人数不断减少，其原因是多方面的，并非主要由于土地兼并好集中所致。参阅徐松岩：《斯巴达公民人数与土地集中的关系探析》，《重庆师范大学学报》(哲学社会科学版)，2012 年第 2 期。——译者注

不得其解。直至想到斯巴达人所特有的制度和习俗，[①]我的困惑才随之消解。

［2］来库古斯是斯巴达人所遵从的法律的制定者。正因为遵从了这些法律，斯巴达人才迎来了邦国的强盛。我对来库古斯既敬佩又好奇。在我看来，他的智慧达到了人间的极致。他并未一味模仿其他城邦，而是创立了一种与其他城邦截然不同的制度，并由此将他的邦国推向了繁荣的顶峰。

［3］首先，就从生儿育女事情说起吧。在世界其他地方，那些有朝一日将成为人母，且被家人以公认的良好方式抚养长大的女孩子们，吃的却是最为简单的食物，极少补充美味营养的食品。她们还不得饮酒，即使可以，那酒也掺了水，被稀释过了。斯巴达人以外的其他希腊人，希望自己女孩们的生活要像手艺人那样，静静地坐着，纺织羊毛。那么，我们怎能指望这样抚养长大的女性能够养育出优良的后代呢？

［4］而来库古斯却与此不同。他认为女奴的劳动已足以满足穿衣的需要，生儿育女才是自由民妇女们最为重要的职责。因此，他坚持对女子进行丝毫不逊于男性的身体训练，并为女子设立了和男子一样的赛跑和力量竞技项目。[②] 他相信，如果父母双方都身强体壮的话，他们就会生育出更为强健的后代。

［5］其次，再来说说婚姻问题。他注意到，在希腊其他地区，在新婚阶段，丈夫通常会与妻子过着不加节制的性生活。他反其道而行之，规定男子应以被人发现出入妻子卧室为耻。在这种规定的约束下，夫妻对彼此的爱欲必定有所加强。他们一旦结合，所产

① 这个词本身有多种含义（英译者有译为 practices，也有译为 insitutions 或 way of life），系指一个社会生活中的习俗、实践、相互关系或主要行为方式。——译者注

② 斯巴达有重视对女子的身体训练的传统，人们把这个传统的创始归功于来库古斯。普鲁塔克在《传记集·来库古斯传》（Plutarch's *Lives*，*Lycurgus*，XIV. 2）中指出，来库古斯“让少女们锻炼身体：跑步、摔跤、掷铁饼、投标枪”。——译者注

生的后代也必定比他们在纵欲过度之下所产生的后代更为强健。[1][6]除此以外，他取消了男子可在其喜好的任何时候娶妻的权利，坚持要求他们在身体强壮的人生最佳时期结婚。他相信，这也有利于繁育出优良后代。[7]不过，老夫少妻的情况也时有发生。这些年老的丈夫可能会心怀猜忌，严加看管自己的妻子。考虑到这种情况，来库古斯创立了一种全然不同的制度。他规定，上了年纪的丈夫必须将他所欣赏的身强力壮、品德高尚的男子引入家中，与其妻生育子女。[8]另一方面，倘若一个男子不愿与其妻同居，但又渴望拥有能引以为傲的优良后代，那么，他可以合法地选择一名出身高贵、子嗣多的妇女，在征得其原配丈夫的许可之后，让她为自己养育孩子。[2]

[9] 立法者还颁布法令，允许这样或那样一些情况合法存在。例如，在斯巴达，一个妻子可以照管两个家庭；丈夫可以收养儿子，为自己的子女增添一些兄弟。养子是氏族的成员，可以享有氏族成员的权力，但不得分享其财产。[3]

[10] 由此可见，来库古斯关于生育子女的规定与世界其他地方有着天壤之别。至于这些制度是否使得斯巴达的居民成为一个体格强壮、膂力超群的族群，就任由世人自行评判吧！

II

[1] 继生育问题之后，我将阐述与此相关的来库古斯的教育方

---

① 斯巴达男子 30 岁时才允许正式结婚，而且平时都是在军营里生活，探望妻子的时间通常都是在夜里。女子新婚的年龄通常只有 14 岁。——译者注

② 或译为："让她成为自己孩子的母亲"。那些无子嗣的家庭，大概通过这种方法过继子女。注意下一节中有"一个妻子可以管理两个家庭"的内容。——译者注

③ 根据 L. H. 摩尔根等近代民族学研究成果，氏族普遍具有收养外人为养子的习俗。但是养子和原氏族成员之间，看来不是完全平等的。基那敦在密谋暴动时，告密者曾经披露，一部分对社会不满者被称为 *Hypomeiones*，很可能也包括这些家庭中"养子"。参阅色诺芬《希腊史》，III. 3. 6。——译者注

式,并探讨它与其他教育方式的不同之处。

在希腊的其他城邦,父母给予儿子最好的教育是按以下方式进行的。在儿子能够听懂他人说话时,把他交给“派达哥哥斯”[①]加以管教;然后把他们送到学校,让他们学习写字、音乐,从事健身活动。另外,父母还给孩子穿上鞋子,以确保其双足柔嫩;让他们随季节的变化而更换衣物,以保护他们的身体。至于孩子的饮食,他们通常也不加限制,任孩子敞开胃口,能吃多少就吃多少。

[2] 相反,来库古斯却并未让每一位做父亲的人都指定一个奴仆做孩子的家庭教师。来库古斯将管教男孩的责任交给那些担任邦国重要官职的人,给他的头衔是“派多诺摩斯”[②]。他授予此人有召集男孩、严惩他们的不当行为的权力。他还给派多诺摩斯指派了一名青年助手,使其在必要之时可对孩子们进行鞭打,以示惩戒。于是,在斯巴达,谦逊和服从始终相辅相成,缺一不可。[3]他不是用穿鞋子的方法以保持孩子们双足的柔嫩,而是要求他们赤足行走,以磨砺自己的双脚。他确信,这种习惯的养成,将会使他们更加矫捷地穿山越岭,如履平地。而且,惯于赤脚行走的年轻人也会比穿鞋的人跑跳得更为轻快灵活。[4]他也不是通过更换衣物来保护孩子们的身体,而是推行终年只穿一件外衣的制度。他认为,如此一来,他们才能更好地适应天气的冷热变化。[5]在饮食上,他规定每一位参加公餐的青年,所做的贡献要达到这样的标准:没有人会遭受过度进食之累,同时,人人都要体会忍饥挨饿之苦。[③] 他相信,经过这种训练的人,才能在必要之时更好地坚持枵腹工作。当他们奉命这样做时,他们才不至于过多地挑剔食物,而更易于在不进食的情况下坚持更长的时间,且同时保持良好的身

---

① *Paidagogos*(Παιδαγωγός,复数 *Paidagogoi*),在古希腊的某些城邦,这些人是显贵家庭从奴隶当中挑选出来的,帮助教育孩子,负责接送孩子上学的人。类似于后来的家庭教师。斯巴达没有这样的惯例。——译者注

② *Paidonomos*,斯巴达负责教育的官员。

③ 据说在斯巴达,公餐制度也是由来库古斯创立的。每一个人提供一定数量的谷物和油等生活必需品,在公共食堂用餐,过着公餐制的集体生活。——译者注

体状态。而且，他还认为，注重增强四肢的灵活柔韧度的饮食，比那种仅使身体发胖的饮食更有利于身体的高大健美。

［6］另一方面，为了避免孩子们遭受太多饥肠辘辘的痛楚，而又使他们不至于不劳而获，他允许他们通过偷窃食物以充饥。[①] 他之所以鼓励他们用各种狡猾的伎俩去获取食物，并非是由于他难以养活他们。［7］我相信，这一点没人会看不出来。显然，如果一个人想要偷东西，他就必须晚上通宵不眠，白天乔装起来，潜伏在目标附近。如果他想要盗取成功，他还必须秘密侦察。毫无疑问，来库古斯设计的这种教育方式，完全是为了使孩子们在获取给养上更加足智多谋，更能与敌人作战。

［8］也许有人会问："既然他把偷窃视为一桩好事，那为什么他还要鞭笞那些在偷盗中不幸被抓获的人呢?"我的回答是：因为人们通常会因一个初学者未能合格地展示他所学的技能，而对其施以惩戒。因此，斯巴达人会鞭打那些因不擅偷盗而被抓获的人。［9］一方面，他鼓励他们从阿尔特密斯神的祭坛下[②]偷取尽可能多的干乳酪，并将之视为一种荣耀；但与此同时，人们又责骂偷盗者，以此表示通过忍受短暂的痛苦，人才可以获得永久的声名和幸福。同样，此举也表明，行动敏捷必不可少，怠惰迟缓只会让你收获更少而麻烦更多。

［10］为了确保孩子们在派达哥哥斯不在之时仍不乏人管教，来库古斯授权任何可能在场的公民，均可要求孩子们做他们所认为正确的任何事情，并惩罚他们的错误行为。这样一来，男孩子就更加谦恭有礼了。事实上，成年男子和男孩子们一样，在任何事情上都尊敬他们的顶头上司。［11］由于可能出现成年男子不在场，男孩们无人管教的情况，来库古斯还让那些最精干强壮的

① 参阅色诺芬：《长征记》，IV. 6. 14。——译者注

② 根据普鲁塔克和波桑尼阿斯的记述，在这个祭坛下，斯巴达每年都要鞭笞青少年。但是，这种制度似乎与惩罚那些被抓获的小偷毫不相关。这句话也可能是后人添加上去的。如若不是，那这篇文章就可能有部分文字漏损。

“埃仁”,[①]每个人负责一个男孩子的连队。因此,在斯巴达,孩子们从不乏人管教。

［12］看来,我必须说说同性恋的问题,因为这与对男孩的教育密切相关。[②] 在希腊其他城邦,例如,在波奥提亚,成年男子和男孩过着如夫妻般的同居生活;而在爱利斯,对美少年的欣赏爱护为大众所接受。然而,在另一方面,在其他一些地方,连男孩的爱慕者与其爱慕对象之间的交谈,都是被完全禁止的。[③]

［13］来库古斯所订立的制度却与之完全不同。如果某个正直可靠的男人,为某个男孩的灵魂所吸引,希图与其交往,并想建立起无可非议的纯粹的朋友关系,这种情况为来库古斯所赞同。他认为这是一种极好的教育方式。但是,如果男子单单是痴迷于男孩俊美的身体,这就被来库古斯归入可憎而可耻的行为,受到禁止。在斯巴达,如同杜绝父母与子女之间,以及兄弟姐妹之间的性爱关系一样,他禁止男孩与其爱慕者之间发生这种关系。

［14］不过,有人觉得此事难以置信,我也不以为怪。因为,在许多城邦,人们都可以宽容男人和男孩之间的爱。

我已论述了斯巴达和希腊其他城邦的教育制度。至于在哪一种制度下培养出的人更加谦恭顺从,温和有礼,则任由世人自行评断吧。

III

［1］在其他城邦,当男孩不再是年幼孩童,而开始成长为青春

① “埃仁”(Eiren)。据普鲁塔克《传记集·来库古斯传》(XVII. 2—3)记载,所谓“埃仁”,就是年方 20 的斯巴达男子。他们是从少年班已经出去两年的青年。他们要指挥这些男孩子进行模拟战,还要命令他们去偷窃。——译者注

② 从色诺芬的叙述来看,这种习俗在希腊各地似乎是相当常见的。参阅黄洋:《从同性恋透视希腊社会》,《世界历史》1998 年第 5 期。——译者注

③ 柏拉图的《会饮篇》提到,在爱利亚(Eleia)、波提亚(Boetia)等邦,人们把接受爱慕者的恩宠看成是美事;而在伊奥尼亚等一些地方,则将其视为丑事。参阅柏拉图:《会饮篇》,182A—D;色诺芬:《会饮篇》,VIII. 34。

少年之时，人们就让他脱离“派达哥哥斯”和学校老师的管教，他也就不再受人管束，可以自行其是了。[2]这里，来库古斯又实行了一种全然不同的制度。他发现，在人生这一阶段，顽固任性会在孩子们的心中滋长，孩子们也易于傲慢张扬，耽于享乐。[3]因此，在这一时期，他要求人们不停地做事，并精心设计了连续的活动方案。逃避责任者则将会被褫夺享有将来可能享有的一切荣誉的权利。他不仅要求公共权力机关，也要求孩子的亲朋好友尽力教导他们，以确保任何一个孩子都不会出现在任务面前退缩不前，而招致其他公民鄙视的情况。

[4] 此外，为确保他们养成谦恭的品性，他要求孩子们在公共场合要把手缩回衣袖里，走路无声，眼睛平视前方，不得东张西望。这一举措实施的结果证明，在自我控制以及其他方面，男子显然可以比女子做得更好。[5]即使石像都开口说话了，你也别指望这些少年会出声；即使铜像都向你眨眼了，你也别想动摇他们半分；你会发现他们比洞房里的新娘还要羞怯沉默。在他们进餐之时，对于你的问话，他们若是有只言片语的回应，你就该心满意足了。

这就是来库古斯给予那些成长中的少年们的教育。

IV

[1] 对于那些已经成熟的男人们，来库古斯给予了最为深切的关怀。他认为，他们一旦成为优秀男人，就会大大增进城邦的善业。[2]他发现，哪里的竞争最激烈，①那里的合唱就最动听，竞技比赛就最好看。因此，他相信，如果他能设法让这些青年男子都置于勇气和胆量的竞争中，他们将会更多地展示男人的优秀品质。②以下，我将对他如何在青年中开展各种竞争加以阐述。

[3] 监察官先从青年男子中精选出 3 名最优秀者。此 3 人即

① 色诺芬:《居鲁士的教育》,II. 1. 22。

② 色诺芬:《居鲁士的教育》,VII. 2. 26。

被称为“卫队指挥官”。[①] 3 人再各自挑选出 100 名青年男子，并且要说出自己选定此人而放弃他人的种种理由。[4]这样一来，那些没能赢得荣誉的落选者，就与评选人和成功的当选者之间形成了竞争。他们互相猜忌，虎视眈眈地盯着对手，不放过对手任何不合礼法的行为。

[5] 在这里，你会发现这是最受诸神青睐的竞争，它具有最崇高的政治意义——它确立了作为一名勇士所应具备的行为准则。在竞争中，双方都竭尽全力，努力奋斗，以确保自己永立不败之地。在需要之时，各方的每一成员都会竭尽全力保护城邦。[②] [6]他们也必定会尽力保持自己强健的体魄，因为这种竞争的结果之一就是竞争双方无论何时相遇，都会相互攻讦。不过，任何在场的人都有权分开争斗的双方。如果有人不听从调解，“派多诺摩斯”将会把他移送给监察官。监察官将对其施以重罚，以使其明白不可意气用事，违反法律。

[7] 对于那些已度过青年时光，而今有资格执掌城邦重要职务的人，来库古斯采取了不同的政策。其他希腊城邦虽然要求这些人继续在军中服役，但却并未进一步关怀他们身体。而来库古斯则规定，在公务之余，处于这一年龄阶段的公民，还应将狩猎作为适于他们的最高贵的活动，以此使他们能够像年轻人一样，能够承受行军打仗的疲乏之苦。

V

[1] 以上我已对来库古斯关于斯巴达公民一生各阶段的不同政策进行了全面而详细的陈述。现在，我将阐述他所建立的在每个人一生中都发挥作用的制度。

---

① 卫队指挥官(*Hippagretes*，复数 *Hippagretai*)，斯巴达官职，负责指挥精选出来的 300 人卫队。——译者注

② 色诺芬：《论马术》，II. 1。

[2] 来库古斯发现,斯巴达人和其他希腊人一样,都在自家用餐。他意识到这种习俗导致了人们的胡作非为。于是,他创建了在家庭之外的公餐制。[①] 他认为这样可以将散漫无序减少到最低限度。[3]他限定饭量,使人们既不可吃得过饱,也不至于进食太少。不过,他仍然允许把狩猎所得的猎物作为正餐之外的补充。有时,富人还可进食一些小麦做的面包,调剂饮食。所以,公餐团从成立直至解散之时,也未曾有过缩食少餐和暴饮暴食的现象。[②] [4]他的另一项改革则是戒除酒瘾,将其从身心上彻底革除。不过,他却允许人们在口渴之时喝酒。他认为此时饮酒,有利无害。既然人们在公共食堂就餐,他们哪里还有机会暴饮暴食,以致伤害自身、倾家荡产呢?

[5] 在其他城邦,通常让年龄相仿的人聚在一起。这种环境不利于养成谦虚的品性。而在斯巴达,来库古斯却让不同年龄的人待在一起,目的是使晚辈从长者那里获取经验。[6]事实上,根据城邦的习俗,在公餐时的谈话内容须与城邦建立的丰功伟绩有关。因此,这里极少发生傲慢无礼、酗酒喧哗的情况,也极少出现不合礼法的行为和淫秽无礼的言辞。[7]同时,公餐制还有其他益处。在用餐之后,人们必须步行回家。当然,他们就不得喝醉,走路跌跌撞撞(因为他们知道他们不可能在饭桌上过夜);他们必须如白天那样,在夜间自如行走,而那些现役军人甚至还不得用火把照明。

[8] 来库古斯还发现,同样的食物对兢兢业业的人和好逸恶劳

---

① 据普鲁塔克《传记集·来库古斯传》(XII. 1—7)记载,斯巴达成年男子组成"公餐团",每组15人左右,每人每月提供一定数量的大麦、酒、干乳酪、无花果以及少量的钱。无论是谁,都必须去公共食堂(*sussition*)就餐,除非是因为献祭或者狩猎耽误了。公共食堂也是接受教育的地方。若要有人申请成为公餐团成员,需要所有成员用面团"投票",只有一致同意(把面团捏扁),方可加入。——译者注

② 公餐伙食往往是单调乏味的。最有名的美食是所谓"黑肉汤"。据说,有外邦好奇者品尝过后,就再也不想吃第二次了。——译者注

的人起着不同的作用。前者容光焕发，肌肉结实，精力充沛；后者气喘吁吁，蓬头垢面，萎靡不振。他并未忽视这一点的重要性。他认真思考，得出结论，认为任何一个将工作视为自己应尽的职责，并努力工作的人都会保持良好的精神风貌。于是，他要求各健身馆[①]中的年长者，都要敦促人们进行与自身进食量相符的身体锻炼。[9]我认为，在这一点上，他同样是成功的。从体质上来说，你将很难找到比斯巴达人更强健敏捷的人。因为他们所进行的各项身体训练，既锻炼了双腿，也锻炼了双臂和脖颈。

VI

[1] 在其他方面，来库古斯的法律制度也与通行的制度模式不同。在大多数城邦，每个公民仅有权管理自己的孩子、奴仆和财产。来库古斯却想让公民们都能互相分享彼此的利益而又无所损害。因此，他规定，每一位做了父亲的人都可像管教自己的孩子一样管教别人的孩子。[2]这样，那些知道自己拥有这种权力的人，必定会悉心管教别人的孩子，因为他希望自己孩子在别人那里能得到同样的管教。如果一个男孩告诉他的父亲，说他遭到别的父亲的鞭打；他的父亲如若不再鞭打他一次，那将是丢脸之事。他们是如此全身心地彼此信任，都相信对方绝不会让孩子们去做坏事。

[3] 来库古斯也给予公民在必要之时使用其他公民的奴仆的权力。他还将猎犬列为公共财产。任何需要猎犬的人可以邀请它们的主人前来协助狩猎。即使猎犬的主人不能亲自前来，他也会乐于送来这些猎犬。同样的借用方式也用在马匹上。如果有人生病，或是想运送一些货物，或是急于到达某地，无论他在哪里看见

---

① 健身馆(*Gymnasium*)本意为“裸体之地”，是斯巴达男子健身之所，通常是赤裸身体进行，故名。古典时代斯巴达每年仲夏时节有裸体青年竞技会 *Gymnopaidiai* (Γυμνοπαιδίαι)，直译为“裸体男子节”，由裸体青年表演舞蹈和体育比赛，历时 4 天，以纪念阵亡将士。——译者注

马匹，他都可以取用，但是要细心妥善地照料它。

[4] 此外，还有由来库古斯创立的，与其他城邦不同的另一种制度。这是为了满足那些打猎晚归而未来得及准备食物的人的需要而设立的。他规定，那些食物充足的人，应为他人留下一些熟食。需要食物的人可以打开封条，尽情享用，然后把剩下的食物封存起来，留给后来之人继续食用。[5]这一互相分享的方式，使得那些一贫如洗的人，不论何时需要，都可以从国土上所能提供的各种资源中得到一份享用。

VII

[1] 来库古斯在斯巴达所独创的不同于其他城邦的制度还不止这些。我想，在其他城邦，恐怕所有的人都是在拼命赚钱；他们有的务农，有的经营航运，有的经商，有的做各种手艺活。[2]但是，在斯巴达，来库古斯却禁止自由公民从事任何与经商有关的事务。他坚决要求他们要全神贯注于那些确保城邦自由的活动上。[3]他要求人们平摊生活必需品，①生活水平一致，并断绝他们为贪图享乐而寻求金钱的种种诱惑。在这种情况下，财富怎么能为人所看重呢？[4]这里甚至用不着花多少钱去买衣服。因为人们所看重的，不是衣服的价钱有多么昂贵，而是在衣服之下的身躯有多么健康；这里也无需为帮助公餐团的伙伴去积聚财富。因为来库古斯指出，劳动耗费的是心力，花钱不过是消耗金钱。那些用自己的辛勤劳动而不是金钱来帮助别人的人更受人尊敬。

[5] 通过其他一些法令，他禁止以不正当手段谋取财富。首先，他创立了一种币制。这种币制的推行，使得带10明那②进屋都会惊动屋主和奴仆。因为这些钱要占据很大的空间，得用一辆马车来运载。[6]另外，城邦有权搜查黄金和白银，一旦发现有人私

① 指公餐制度。——译者注

② 按阿提卡币制，10明那相当于4.31千克白银。——译者注

藏这些东西，就会对其施以惩罚。在这个城邦，既然有钱的痛苦远远多于花钱的快乐，还有谁会去拼命挣钱呢？

VIII

［1］众所周知，斯巴达人对官员和法律最为顺从。不过，我个人认为要不是得到了城邦的最显要的人士的支持，来库古斯是绝对无法建立起这种遵纪守法的良好风尚的。［2］我的推断基于以下事实。在其他城邦，最有权势的公民是不愿被人当作怕官之人的。他们将其视为奴性的象征。然而，在斯巴达，显要人士却对官员表示出最高的敬意。他们为自己的谦恭而自豪。一旦接到官员的命令，他们会三步并作两步地前去执行，没有丝毫怠慢。因为他们相信，如果他们带头这样做，其他人就会效仿他们，对官员更加顺从。事实证明，情况的确如此。

［3］他们得出结论，认为不论是在城邦、军队，还是家庭中，服从都是至关重要的。正是在他们的推动下，监察官一职才得以设立。因为他们认为官员的权力越大，就越能号令公民，就越能使他们顺从。［4］监察官拥有广泛的权力：有权对任何人课以罚款，有权直接施以惩罚，有权罢黜任何在职官员，甚至对其实施监禁，直至处死。他们不像其他城邦那样，是经由选举后再担任官职，并在任期内凭其喜好实施管理，而是如同僭主和竞技会的裁判长一样，一发现有人违规，就立即对其施以惩罚。

［5］为使人们心甘情愿地遵守各项法律，来库古斯采取了许多得力的措施。我认为，其中最好的办法是这一举措。在将其法律公诸于众之前，来库古斯在城邦显要人物的陪同下，前去德尔斐神庙询问神祇，是否有必要让斯巴达人遵循他所构建的法律制度，以及是否对斯巴达有益。在神祇答复说，[①]这样完全有益于斯巴达之

① 据说，来库古斯从德尔斐神庙求得了一道神谕，名为“瑞特拉”(*rhetra*)。具体内容参阅普鲁塔克：《传记集·来库古斯传》，VI. 1。——译者注

后，他才将他的法律公诸于众。他还颁布法令，规定任何拒绝服从为德尔斐所认可的法律的人，不仅是违法的，也是渎神的。

IX

[1] 来库古斯以下的成就也颇值得称道。他使得他的人民宁愿光荣牺牲，也不愿苟活于世。实际上，只要是了解情况的人就都会发现，与那些临危而退的人相比，斯巴达人在战场上损失的人反而少些。因为，通常来说，在战场上保全性命，更多靠的是勇气，而非怯懦。[2]事实上，勇气能够使人比他的对手更加镇定从容，更加机敏善战。而且，显然地，荣耀与勇气是紧密相连的，因为所有人都会想方设法把自己与勇士联系起来。

[3] 尽管如此，我们最好不要忽略了来库古斯所推行的使斯巴达人这般英勇善战的各项措施。显然，他所实行的这些措施都是为了确保勇敢者幸福，怯懦者痛苦。[4]因为，在其他城邦，怯懦者受到的惟一惩罚，不过就是被人叫做“胆小鬼”。如果他愿意，他仍然可以像勇敢者一样。勇敢者去的集市他同样可以去，勇敢者去剧场看戏，他也可以与之比肩而坐，勇敢者去健身房，他也可以去一起健身。但是，在斯巴达，没有人会不因与怯懦者一起进餐，或是与其在同一场合进行角力比赛，而不感到羞辱的。[5]在为“斯法伊莱”(*Sphairai*)①比赛挑选队员时，怯懦者常常会成为落选之人；在合唱队表演之时，他会被安排在最不起眼的角落；在街上，他必须靠边行走给人让道，如果他碰巧占着座位，他还必须给别人甚至是比他辈份低的人让座；在家里，他必须养活那些与自己有亲戚关系的老姑娘，正是因为他才使得她们嫁不出去；他必须面对家境

① 有研究者认为 *Sphairai* 是一种球类游戏，因而直接译为“球赛”。但是，它更可能是一种类似于拳击的项目，因为此项目是最接近实战的模拟战。参阅 J. M. 摩尔：《亚里士多德和色诺芬论民主制与寡头制》，第 111 页。——译者注

再好也没有人愿做他妻子的窘境，并承受由此所带来的一切后果；[①]他不可神情愉悦地四处闲逛，也不可装作名声清白的人一般行事，否则就会受到长辈的责打。[6]既然怯懦者的身上背负着这么多的耻辱，我想，人们宁愿去死也不愿如此苟活于世，也就不足为怪了。[②]

X

[1] 在我看来，来库古斯鼓励人们直至年老都不可放弃道德修养的法律，也是非常值得推崇的。通过将入选长老议事会(*Gerousia*)[③]作为人生最后的严酷考验，来库古斯确保人们到老也不可忽视高尚的节操。[2]同样值得称道的是，他极力保护那些德高望重的长老。他颁布法令，规定只有元老院成员才有权审理事关生死的重要案件。他由此使长老们获得了比那些身强力壮的男子更多的尊敬。[3]在世上所有的竞争中，争取进入元老院的这种竞争较之其他所有竞争当然更能激发诸君的热情。对于他们来说，竞技场上的竞争不过是体能的较量，而能否进入元老院的竞争却是灵魂的考验。正如灵魂超越肉体一样，灵魂的考验较之于其他肉体上的较量，更能激发人们的热情。

[4] 来库古斯以下的工作也应受到高度赞扬。来库古斯发现，在放任人们凭其自愿培养自己的品性的地方，人们的道德力量就

---

① 此处的损失可能是指没有儿子来继承他的财产，还有就是在社会上被人鄙视。

② 据色诺芬《希腊史》(VI. 4. 16)记载，当斯巴达人在琉克特拉战役惨败的消息传到拉栖代梦时，监察官将死者姓名通知他们的亲属。翌日，出现在公共场合的阵亡者的家属，个个喜笑颜开，而幸存者的家属则很少露面，所看到的那少数人，个个面色阴沉，神色沮丧。希罗多德(VII. 204—232)所记载的斯巴达 300 勇士在温泉关大战中以及战后某些幸存者的表现，也颇可说明问题。——译者注

③ 长老议事会(*Gerousia*)，或译元老院。由 28 位年满 60 的贵族长者以及两位国王共同组成，长老任职终身。它是斯巴达贵族寡头政制的重要权力机构。——译者注

不够强大，难以提高自己城邦的声望。因此，他强行规定斯巴达的每个公民在公共生活中践行各种美德。不同的人发展的重心各不相同，他们的长处也就彼此相异。[5]基于同样的道理，斯巴达在道德上当然超越了其他城邦。因为她是惟一把养成高尚的品性作为一种公共义务的城邦。这样的法律难道不是高尚的法律吗？在其他城邦，法律规定对他人作恶即为当罚之罪，而在斯巴达，还要重罚那些公然疏于完善自身品性的人。[6]因为来库古斯相信，奴役、欺诈、抢劫仅仅是对受害者个人有害的罪行，而品性恶劣之人和胆小鼠辈却是整个城邦的叛徒。因此，我想，他对这样的人施以最严厉的惩罚是合情合理的。

[7] 他把实践公民的各种美德作为公民不可逃避的，必须履行的一项义务。对于所有满足其法规要求的人，不论身体强壮与否，不论家境富有与否，他都给予平等的公民权；而对于那些不能坚持依法行事的胆小之辈，他甚至不再将其作为斯巴达“平等者”之一员。①

[8] 毫无疑问，这些法律订立于遥远的古代。因为来库古斯被认为是与赫拉克利斯儿子们同时代的人。② 如此古老的法律，对于其他希腊人来说，是非常陌生的。事实上，最令人诧异的是，尽管人人都异口同声地赞美这些法律制度，却没有哪个城邦愿意效仿它们。③

---

① “平等者”(*Homoios*，复数 *Homoioi*)，即斯巴达全权公民。——译者注

② 关于来库古斯的生平及其所生活的时代，甚至他是不是一位真实历史人物，自古以来一直众说纷纭。古典作家如希罗多德、亚里士多德等相信实有其人。近代史家 J. B. 布瑞主张来库古斯为历史人物；N. G. L. 哈蒙德也持相同观点，认为来库古斯所进行的改革发生在公元前 825—前 800 年间。参阅 N. G. L. 哈蒙德：《希腊史》(N. G. L. Hammond, *A History of Greece To 322 BC*)，伦敦 1977 年版，第 103 页。——译者注

③ 即没有城邦将其付诸实践。色诺芬的理想与现实之间的落差之大，不能不让他感到失落。——译者注

XI

[1] 到目前为止,我已经列举了在战时或者平时每一位斯巴达人都能享受到的恩泽。如果有人想了解来库古斯在组织军队上,在那些方面优越于其他城邦之处,则不妨看看这里。

[2] 首先,监察官颁布公告,公布所征士兵的年龄段,先开列骑兵和步兵的情况,然后是各种手艺人。[①] 这样,即使是在外征战,拉栖代梦人也能够得到较好的给养,如同生活在国内一样。军队通常所需的各种装备,或用车运,或用畜马驮,集中在一起,确保万无一失。

[3] 在为军队所设计的作战装备上,他身穿一种红色的战袍。[②] 他认为这种战袍最没有妇人气,最适合战争。他还使用一种黄铜制成的盾牌[③],因为它易于磨光,且光泽经久不退。他还允许成年男子蓄留长发,认为这会使他们显得更加高大勇猛,威风凛凛。

[4] 这样装备的公民兵(包括骑兵和重装步兵)被分成 6 个团(*morai*)。[④] 每个团设有一个波列玛克(*polemarchos*,团长),[⑤]以下

---

① 大概是指辅助兵种以及其他勤杂人员。据古典作家记载,斯巴达在外出作战时,每一位斯巴达人有 7 名黑劳士服侍,甚至还有专门为其携带盾牌者。挖掘壕沟、修筑工事、搬运辎重等事情,往往由黑劳士担任。另外,每次军事行动都有大批皮里阿西人随行出征。——译者注

② 斯巴达重装步兵在战袍外面配有铠甲。——译者注

③ 斯巴达重装步兵的圆盾通常用坚实的木料或皮革(多为牛皮)制成,直径约 80 厘米,表面覆以青铜,周边镶有一圈青铜,用以防止盾牌在砍击下爆裂。保存在雅典古代市场博物馆(The Museum of the Ancient Agora)的一面斯巴达人的盾牌,表面镌刻有"雅典人(缴)自于派罗斯的拉栖代梦人"的铭文,据信是公元前 425 年雅典与斯巴达在派罗斯交战的战利品(修昔底德:IV. 38. 5)。重装士兵通过小臂挽住位于盾牌中部的青铜手臂箍,左手握住位于盾牌右侧的绳索以操作盾牌。这种盾牌防护面大,但比较笨重。公元前 5 世纪末开始出现一种轻型盾牌,作战时更加灵活实用。——译者注

④ 据色诺芬《希腊史》(VI. 4. 12)记载,一个支队不超过 36 人,如果一个团长属下有 16 个支队,则其手下士兵为 576 人。——译者注

⑤ 色诺芬在《希腊史》(VII. 4. 20)中记载,每个团设有两个营队(半个团)。——译者注

设有 4 个队长(*lochagoi*),8 个分队长(*pentekosteyes*),16 个支队长(*enomotarchoi*)。一旦接到命令,任何一个团都可以立即排列成两列[①]、三列或者六列纵队,并排作战。

[5]人们通常认为,拉哥尼亚的重装步兵的部署是非常复杂的。这种看法完全不符合事实。在拉哥尼亚的军队组成中,站在头排的都是军官,从而确保每个队列都能有效发挥其战斗力。[6]事实上,这种部署非常容易理解,只要是能把两个不同的人区别开来的人都不会出错。站在头排的都是军官,其他人就按其号令行事即可。变换阵形的口令由作为传令官的支队长发出。阵型就是随着口令的变化,而不断发生或纵深、或散开的各种变换。在这些变换中,并没有什么深奥难解的地方。[7]当然,当阵型出现混乱的情况时,该如何继续应敌的玄机是很难把握的,只有在来库古斯法律之下受过训练的士兵才清楚。

[8] 战术教师可能会认为实行战术变化并非易事,但是由斯巴达人实施起来却是易如反掌的。当他们以纵队行军时,是一队接着一队行进的。假如此时敌军突然出现在前方,支队长就会接到"将阵型向左展开"的命令,并将此令依次传至各支队,直至新的阵型最终形成,正面对敌。或者,假如此时敌军是从后方出现,每一纵队的士兵就反向行进,以确保最精锐的士兵始终正对敌军。

[9] 诚然,如此一来,军队的长官们就从原来的右翼变为左翼了。但是,他们并未将此视为弱点,反而认为有时候这不失为一个优势。因为,敌人一旦调转侧翼,就会发现他们正在包围的不是没有防护的轻装步兵,而是对方有盾牌防护的重装步兵。[②] 尽管如此,如果由于某种原因,把军队将领置于右翼更利于战斗,那么左

---

① 在文献原文中,这个地方的数字已不存在。两列的"两"这个数字是后来人复原的,原文大概是"1"。参阅 J. M. 摩尔:《亚里士多德和色诺芬论民主制与寡头制》,第 87 页附注。——译者注

② 斯巴达重装步兵作战时,一只手持盾牌,一只手持短剑。有盾牌的一面是有防护的,敌人往往进攻无防护的一面。当调换布阵位置后,敌人也许会上当。——译者注

翼将会转动，军队按横排反向前进，直至将领们都位于右翼，而队列的尾部都位于左翼。[10]另一方面，假如纵向行军时，敌军由右侧出现，他们就停止前进而让队伍转向右方，就如同一艘战舰，船首向前，正对敌军。这样，原为尾部的军队就变成了右翼。但是，如果敌人从左面发起进攻，他们也不会因此而乱了手脚，他们或是快步向前，或是全军转向左面正对敌人；而此时原队列的尾部就成了阵线的左翼。

XII

[1] 现在，我要阐述一下来库古斯所推崇的安营方式。

来库古斯认为方形营地的四角毫无用处。所以，在背后没有高山、堡垒和河流作为依托的地方，他都主张采用圆形营地。[2]哨兵白天在驻军周围面向内站岗。这样做与其说是为了防范敌人，还不如说是为了照看自己的战友。敌人是由散布在旷野各个据点出动骑兵来侦察的。[3]为了防止敌人于夜间接近营地，他把守卫的任务交给了主力部队以外的斯基里特人。① 而今这一职责由军营中的那些雇佣军来承担。[4]众所周知，巡逻队的士兵必须一直手执长矛。这一规定的目的，与不许奴隶接近军械库的初衷如出一辙。哨兵在因故后退时，也必须与其他卫兵和军队保持一定距离，以免擦枪走火。安全也是这一规定的首要目标。

[5] 营地须经常移动。这样做有着双重目的，迷惑敌人，帮助友军。

另外，法律还要求所有的斯巴达人在外出征战期间定期锻炼身体。因此，他们愈加自信，外表上也比其他人平添了几分威严。他们的活动均不可超出军队所辖范围，以免离自己的军队太远。[6]训练完毕之后，军队的高级长官②让传令官传达命令，让士兵们坐

① 来自斯巴达北部边境的山地居民。——译者注

② 大概是团长。——译者注

下(这是他们检阅部下的方式);接着,他们下令进早餐和前哨的迅速换班。此后,就是娱乐休闲时间,直至傍晚训练开始。[7]在这些都完成后,传令官传达命令,让大家进晚餐。此后,士兵们还要在供奉着各种吉祥供品的神像前,吟唱赞美神的诗歌。唱完之后,他们就可以歇息了,而武器装备就放置在身边。

这部分内容我写得过于冗长,这也没什么大惊小怪的。因为所有军事问题都需要注意细节,斯巴达人就从未放过任何细节。

XIII

[1] 下面,我来说说来库古斯赋予国王在战时享有的各种荣誉和权力。首先,只要国王在外作战,国王及其随从的一切给养皆由城邦提供。① 军队的团长与国王同吃同住,以便通过密切的交往,使彼此在必要时能够更好地协商,达成共识。除了团长以外,"平等者"中还有三个人和国王住在一起。他们的任务是随时满足国王及其随从的各种需要,以确保国王及其随从能够有足够的精力处理各种战事。

[2] 我想回过头来,描述一下国王出征时所举行的仪式。国王首先要在斯巴达国内向宙斯——众神之首和其他相关的诸神奉献牺牲。② 如果牺牲显示吉兆,那持圣火者就从圣坛取得圣火火种,带领队伍行进到边境线上。国王在这里再次向宙斯和雅典娜奉献牺牲。[3]只有对这两位神祇所奉献的牺牲都显示吉兆时,他才可以跨出国界出征。持圣火者则继续带领队伍前行,行军途中圣火不得熄灭。各种用于祭祀的牺牲则尾随其后。国王开始献祭的时辰都是在破晓之前,希望这样能得到诸神的庇佑。[4]在献祭现场,站着团长、队长、分队长、支队长、辎重队长,以及其他城邦分遣

① 关于斯巴达国王的特权,参阅希罗多德:VI. 56—57。

② 如狄奥斯库里兄弟等。参阅色诺芬:《希腊史》(IV. 4. 10)附注;J. M. 摩尔:《亚里士多德和色诺芬论民主制与寡头制》,第 117 页。——译者注

队的首领。[①] [5]两名监察官也在场,没有国王的请求,他们不得干预任何事情,只是监督整个过程,确保所有的程序有礼有节,合乎时宜。献祭完毕后,国王召集所有人,颁布当日的各项指令。如果你见过这种场面,你就会认为其他希腊人不过是军事问题的业余爱好者,而斯巴达人是惟一精通战争艺术的行家里手。

[6] 如果没有敌人出现,国王就走在队伍的前列,除了斯基里特人和骑兵侍卫以外,没有人在他的前面。但是,假如预计战事不可避免,国王就下令第一团下属第一队士兵转向右侧,直至国王位于两个团之间,让两位团长分列其两侧。[7]这支部队由国王最资深的参谋人员来指挥部署。这些参谋人员即是与国王共同进餐者,包括预言家、医生、吹笛手、指挥官和一些在场的志愿者。如此一来,既然各方面都做了妥当安排,这里也就不会有任何棘手之事了。

[8] 在我看来,来库古斯针对实地作战所做的部署也是非常有效的。当敌人渐渐逼近,直至可以看见之时,要将一只母山羊献祭;[②]按法律规定,献祭时,所有在场的吹笛手都要奏笛,每一位斯巴达人都要戴上花冠,擦亮武器。[9]年轻的战士在上阵之前,则须用油梳理头发,使自己显得意气风发、引人注目。[③] 此外,分队长要说些鼓舞士气的话,因为整个分队的士兵未必能够听清楚旁边分队的分队长所传达过来的命令。[④] 团长的职责则是确保全军按命令有序推进。

[10] 当军队准备安营之时,由国王决定是否安营,并由他指定

---

① 斯巴达人出兵之时,除本国军队外,往往还有各盟邦的分遣队。——译者注

② 古希腊文 χίμαιρα 意为"母山羊"。有的研究者却认为这里是用一岁的公山羊向阿尔特密斯神献祭。参阅 J. M. 摩尔:《亚里士多德和色诺芬论民主制与寡头制》,第 118 页。——译者注

③ 据希罗多德(VII. 20)记载,那些扼守温泉关的斯巴达人在交战之前,也是如此。——译者注

④ 当两个或三个支队并排作战时,一个支队的士兵接到指挥官下达的命令后,将其传达给旁边的支队,如此则命令得以传遍全军。J. M. 摩尔也认为,这里"鼓舞士气的话"令人费解。——译者注

安营地点。至于是否派遣使者前往敌营和友军营地，则不属于国王的权限。所有事务的最高处置权，皆属于国王。[11]国王把有关司法方面的事务，交由赫兰诺狄凯(*Hellanodikai*)①去处理；把与金钱有关的事务，交由财务官处理；如果有人上缴了战利品，国王则命他交到拍卖商那里去。这就是国王的例行事务。在外出征的国王的职责，除了在宗教事务方面担任祭司，就是军队的总司令。

XIV

[1] 假如有人问我，来库古斯所订立的法律是否至今未变，我实在没有信心作出肯定的答复。[2]因为我知道，从前斯巴达人宁愿靠中等水平的财产居留在国内生活，也不愿前去属邦担任官员，受阿谀奉承的腐蚀；[3]我也知道，从前人们惟恐被发现他拥有黄金，如今却有人在自吹自己拥有些什么财物。[4]从前斯巴达有排外法令，禁止异邦人来斯巴达居住，也禁止斯巴达人去异邦旅行，其目的就是为了确保公民不与异邦人接触而被腐化。如今，我也知道，那些明明是斯巴达城邦的栋梁之才，却时时刻刻期待着去统辖异邦，渴望在那里度过余生。②[5]曾几何时，他们努力提高自己的领导才能，如今他们一心只想统治别人，而对自己是否具备统治能力却毫不在意。[6]惟其如此，从前，希腊人常常会到斯巴达来请求斯巴达人率领他们去惩处那些著名的作恶者，如今，许多希腊人却是相互勉励以阻止斯巴达势力的复兴。[7]然而，人们无需为斯巴达人所受到的这些指责而感到诧异，因为很显然，他们既没有遵从神意，也没有遵守来库古斯所订立的法律。

---

① *Hellanodikai*，斯巴达法律方面的官员，具体职责不清楚。——译者注

② 斯巴达建立霸权之后，尤其是在公元前5世纪末之后，他们经常向附属诸邦派驻统治者。——译者注

XV[①]

[1] 我也想说说来库古斯在国王和城邦之间所订立的协议。因为斯巴达的王权,是惟一一种自初建以来,一直延续至今而丝毫未变的制度;调查研究表明,所有其他的制度,或者已经改变,或者正在改变之中。

[2] 来库古斯规定,由于国王具有神圣的血统,他应该代表城邦举行一切公共祭祀。不论城邦出征的目的如何,国王都应是军队的统帅。[3]来库古斯还授予国王选择牺牲部位的权利,[②]并且在周边的许多城镇中给他留出足够的精选之地,[③]以确保他财力适当而又不至于过于富有。[4]为使两位国王也加入公餐团,来库古斯为他们建立了一个城邦公餐房。他还授予他们在用餐时享受双份伙食的特权。这样做不是怕他们不够吃,而是为了让他们有机会将其赏赐给他们所中意的任何人。[5]他还授权每一位国王都可以挑选两名公餐伙伴,这些人被称为佩提伊(*Pythioi*)。而且,他还授权国王可以在每一窝猪崽中挑走一只小猪,以使他们在求神问卜时不缺牺牲。

[6] 国王住所旁边的湖提供了丰沛的饮水,只有缺水的人最清楚它用途多多。另外,在国王出现时所有在场的人都要起立致敬,惟独诸位监察官可以不从其公务座位席上起身。[7]监察官和国王每月都要相互发誓,前者代表城邦,后者代表自己。国王的誓言是:“我将根据城邦已有的法律加以统治。”而监察官代表城邦所发的誓言是:“只要你遵守你的誓言,我们将确保你王权永固。”

[8] 这些是国王生前在斯巴达所享有的特权,它们并不比普通

---

① 按照全文内容来看,第14章似乎是全文的小结,应该在全文的最后。参阅J.M.摩尔:《亚里士多德和色诺芬论民主制与寡头制》,第91页附注。——译者注

② 在献祭过后,国王有权取走牺牲的某个器官或者部位,作为荣誉性礼物。——译者注

③ 可能是将庇里阿西人的许多良田沃土规定为国王所有。——译者注

公民多多少。因为来库古斯并不希望国王变得专横傲慢，也不希望激起公民对国王权力的嫉恨。[9]至于国王死后所享有的特权，来库古斯的法律力求表明，他们不仅把斯巴达的国王视为凡人，还把他视为英雄。① 这就是国王之所以受到尊敬的原因。

古纯玉译　徐松岩校注

① 据希罗多德(Ⅵ.58)记载，斯巴达的国王去世以后，他们的死讯由骑兵到拉哥尼亚各地去宣布。在首都，妇女们敲着锅四处报信，宣布国王去世。得到这样的讯息以后，每家每户都要出两个自由人，一男一女，必须服丧，否则要被课以重罚。当拉栖代梦人的一个国王去世的时候，不光是斯巴达人，还包括来自拉栖代梦境内一定数目的其他居民如庇里阿西人，不管他们愿意与否，都被强制前来参加葬礼。庇里阿西人、黑劳士和斯巴达公民，集中到一起，有男有女，总数达好几千人，他们都使劲拍打他们的前额，尽情地哭嚎，表示哀掉；他们总是把新近去世的国王，说成是他们的国王当中最好的一位。如果一位国王阵亡了，他们就制作一尊他的像，把它安放在一张装饰得富丽堂皇的床上，抬着去下葬；在下葬之后10日内，要连续进行哀悼，不得召开民众大会，也不得选举官员。——译者注

附录3　希腊历史大事年表[①]

（公元前454—前337年）

公元前	
454年	雅典远征军在埃及全军覆灭；夏，提洛同盟金库由提洛岛移至雅典，标志着雅典帝国初步形成。
453年	伯里克利率舰队远征至科林斯湾。
452/451年	雅典与斯巴达订立5年停战协定。阿尔哥斯和斯巴达订立30年停战和约。客蒙返回雅典。
451/450年	雅典颁布"公民资格法"。
450年	赫淮斯托斯神庙（Hephaesteum）开始兴建。
450/449年	客蒙远征塞浦路斯，同年去世。

① 本年表主要参考了J. B. 布瑞、R. 梅格斯：《希腊史》（J. B. Bury, R. Meiggs, *A History of Greece To the Death of Alexander the Great*, Fourth Edition with revisions, The Macmillan Press LTD, 1983）；O. 穆瑞：《早期希腊》（O. Murray, Early Greece, Second Edition, Fontana Press, 1993）；J. 鲍德曼、N. G. L. 哈蒙德等主编：《剑桥古代史》，第4卷（J. Boardman, N. G. L. Hammond, D. M. Lewis and M. Ostwald, *The Cambridge Ancient History* Vol. IV, Cambridge University Press, 2002）；D. M. 刘易斯、J. 鲍德曼等主编：《剑桥古代史》，第5卷（D. M. Lewis, J. Boardman, J. K. Davis and M. Ostwald, *The Cambridge Ancient History*, Vol. V, Cambridge University Press, 1992）；D. M. 刘易斯、J. 鲍德曼、S. 霍恩布洛尔、M. 奥斯特沃德主编：《剑桥古代史》，第6卷（D. M. Lewis, J. Boardman, S. Hornblower and M. Ostwald, *The Cambridge Ancient History*, Vol. 6, Cambridge University Press, 1994）；M. 狄隆、L. 加兰：《古代希腊》（Mattthew Dillon and Lynda Garland, *Ancient Greece*, New York, 1996）等著作书末年表编译而成。——译者

449 年	雅典与波斯订立和约——“卡里阿斯和约”。[①]
448 年	斯巴达军入侵阿提卡。伯里克利在科尔松尼斯。
448/447 年	伯里克利拟主持召开泛希腊大会，讨论修复希腊神庙等问题，因斯巴达反对未果。
447 年	帕特嫩庙动工兴建。
446 年	雅典人败于科罗尼亚；波奥提亚诸邦摆脱雅典控制。优波亚岛发生暴动；斯巴达出兵阿提卡。阿里斯托芬出生。
446/445 年	雅典人与伯罗奔尼撒人签订 30 年和约。吕西亚斯出生。
445/444 年	埃及王普萨麦提库斯赠雅典谷物。
444/443 年	雅典在意大利南部建立殖民地图里伊(Thurii)。希罗多德移居于此，著述终老。
444—435 年	色诺芬出生。
443 年	麦里西亚斯之子修昔底德按陶片放逐法被放逐。
约 443 年	雅典与列昂提尼和瑞吉昂签订协约；雅典舰队在那不勒斯。
443/442 年	雅典帝国统治区域划分为 5 个纳贡区。
442—429 年	伯里克利在雅典连续当选将军，史称“伯里克利时代”。
440—439 年	萨摩斯和拜占庭暴动，雅典大军经过 9 个月的围攻，最终制服暴动者。
438 年	帕特嫩神庙竣工；佛米奥在阿卡纳尼亚。
437 年	雅典派佛米奥前往安菲洛奇亚的阿尔哥斯；建立安菲波里斯城；伯里克利率舰队远征黑海，移民西诺普和阿米索斯。

① 关于该条约的时间、内容以及该条约的真实性，学者们意见不一。

437—432 年 雅典卫城正门(Propylaea)修建并落成。

436 年 普罗塔哥拉受到指控。

435 年 春,科林斯和科基拉关于爱皮丹努斯的争执;科基拉人在海战中击败科林斯人,占领爱皮丹努斯。

433 年 普罗塔哥拉在雅典;雅典与科基拉结盟;秋,西勃达之战,雅典援助科基拉与科林斯交战;卡里阿斯法令。

433/432 年 雅典与西西里城邦列昂提尼(Leontini)和瑞吉昂(Rhegion)订立盟约。

432 年 秋,雅典通过"麦加拉法令"(Megarian decree)[①],禁止麦加拉船只进出雅典帝国之港口;9 月,波提狄亚暴动;斯巴达同盟大会。斐狄亚斯和阿斯帕西娅皆因不敬神而受到迫害。

432/431 年 斯巴达公民大会通过表决认定雅典人已经破坏此前签署的和约,必须对雅典宣战。

431 年 3 月,底比斯袭击普拉提亚,伯罗奔尼撒战争爆发;5 月,伯罗奔尼撒同盟军在斯巴达国王阿奇达姆斯统率下首次侵入阿提卡,"阿奇达姆斯战争"开始;雅典舰队环绕伯罗奔尼撒半岛发动袭击。雅典人将埃吉那人驱逐出岛。欧里庇底斯悲剧《美狄亚》上演。

430 年 5 月,伯罗奔尼撒人第 2 次入侵阿提卡;雅典大瘟疫爆发;伯里克利远征伯罗奔尼撒;伯里克利受到指控并处罚款;佛米奥被派往诺克拉提斯;波提狄亚人投降。

429 年 欧里庇德斯悲剧《希波利图斯》上演;伯罗奔尼撒人围攻普拉提亚。伯里克利复职;秋,罹疫而

① 该法令颁布的时间、内容,历来有争议。

	死。佛米奥大败斯巴达海军；冬，伯罗奔尼撒人袭击萨拉米斯。
428/427 年	5 月，伯罗奔尼撒人第 3 次入侵阿提卡；米提列涅人暴动；雅典首次征收财产税（property-tax）200 特连特。
427 年	5 月，伯罗奔尼撒人第 4 次入侵阿提卡；夏，米提列涅人投降。科基拉党争。秋，普拉提亚城陷；9 月，拉齐斯（Laches）率军前往西西里，所谓雅典第一次远征西西里（公元前 427—前 424 年）；柏拉图出生。冬，雅典瘟疫再度爆发。
426 年	德摩斯提尼在埃陀利亚惨败；尼基阿斯在米洛斯；斯巴达在特拉齐斯建立赫拉特利亚；雅典人在提洛岛举行祓除仪式；阿里斯托芬喜剧《巴比伦人》（*Babylonians*）上演。
425 年	5 月，伯罗奔尼撒人第 5 次入侵阿提卡；雅典派舰队远征西西里；德摩斯提尼在美塞尼亚的派罗斯登陆；斯巴达的黑劳士逃亡。雅典人拒绝斯巴达人提出的和平建议。8 月，受困于斯法克特里亚的斯巴达人向雅典人投降。雅典大幅增加属国贡金数额；科基拉贵族党被消灭。阿里斯托芬喜剧《阿卡奈人》（*Acharnians*）上演。
424 年	雅典人攻克尼赛亚；雅典人攻占库塞拉岛，袭击拉哥尼亚；雅典人侵入波奥提亚，败于德里昂战役；斯巴达名将伯拉西达北上，攻克阿堪苏斯、安菲波里斯和托伦涅；历史学家修昔底德被放逐（直至前 404 年）；阿里斯托芬喜剧《骑士》（*Knights*）上演。
424/423 年	波斯国王阿塔薛西斯一世卒，大流士二世即位（公元前 424/423—前 405 年在位）。
423 年	雅典派使团前往南意大利和西西里；雅典与波

	斯重申卡里阿斯和约（新约名为“伊庇利卡斯和约”）；4月，雅典与斯巴达签订一年休战和约；阿里斯托芬喜剧《云》（*Clouds*）上演。
422年	克里昂再次攻克托伦涅；安菲波里斯战役，克里昂、伯拉西达双双阵亡。雅典使者在西西里。雅典、斯巴达举行和平谈判；阿里斯托芬喜剧《马蜂》（*Wasps*）上演。
421年	4月，雅典与斯巴达签订和约，史称“尼基阿斯和约”；5月，双方签署50年同盟条约。阿里斯托芬喜剧《和平》（*Peace*）上演。
420年	3月，斯巴达和波奥提亚缔结盟约；7月，雅典与阿尔哥斯、曼丁尼亚和爱利斯订立盟约。
419年	尼基阿斯和阿尔基比阿德斯当选为将军。
418年	斯巴达大败阿尔哥斯同盟军于曼丁尼亚，斯巴达与阿尔哥斯订立50年同盟条约；10月，阿尔哥斯建立贵族寡头政治。
417年	阿尔哥斯的贵族寡头政治被推翻；重修阿尔哥斯与雅典之盟约。尼基阿斯在卡尔基狄克半岛。
416年	春，海波博鲁斯（Hyperbolus）按陶片放逐法被放逐；提萨佛涅斯到萨尔狄斯就任总督；雅典征服保持中立的米洛斯；阿尔基比阿德斯在奥林匹亚；在西西里，塞吉斯塔（厄基斯泰）与塞林努斯发生冲突。
415年	塞吉斯塔的使者来雅典求援；夏，雅典的赫尔美斯神像被毁；雅典远征西西里军队出发，抵达西西里；秋，初次交战。阿尔基比阿德斯被召回国，途中逃往斯巴达；雅典击败叙拉古人。欧里庇德斯悲剧《特洛伊妇女》（*Troades*）上演。
415—413年	雅典人远征西西里，遭到惨败，损失战舰二百余

艘、人员 5 万以上。

414 年　春，围攻叙拉古，雅典远征军指挥官之一拉马库斯阵亡；吉利普斯率军增援叙拉古；夏，雅典军在拉哥尼亚登陆，与斯巴达战事再起；年底，攸里梅敦率援军驶往西西里。阿里斯托芬喜剧《鸟》(*Birds*)上演。

413 年　3 月，斯巴达国王阿基斯采纳阿尔基比阿德斯的建议，出兵阿提卡，在雅典以北的狄凯利亚构筑要塞；雅典 2 万多奴隶逃亡；雅典在帝国境内征收 5%的出入境税。叙拉古收复普利姆米里昂海角(Plemmyrium)，给雅典军以沉重打击。雅典第二支远征军在德摩斯提尼统率下抵达西西里，进攻爱皮波莱失败；叙拉古人在大港中取得决定性胜利；8 月 27 日发生月食；尼基阿斯贻误战机。9 月，雅典军队从陆地上退却，全军覆没。欧里庇德斯悲剧《请愿的妇女》上演。秋，波斯国王命令其总督提萨佛涅斯和法那巴佐斯采取行动。

412 年　雅典的属国暴动；斯巴达人与波斯人在米利都缔结同盟条约；开俄斯遭到围攻；萨摩斯发生平民革命；伯罗奔尼撒海军集中于米利都；雅典海军集中于萨摩斯。阿尔基比阿德斯逃往小亚细亚，投靠提萨佛涅斯。吕西阿斯来到雅典，继承其父亲的家业。欧里庇德斯悲剧《海伦》(*Helen*)上演。

411 年　春，罗德岛人暴动，阿卑多斯人和兰普萨库斯人暴动。提萨佛涅斯和法那巴佐斯重申波斯与斯巴达之盟约。6 月初，雅典“四百人政府”执政；9 月，优波亚人暴动，塞拉麦涅斯短暂执政，成立“五千人政府”。年底，阿尔基比阿德斯指挥雅

	典军在库诺塞马和阿卑多斯获胜。阿里斯托芬喜剧《吕西斯特拉塔》(*Lysistrata*)、《地母节妇女》(*Thesmophoriazusae*)上演。
410 年	5 月，雅典在库济科斯海战中获胜；7 月，"五千人政府"被推翻，民主政治恢复，修改宪法；雅典拒绝斯巴达的和平建议。
409 年	雅典人与法那巴佐斯停战。雅典收复科罗丰；派罗斯和尼赛亚失守；迦太基人远征西西里。索福克利斯悲剧《菲罗克提提斯》(*Philoctetes*)上演。
409—406 年	埃里克修斯庙(*Erechtheum*)修建并落成。
408 年	欧里庇德斯悲剧《奥瑞斯特》(*Orestes*)上演；雅典收复卡尔开顿和拜占庭。
407 年	小居鲁士被派往小亚细亚，主持波斯帝国西部诸省事务；阿尔基比阿德斯回到雅典，被推举为全权将军；吕山德出任斯巴达海军统帅。
406 年	3 月，吕山德在诺提昂击败雅典人；阿尔基比阿德斯被罢免。8 月，阿吉努塞海战，雅典获胜，但诸将军遭到起诉并被判处死刑；雅典出使西西里迦太基人；雅典拒绝斯巴达和平建议。欧里庇德斯卒于马其顿；索福克利斯去世。
405 年	吕山德出任斯巴达海军副帅；小居鲁士被召回波斯帝国首都苏撒；萨摩斯人取得雅典公民权；夏末，埃哥斯波达米(Aegospotami，羊河)之战，雅典海军 3 万人被俘，几乎全军覆没；随后，雅典海上陆上均遭到封锁。阿里斯托芬喜剧《蛙》(*Frogs*)上演。波斯国王大流士二世卒，阿塔薛西斯二世即位(公元前 405—公元前 358 年在位)。
404 年	3/4 月，雅典有条件投降，拆毁长城，加入斯巴达

	同盟。夏，吕山德征服萨摩斯，三十寡头政府统治雅典，大肆杀戮无辜，塞拉麦涅斯被处死。12月，特拉叙布鲁斯占领斐列。
403年	年初，三十寡头政府首次与特拉叙布鲁斯交战，克里提亚斯战死。斯巴达派军进驻雅典。5月，三十寡头再次与特拉叙布鲁斯交锋；特拉叙布鲁斯率军占据比雷埃夫斯港。穆尼基亚之战。斯巴达王波桑尼阿斯进驻雅典。9月，雅典三十寡头政府被推翻，流放者回国，民主制得以重建。吕西亚斯发表《控告埃拉托斯提尼》的演说。
403—402年	在雅典，欧克里德斯(Euclids)担任首席执政官。伊奥尼亚字母成为通用文字。
402—400年	斯巴达与爱利斯人的战争。①
401/400年	埃琉西斯重归雅典，阿提卡再度统一。
401—400年	小居鲁士远征巴比伦，与其兄争夺王位；夏，库纳克萨之战，小居鲁士兵败身亡，希腊雇佣军("万人军")余部于400年春返回小亚细亚西部。索福克利斯悲剧《俄狄浦斯在科隆诺斯》(*Oedipus Coloneus*)上演；修昔底德所著《伯罗奔尼撒战争史》问世。
400年	安多吉德斯发表《论密仪》。
400—394年	斯巴达人与波斯人交战。
399年	苏格拉底之死。
398年	斯巴达与波斯停战，第一次派使者去苏撒。阿格西劳斯继承斯巴达王位。
398—397年	德基里达斯在科尔松尼斯。
397年	雅典人科浓被任命为波斯舰队指挥官。基那敦

① 色诺芬记载这场战争发生在公元前399—前397年间。

密谋，事泄被杀。

396年　秋，阿格西劳斯在弗利吉亚的首次战役；阿科里斯(Achoris)成为埃及王。

395年　阿格西劳斯在吕底亚的战事。提萨佛涅斯之死。罗德岛暴动。秋，哈里阿图斯之战，吕山德之死。雅典开始重修长城。

395/394年　雅典、底比斯等结成反斯巴达同盟，“科林斯战争”爆发。

394年　7月，科林斯战争；8月，克尼多斯海战，科浓率波斯海军大败斯巴达舰队，终结其海上霸权；科罗尼亚之战。8月14日，日食。

393年　雅典重修长城告竣。

392年　阿尔哥斯兼并科林斯。麦加拉长城之战。安塔尔基达斯第一次出使苏撒。斯巴达攻占列凯昂(Lechaeum)。科浓遭到拘押。阿里斯托芬喜剧《女公民大会》(*Ecclesiazusae*)上演。

391年　春，斯巴达出兵阿哥利斯，再次攻占列凯昂。

390年　雅典名将伊菲克拉特(Iphicrates)以“轻盾兵”击败斯巴达重装步兵。埃及王伊瓦哥拉斯叛离波斯。雅典人与塞浦路斯的伊瓦哥拉斯、埃及的阿科里斯结盟。

389年　特拉叙布鲁斯在赫勒斯滂地区取得战果。

388年　年初，特拉叙布鲁斯之死。阿那克西比乌斯与伊菲克拉特在赫勒斯滂地区交战。7/8月，吕西亚斯在奥林匹亚竞技会上发表演说。阿里斯托芬喜剧《财神》(*Plutus*)上演。

388/387年　安塔尔基达斯二次出使苏撒。

约387年　柏拉图雅典近郊阿卡德美(*Academy*)创建学园。

387/386年　“安塔尔基达斯和约”，即“大王和平敕令”。伊索格拉底发表演说《论和平》。

385 年	夏，斯巴达攻打曼丁尼亚。
384—382 年	卡尔基狄克同盟组成。
384 年	德摩斯提尼、亚里士多德出生。流亡者重返弗琉斯。雅典与开俄斯结盟。
382 年	夏，斯巴达首次出征奥林苏斯，攻占底比斯卫城。
381 年	斯巴达人在奥林苏斯败北；波斯与伊瓦哥拉斯达成和平协议。
380 年	斯巴达国王克列奥姆布洛图斯继位。伊索格拉底在奥林匹亚竞技会期间发表演说《泛希腊集会辞》(*Panegyricus*)。
379 年	弗琉斯、奥林苏斯被攻陷。
379/378 年	斯巴达驻军被逐出底比斯；斯福德里亚斯成功偷袭比雷埃夫斯。
378/377 年	雅典人与底比斯人结盟。阿格西劳斯侵入波奥提亚。伊菲克拉特在色雷斯。第二雅典海上同盟成立。雅典进行财产普查，征收财产税。
376 年	夏，那克索斯海战，雅典将军卡布里亚斯大败斯巴达军，重掌爱琴海制海权。提摩修斯西征。伊菲克拉特为波斯效力。
375 年	佛基斯遭到底比斯侵略，克列奥姆布洛图斯率军增援佛基斯。斯巴达重申与波斯国王之和约。
375—373 年	伊菲克拉特和法那巴佐斯在埃及。斐莱的伊阿宋成为雅典同盟成员。
374 年	雅典和斯巴达缔结和约。伊瓦哥拉斯之死。
374/373 年	和约被破坏。拉栖第梦人在科基拉。伊菲克拉特在科基拉。提摩修斯遭到弹劾。希腊发生地震。德尔斐神庙遭到毁坏。
372 年	斐莱的伊阿宋统一色萨利诸邦。

371年	6月，卡里阿斯和约。7月，琉克特拉战役。斯巴达国王阿格西波里斯二世（波桑尼阿斯之子）继位。
371—362年	底比斯人称霸希腊。
370年	阿卡狄亚同盟建立。斐莱的伊阿宋被杀。阿卡狄亚、阿尔哥斯、爱利斯、波奥提亚结盟。
370—369年	冬，波奥提亚人第一次入侵伯罗奔尼撒，统帅为伊巴米浓达和佩罗皮达斯。
369年	年初，美塞尼亚独立。春，雅典与斯巴达结盟。伊巴米浓达率军第二次入侵伯罗奔尼撒。佩罗皮达斯首次出征色萨利和马其顿。
369/368年	马其顿国王亚历山大被谋杀。
368年	赫莱亚（Heraea）和奥科门努斯（Orchomenus）加入阿卡狄亚同盟。夏，德尔斐和平会议召开。底比斯人的建议遭到拒绝。佩罗皮达斯二次出征色萨利。
367年	春，希腊使者出使苏撒。阿里奥巴赞斯叛离波斯。亚里士多德进入柏拉图学园学习。
366年	波奥提亚人第三次入侵伯罗奔尼撒。底比斯占领奥罗浦斯。雅典人与阿卡狄亚人结盟。提摩修斯出征东爱琴海。
365年	提摩修斯征服萨摩斯；征服波提狄亚和卡尔基狄克地区其他城市；阿卡狄亚人和爱利斯人交战。
364年	伊巴米浓达海上远征。第三次出征色萨利，佩罗皮达斯之死。7月13日，日食。库诺斯开法莱之战；雅典攻占塞斯托斯；提摩修斯围攻安菲波里斯。
363年	提摩修斯攻取拜占庭。秋，阿卡狄亚人与爱利斯人结盟。

363/362 年	提摩修斯再次围攻安菲波里斯。波斯总督起兵反叛。
362 年	曼丁尼亚之战。雅典派舰队前往赫勒斯滂。伊巴米浓达之死。
362/361 年	希腊大陆诸邦建立公共和平(斯巴达除外);雅典与阿卡狄亚、阿凯亚、爱利斯和弗琉斯结盟。
361 年	阿格西劳斯在埃及。
360 年	阿格西劳斯去世。
359 年	马其顿国王柏第卡斯三世(Perdiccas III)去世,其年幼的儿子阿明塔斯继位,腓力二世(Philip II)摄政,执掌政权。雅典与马其顿结盟。
358 年	腓力击败派奥尼亚人和伊利里亚人。波斯国王阿塔薛西斯二世去世,阿塔薛西斯三世继位。
357—355 年	“同盟战争”(Social War),雅典战败。
357 年	雅典攻占科尔松尼斯和优波亚;腓力攻占安菲波里斯;开俄斯、科斯、罗德岛叛离雅典。
356/355 年	腓力攻占皮德纳(Pydna)和波提狄亚。亚历山大出生。色诺芬写成《雅典的收入》。
355 年	伊索格拉底发表演说《论和平》;提摩修斯和伊菲克拉特遭到弹劾。
355/354 年	雅典与罗德岛、科斯等缔和。伊索格拉底发表演说《战神山议事会辞》(*Areopagiticus*)。
354/353 年	德摩斯提尼发表演说《论海军纳税团》。
354—350 年	优布鲁斯负责管理雅典观剧基金。
353 年	腓力攻占麦索涅;优布鲁斯阻止腓力袭击佛基斯。德摩斯提尼发表《为麦加洛波里斯人辩》;《为罗德岛人的自由辩》。
352 年	德摩斯提尼发表演说《控告阿里斯托克拉底》。
351 年	德摩斯提尼发表演说《第一篇反腓力辞》;腓尼基、塞浦路斯发生反波斯暴动。

350年	佛基昂在塞浦路斯协助平息暴动。
349年	佛基昂在优波亚。腓力征服卡尔基狄克半岛。雅典与奥林苏斯结盟。德摩斯提尼发表演说《论奥林苏斯》(*Olynthiacs*)。
348年	优波亚获得独立。9月,腓力攻克奥林苏斯。
347年	年底,雅典使者首次拜见腓力。柏拉图去世。
346年	菲洛克拉底和约。春,雅典第二次派使者至腓力处。腓力在温泉关。腓力主持皮西亚竞技会。德摩斯提尼发表演说《论和平》。伊索格拉底发表《致腓力》(*Philippus*)。
346/345年	德摩斯提尼弹劾埃斯奇涅斯。埃斯奇涅斯发表演说《控告提马库斯》。
345—343年	波斯奇回埃及。
344年	德摩斯提尼在伯罗奔尼撒。德摩斯提尼发表《第二篇反腓力辞》。
343年	菲洛克拉特和埃斯奇涅斯受到弹劾。夏,马其顿与波斯签订友好条约。
343/342年	雅典与麦加拉结盟。腓力在伊庇鲁斯。亚里士多德前往马其顿,就任亚历山大的私人教师。
342/341年	腓力征服色雷斯。
341年	雅典派狄奥培特斯去科尔松尼斯。德摩斯提尼发表演说《论科尔松尼斯》、《第三篇反腓力辞》。德摩斯提尼在拜占庭。
340年	雅典海军改革。德摩斯提尼组织希腊联盟;秋,雅典向腓力宣战。
339年	腓力出征色雷斯。克里米苏斯(Crimisus)之战。伊索格拉底发表演说《泛雅典娜节辞》(*Panathenaicus*)。
338年	腓力突入希腊。在佛基斯和罗克里斯的战事。8月22日,喀罗尼亚之战;希腊诸邦联军惨败,

	沦为马其顿的附庸。8月,波斯国王阿塔薛西斯三世被谋杀,阿塔薛西斯四世继位;腓力在伯罗奔尼撒;希腊人举行第一次科林斯会议;伊索格拉底去世。
338—334年	来库古斯主持雅典财政事务,成效显著。
337年	希腊人举行第二次科林斯会议;建立以马其顿人为首的全希腊同盟,并向波斯宣战。

徐松岩　整理

附录 4　古希腊历法简述

古希腊人很早就有自己的历法，迈锡尼时代可能就有了太阴历。历法的制定与农事农时紧密相关，是广大人民长期劳动实践经验和智慧的结晶。但是，希腊各邦没有统一的历法。许多城邦都有各自的历法，而且彼此出入很大。在希腊历史上，有些城邦出于某种军事、政治目的，临时修订其历法的情况，也并不鲜见；[①]同时，月份的名称、新年的日期各不相同。如爱利斯的正月初一自夏至算起，斯巴达、马其顿的新年在秋分之日，而提洛岛在冬日里过元旦。[②] 各邦的历法，至少最初都是使用阴历。月份依据当月所举办的节日或者奉祀某位神祇而取名。例如，马其顿人狄奥斯月(*Dios*)和阿尔特密西奥斯月(*Artemisios*)，就是为了纪念宙斯和阿尔特密斯两位神祇而得名；雅典的安特斯特里昂月(*Anthesterion*)，因安特斯特里亚节(*Anthesteria*)而得名。这些月份的名字在线形文字 B 和希腊早期文学作品如赫西俄德的著作中已经出现。[③]

在希腊诸邦中，关于雅典的历法方面的资料是最为丰富的。即便如此，对于雅典的历法的确切情况，我们也并不完全清楚。在雅典，使用时间比较长的年历，是所谓“庆节历”。新年之始(大年初

---

① 改变宗教节日时间以应付紧急情况，这样做并不少见。参阅：II. 16；V. 1. 29；3. 28；波桑尼阿斯：III. 5. 8；修昔底德：V. 54。

② 参阅郝际陶、陈锡文：《略论古代希腊农业经济与历法》，《世界历史》，2007 年第 1 期。

③ 参阅 S. 霍恩布鲁尔、A. 斯鲍福斯主编：《牛津古典辞书》，2003 年修订版，第 273—274 页，“希腊历法”条。

一),原则上是夏至之后首个朔日。1—12 月的名称及其起源如下:

赫卡托姆拜昂月(*Hekatombaion*),正月,意为“百牛”大祭之月,泛雅典娜节,庆祝雅典“统一”,奉祀阿波罗和宙斯。跨今之公历 7—8 月;

麦塔格特尼昂月(*Metageitnion*),2 月,意为“变更邻人”之月,侨民之庆典。跨今之公历 8—9 月;

波德罗米昂月(*Boedromion*),3 月,意为“闻声驰援”,纪念提秀斯(Theseus)战胜阿玛宗人之节。跨今之公历 9—10 月;

普亚诺普西昂月(*Pyanopsion*),4 月,意为“吃豆节”之月,以豆奉祀阿波罗,地母节庆典。跨今之公历 10—11 月;

麦马克特里昂月(*Maimakterion*),5 月,意为天神“暴怒”之月,奉祀宙斯。跨今之公历 11—12 月;

波塞德昂月(*Posideon*),6 月,意为“海王”之月,祭祀海神波塞冬。跨今之公历 12 月—次年 1 月;

伽米里昂月(*Gamelion*),7 月,意为“结婚”之月。跨今之公历 1—2 月;

安特斯特里昂月(*Anthesterion*),8 月,意为“百花节”之月,庆祝“百花节”,祭祀狄奥尼索斯,跨今之公历 2—3 月;

爱拉斐波里昂月(*Elaphebolion*),9 月,意为“射鹿节”之月,祭祀狩猎女神阿尔特密斯。跨今之公历 3—4 月;

穆尼基昂月(*Mounichion*),10 月,意为“穆尼基亚节”之月,纪念穆尼基亚的阿尔特密斯。[①] 跨今之公历 4—5 月;

萨尔格里昂月(*Thargelion*),11 月,意为献祭“初熟果实”之月,奉祀阿波罗和阿尔特密斯。跨今之公历 5—6 月;

斯基罗福里昂月(*Skirophorion*),12 月,意为“斯基拉节”之月,奉祀德墨特尔和科瑞。[②] 奉祀仪式上,人们手携“斯基拉”(Scira)。

---

① 参阅:II. 4. 11。

② 德墨特尔为丰产和农业女神,司谷物的成熟,她是克洛诺斯和瑞亚的女儿,宙斯的姐姐,帕尔塞福涅的母亲;科瑞(Kore)为丰产女神,后来与帕尔塞福涅(地狱女统治者,司谷物生长和土地丰收)混为一体,演变成了德墨特尔的女儿,同享奉祀。

据考证，“斯基拉”可能是一种大型遮阳伞，也可能是雅典娜石膏像。[①] 跨今之公历 6—7 月。

希腊人按太阴（月亮）的盈亏复始以计算月。每个月长度为 29 天或者 30 天（据现代科学家计算，其实际准确时间为 29 天 12 小时 44 分 2.8 秒），常年为 354±1 天，闰年为 384±1 天。闰月通常置于波塞德昂月之次月，即第二个波塞德昂月（闰 6 月）。阴历和阳历（太阳年日数约 365.25）日数的差额，希腊人用置闰法来弥补。希罗多德指出，埃及人所用太阳历比希腊人的历法更为准确。希腊人每若干年增加一个闰月，以求与季节相吻合。[②] 据研究，古典时代希腊人曾经采用“八年三闰法”以及更准确的“十九年七闰法”。

希腊人将每月分为三旬，上旬 10 日，中旬 10 日，下旬 9 日或 10 日。平时称呼日子为“某月某旬之第几日”。如希罗多德（VI. 57）提到“每月上旬第 7 天”；也可说“某月某日”；而下旬则既可以顺序，也可以倒序。如修昔底德（V. 54）提到某月第 27 日（希腊文意为“下旬第 4 日”，即该月倒数第 4 日）。在雅典，每月初一称为“新月”；每月末日，称为“旧与新”，意即“晦朔之交”。

大约自公元前 5 世纪晚期开始，雅典还实行过一种年历，即所谓“普利塔尼历”（*prytany calendar*），也被称为“议事会年”（*The Bouletic Year*）。雅典五百人议事会（*Boule*）由 10 个部落的代表组成，每部落 50 人。大概自伯里克利时代起，10 部落轮流主持议事会（称为“主席团”，*prytany*），每部落任职时间为一年的 1/10。轮值期间，每天抽签选出一位主席团主席，主持处理当日事务。据亚里士多德记载，“主席团职位由各部落轮流担任，其次序由抽签决定，前 4 个部落每一部落任职 36 日，后 6 部落每一部落任职 35 日；因为他们的年历是按阴历计算的。”[③]自公元前 4 世纪起，这两种年

---

① 参阅 S. 霍恩布鲁尔、A. 斯鲍福斯主编：《牛津古典辞书》，第 1369 页。

② 希罗多德：II. 4。

③ 亚里士多德：《雅典政制》，XLIII. 2。

历的岁首始于同一天。[①]

根据保留下来的古代铭文资料，铭刻文献通常载明当值议事会主席团的部落名字，议事会书记(*Gnammateis*)的名字以及提案人的名字等。据亚里士多德记载，议事会书记原本是一重要职务，要选举“著名而可靠的人”出任，约自公元前367年起通过抽签产生。[②] 在铭刻文献中，往往可以看到议事会书记的名字列在首要位置。

希腊各邦有自己的“年名”。在雅典，自从设立首席执政官(*Archon*)以来，通常都以他的名字命名。因此，首席执政官又被称为“名祖”(*Eponymoi*)执政官。在其他城邦，如斯巴达通常用首席监察官(*Ephor*)的名字，米利都则用“冠士”(戴花冠者)的名字。古典时代历史学家，如修昔底德、色诺芬等，在记载历史事件的年代时，往往都要说明雅典首席执政官的名字和斯巴达首席监察官的名字，使某些年代得以确认。

徐松岩

① 参阅S.霍恩布鲁尔、A.斯鲍福斯主编：《牛津古典辞书》，第274页。

② 亚里士多德：《雅典政制》，LIV.3。

附录 5 原著及主要参考文献

1. 色诺芬:《希腊史》(Xenophon, *Hellenica*, Translated by Carleton L. Brownson, *Loeb Classical Library*, Harvard University Press, Cambridge, MA; William Heinemann, Ltd., London. vol. 1:1985; vol. 2:1986)。希腊文英文对照,2 卷本(该英译本网络版有 2002 年版 http:www.perseus.tufts.edu/cgi-bin)。
2. 色诺芬:《希腊史》(Xenophon, *Hellenica*, Translated by Henry G. Dakyns),载 F. R. B. 哥多尔芬主编:《希腊历史学家著作全集》(Francis R. B. Godolphin, *The Greek Historians*, Vol. 2, New York, 1942)。此卷还包括伪色诺芬的《雅典政制》、色诺芬《斯巴达政制》的英译本。该英译本网络版有 2008 年版(http://en.wikisource.org/wiki/Hellenica)。
3. R. B. 斯特拉斯勒:《地标色诺芬〈希腊史〉》(R. B. Strassler edt. *The Landmark Xenophon's Hellenika*, A New Translation by John Marincola, Introduction by David Thomas, New York, 2010)。该书除色诺芬《希腊史》译文外,还附有长篇序言、较为详尽的注释、多幅精美插图/地图、16 篇附录(其中多由国际知名专家撰写)。该著作是目前最完备的色诺芬《希腊史》最新英语读本。
4. 色诺芬:《色诺芬全集》,1 卷本(*The Whole Works of Xenophon*, Translated by Ashley Cooper and Others, Complete in one Volume, Philadelphia, 1845)。该英译本包括色诺芬名下的所有作品。
5. P. 科伦茨:《色诺芬之〈希腊史〉》(P. Krentz, *Xenophon' Hellenica*, *Introduction. Translation. Commentary*, Vol. 1, Aris & Phillips Ltd. 1989; Vol. 2, Aris & Phillips Ltd. 1995)。希腊文英文对照,附有详细注释。
6. M. 利普卡:《色诺芬之〈斯巴达政制〉》(M. Lipka, *Xenophon's Spartan Constitution: Introduction. Text. Commentary*, Berlin/New York, 2002),希腊文英文对照,附有详细注释。
7. 亚里士多德:《雅典政制》(Aristotle, *Athenian Consitution*, *Loeb Classical Library*, Aristotle in 23 Volumes, Vol. 20, translated by H. Rackham.

Cambridge, MA, Harvard University Press; London, William Heinemann Ltd. 1952),此书国内有多个中文译本。

8. 吕西亚斯:《演说集》(Lysias, *Speeches*, with an English translation by W. R. M. Lamb, M. A. Cambridge, MA, Harvard University Press; London, William Heinemann Ltd. 1930)。吕西亚斯(约公元前 446—前 380 年)差不多与色诺芬同时代,有两篇演说(尤其是发表于公元前 403 年的 *Against Eratosthenes*)直接涉及雅典三十寡头统治时期的实际状况,具有很高的史料价值。

9. 狄奥多拉斯:《历史丛书》(Diodorus Siculus, *Historical Library*, *Loeb Classical Library*, Harvard University Press, Vol. 5:1950; Vol. 6:1954; Vol. 7:1952),该书共 40 卷,其中第 13—15 卷涵盖色诺芬《希腊史》的历史时段,保存了一些业已散失的重要史料,可以与色诺芬《希腊史》相互参照。

10. 普鲁塔克:《传记集》(Plutarch, *The Parallel Lives*, *Loeb Classical Library*, with an English Translation by Bernadotte Perrin. Cambridge, MA. Harvard University Press. London. William Heinemann Ltd. 1916 - 1917),其中有几位重要历史人物属于这一历史时期。他们是:阿尔基比阿德斯(Alcibiades)、吕山德(Lysanser)、阿格西劳斯(Agesilaus)、培罗皮达斯(Pelopidas)以及波斯国王阿塔薛西斯(Artaxerxes)等。

11. D. M. 刘易斯、J. 博厄德曼、J. K. 戴维斯、M. 奥斯特沃德主编:《剑桥古代史》,第 5 卷(D. M. Lewis, J. Boardman, J. K. Davis and M. Ostwald, *The Cambridge Ancient History*, 2nd edition, Vol. 5, Cambridge University Press, 1992)。

12. D. M. 刘易斯、J. 博厄德曼、S. 霍恩布鲁尔、M. 奥斯特沃德主编:《剑桥古代史》,第 6 卷(D. M. Lewis, J. Boardman, S. Hornblower and M. Ostwald, *The Cambridge Ancient History*, Vol. 6, Cambridge University Press, 1994)。

13. S. 霍恩布鲁尔、A. 斯鲍福特:《牛津古典辞书》1999 年第 3 版 2003 年修订版(S. Homblower, A. Spawforth, *The Oxford Classical Dictionary*, 3rd Edition Revised, London, 2003)。

14. J. M. 摩尔:《亚里士多德和色诺芬论民主制与寡头制》(J. M. Moore, *Aristotle and Xenophon On Democracy and Oligarchy*, London, 1975),该书搜罗了亚里士多德以及伪色诺芬的《雅典人政制》、色诺芬《斯巴达政制》等古代政治学著作的英译本,并且附有详细注释。

15. J. 蒂勒里:《色诺芬及其同时代的历史》(John Dillery, *Xenophon and the History of His Times*, London, 1995)。

16. R. 怀特菲尔德:《色诺芬的大撤退》(Robin Waterfield, *Xenophon's Retreat*,

Faber and Faber Limited, London, 2006)。
17. R. L. 福克斯主编:《长征》(Robin Lane Fox, Edt. *The Long March*, Yale University Press, London, 2004)。
18. E. L. 惠勒主编:《希腊古典时代的军队》(Everett L. Wheeler, *The Armies of Classical Greece*, Ashgate Publishing Limited, Burlington, 2007)。
19. P. J. 罗德岛:《亚里士多德之〈雅典政制〉注释》(P. J. Rhodes, *A Commentary on the Aristotelian Athenion Politeia*, Clarendon Press Oxford, 1981)。
20. M. H. 鲍特文尼克等编著:《神话辞典》,黄鸿森、温乃铮译,北京:商务印书馆,2004 年版。
21. 修昔底德:《伯罗奔尼撒战争史》,徐松岩等译注,桂林:广西师范大学出版社,2004 年版。
22. G. 普罗耶蒂:《色诺芬论斯巴达》(Gerald Proietti, *Xenophon's Sparta: An Inroduction*, Leiden, 1987)。
23. 色诺芬:《长征记》,崔金戎译,北京:商务印书馆,1997 年版。
24. 色诺芬:《回忆苏格拉底》,吴永泉译,北京:商务印书馆,1986 年版。
25. 色诺芬:《经济论·雅典的收入》,张伯健等译,北京:商务印书馆,1983 年版。
26. 佚名作者:《奥克西林库斯希腊志》(*The Hellenica Oxyrhynchia*),郭霞译,上海:上海人民出版社,2009 年版。
27. 普鲁塔克:《希腊罗马名人传》(上册),黄宏煦主编,北京:商务印书馆,1990 年版。
28. 普鲁塔克:《希腊罗马名人传》(3 卷本),席代岳译,长春:吉林出版集团有限责任公司,2009 年版。
29. 第欧根尼·拉尔修:《名哲言行录》,马永翔等译,长春:吉林人民出版社,2003 年版。
30. 王以欣:《神话与历史:古希腊英雄故事的历史和文化内涵》,北京:商务印书馆,2006 年版。
31. H. G. 利德尔、R. 斯科特:《希腊语英语大词典》(H. G. Liddell, R. Scott, *A Greek-English Lexicon*, Ninth Edition with a Revised Supplement, Clarendon Press. Oxford), 1996 年修订第 9 版。

徐松岩　整理

吕库尼特斯湖
伊利里斯
马
其
顿
埃盖
培拉
伊克奈
奥列斯提昂
阿
欧
斯
河
哈
里
亚
克
蒙
河
伊
庇
鲁
斯
伊里昂
多多纳
阿
龙
奇
阿
斯
苏
克
拉
阿
安
布
拉
基
亚
卡拉德拉
阿
卡
纳
尼
亚
泰列昂
斯特拉鲁斯
琉卡斯
伊大卡
基法伦尼亚
扎金苏斯城
扎
金
苏
斯
伊奥尼亚海
阿
克
修
斯
河
河
斯
鲁
多
切
玛
辛都斯
塞尔玛
埃涅亚
皮德那
扶普萨
佩特拉
狄昂
奥林帕斯山
线
路
军
进
斯
西
薛
阿努斯
奥萨山
玛
麦里波亚
格
卡萨奈亚
波比斯湖
涅
塔里昂山
伊奥尔科斯
帕加萨
帕加塞湾
哈鲁斯
拉里萨
彭
纽
斯
河
品
都
斯
山
色
萨
利
弗提奥提斯
阿凯亚
多罗皮亚
弗提奥提斯
斯
佩
凯
乌
马里
德摩比科（温泉关）
品都斯
德里姆斯
多利斯
埃
陀
利
亚
塞尔芒
帕纳苏斯山
安菲萨
德尔斐
罗克里斯
瑙帕克图斯
安提赛拉
莱皮斯
卡吕冬
帕特莱
埃吉昂
西基昂
狄米
佛
阿
凯
亚
爱利斯城
彭
纽
斯
河
奥耶诺伊
爱
利
斯
奥林匹亚
阿
尔
弗
斯
河
菲伽利亚
美塞涅
美
塞
尼
亚
派罗斯
麦索涅
奥耶努赛岛
阿辛
克
里
斯
斯特利斯
西
阿
拉
昂
斯
斯
波
奥
提
亚
塞斯皮亚
科林斯
埃匹道鲁斯
阿
卡
狄
亚
阿
哥
里
斯
斯丁法鲁斯
曼丁尼亚
提林斯
阿尔哥斯
泰格亚
泰列亚
麦加洛波里斯
拉
哥
尼
亚
斯巴达
塞拉普涅
法雷斯
卡尔达米列
泰那隆
马列亚角
基塞拉
塞尔马湾
卡尔基狄克
帕
列
涅
安塞姆斯
阿波罗尼亚
斯塔吉鲁斯
奥林苏斯
卡西
斯
阿堪苏斯
斯
斯特
门德
斯基奥涅
卡纳斯特拉昂角
色
雷
斯
阿
托
斯
马
安菲波里斯
凯尔金提斯湖
米尔金努斯
西里斯
皮耶里亚
伯伽姆斯
阿吉鲁斯
法格瑞斯
克列尼德斯
塔索斯城
塔索斯
斯
特
参
湾
优
卑
亚
波
斯基亚索斯城
斯基罗斯
斯基罗斯
伊科斯
卡尔基斯
厄勒特里亚
埃雷特里亚
马拉松
雅典
比雷埃夫斯
海麦图斯山
埃吉那
特洛伊曾
赫尔米奥涅
海德里亚
皮提乌萨
米尔通海
苏尼昂角
凯奥斯
基
克
库特芬斯
塞里夫斯
西弗诺斯
米洛斯
佛列甘
卡利斯图
格莱斯图角
安德罗斯
斯基罗斯
底比斯
普拉提亚
塔那格拉
奥罗普斯
安菲亚劳斯城
埃琉西斯
麦加拉
科林斯
地峡
0
25
50
100 英里

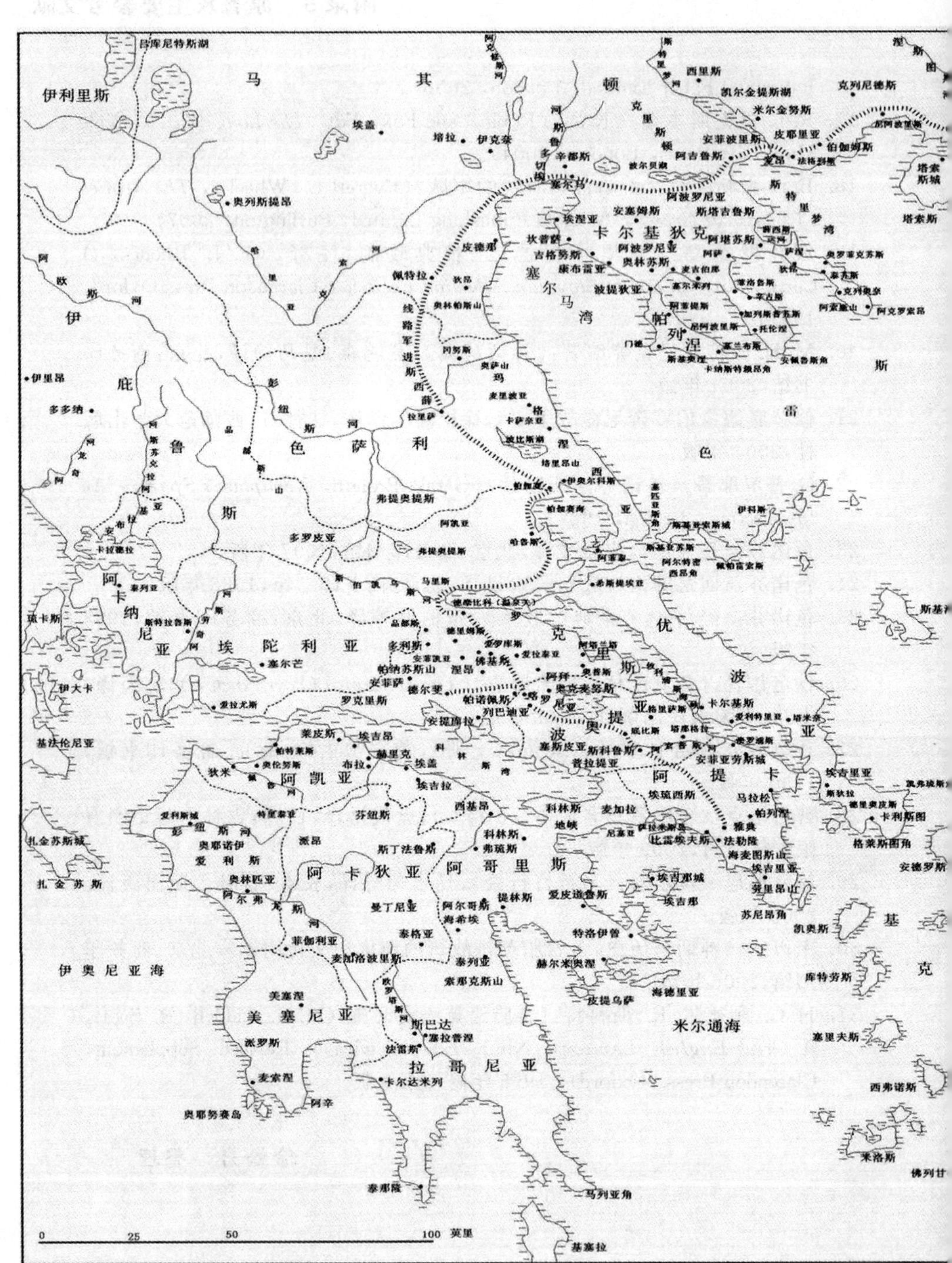

**附录 6 希腊和

色
雷
斯
马其顿
马隆内亚
麦桑布里亚
多利斯库斯
埃努斯
薛西斯进军路线
赫美昂
塞林布利亚
拜占庭
卡尔开顿
比桑特
柏林苏斯
马尔马拉海
（普洛彭提斯）
吕西玛基亚
卡尔迪亚
普洛康涅苏斯
库济科斯
基乌斯
萨摩色雷斯
帕里昂
普里阿普斯
普拉吉亚
达斯基里昂
兰普萨库斯
伯科特
阿卑多斯
达尔达努斯
罗伊特昂
音不洛斯
爱拉尤斯
西格昂
特洛伊
斯卡曼达河
伊达山
泰涅多斯
安坦德鲁斯
阿德拉米提昂
阿苏斯
麦提姆那
安提萨
爱列苏斯
皮拉
米提列涅
卡伦涅
伯伽蒙
阿塔纽斯
皮塔涅
爱拉亚
格里尼亚
密林那
库麦
佛凯亚
涅昂
提库斯
玛格涅西亚
泰姆努斯
萨尔狄斯
斯米尔那
克拉左门奈
爱利特莱
开俄斯城
开俄斯
琴
菲拉德菲亚
卡拉泰布斯
科罗丰
列別都斯
诺提昂
以弗所
萨摩斯城
萨摩斯
玛格涅西亚
米卡列山
普列涅
米乌斯
米利都
帕尼奥尼昂
布兰齐代（迪迪玛）
拉布朗达
伊阿苏斯
米拉斯
佩达苏斯
哈利卡纳苏斯
伊卡鲁斯
帕特摩
列罗斯
卡林诺斯
米康努斯
那克索斯城
那克索斯
阿摩吉斯
伊科斯
科斯城
科斯
特里奥皮昂角
克尼多斯
尼叙洛斯
贝巴西亚城
叙米
考努斯
泰尔麦苏斯
克桑苏斯
帕塔拉
阿斯提帕莱亚
泰洛斯
伊阿里苏斯
罗德城
罗德岛
安那斐
库德拉拉
劳狄凯亚
科洛塞
波
斯
帝
国

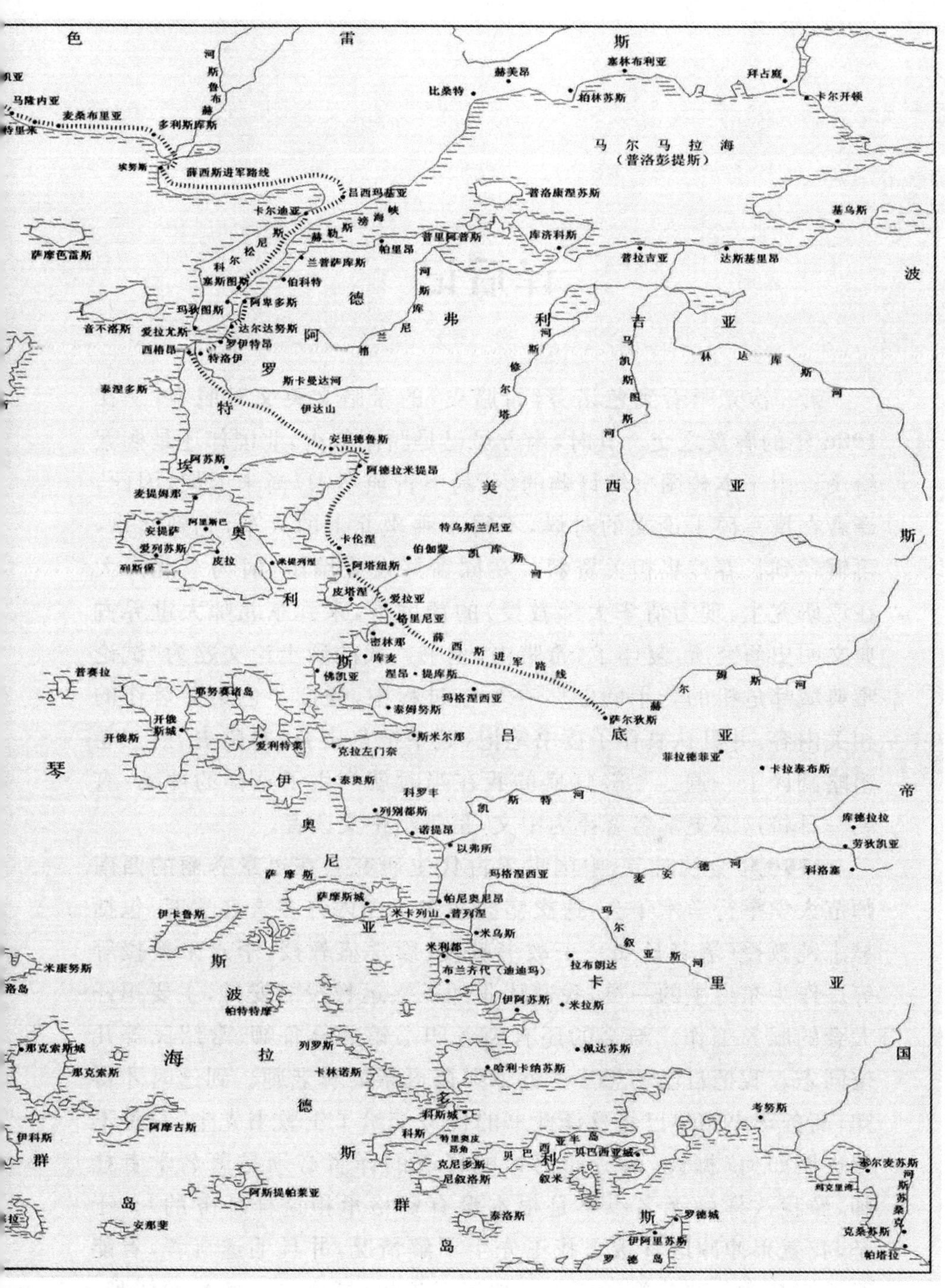

西部诸省地图

译后记

第一次亲眼看到色诺芬《希腊史》的希腊文英文对照本，是在**1986**年的春夏之交。其时，南方虽已是骄阳似火，北国却还是柳絮纷飞。由于本校图书馆订购的《劳易卜古典丛书》尚未上架，因此，译者在撰写硕士论文的时候，不得不乘坐北上的火车，先到北京，再辗转到长春搜集相关资料。在同窗好友张绪山（时为东北师大在读研究生，现为清华大学教授）的帮助下，来到东北师大世界古典文明史研究所，复印了《希腊史》全书。我的硕士论文题为"试论雅典城邦危机的若干问题"，在写作过程中，通读了色诺芬著作的相关内容，并且认真作了读书笔记，其中把色诺芬《希腊史》前三卷粗略翻译了一遍。年轻气盛的我在当时就产生了这样的冲动：有朝一日将这部史学名著译为中文，呈献给中文读者。

1990年金秋时节，中国世界古代史研究会在风景秀丽的西南师范大学举行学术年会，这次盛会迎来了国内许多著名学者，包括林志纯教授（笔名日知）、王敦书教授、廖学盛教授、李永采教授等等。作为东道主的一员，我遵从业师王兴运教授的安排，主要担任大会的服务工作。与会的还有商务印书馆的林鲁卿、常绍民等几位同志。我把自己的想法告诉了和蔼可亲的林老师。到这时才得知，商务印书馆早已将移译此书的任务交给了王敦书先生，只是不知进展如何（据说，商务印书馆的译著的译者必须是著名学者挂帅，像我这样的无名小卒是根本没有资格承担这样任务的）。于是，我就兴冲冲地直接去找王先生了解情况，并且毛遂自荐，看能否承担其中一部分翻译任务。初识王先生，感觉先生威严而儒雅。

当时先生的一句话,至今铭记在心,也时常回响在耳边:"译这部书难度很大,商务印书馆要求也很高。"我想,既然前辈在做这事,我们后辈就静候佳音了。不过,自此以后,我也一直在搜集色诺芬及其著作的相关资料,同时在思考、研究古典后期的希腊历史,写过多篇相关论文,[①]在研究过程中,特别是在考察公元前**4**世纪希腊城邦国际关系以及它们与波斯的关系时,我越发觉得很有必要将这部著作译成中文了。

自**1999**年开始,我尝试性译注西学名著《伯罗奔尼撒战争史》。[②] 此项任务在**2003**年大体完成。而此时我正在南开大学历史学院师从王敦书先生攻读博士学位。此书的出版在学界、译界受到一致肯定,着实出乎我的意料。不久,一家出版社有关人士联系我,希望我再接再厉,译注希罗多德《历史》。[③] 常言道:恭敬不如从命。经过**3**年多夜以继日的工作,这项任务也在**2007**年初告竣。在译注希罗多德著作的过程中,一个想法在我心中油然而生:译注古希腊三大史学家的三大史学名著!

于是,当我得知师弟祝宏俊(现为南京师范大学教授)将远赴英伦某高等学府深造时,我特意拜托他留意搜集国外相关研究动态和资料;在国内,我的学生解晓毅近年来一直为我搜集国外相关文字资料。本书译注工作得以顺利进行,离不开他们的大力帮助,在此深表谢意!

然而,王先生译注工作进展如何,尚不得而知。**2008**年初冬时节,年逾古稀但精神矍铄的恩师,在首都师大主持世界古代史学术

---

① 如:《公元前5世纪末雅典城邦危机的深化及其原因》,《齐鲁学刊》1989年第4期;《古典时代雅典奴隶人数考析》,《世界历史》,1994年第3期;《公元前4世纪雅典采银业状况考》、《希腊历史趋势与马其顿征服希腊的主要原因》,分别见《西南师范大学学报》(社会科学版)1993年第3期、1997年第4期;《雅典民主城邦何以发生逆向蜕变》,载侯建新主编《经济—社会史评论》,北京:生活·读书·新知三联书店,2008年版,等等。

② 修昔底德:《伯罗奔尼撒战争史》,徐松岩、黄贤全译,桂林:广西师范大学出版社,2004年版;此书新译详注本,上海:上海人民出版社2012年版。

③ 希罗多德:《历史》,徐松岩译注,上海:上海三联书店,2008年版。

年会。会议期间，我终于鼓足勇气再次提出准备译注色诺芬著作之事，得到先生的大力支持！并且准备提供手头已有的资料。先生对我的鼓励和支持，令我终生难忘。于是，我在由北京返渝的第二天，就开始了紧张而艰苦的工作……

现在，这项工作总算有了一个了结。本书初稿译者分工如下：第 **1**、**2**、**3** 卷译稿由徐松岩完成；第 **4** 卷初稿由陈彬强（西南大学研究生毕业，现任职于福建泉州师范学院）译出，第 **5** 卷初稿由范秀琳（现任职于西南大学历史文化学院）译出，第 **6**、**7** 卷初稿由陈思伟（西南大学研究生毕业，现任职于重庆长江师范学院）译出。解晓毅（西南大学研究生毕业，现任职于国家图书馆）在搜集相关材料方面做了大量工作。除了色诺芬的《希腊史》以外，还有两篇重要的古典史料也第一次与中文读者见面，一篇是《雅典政制》（附录 **1**），由徐松岩译注；一篇是《斯巴达政制》（附录 **2**），初稿由古纯玉（西南大学研究生毕业，现任职于重庆工商大学）译出，由徐松岩校注。此外，西南大学历史文化学院研究生陈涛、张浪、刘磊、万黎明、刘二艳、曹春梅以及犬子徐海涛也参加了部分译注及资料搜集整理工作。

书后的索引由译者参照《劳易卜古典丛书》希英对照本以及上述数种英文本的索引结合著作内容编译而成，或许可为读者提供一些方便；附录 **3** 的希腊历史大事年表，主要参考 J. B. 布瑞、R. 梅格斯：《希腊史》，D. M. 刘易斯、J. 鲍德曼、J. K. 戴卫斯、M. 奥斯特沃德主编：《剑桥古代史》（第 **5** 卷），D. M. 刘易斯、J. 鲍德曼、S. 霍恩布洛尔、M. 奥斯特沃德主编：《剑桥古代史》（第 **6** 卷），M. 狄隆、L. 加兰：《古代希腊》等著作书末年表编译整理而成。该年表旨在使读者对《希腊史》所涉及这段历史的前后脉络有比较清晰的了解。附录 **4** 就古希腊特别是雅典的历法作了简要介绍。附录 **5** 列举本书原著及主要参考文献，由主译者整理。附录 **6** 是由本校历史地理研究所朱圣钟博士协助绘制的一幅参考地图。

所有译稿完成之后，都由本人参照希腊文原文以及其他多种英译本、注释本，认真仔细地加以校对、润色，反复修改，直至最后定稿。一些难解之处，还多次通过邮件向当时远在德国的徐晓旭教授请教。晓旭博士就本书提出了若干很好的意见，对于提高译文质量颇有助益。当然，书中所出现的所有不当或者错误之处，一概由我负责。

国内对希腊古典时代后期历史研究非常薄弱。译者在译注过程中，可以参考的中文资料很少，遇到诸多困难是很自然的。原作者生活的时代距今已有 **2400** 年了，书中有一些晦涩难懂的内容，也是不难想象的。我们的想法是，先给广大研究者和爱好者提供一种基本的参考资料，随着研究工作的不断深入，如发现问题，再做修订和完善。基于同样的考虑，译者所撰写本书的"中译本序"，虽着重讨论《希腊史》，但更希望它有助于理解色诺芬的其他著作。

顺便提一下，由塔夫茨大学（Tufts University）主持的"柏修斯数字图书馆"（Perseus Digital Library，网址：http://www. perseus. tufts. edu/）被认为是目前最完备的古典文献数据库之一，收录了主要的希腊文拉丁文古典文献，且包括原文版、多种英文版和注释本。该数据库还收录了大量钱币、彩陶、建筑和遗址图片。其中许多都是免费开放，而古典文献则全部免费开放，查阅起来相当方便。[①] 读者如对译本内容有疑问，请务必核对文献原文。

2009 年初冬时节，一场不期而遇的大雪笼罩着北京。雪后的京城，空气格外清新。在首都师大历史学院参加全国世界史精品课程研讨会之后，我应徐蓝教授之邀和该学院的部分研究生同学们谈谈自己学习希腊史的点滴体会。这时，同事发来短消息说，本年度教育部哲学社会科学研究后期资助项目中，我申报的"译注色诺芬《希腊史》"[②]名列其中——这着实让我喜出望外，也许是上苍对我多年努力钻研希腊文明史的一种肯定吧。

---

① 更多古典学文献资料数据库，请参阅黄洋、晏绍祥：《希腊史研究入门》，北京：北京大学出版社 2009 年版，第 222—223 页。

② 2009 年教育部哲学社会科学研究后期资助项目，项目批准号：09JHQ024；结项证书号：JHQ2012062。

最后，在本书即将付梓之际，我在这里要特别感谢在自己学术成长道路上一直给予我无私的关怀和热心帮助的三位恩师。他们分别是曲阜师范大学历史文化学院的李永采教授、西南大学历史文化学院王兴运教授、南开大学历史学院王敦书教授，他们分别是我攻读本科、硕士和博士期间的导师。我在学术道路上的每一点进步，无不凝聚着诸位恩师的心血，祝愿三位恩师健康长寿！本书的顺利出版，还得益于高等教育出版社徐松巍教授和上海师范大学陈恒教授的长期一贯的大力支持；感谢本书责任编辑黄韬先生所付出的辛勤劳动；还要特别感谢我的妻子黎冬梅女士，没有她的长期一贯的支持、鼓励和付出，我是无法完成一项项艰巨任务的。

如今，古希腊三大史学名著都呈献给读者了。不过，艰苦的工作似乎才刚刚起步。同时，译者真诚期待着海内外广大读者和专家批评指正，更期待着更多的高质量的中文译本问世。针对这三大名著的任何意见或建议，皆欢迎直接发送至本人邮箱 socratesong. xu@gmail. com。

徐松岩

2009 年 4 月初稿 2012 年 10 月定稿

上海三联人文经典书库

已出书目

1.《世界文化史》(上、下) [美]林恩·桑戴克 著 陈廷璠 译
2.《希腊帝国主义》 [美]威廉·弗格森 著 晏绍祥 译
3.《古代埃及宗教》 [美]亨利·富兰克弗特 著 郭子林 李凤伟 译
4.《进步的观念》 [英]约翰·伯瑞 著 范祥涛 译
5.《文明的冲突:战争与欧洲国家体制的形成》 [美]维克多·李·伯克 著 王晋新 译
6.《君士坦丁大帝时代》 [瑞士]雅各布·布克哈特 著 宋立宏 熊 莹 卢彦名 译
7.《语言与心智》 [俄]科列索夫 著 杨明天 译
8.《修昔底德:神化与历史之间》 [英]弗朗西斯·康福德 著 孙艳萍 译
9.《舍勒的心灵》 [美]曼弗雷德·弗林斯 著 张志平 张任之 译
10.《诺斯替宗教:异乡神的信息与基督教的开端》 [美]汉斯·约纳斯 著 张新樟 译
11.《来临中的上帝:基督教的终末论》 [德]于尔根·莫尔特曼 著 曾念粤 译
12.《基督教神学原理》 [英]约翰·麦奎利 著 何光沪 译
13.《亚洲问题及其对国际政治的影响》 [美]阿尔弗雷德·马汉 著 范祥涛 译
14.《王权与神祇:作为自然与社会结合体的古代近东宗教研究》

(上、下) [美]亨利·富兰克弗特 著 郭子林 李岩 李凤伟 译

15.《大学的兴起》 [美]查尔斯·哈斯金斯 著 梅义征 译

16.《阅读纸草,书写历史》 [美]罗杰·巴格诺尔 著 宋立宏 郑阳 译

17.《秘史》 [东罗马]普罗柯比 著 吴舒屏 吕丽蓉 译

18.《论神性》 [古罗马]西塞罗 著 石敏敏 译

19.《护教篇》 [古罗马]德尔图良 著 涂世华 译

20.《宇宙与创造主:创造神学引论》 [英]大卫·弗格森 著 刘光耀 译

21.《世界主义与民族国家》 [德]弗里德里希·梅尼克 著 孟钟捷 译

22.《古代世界的终结》 [法]菲迪南·罗特 著 王春侠 曹明玉 译

23.《近代欧洲的生活与劳作(从 15—18 世纪)》 [法]G. 勒纳尔 G. 乌勒西 著 杨军 译

24.《十二世纪文艺复兴》 [美]查尔斯·哈斯金斯 著 张澜 刘疆 译

25.《五十年伤痕:美国的冷战历史观与世界》(上、下) [美]德瑞克·李波厄特 著 郭学堂 潘忠岐 孙小林 译

26.《欧洲文明的曙光》 [英]戈登·柴尔德 著 陈淳 陈洪波 译

27.《考古学导论》 [英]戈登·柴尔德 著 安志敏 安家瑗 译

28.《历史发生了什么》 [英]戈登·柴尔德 著 李宁利 译

29.《人类创造了自身》 [英]戈登·柴尔德 著 安家瑗 余敬东 译

30.《历史的重建:考古材料的阐释》 [英]戈登·柴尔德 著 方辉 方堃杨 译

31.《中国与大战:寻求新的国家认同与国际化》 [美]徐国琦 著 马建标 译

32.《罗马帝国主义》 [美]腾尼·弗兰克 著 宫秀华 译

33.《追寻人类的过去》 [美]路易斯·宾福德 著 陈胜前 译
34.《古代哲学史》 [德]文德尔班 著 詹文杰 译
35.《自由精神哲学》 [俄]尼古拉·别尔嘉耶夫 著 石衡潭 译
36.《波斯帝国史》 [美]A. T. 奥姆斯特德 著 李铁匠等 译
37.《战争的技艺》 [意]尼科洛·马基雅维里 著 崔树义 译 冯克利 校
38.《民族主义:走向现代的五条道路》 [美]里亚·格林菲尔德 著 王春华等 译 刘北成 校
39.《性格与文化:论东方与西方》 [美]欧文·白璧德 著 孙宜学 译
40.《骑士制度》 [英]埃德加·普雷斯蒂奇 编 林中泽 等译
41.《光荣属于希腊》 [英]J. C. 斯托巴特 著 史国荣 译
42.《伟大属于罗马》 [英]J. C. 斯托巴特 著 王三义 译
43.《图像学研究》 [美]欧文·潘诺夫斯基 著 戚印平 范景中 译
44.《霍布斯与共和主义自由》 [英]昆廷·斯金纳 著 管可秾 译
45.《爱之道与爱之力:道德转变的类型、因素与技术》 [美]皮蒂里姆·A. 索罗金 著 陈雪飞 译
46.《法国革命的思想起源》 [法]达尼埃尔·莫尔内 著 黄艳红 译
47.《穆罕默德和查理曼》 [比]亨利·皮朗 著 王晋新 译
48.《16 世纪的不信教问题:拉伯雷的宗教》 [法]吕西安·费弗尔 著 赖国栋 译
49.《大地与人类演进:地理学视野下的史学引论》 [法]吕西安·费弗尔 著 高福进 等译 [即出]
50.《马丁·路德的时运》 [法]吕西安·费弗尔 著 王永环 肖华峰 译 [即出]
51.《希腊化文明与犹太人》 [以]维克多·切利科夫 著 石敏敏 译
52.《古代东方的艺术与建筑》 [美]亨利·富兰克弗特 著 郝

海迪　袁指挥　译

53.《欧洲的宗教与虔诚：1215—1515》［英］罗伯特·诺布尔·斯旺森　著　龙秀清　张日元　译

54.《中世纪的思维：思想情感发展史》［美］亨利·奥斯本·泰勒　著　赵立行　周光发　译

55.《论成为人：神学人类学专论》［美］雷·S. 安德森著　叶汀　译

56.《自律的发明：近代道德哲学史》［美］J. B. 施尼温德　著　张志平　译

57.《城市人：环境及其影响》［美］爱德华·克鲁帕特著　陆伟芳　译

58.《历史与信仰：个人的探询》［英］科林·布朗著　查常平　译

欢迎广大读者垂询，垂询电话：021－24175971

图书在版编目(CIP)数据

希腊史/[古希腊]色诺芬著;徐松岩译注. —上海:上海三联书店,2018.8 重印
(上海三联人文经典书库)
ISBN 978-7-5426-4163-2

Ⅰ.①希… Ⅱ.①色…②徐… Ⅲ.①古希腊-历史 Ⅳ.①K125

中国版本图书馆 CIP 数据核字(2013)第 071742 号

希腊史

著　　者 / [古希腊]色诺芬
译　　者 / 徐松岩

责任编辑 / 黄　韬
装帧设计 / 鲁继德
监　　制 / 姚　军
责任校对 / 张大伟

出版发行 / 上海三联书店
(201199)中国上海市都市路 4855 号 2 座 10 楼
邮购电话 / 021-22895557
印　　刷 / 上海展强印刷有限公司

版　　次 / 2013 年 5 月第 1 版
印　　次 / 2018 年 8 月第 2 次印刷
开　　本 / 640×960　1/16
字　　数 / 370 千字
印　　张 / 29.5
书　　号 / ISBN 978-7-5426-4163-2/K·214
定　　价 / 58.00 元